河南省"十四五"普通高等教育规划教材

信息管理学

（第三版）

赵 静 主编 任红娟 刘坤锋 副主编

化学工业出版社

·北京·

内容简介

《信息管理学》(第三版)将信息管理的理论基础、技术基础和规律基础作为根基,从微观、中观和宏观全面介绍不同层面的信息管理活动,并根据领域的发展和信息管理理论和实践的演变,融入新兴技术、新的内容和新的应用场景,使该书兼具基础知识夯实,又具有视野扩充和前沿俯瞰的重要学习媒介,从多个层面引发学生对于信息管理深层次的认知和多视角的思考,并能够为后续相关课程学习建立整体知识框架和索引。该书增加了更多的技术前沿介绍并融入情景中的信息管理实践,使得信息管理的理论、方法和应用内容更加丰满,知识更加充盈,学生理解知识总体框架和知识之间的关系更加清晰易懂。

《信息管理学》(第三版)可作为高等院校信息管理类专业(信息管理与信息系统、图书馆学、情报学、档案学等)、企业管理类和其他相关专业的本科生和研究生的教材和参考书,也可作为其他专业通识教育的读本,还可作为科技工作者或各类企业信息管理工作者的参考书。

图书在版编目(CIP)数据

信息管理学/赵静主编;任红娟,刘坤锋副主编. —3版.
—北京:化学工业出版社,2022.8(2023.9重印)
河南省"十四五"普通高等教育规划教材
ISBN 978-7-122-41545-5

Ⅰ.①信… Ⅱ.①赵…②任…③刘… Ⅲ.①信息管理-高等学校-教材 Ⅳ.①G203

中国版本图书馆 CIP 数据核字(2022)第 094284 号

责任编辑:王淑燕　　　　　　　　　　　　装帧设计:张　辉

责任校对:宋　玮

出版发行:化学工业出版社(北京市东城区青年湖南街13号　邮政编码100011)
印　　装:涿州市般润文化传播有限公司
787mm×1092mm　1/16　印张19　字数479千字　2023年9月北京第3版第2次印刷

购书咨询:010-64518888　　　　　　　　　售后服务:010-64518899
网　　址:http://www.cip.com.cn
凡购买本书,如有缺损质量问题,本社销售中心负责调换。

定　　价:68.00元　　　　　　　　　　　　　　　　　　版权所有　违者必究

前言

物质、能量和信息是现代人类生存与发展的三大支柱，其中信息作为现代社会发展的重要资源形式，越来越受到人们的关注。在智能时代、大数据时代、数智时代这些时代背景下，信息作为社会发展的支撑作用日渐凸显，且无可比拟。学会获取信息、存储信息、处理信息、分析利用信息、传递信息，已经成为现代人必备的基本技能之一；信息管理，也是当今最为热门和重要的学科和活动。信息管理伴随着人类社会的产生与发展不断地进化和迭代，信息管理学的形成和发展是多学科交叉融合的成果，是一门建立在数学、管理科学、传播学、信息科学与信息技术的基础上，外延宽泛、内涵丰富的基础学科。

信息管理学是信息管理与信息系统专业的一门重要专业基础导论课程，是信息管理与信息系统、图书馆学、档案学、信息资源管理、出版发行学等专业学生的必修课程，是这些专业课程体系的核心课程之一。该课程的目的是通过多层面、多视角向学生展示信息管理的理论、方法和应用层面的知识框架，并通过知识解构和知识关联，使得学生建立其对专业的认知，为后续课程的学习提供指引。随着近年来信息管理学科的新发展，教材内容也需要及时进行更新，引入更加多样的信息管理实践情景、融入更多的技术动态、扩充更多的案例成为本次教材改版的重要指向。

在第三版教材中，为了能够将信息管理技术与技术发展前沿相匹配，本次教材在原有丰富信息技术前沿的基础上，增加了人工智能和区块链，与之前教材的云计算、数据挖掘、大数据等相关技术整合，使得学生能够对信息管理的技术前沿和技术重点有所了解，也期望在此基础上点燃学生对技术的热情，去深入挖掘和学习更多的技术前沿，从而使得他们在技术赋能的信息管理活动中能够游刃有余。教材改版中，除了规避上一版教材中存在的一些问题，对教材进行多次全面统稿，使得呈现的信息更加准确。此外，为了能够体现课程知识体系的完备和与时俱进，本次修订增加了情景化信息管理章节，对公共危机信息管理、健康信息管理以及求职就业信息管理多个信息管理情景和其中的信息管理活动进行了阐述，使得课程内容的理论和实践紧密结合体现得更为透彻。还在部分章节增加了案例，期望学生能够在章节学习完之后可以更好理解内容，同时也可以把案例讨论和案例分析融入课堂教学，丰富课堂教学内容，活跃课堂氛围，让学生通过案例实现对知识的再巩固。

本书由赵静主编，任红娟和刘坤锋担任副主编。全书分为8章，第1章、4.3和6.1.4由赵静执笔，第3章由郭秋萍和任红娟执笔，第5章和7.1由任红娟执笔，2.2.6、2.3.4、2.4.1、2.5、2.6和第8章由刘坤锋执笔，2.1、2.2（除2.2.6外）、7.2～7.4由李伟超执笔，2.3（除2.3.4外）由王海燕执笔，2.4（除2.4.1外）由周湘贞执笔，4.1、4.2、4.4、

4.5 由武利红和郭亚军执笔，第 6 章（除 6.1.4 外）和 7.5 由莫祖英执笔。本书是在第二版基础上的修订，在编写过程中，得到了郭秋萍教授的大力支持，她给教材修订和编写提出了许多宝贵的建议，在这里感谢郭秋萍教授的辛苦付出。

  本书内容丰富、体系完整、观点新颖，叙述深入浅出，并在多个章节都附有案例。在每章节末尾，都附有章节小结和思考题，在强调理论和方法重要性的同时，突出了实践性和可操作性。由于时间仓促，作者水平有限，书中难免存在疏漏与不当之处，敬请广大同行及读者不吝赐教并给予宝贵建议，以便在以后修订中及时更正。

编者

2022 年 4 月

目 录

第1章 信息管理学概论 1
1.1 信 息 1
1.1.1 信息定义的谱系 1
1.1.2 信息的定义 6
1.1.3 与信息相关的几个概念 7
1.1.4 信息的类型 9
1.1.5 信息的特征 11
1.1.6 信息的度量 12
1.1.7 信息的功能 15
1.2 信息管理 16
1.2.1 信息管理的概念 16
1.2.2 信息管理的分类 17
1.2.3 信息管理的特征 22
1.2.4 信息管理的发展历程 23
1.3 信息管理学 26
1.3.1 信息管理学的产生背景 26
1.3.2 信息管理学的研究对象 27
1.3.3 信息管理学的理论体系 31
1.3.4 信息管理学的理论流派 32
1.4 信息管理学的学科基础 33
1.4.1 信息科学 34
1.4.2 管理学 37
本章小结 43
思考题 44

第2章 信息管理的技术基础 45
2.1 信息技术概述 45
2.1.1 信息技术的发展状况 45
2.1.2 信息技术的内涵 46
2.1.3 信息管理与信息技术的关系 46
2.1.4 信息技术在信息管理领域的应用阶段 47
2.2 数据挖掘技术 50
2.2.1 数据挖掘的由来 50
2.2.2 数据挖掘的定义 50
2.2.3 数据挖掘的处理对象 51

  2.2.4 数据挖掘可发现的知识类型 ··· 52
  2.2.5 数据挖掘的一般流程 ··· 56
  2.2.6 数据挖掘发展趋势 ··· 58
 2.3 云计算技术 ··· 58
  2.3.1 云计算的概念 ·· 58
  2.3.2 云计算的体系结构 ··· 60
  2.3.3 云计算的优势 ·· 62
  2.3.4 去中心化云计算 ··· 63
 2.4 大数据技术 ··· 63
  2.4.1 数据要素市场化 ··· 63
  2.4.2 大数据定义 ··· 64
  2.4.3 大数据特征 ··· 64
  2.4.4 大数据分析层次 ··· 65
  2.4.5 大数据的相关开源组件简介 ··· 66
 2.5 人工智能技术 ·· 67
  2.5.1 人工智能发展简史 ··· 67
  2.5.2 人工智能技术概述 ··· 68
  2.5.3 人工智能应用领域 ··· 70
  2.5.4 机器学习与深度学习 ··· 71
  2.5.5 人工智能趋势与展望 ··· 72
 2.6 区块链技术 ··· 74
  2.6.1 区块链技术概述 ··· 74
  2.6.2 区块链技术特征 ··· 77
  2.6.3 区块链技术应用领域 ··· 79
  2.6.4 区块链技术存在问题 ··· 81
 本章小结 ·· 82
 思考题 ·· 82

第3章 信息源及其分布规律 ··· 84
 3.1 信息源概述 ··· 84
 3.2 信息源的种类 ·· 85
 3.3 信息源的分布规律 ·· 86
  3.3.1 文献信息的增长规律 ··· 86
  3.3.2 文献信息的老化率 ··· 88
  3.3.3 文献信息的分散规律——布拉德福定律 ································· 90
  3.3.4 著者分布规律——洛特卡定律 ··· 92
  3.3.5 词频分布规律——齐普夫定律 ··· 93
  3.3.6 马太效应 ··· 93
  3.3.7 长尾理论 ··· 94
 3.4 引文分析 ··· 95
  3.4.1 引文分析的基本内容和方法 ··· 95
  3.4.2 引文分析的测度及特点 ·· 97

		3.4.3 学术文献的双引分析 ········· 98
	3.5	网络信息计量学 ········· 101
		3.5.1 网络信息计量学的产生与发展 ········· 101
		3.5.2 网络信息计量学的研究对象 ········· 103
		3.5.3 网络信息计量学的主要研究方法 ········· 104
		3.5.4 网络信息计量学的主要特征及研究意义 ········· 106

本章小结 ········· 106

思考题 ········· 106

第4章 微观信息管理 ········· 108

4.1 信息搜集与组织 ········· 108
   4.1.1 信息搜集 ········· 108
   4.1.2 信息组织 ········· 116

4.2 信息存储与检索 ········· 125
   4.2.1 信息存储 ········· 125
   4.2.2 信息检索 ········· 128

4.3 信息交流 ········· 134
   4.3.1 信息交流的内涵 ········· 134
   4.3.2 常见的信息交流方式 ········· 134
   4.3.3 常见的信息交流模式 ········· 135
   4.3.4 社会信息交流 ········· 138
   4.3.5 信息交流的影响因素 ········· 139

4.4 信息分析与预测 ········· 140
   4.4.1 信息分析 ········· 141
   4.4.2 信息预测 ········· 145

4.5 信息用户与服务 ········· 148
   4.5.1 信息用户 ········· 148
   4.5.2 信息服务 ········· 153

本章小结 ········· 157

思考题 ········· 159

第5章 中观信息管理 ········· 160

5.1 信息系统管理 ········· 160
   5.1.1 信息系统管理概述 ········· 160
   5.1.2 信息系统的规划 ········· 161
   5.1.3 信息系统的开发 ········· 168
   5.1.4 信息系统的维护和评价 ········· 175

5.2 信息市场管理 ········· 176
   5.2.1 信息市场概述 ········· 176
   5.2.2 信息商品 ········· 179
   5.2.3 信息市场管理 ········· 181

本章小结 ········· 182

思考题 ········· 185

第6章 宏观信息管理 186
6.1 信息产业 186
6.1.1 信息产业概述 186
6.1.2 信息产业的特征及发展演进 190
6.1.3 信息产业的分类及测度方法 193
6.1.4 我国信息产业现状与发展趋势 196
6.2 信息政策与信息法律 200
6.2.1 信息政策与信息法律概述 200
6.2.2 信息政策及其体系 202
6.2.3 信息法律及其体系 210
6.2.4 我国国家信息政策、法律建设现状分析 215
6.3 信息教育与信息伦理 219
6.3.1 信息教育 219
6.3.2 信息伦理 221
本章小结 224
思考题 225

第7章 信息资源管理与应用 226
7.1 信息资源管理概述 226
7.1.1 信息资源管理的概念 226
7.1.2 信息资源的类型和特点 228
7.1.3 信息资源管理的手段 229
7.1.4 信息资源管理的目标和任务 230
7.1.5 信息资源管理的过程 231
7.1.6 信息资源管理的功能 232
7.1.7 信息资源的配置 233
7.2 社会信息化 239
7.2.1 社会信息化的层次 239
7.2.2 社会信息化的构成要素及发展过程 240
7.3 企业信息资源管理 241
7.3.1 企业信息化 242
7.3.2 企业信息资源管理的内容和组织结构 242
7.3.3 企业信息资源管理系统及其技术 244
7.3.4 中小企业信息资源管理 246
7.3.5 以数据驱动的企业信息管理 247
7.3.6 企业知识管理战略 248
7.4 政府信息资源管理 251
7.4.1 政府信息化 251
7.4.2 电子政务与政府信息资源管理 252
7.4.3 政府信息资源的开发与利用 255
7.4.4 政府信息公开 256
7.5 信息资源质量管理 259

  7.5.1 信息质量 ………………………………………………………………… 259
  7.5.2 信息资源质量管理的内容 ……………………………………………… 261
 本章小结 ………………………………………………………………………………… 263
 思考题 …………………………………………………………………………………… 263

第8章 情景化信息管理 ……………………………………………………………… 265
 8.1 公共危机信息管理 ………………………………………………………………… 265
  8.1.1 公共危机信息管理概述 ………………………………………………… 265
  8.1.2 公共危机信息管理研究的 EPFMS 框架 ……………………………… 267
  8.1.3 公共危机信息管理的学科基础 ………………………………………… 269
  8.1.4 公共危机信息管理的核心内容 ………………………………………… 271
 8.2 健康信息管理 ……………………………………………………………………… 272
  8.2.1 健康信息管理概述 ……………………………………………………… 273
  8.2.2 健康信息管理流程 ……………………………………………………… 274
  8.2.3 健康信息管理平台 ……………………………………………………… 275
  8.2.4 健康信息管理的核心内容 ……………………………………………… 277
 8.3 求职就业信息管理 ………………………………………………………………… 278
  8.3.1 求职就业信息管理概述 ………………………………………………… 279
  8.3.2 就业信息管理系统 ……………………………………………………… 279
  8.3.3 求职就业信息行为 ……………………………………………………… 282
 本章小结 ………………………………………………………………………………… 284
 思考题 …………………………………………………………………………………… 284

参考文献 ………………………………………………………………………………… 285

第 1 章
信息管理学概论

随着现代科学技术特别是信息技术的发展，信息的数量越来越多、增长速度越来越快，出现了"信息爆炸"的现象；但人们在拥有大量信息的同时，却面临着"信息丰富，知识贫乏"的困境。上述问题解决的主要方法就是加强信息管理研究，对信息进行科学、有效的管理，使得人们可以快速查找到所需的信息，并得以有效利用。

1.1 信　　息

信息一词可以说是当今社会使用最频繁的一个词，它出现在人们生活、工作、学习的方方面面，在各个领域都可以看到这个词的踪影。实际上，信息一词在我国古代就常有出现。唐朝诗人杜牧在《寄远》中有"塞外音书无信息，道傍车马起尘埃"；南唐诗人李中在《碧云集·暮春怀故人》一诗中有这样的语句"梦断美人沈信息，目穿长路倚楼台"；宋朝的李清照亦有"不乞隋珠与和璧，只乞乡关新信息"；至清朝，《红楼梦》第 16 回里，讲到贾政突然奉旨入朝，全府惶惶不安，后有赖大禀道，"小的们只在临敬门外伺候，里头的信息一概不能得知"。

信息对应的英文单词为"Information"，来源于拉丁文"Information"，法语中也是"Information"。在我国的港澳台地区，通常称信息为"资讯"，而日文中称为"情报"。

1.1.1 信息定义的谱系

人们很早就知道通过语言、动作等传递信息。结绳记事是文字发明前，人们所使用的一种存储信息和传递信息的方法，在一条绳子上打结，用以记事，大事大结，小事小结。神秘的八卦也是人类信息活动的结晶。在古代，信息及信息活动已广泛存在，不过信息一词还是一个普通词汇，不是科学术语，主要指消息、音讯。

最早把信息作为科学对象加以研究的是在通信领域，同时它也在系统论和控制论中得到了充分的关注。

（1）哈特莱

"信息"最早作为科学概念被研究是在哈特莱（R. V. L. Hartley, 1888—1970）1928年撰写的《信息传输》一文中。他认为信息就是"（在通信符号表中）选择通信符号的方式"，且用"选择的自由度"来计量这种信息的大小。如，一个人在符号表中选择了"I am well"这样的符号，他就发出了"我平安"的信息；如果他选择了"I am sick"这样的符号，他就发出了"我病了"的信息。同时，不管符号所代表的意义是什么，只要从符号表中选择的符号数目一定，发信者所能发出的信息的数量就被限定了。若发信者只能从由 0 和 1 两个符号组成的符号表中选择符号且长度限定为 1，则发信者只有两种选择，即 0 和 1，这时能传达的信息量很小；若放宽限制，比如长度不超过 n（$n>1$），则发信者可以选择的符号串有 $2n$ 个，能传达的信息量就可以很大（取决于 n 的大小）。即，若符号表中符号的个数为 S，被选符号序列的长度为 N，则能表示的信息量的大小为 $I=N\log S$。哈特莱的思想和研究成果对后来申农的思想有很大的影响，为信息论的创立奠定了基础，提供了思路。

但是哈特莱的研究也有一定的局限性，主要表现在以下两点：一是只考虑了通信符号的选择方式，而没有考虑所选择符号的内容与价值意义；二是符号的选择者必然使信息具有个性色彩。

（2）吉布斯

吉布斯（Josiah Willard Gibbs, 1839—1903）是美国物理化学家、数学物理学家，1871年任耶鲁学院数学物理学教授，是全美这一学科的第一个教授。

吉布斯首先将统计学引进物理学，使物理学不得不考虑事件的不确定性和偶然性。从而使人类在科学把握信息的意义上迈出了第一步。他指出熵是关于一个物理系统信息不足的量度，但因为技术条件的限制，他没有提出信息的数量理论。

（3）申农

申农（Claude E. Shannon, 1916—2001，也有译作：香农、仙农）是数位通信理论和信息论的创始人，是影响人类社会进程的科学家之一。

信息作为一门严密的科学，主要应归功于贝尔实验室的申农。20 世纪中期，申农从不同方面完成了关于信息的统计理论，推导出了信息测度的数学公式，他指出，信息是消除不确定性的东西，信息消除的不确定性的大小就是信息量。1948 年，年仅 32 岁的申农发表了信息论的奠基之作——《通信的数学理论》，从通信的角度研究了信息传递与度量问题，标志着信息论的诞生。

（4）维纳

维纳（Norbert Wiener, 1894—1964），美国数学家，控制论的创始人。维纳在其 50 年的科学生涯中，先后涉足哲学、数学、物理学和工程学，最后转向生物学，在各个领域中都取得了丰硕成果，称得上是 20 世纪多才多艺和学识渊博的科学巨人。他一生发表论文 240 多篇、著作 14 本。他的主要著作有《控制论》（1948）、《维纳选集》（1964）和《维纳数学论文集》（1980）。

控制论的奠基人维纳把信息的概念引入了控制论，将信息的概念与人的认识、动物的感知活动联系了起来。他认为："信息这个名称的内容就是我们对外界进行调节并使我们的调节为外界所了解时而与外界交换来的东西。"维纳的定义包含了信息内容与价值层面的意义。但其局限是：人与外界交换的不仅仅是信息，还有物质与能量。

维纳同法国物理学家布里渊一样，认为信息的实质是负熵："正如熵是无组织（无序）程度的度量一样，消息集合所包含的信息就是组织（有序）程度的度量。事实上，完全可以将消息所包含的信息解释为负熵。"

维纳在《控制论》中指出："信息就是信息，既不是物质也不是能量。"维纳在这里强调了信息的特殊意义。那么信息与物质、能量之间的关系到底是什么呢？

① 信息与物质、能量之间的区别。信息是物质的基本属性而不是物质本身，它可以独立存在，又不影响物质的存在与运动，它所表现的主要是物质运动的状态与方式。如，一个物体在运动，它的运动状态和状态改变方式等可以被摄影机拍摄下来，经过处理可以将其重新表现出来。此时，产生这种运动状态和方式的那个物体已经离开观察者，但它的信息已经被记录并保留下来。保留下来的仅仅是信息，而不是源物体本身。物质具有质量且遵守守恒定律，而信息本身没有质量且不遵守守恒定律；信息可以共享，而物质不存在真正意义上的共享。

信息是物质的运动状态与方式，而能量则是物质做功的本领；能量转换遵循守恒定律，而信息转换不存在守恒现象；能量不能共享，而信息可以共享；能量为人类提供动力，而信息为人类提供知识与智慧。

② 信息与物质、能量之间的联系。信息与物质、能量之间的联系集中体现在三者都统一于物质，物质是第一性的，能量和信息都源于物质。物质是信息存在的基础，任何信息都不可能脱离物质而存在；任何物质的运动过程同时也是信息运动的过程，而任何信息运动的过程都离不开物质的运动过程。能量是信息运动的动力，信息的获取和传递都离不开能量，能量的传递与驾驭也离不开信息。信息与物质、能量还可以互相转化。信息虽然既不是物质也不是能量，但在一定条件下，信息可以转化为物质和能量。"知识就是力量""知识就是生产力"等所表述的正是这种转化关系。

(5) 贝塔朗菲

贝塔朗菲（Bertalanffy，1901—1972），美籍奥地利生物学家，一般系统论和理论生物学创始人，20世纪50年代提出抗体系统论以及生物学和物理学中的系统论。贝塔朗菲系统论以一般系统为研究对象，一般系统都具有以下特点：第一，系统具有整体性；第二，系统由相互作用和相互依存的要素所组成；第三，系统受环境影响和干扰，和环境相互发生作用。而系统以上三个基本特点都和信息密切相关，系统之间各要素之间的相互联系是以信息的传递为基础的，系统与周围环境发生相互作用的过程中信息的交流也是不可避免的，由此系统才能保持其最核心的特点——整体性。

申农的信息论、维纳的控制论及贝塔朗菲的系统论，被认为是20世纪40年代创立并发展迅猛的系统理论的分支学科，虽然它们仅有半个多世纪，但是在系统科学领域中已是资深望重的元老，被称为"老三论""旧三论"。

与"旧三论"相对应，20世纪70年代以来陆续确立并获得极快进展的系统理论分支学科——耗散结构论、协同论、突变论，被称为"新三论"。它们虽然时间不长，但已经是系统科学领域中年少有为的成员。

① 耗散结构论。1969年比利时物理学家、化学家普里高津提出了耗散结构论。它主要讨论一个系统内从混沌向有序转化的机理、条件和规律。一个远离平衡态的非线性的开放系统（不管是物理的、化学的、生物的乃至社会的、经济的系统）通过不断地与外界交换物质和能量，在系统内部某个参量的变化达到一定的阈值时，通过涨落，系统可能发生突变即非平衡相变，由原来的混沌无序状态转变为一种在时间上、空间上或功能上的有序状态。这种在远离平衡的非线性区形成的新的、稳定的宏观有序结构，由于需要不断与外界交换物质或能量才能维持，因此称之为"耗散结构"。

② 协同论。它亦称协同学或协和学，由德国物理学家赫尔曼·哈肯于1977年创立。协

同论最根本的思想和方法是系统自主地、自发地通过子系统的相互作用而产生的系统规则。竞争与合作的方法是它的重要研究内容,协同学最基本的概念也是竞争与协作。

③ 突变论。法国数学家雷内托姆于1972年发表的《结构稳定性和形态发生学》一书中阐述了突变理论。它是研究客观世界非连续性突然变化现象的一门新兴学科,它用形象而精确的数学模型来描述和预测事物的连续性中断的质变过程。

信息的概念非常广泛,从不同的角度对信息可下不同的定义。在众多中外学者的观点中本书列出一些较为权威的:

① 信息是用以消除随机不定性的东西(申农,1948);
② 信息就是信息,既不是物质也不是能量(维纳,1961);
③ 信息是事物之间的差异(G. Longo,1975);
④ 信息是集合的变异度(Ashby,1956);
⑤ 信息是系统的复杂性(张学文等);
⑥ 信息不是物质,它是物质状态的映射(张学文等);
⑦ 信息是使概率分布发生变动的东西(Tribes et al,1971);
⑧ 信息是负熵(布里渊,1956);
⑨ 信息是被反映的差异;
⑩ 信息是被反映的变异度。

迄今为止,科学文献中对信息的定义已经超过上百种,且仍呈增长趋势。为什么会有如此众多的信息定义?为什么信息科学发展到今天,信息的概念仍未达成共识?首先,信息具有普遍性,普遍存在于自然界、人类社会和思维活动中,人类社会发展到信息社会,信息已经渗透到社会的各个角落,信息问题日渐显化,逐渐变得普遍且意义重大,吸引了各个领域众多研究者的注意。其次,各行各业、各学科领域的学者具有不同的知识背景、不同的观察角度、不同的研究目的,因而在定义信息时就会受到各自知识背景、观察角度、研究目标的限制,约束和制约着人们从各自背景和角度认识信息、定义信息。这些"知识背景、观察角度、研究目标"被称为信息定义所遵循的约束条件。依据不同的约束条件定义信息,就会有不同的信息理解,就会得出不同的信息定义。显然,从每一种观察角度所得到的信息定义能在某种角度反映信息的某种本质属性,把从所有观察角度得到的信息定义综合起来才能得到信息的全部本质属性。

由此可见,产生不同信息定义的根本原因,是各种定义所依据的约束条件不同。约束条件的多样性是导致信息定义出现"仁者见仁,智者见智"情况的根本原因。依据相同的约束条件,就会得出相同或相近的信息定义。若按照某种准则将这些各不相同的约束条件有序排列,就可以得到各种信息定义的有序排列。那么这种准则又是什么呢?由于信息定义约束条件的基本作用是约束了信息定义的内涵,限制信息的适用范围,因此,一个比较恰当的信息定义约束条件排序准则,可以是约束条件的"约束强度"。如果信息定义约束条件的约束强度比较弱,那么在这种条件约束下所得到的信息定义的内涵就会具有比较普遍的性质,定义的适用范围也就较为广泛;如果信息定义约束条件的约束强度比较强,那么在这种约束条件约束下所得到的信息定义的内涵就会具有比较特殊的性质,定义的适用范围就会比较狭窄。这样,按照信息定义约束条件的"约束强度"准则,运用系统分析方法,就可以将各种信息定义进行排序,钟义信在《高等人工智能原理》一书中提出:"将约束强度最弱,即最具普遍性的内涵和最具广泛性的适用范围的信息定义,排在最前面;将约束强度最强,即最具体特殊性的内涵和最具特定性的适用范围的信息定义排在最后面,就可以得到一个有序的'信息定义的谱系'"。

钟义信最早提出约束条件下的信息定义谱系，指出信息定义约束条件有以下几种基本情形。

(1) 约束条件强度为零：本体论信息

若定义信息时无任何约束条件限制，得到本体论层次的信息定义。这是最基本也是最重要的信息定义。

(2) 约束条件强度最弱：认识论信息

强度最弱的约束条件（也是最有意义的约束条件）就是"存在认识主体"。若定义信息时只存在着唯一的约束条件：必须从主体的立场出发来定义信息，这样得到的即为认识论层次的信息定义。为了保证"条件约束强度最弱"，主体必须是最具一般性的正常主体，即具有正常的观察能力、理解能力和判断能力，而不能有其他附加条件。显然，认识论信息的内涵不具有本体论信息内涵那样的普遍性，也没有本体论信息那样广泛的适用范围。有关认识论信息的概念将在下面介绍。

(3) 约束条件强度非最弱：各种特殊的认识论信息

若对认识论层次信息定义的约束条件（主体）增加更强的约束，就得到内涵更为特殊、使用范围更加狭窄、层次更低的信息定义，称为某种特殊的认识论信息。

(4) 约束条件强度最强：最特殊的认识论信息

从逻辑上说，若对认识论层次信息定义加上一切可能的约束条件，在完备的约束条件下就会得到内涵最为特殊、适用范围最狭窄、层次最低的信息定义，称为某种最特殊的认识论信息。

由此可得如表1.1所示的信息定义谱系，从上到下信息定义的层次依次下降，由普遍性依次过渡为特殊性。

表1.1表明：最高层次的信息定义没有任何约束条件限制，称为"本体论信息"，本体论信息的适用范围最广。在此基础上引入"站在主体立场上来定义信息"的最弱约束条件，最高层次的本体论信息定义就退化为次高层次的认识论信息定义，其内涵就更为特殊，适用范围更为狭窄。引入的条件越多，定义的层次越低，内涵越特殊，适用范围越窄。根据引入约束条件的强弱程度能够得到一系列不同内涵、不同适用范围的信息定义，构成信息定义的谱系。

表1.1 信息定义谱系

约束条件	定义名称	所属层次	适用范围
无	本体论信息	最高	最广
最弱	认识论信息	次高	次广
……	……	……	……
较强	较特殊的认识论信息	较低	较窄
……	……	……	……
最强	最特殊的认识论信息	最低	最窄

表1.1的信息定义谱系中，各个层次的信息定义不是相互独立，而是根据约束条件的减弱或增强相互转换。如本体论信息定义增加"主体"条件，就上升为认识论信息定义；将认识论信息定义减去"主体"条件，就会下降为本体论信息定义。其他各个层次的定义也是如此。因此，这是一个互相联系的有机体系。

在整个信息定义谱系中，本体论信息和认识论信息是最重要的。本体论信息是整个信息定义谱系的总根和源头，没有本体论信息，就没有其他层次的信息。认识论信息从认识主体与客体事物相互作用的角度揭示信息的性质，其他更低层次的信息都要从认识论信息演化而来。

1.1.2 信息的定义

关于"信息"的定义，本书引用钟义信教授的观点。钟义信在《信息科学原理》一书中指出："信息是事物的存在方式或运动状态，以及这种存在方式或运动状态的直接或间接的表述"。这里的"事物"泛指存在于人类社会、思维活动和自然界中一切可能的对象。"存在方式"指事物的内部结构和外部联系。"运动状态"则是指事物在时间和空间变化所展示的特征、态势和规律。

从这个概念可以看出，信息是有不同层次的，它既有事物本身的存在方式或运动状态，同时也有人们认识了该事物之后对事物的存在方式或运动状态的表述，即本体论层次的信息和认识论层次的信息。

(1) 本体论信息

本体论信息是指事物所呈现（所表述）的运动状态及其变化方式。"事物"泛指一切可能的研究对象，既包括外部世界的物质客体，也包括主观世界的精神现象。"运动"泛指一切意义上的变化。"运动状态"是指事物运动在空间上展现的性状和态势，"运动状态的变化方式"是指事物的运动状态随时间而变化的方式。

客观世界的一切事物都在运动，都有一定的运动状态和状态变化方式，因此，一切事物都在产生信息。这是本体论信息的绝对性和普遍性。而一切不同的事物都具有不同的运动状态和状态变化的方式，这又是本体论信息的相对性和特殊性。在本体论信息定义中，没有出现主体因素，因此，本体论信息是一种客观存在，不以主体存在与否为转移，无论有无主体，或者是否被主体感受到，都不影响它呈现的运动状态及其变化方式。这是本体论信息一个非常重要的特征。

(2) 认识论信息

主体关于某事物的认识论信息，是指主体所表述的该事物运动状态及其变化方式，包括运动状态及其变化的外在形式、内在含义和效用价值。

本体论信息与认识论信息之间既有本质上的联系，又有原则上的区别。本质上的联系是指两者都关注"事物的运动状态及其变化方式"。原则上的区别则表现在前者是"事物"本身所表述的运动状态及其变化方式，后者是"主体"所表述的事物运动状态及其变化方式。它们之间的这种本质联系与原则区别，使得它们既有各自明确的内涵，又能够通过定义的约束条件相互转换，引入主体条件本体论信息定义就转化为认识论信息定义；取消主体条件，认识论信息定义就转化为本体论信息定义。

引入了主体条件，认识论信息概念就具有了比本体论信息概念更为丰富的内涵。这是因为，首先，作为正常的认识主体，它具有感觉的能力，能够感觉到事物运动状态及其变化方式的外在形式；其次，它具有理解能力，能够理解事物运动状态及其变化方式的内在含义；再次，它具有目的性，能够判断事物运动状态及其变化方式对于主体目的而言的效用价值。而且，对于正常的认识主体，事物的运动状态及其变化方式的外在形式、内在含义和效用价值这三者之间是相互依存、相互制约、不可分割的。所以，在认识论信息层次研究信息问题时，必须同时考虑事物运动状态及其变化方式的形式、含义和效用三个因素。

实际上，主体只有在感知了事物的运动状态及其变化方式，理解了它的含义，判明其效用价值，才算真正掌握了这个事物的认识论信息，才能做出正确的判断和决策。把这样同时考虑事物运动状态及其变化方式的外在形式（语法信息）、内在含义（语义信息）和效用价值（语用信息）的认识论信息称为"全信息"。也就是说，认识论信息就是全信息，它是语法信息、语义信息、语用信息的三位一体。关于语法信息、语义信息和语用信息的详细解释参见 1.1.4（1）。

图 1.1 表示全信息的概念模型，可以较为直观地表述语法信息、语义信息和语用信息的概念以及它们之间的相互关系。

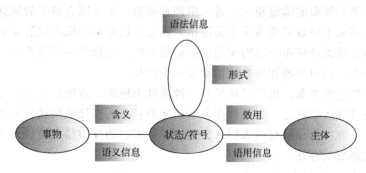

图 1.1　全信息的概念模型

① 当主体要表述本体论信息的时候，通常会用某种抽象符号及其序列来表示事物的运动状态及其变化方式。于是这个抽象符号及其序列就表述了这个事物的语法信息。

② 语法信息仅仅是一个抽象符号及其序列，没有任何含义，只有把抽象符号及其序列与具体事物关联起来时，抽象符号及其序列才有了内容，也就是语义信息。

③ 如果语法信息和语义信息与具体的主体关联起来时，那么该事物的运动状态及其变化方式的外在形式和内在含义对主体呈现出了效用价值，这就是语用信息。

④ 研究语义信息要以语法信息为基础，因为"含义"是针对具体的状态及其变化方式来说的。同样，研究语用信息要以语义信息和语法信息为基础，因为"效用"是针对具体的状态及其变化方式所具有的含义来说的。在这个意义上，基于语法信息和语义信息的语法信息具有"全信息"的含义。

语法信息是具体的，可通过认识主体的感觉器官直接感受到；语用信息是实在的，可通过认识主体实际体验体会到；但语义信息是抽象的，既不能通过感觉器官感受到，也不能通过体验体会到，只能在具体的语法信息和实在的语用信息基础上通过思维器官的逻辑演绎才能得到。

有了上述定义体系，有关信息的种种定义都可以在该体系中找到相应的位置。比如，维纳认为"信息就是信息，不是物质也不是能量"，对照本体论信息定义，"事物呈现的运动状态及其变化方式"虽源于事物，但又不是事物本身，更不是能量，可见，维纳的观点属于本体论信息。申农认为，"信息是能够用来消除不确定性的东西"，而只有"关于事物运动状态及其变化方式的表述"才能用来消除认识主体关于事物运动状态及其变化方式的随机不确定性。可见，申农的信息定义属于认识论信息的语法信息。总之，各种科学的信息定义都可在信息定义谱系中找到自己的位置。

1.1.3　与信息相关的几个概念

（1）数据（Data）

数据是关于自然、社会现象和科学实验的定量或定性的记录，而这些记录往往是零散的、片断的、没有联系的，而对其进行挖掘，找出其内在联系，形成有价值的、整体性的东西，称为信息。因此通常认为信息是数据经过加工处理后所得到的。如每张超市购物小票上面记载的就是杂乱的、没有联系的数据，而利用数据挖掘工具对这些数据进行分析就可以找出每张小票间的关系，而这种每张小票间的关系就是一种对数据加工处理之后产生的信息。"啤酒与尿布问题"是数据与信息间关系的最好例证。沃尔玛超市通过建立数据仓库，按周期统计产品的销售信息，对这些数据进行数据挖掘。结果发现，每逢周末，位于某地区的沃尔玛连锁超市啤酒和尿布的销量很大。进一步调查表明，在美国有孩子的家庭中，太太经常嘱咐她们的丈夫周末下班以后要为孩子买尿布，而丈夫们在买完尿布以后又顺手带回了自己爱喝的啤酒，因此啤酒和尿布一起购买的机会是最多的。之后该店打破常规，将啤酒和尿布的货架放在了一起，使得啤酒和尿布的销量进一步增长。

关于数据和信息的关系，也可以从另外一种角度去理解，数据只是信息的一部分。信息是事物的存在方式或运动状态，也是存在方式或运动状态的直接或间接的表述。它是一个外延更大的概念，只有一部分信息被人们认识并记录下来，而这类信息被认为是数据，还有很多信息并不以数据形式存在。

(2) 知识（Knowledge）

知识是人类通过信息对自然界、人类社会以及思维方式与运动规律的认识与掌握，是人的大脑通过思维重新组合的、系统化的信息集合。它是对信息加工、吸收、提取和评价的产物，包括显性知识和隐性知识。通常被认为是"系统化、组织化的信息"。

(3) 情报（Intelligence）

情报是对特定主体解决某个问题时有参考或决策价值的信息。它是特定的、有用的信息，通常具有其他类信息所不具备的保密性、难获得性的特点。情报具有三个基本属性：知识性、传递性和有效性。我国从日本引入情报这个词汇，而英语却依旧使用"Information"。现在我国已经全部改称"信息"，通常被认为是"有用的信息"。

(4) 消息（Message，News）

通常把语言和声音、音乐、文字、符号、数据、图像等统称为消息，而消息中所给予接收者的新知识或消息中包含的有意义的内容是信息。人们在传递消息的过程中，实质是将其承载的内容传递给了接收者，因此消息是信息的外壳，信息是消息的内核。

(5) 信号（Signal）

信号常应用于通信领域，描写与消息相对应的电信号或光信号，是传递信息的载体。信息在传递时，总要转化成一定形式的信号。同样的信息，可以用不同信号形式表现出来。所以说，信号是信息的载体，信息是信号的内容。

我国学者梁战平教授提出了著名的"信息链"理论，他认为"信息链"是由"事实"（Facts）→"数据"（Data）→"信息"（Information）→"知识"（Knowledge）→"情报"或"智能"（Intelligence）五个链环构成。简单地说，"事实"是人类思想和社会活动的客观映射；"数据"是事实的数字化、编码化、序列化、结构化；"信息"是数据在信息媒介上的映射；"知识"是对信息的加工、吸收、提取、评价的结果；"情报""智能"则是运用知识的能力。换句话说，"事实""数据""信息""知识""情报"或"智能"五个链环组成"信息链"（Information Chain）。在"信息链"中，"信息"的下游是面向物理属性的，上游是面向认知属性的，作为中心链环的信息既有物理属性也有认知属性。

而对于数据、信息、知识和情报之间的关系，梁战平教授根据英国科学哲学家卡尔·波普尔（K. Popper）的"三个世界"的理论，提出以下观点。

① 并列关系。它们分别属于"信息链"中的一个要素。

② 转化关系。数据不会自动变成信息，信息也不会自动变成知识，数据、信息、知识同样也不会自动变成情报。实现从数据到情报的关键要素是人。是人通过信息组织与管理、知识组织与管理来实现信息、知识、情报的相互转化。知识本身也是一种信息，情报本身也是一种信息，相互之间可以转化。但是，知识、情报不是一般的信息，而是体现人的认知因素而且在运用中能改变人的行为的特殊信息。

③ 包含关系。信息存在于全部的三个世界中（主观世界、客观的物理世界、客观的概念世界），知识存在于主观世界和客观的概念世界，但不存在于客观物理世界中，因此知识包含于信息之中。情报也存在于主观世界和客观的概念世界中，是活化了的知识信息，包含于知识、信息之中。如图1.2所示。

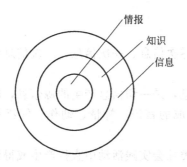

图1.2　信息、知识、情报的包含关系

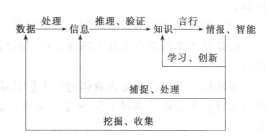

图1.3　数据、信息、知识、情报和智能的关系

④ 层次关系。从数据提升到信息，主要是对数据之间建立相关性，使其有序化和结构化。从信息提升到知识，主要根据信息的相关性、有序性，进行比较、分析、综合和概括，从中发现问题的本质。从数据、信息、知识提升到情报，主要是采取各种有效的手段和方法激活它们。

以上关系的分析是基于"信息链"的，但是反过来，情报和智能能够推动人们知识的学习、创新，能够使人们更敏锐地捕捉信息、更快捷地处理信息，同时还可以推动人们更有效地进行数据的挖掘和收集。如图1.3所示。

1.1.4　信息的类型

信息是内涵和外延都很丰富的概念，信息现象又是纷繁复杂的，分析信息的类型有助于对信息内涵和外延的认识和把握，有助于认识信息的性质和特征，以便更好地描述和处理信息。人们从各自的研究方向，依据不同的分类标准对信息进行了划分。

（1）按照主体的认识层次分类

按照主体的认识层次，可以将信息分为语法信息、语义信息和语用信息。

主体认识客观事物是有顺序和层次的。主体首先会通过感觉器官感觉世界，感觉事物的存在方式或运动状态；然后会根据自身的经验理解感觉到的事物的存在方式或运动状态的逻辑含义；最后主体根据自己的理解，分析周围环境，确定感知到信息的作用，并运用于实践中去。主体认识事物的三个层次产生的信息分别就是语法信息、语义信息和语用信息。

语法信息是只考虑事物的存在方式或运动状态本身，而不考虑信息的内涵及效果的信息。它只是客观事物形式上的单纯描述，只表现事物的现象。它是最抽象、最基本的层次。从信息管理角度讲，这一层涉及可能出现的符号的数目，如信源的统计性质、编码系统、信道容量等，主要是通信工程所关心的问题。例如在电子通信时，只考虑每个符号到底用什么字符串去表示，而不考虑其本身含义或价值。

语义信息是人们所理解的事物存在方式或运动状态的逻辑含义。它不仅反映事物的存在方式或运动状态，而且还要揭示事物运动变化的意义。同样的符号，或者说同样的语法信息，但对于不同的人、不同的时间和地点都可能表示的意义完全不同。信息检索重点关注的是语义信息。

语用信息是事物存在方式或运动状态的效用、价值与目的，它是信息认识过程的最高层次。

在这个层次认知主体不但感知到了语法信息、理解了它的意义，而且分析了这些信息的效用和价值，把它运用到自己的生产生活和实践中。信息分析关注的主要是语用层次的信息。

(2) 按信息产生的先后或加工深度分类

按信息产生的先后或加工深度，可以将信息分为零次信息、一次信息、二次信息和三次信息。

零次信息是以自然物为载体的口头信息或实物信息，是一切信息产生的源信息，即客观存在于社会生活中，通过人的视觉、听觉、触觉等形成的言语、神情、动作、气氛等表象形式。

一次信息是指未经加工或略微加工的信息，是人类社会实践活动中直接产生或得到的各种数据、概念、知识、经验及其总结。如新闻、会议记录、统计报表、论文、专著、阅读性图书等。

二次信息是对一次信息的加工整理，他们通常是一些检索工具，目的是检索一次信息。如文摘、索引、目录等。

三次信息是利用二次信息对一次信息进行加工整理的结果，是在一次信息和二次信息基础上形成的，目前大部分的科技文献实质上是三次信息。如字典、词典、百科全书、年鉴、综述、述评、参考型图书等。

(3) 按信息是否依赖于个人的判断分类

按信息是否依赖于个人的判断可以将信息分为硬信息和软信息。

硬信息是对客观实体和客观现象的一种客观、标准的度量，不依赖于个人判断，准确度较高。如现在的气温是零下 2 摄氏度。

软信息是根据人们对以往事物的认识及个人偏好，对客观事物和实体进行的一种度量，它依赖于人对事物的认识、判断、环境以及判断者的心理状态等因素。如现在的温度是零下 2 摄氏度是硬信息，生活在南方的人可能感觉很冷，而生活在东北的人却感觉还比较暖和，这些信息就是软信息。

(4) 按照信息的连续性分类

按信息的连续性，可以将信息划分为连续信息、计算信息和累积信息。

(5) 按价值形成的角度分类

按价值形成的角度，可以将信息分为以下三类：

① 通过信息传播，使信息接受者可以无偿获得收益的信息，如新闻广播、各种广告等；

② 通过信息需求者进行调查而获得，并为调查者带来收益的信息，如价格信息、股市信息等；

③ 通过生产者专门生产出来用于销售的信息，如书籍报刊以及各种计算机软件中包含

的信息等。

关于信息的划分标准还有很多,如按照信息的发生领域,可将信息分为物理信息、生物信息和社会信息三类;按照主体的观察过程,可以将信息分为实在信息、先验信息和实得信息;按照信息的应用领域,可以将信息分为工业信息、农业信息、军事信息、政治信息、科技信息、文化信息、经济信息、市场信息、管理信息等;按照信息的逻辑意义来划分,可以分为真实信息、虚假信息和不定信息。但是无论从什么样的角度进行划分,不同种类的信息之间并没有绝对的界限,彼此之间交叉重叠现象非常普遍。如语用信息本身就包括语法信息和语义信息;软信息本身就是以硬信息为基础产生的。

1.1.5 信息的特征

(1) 信息存在的普遍性和客观性

信息是事物的存在方式或运动状态,只要有事物存在,只要有事物的运动,就会有表征其事物存在方式或运动状态的信息。而事物是普遍存在的,事物的运动是绝对的,因此信息也是普遍存在的。信息是事物的存在方式或运动状态,无论人类是否存在,是否感知到事物的存在,它都客观存在,它不是虚无缥缈的东西,它的存在可以被人类感知、获取、存储、处理、传递和利用。

(2) 信息的可共享性

信息可以脱离其发生源或独立于其物质载体,在不同主体间进行转换和传播,并且在这个过程中不会被消耗或消失。信息与物质不同,物质遵循总量的守恒,从甲方传给乙方后,乙方得到了该物质,甲方就失去了该物质,而信息传递和使用过程中,允许多次和多方共同使用。正如英国文学家萧伯纳说的一样:"倘若你有一个苹果,我也有一个苹果,我们彼此交换苹果,那么,你和我仍然各有一个苹果;但是,倘若你有一种思想,我也有一种思想,我们彼此交换思想,那么,你和我将会各自拥有两种思想。"这个话充分说明了信息的共享性。同一信息在不同时间可被不同的人利用,在同一时间也能被多个人共享。虽然对于物质,我们也会谈到共享,但这种共享仍然遵循总量的不变,不是绝对意义的共享。信息的共享性是信息最显著的特征。

(3) 信息对主体的相对性

由于不同主体的感知能力、理解能力和利用信息的能力各不相同,对于同样的事物人们可能会获取不同的语法信息;对于同样的语法信息,不同的人理解不同,会产生不同的语义信息;即使产生了相同的语义信息,人们在再利用的过程中,也会产生分歧,产生出不同的语用信息。下面的营销故事非常典型地反映了信息的相对性。有两家鞋厂各派一名推销员到太平洋某岛上去推销鞋子。这两名推销员赴岛实地考察后,各自给本厂反馈信息。一个推销员说:"这个岛上的人均不穿鞋,明天一早我就返回。"而另一名推销员则说:"棒极了,这个岛上的人都没有穿鞋子,潜力很大,我打算长住此岛。"后经第二名推销员的苦心开拓和诱导,终于唤醒了岛上沉睡的鞋子市场,赚了一笔可观的钱。面对岛上人都打赤脚的同样信息,两名推销员得出了截然相反的结论。

(4) 信息的动态性和利用的时效性

信息表征事物的存在方式或运动状态的属性,而事物的运动是绝对的,事物是在不断变化的,因此对事物产生的信息也是不断变化和发展的。在社会瞬息万变的今天,只有充分把握信息的特点,在信息最有价值时候进行利用;否则同样一条信息可能很快就完全丧失其利用价值。但是信息并不是越早使用就越好,重要的是要把握时机,在其最有价值的时候进行利用。在获取与利用信息时必须树立时效观念，不能一劳永逸。

（5）信息对物质的依附性和载体的独立性

信息是事物的存在方式或运动状态，以及这种存在方式或运动状态的直接或间接的表述，因此信息必须依附于物质而不能脱离于物质载体。即使是人类表述之后的信息也必须通过人类创造的各种符号、代码和语言来表达，通过甲骨、锦帛、竹片、木片、纸张、磁盘、光盘等物质载体来记录和存储，通过声、光、电等信号进行载荷和传递。离开这些物质载体，信息便无法存在。信息虽然依附物质载体而存在，但其对物质载体又有独立性。物质载体的变更不会改变依附于载体之上的信息的性质和含义。信息的这一性质使得人们有可能对信息进行各种加工处理和变换。

（6）信息在生产和使用中的不可任意分割性

信息的生产过程中不同于物质产品。物质产品的生产可以由很多的零部件组成，各零部件生产出来之后进行组装即可，并且如需多个，则需要多次重复生产；而信息产品的生产虽然很多时候也可分割，但不能任意分割成很多小部分，并且如有多人需要，只需生产一次即可。信息产品的使用过程也不同于物质产品。交流学派的代表人物米哈伊诺夫认为："信息一旦产生，就表达某种特定的含义，它不是包含在信息中的各种要素（如符号、数据、单词等）的简单算术和，因而不可能将这些要素以任意的顺序排列，以不同的组合加以归并且不损害信息的含义。"在使用的过程中，人们不能断章取义，必须从整体上把握信息的含义。

（7）信息的表征性

信息就是信息，既不是物质也不是能量。信息是事物存在方式或运动状态的反映，是事物属性的表征。如一支铅笔是物质，但反映其颜色、形状、长度等的东西才是信息。

1.1.6 信息的度量

度量获得信息的多少就是信息的度量。信息的度量就是从数量关系上把握信息，对信息的定量把握是进一步探讨信息科学规律的基础，也是信息处理和应用的基础。信息度量的方法不仅取决于对信息本质的把握，也取决于当时人们所拥有的数学方法。目前，信息度量方面比较成熟的理论仍然只局限于语法信息的度量。目前，关于信息的度量主要有三种方式：一是基于经验的信息度量；二是基于数据量的信息度量；三是基于概率的信息度量。

（1）基于经验的信息度量

英国著名情报学家维克利认为信息量至少在当前还只能被看成是一种定性的属性。因此，科学地定量评价信息的内涵是一个重要而复杂的问题。基于经验的信息度量的基本原理是：不论如何进行评价，信息的价值认可都具有一定的主观性，都是建立在定性分析之上或定性与定量相结合分析之上的，基于研究者、管理者、使用者的经验而进行的。基于经验的信息度量，在某种意义上，就是运用定性和定量方法对信息量的规定性（如社会信息总量、信息增长率、信息老化率等）进行定量化分析，或者对信息质的规定性（如信息使用价值、信息准确度、信息经济性等）经过指标转换后进行定量化分析。

基于经验的信息度量的基础是对信息价值的基本认识，必须构建科学的信息价值的基本模型。1967年B.C.布鲁克斯曾为情报与知识的关系建立了一个基本方程式：

$$K(S)+\Delta I=K(S+\Delta S) \tag{1.1}$$

方程式中 $K(S)$ 为原有的知识结构，即一个人的背景知识；ΔI 为吸收的情报量，即能够理解、整合到自己知识结构中的信息；$K(S+\Delta S)$ 为吸收了新的信息后形成的新的知识结构。这一方程表明，知识是通过情报的获得而增加的，而所获情报量的大小又取决于情报接收者原有的知识，就是说，通过吸收新知识一个人的原有的知识结构发生变化，形成新的知识结构。因此，布鲁克斯认为情报与知识在本质上是相同的，情报是使人的知识结构发生变化的那一部分知识。布鲁克斯基本方程式表述了信息的价值与人的知识结构或信息结构的相关性和发展变化。因此，可以把布鲁克斯基本方程式作为基于经验的信息度量的理论支点。

布鲁克斯的理论揭示：能够满足人们信息需求的不是所有的信息，而是使人们原有知识结构发生变化的那一小部分知识或情报（ΔI）；这一小部分知识或情报的利用不仅仅是量的改变，而且是知识结构的改变，"改变"是信息需求满足的必然结果；一小部分知识或情报（ΔI）的信息需求满足状况在很大程度上取决于原有的知识结构 $K(S)$。

基于经验的信息度量主要有以下几种方法。

① 信息计量方法。信息计量学是信息计量方法的理论基础，是应用数学方法研究、描述信息过程、现象与规律的一门学科，综合利用了各种应用数学方法并吸收了纯数学理论知识作为基本方法论，对信息活动中一切可计量单元进行科学分析并揭示其规律。信息计量学主要是利用信息统计分析法、数学模型分析法、系统分析法、矩阵分析法、网络分析法进行引文分析、信息计量等工作。

② 社会调查方法。社会调查是运用特定方法和手段，从社会现实中收集有关社会事实的信息资料，进行描述和解释的社会认识活动，主要包括典型调查、重点调查、抽样调查和个案调查等方式。通过对调查数据的分析和处理，获得这些信息中蕴涵的价值，从而计量信息。

③ 评估研究方法。评估研究方法是按照数学研究方法和科学管理的需要，准确地测量与评估具有重要社会意义的社会项目，分析其目标实现程度的方法和手段。包括描述性评估、规范性评估和总结性评估。

④ 层次分析方法。层次分析法是对一些较为复杂、较为模糊的问题作出决策的简易方法，特别适用于难于完全定量分析的问题，是美国运筹学家托马斯·塞蒂于20世纪70年代初期提出的一种简便、灵活而又实用的多准则决策方法。

基于经验的信息度量不仅考虑了语法信息，而且在一定程度上考虑了信息的含义和效用，是信息价值评价、广义信息资源的测度、信息资源评估指标体系的设计、信息获取效率评价的基础。

(2) 基于数据量的信息度量

在计算机信息处理中，常用的信息量度量方法，是按表达信息内容的数据所占用的计算机存储空间的大小来衡量的，这是一种基于数据量的信息度量方法。现在计算机信息处理都是基于二进制的，各种信息都要转换成二进制形式，才可以被计算机接受和处理，如文本、图片、声音、视频。常用的信息量度量单位有：比特（bit，是一个二进制数位）、字节（Byte，B）、千字节（KiloByte，KB）、千兆字节（GigaByte，GB）。随着计算机存储容量和处理能力的越来越强，TB（等于 2^{10} GB）、PB（等于 2^{10} TB）、EB（等于 2^{10} PB）这些单位也被越来越多地接触到。

在传统的信息处理领域，也就是对报刊、书籍等非计算机信息的处理，通常直接采用发行种类、发行量或者文本的字数来进行度量，这也是一种基于数据量的信息度量方法。

基于数据量的信息度量主要是对语法信息的度量，不考虑信息的含义和价值。虽然这些方法比较粗糙，不如申农熵精细，而且还要在一定条件下使用，但这些方法都比申农熵实用，而且不需要申农熵计算信息量的数学基础。

（3）基于概率的信息度量

信息论创始人申农在研究信息通信时提出了信息量的概念并给出了信息度量的方法。他指出所谓信息量是对一件事或一个东西确定程度的度量，其大小与信息内容的不确定性有关。获取信息就会在一定程度上消除不确定性，因此可以用不确定性的变化来反映获取信息的多少。基于概率的信息度量方法基于以下原理：①信息量的大小取决于信息内容消除人们认识的不确定程度；②消除的不确定程度大，则发出的信息量大，消除的不确定程度小，则发出的信息量就小；③如果事先就确切地知道消息的内容，那么消息中所包含的信息量就等于零。不确定性在概率论中是用随机事件或随机变量描述的。假设两个随机事件 x_i、x_j，$p(x_i)$、$p(x_j)$ 为它们对应的先验概率，$I(x_i)$ 为事件 x_i 发生与否不确定性到确定性的变化量，它们存在下列关系。

① $I(x)$ 应该是 $p(x)$ 的单调递减函数。概率小的事件一旦发生则赋予的信息量大，概率大的事件如果发生则赋予的信息量小。

② 信息量应具有可加性。对于两个独立事件，其信息量应等于各事件自信息量之和，即当 x_i、x_j 相互独立，则有 $I(x_i \cap x_j) = I(x_i) + I(x_j)$。

③ 当 $p(x) = 1$ 时，$I(x) = 0$ 表示确定事件发生，得不到任何信息。如在盛夏季节气象台突然预报"明天无雪"的消息。在明天无雪的问题上，根本不存在不确定性，所以这条消息包含的信息量为零。

④ 当 $p(x) = 0$ 时，$I(x) \to \infty$ 表示不可能事件一旦发生，信息量将无穷大。如在盛夏季节气象台突然预报"明天有雪"的消息。在明天有雪的问题上，不确定性非常大，所以这条消息包含的信息量也非常大。

申农证明了满足上述三个条件的函数具有对数形式 $I(x_i) = -c \log p(x_i)$，其中 c 为大于零的常数。

上式描述了随机事件 x_i 的不确定程度的变化量。申农认为信息是消除不确定性的东西，可以用消除的不确定性的大小来度量信息，可以用概率测度来定义信息量。

设一事件 x，其结果有多种不确定的可能性 $x_1, x_2, x_3, \cdots, x_n$，其概率分别为 $p_1, p_2, p_3, \cdots, p_n$，如果知道 x_i 已发生，则该消息中所含的信息量 $H(x_i) = x_i$ 不确定性的变化量 $= I(x_i) = -c \log p(x_i)$。

上式从信源和信宿两个角度考虑了信息量的问题，使得 $H(x_i)$ 代表两种含义：一是事件 x_i 发生以前，表示事件 x_i 发生与否的不确定性，即从信源角度考虑，信源整体的不确定性程度的量 $H(x_i)$；二是事件 x_i 发生以后，表示事件 x_i 所含有（或所提供）的信息量，即从信宿角度考虑，信宿接收信息后消除的不确定性程度的量 $I(x_i)$。

通常称 $H(x_i)$ 定义的信息量为自信息量，它表示信源发出某一消息 x_i 所含有的信息量，发出的消息不同，自信息量也不同，而一个事件可能包含多个状态，因此不能作为整个信息源的信息测度。但是可以在此基础上定义 x 中各 x_i 的信息量的数学期望值为 x 的平均信息量，即：

$$H(X) = \exp[-c \log p(x_i)] = -K \sum p(x_i) \log p(x_i) \tag{1.2}$$

信息量的计算公式与热力学第二定律中的熵计算公式相似，且差一个负号。因此，又称 $H(X)$ 为信息熵、负熵或申农熵。显然信息熵为一负熵，信息熵与熵所反映的系统运动方向相反，即系统信息量的增加，表明不确定性的减少，有序程度的增加。

信息量的单位与 log 函数所选用的对数底数有关。当底为 2 时，单位为比特（bit）；当底为 e 时，单位为奈特（nat），1nat=1.443bit；当底为 10 时，单位为哈特莱（Hartley），1Hartley=3.322bit。

其中 1 比特的信息量就是含有两个独立等概率可能状态的随机事件所含有的不确定性被全部消除所需要的信息量。此时 $P(x_1)=P(x_2)=0.5$，把它带代入计算信息量的式(1.2)中可得 $K=1$，因此计算信息量的公式是：

$$H(X)=-\sum p(x_i)\log p(x_i) \tag{1.3}$$

【例】 若盒中有 6 个电阻，阻值为 1Ω、2Ω、3Ω 的分别为 2 个、1 个、3 个，将从盒子中取出阻值为 iΩ 的电阻记为事件 $X=(i=1,2,3)$，计算出各事件的自信息量列表 1.2 如下。

表 1.2 取电阻事件的自信息量

消息 x_i	x_1	x_2	x_3
概率分布 $p(x_i)$	$\frac{1}{3}$	$\frac{1}{6}$	$\frac{1}{2}$
自信息量 $I(x_i)$	log3	log6	log2

而整个事件的信息量

$$H(X)=-\sum p(x_i)\log p(x_i)$$
$$=-\left(\frac{1}{3}\right)\log\left(\frac{1}{3}\right)-\left(\frac{1}{6}\right)\log\left(\frac{1}{6}\right)-\left(\frac{1}{2}\right)\log\left(\frac{1}{2}\right)$$
$$=\frac{2}{3}+\frac{1}{2}\log 3 \text{(bit)}$$

基于概率的信息度量主要考虑的是语法信息，不考虑符号的含义和价值。它有科学的概率论和数理统计作为基础，得到的数据比较精确、科学。但现实生活中由于很多事件的概率是很难计算甚至是不能计算的，因此此方法虽然非常科学，但应用起来还是有许多困难的。

1.1.7 信息的功能

信息作为世界三个基本要素（物质、能量和信息）之一，具有驾驭物质、能量的超强本领，从而使人类社会能够延续，使人类能不断地认识世界和改造世界，对人类社会的生存和发展有着十分重要的作用。对信息功能的分析可以从很多方面来进行，不同的领域、不同种类的信息功能各不相同。这里主要就信息的基本功能进行分析。

（1）信息是人类社会生存的条件和发展的源泉

人类的活动不是独立的个体活动，人类社会是由人与人之间的信息交流所构成的。相反，人与人之间如果没有有效的信息交流，就构不成人类社会。信息可加强成员之间的有效交流，成为保持社会联系与维持社会关系的纽带。如果没有信息的存在，人与人之间就无法交流，人类社会也就不可能存在下去。

信息与物质、能量一样作为重要的资源，是人类社会生存和发展的基础。物质资源提供的是各种各样的材料，诸如土地资源、矿产资源、水资源、森林资源等。能量资源提供的是形形色色的动力，诸如煤炭、石油、天然气、电能、热能、光能等。在信息社会发展的今天，信息资源比物质资源和能源资源更为突出，信息能够提供知识和智慧，从而驾驭物质和能量；同时信息还可以像物质和能量一样，通过加工处理创造新的信息商品，产生新的价值，可以作为生产资料而使用。在信息社会谁拥有丰富的信息，谁就能得到长足发展，所以信息是推动社会与经济发展的重要战略资源，是人类发展的源泉。

（2）信息是人类认识世界的中介

信息的存在是人类发挥认识能力的必要条件。人类为了生存和发展，每时每刻都在与客观世界打交道，每时每刻都在认识、了解客观事物的存在方式或运动状态，在一定程度上消除对客观事物的存在方式或运动状态的不确定性。人类认识世界正是通过不断地获取反映世界状态和属性的信息而进行的。同时人类在认识世界的过程中也增强了认识能力，使人的认知水平不断提高和发展。维纳指出："信息这个名称的内容就是我们对外界进行调节并使我们的调节为外界所了解时而与外界交换来的东西。"可见，没有信息，人们就不能认识世界，信息是人类认识世界的中介。

(3) 信息是人类改造世界的重要资源和成果

人类通过信息认识了世界，掌握了反映世界的存在方式或运动状态的规律，同时结合长期以来积累的经验或产生的创新信息去改造世界。其实更确切地说，应该是人类通过认识世界来管理世界。管理的五项基本职能为：计划、组织、控制、协调、指挥，人类正是通过这些行为来管理世界的。但是这五项职能的发挥没有一个可以离开信息而存在。只有以一定的信息为基础，管理活动才能正常进行。及时、准确地获取信息，快速、有效地传递信息，精确、全面地分析信息成为整个管理活动的核心与灵魂。信息是人类改造世界的重要资源。同时人类在认识世界、改造世界的过程中产生了许多新的想法，这些想法也是信息，这是人类智慧的结晶，是人类改造世界的成果。

信息的作用是多方位的，它是物质、能量无法替代的资源，而且还可以使人们更高效地使用物质和能量，发挥巨大的经济和社会效益。总之，人们认识世界需要信息，人们改造世界更需要信息。信息如同一潭水，只要让它流动起来，它就能发热、发光。谁能充分利用信息，谁能充分发挥信息的作用，谁就能使信息真正成为财富。只有真正认识信息的作用，并想办法让它传递、扩散、交流、使用，才能发挥其巨大的潜能。现代信息技术的发展，已使信息的产生、变换、存储、传递、显示、控制及利用发生了根本性的变革，信息将形成比物质和能量更为重要、更具效益的生产力和战斗力，信息正在把人类带进一个高度信息化的全新的时代。

1.2 信息管理

信息管理是随着人类社会的产生而产生，随着人类社会的发展而发展，它管理的主要是社会信息。第二次世界大战以来，随着科学技术的发展，信息产生的数量越来越多，甚至出现了"信息爆炸"的现象。但与此同时，人们发现找到自己需要的信息却非常困难，出现了"信息爆炸"与"知识贫乏"的矛盾，而且这种矛盾愈演愈烈。同时国际上一些重大事件的发生（主要是1957年苏联人造卫星上天、战后日本的迅速崛起）使很多国家开始认识到实施信息管理的重要性。

1.2.1 信息管理的概念

信息管理是一个发展的概念，时代不同信息管理的内涵也不相同，即使相同的时间大家对于信息管理的认识也不可能完全一致。关于信息管理的概念这里首先列举一些具有代表性的学者的观点。

霍顿（F. W. Horton）认为信息管理是一种有价值的信息资源。通过有效的管理和控制程序能够实现某种利益的目标活动。在实际工作中为了有效地利用信息，必须组织如信息搜集、存储等程序化工作，以解决信息利用中的各种问题。

马丁（W. J. Martin）认为信息管理就是与信息相关的计划、预算、组织、指挥、培训和控制的过程。信息是一种特殊形式的管理活动，其范围涉及数据处理、电子通信、文字处理、文书与记录管理、图书馆与情报中心、办公室系统、外向型信息服务以及所有与信息有关的经费控制活动等领域，其构成要素包括技术、专家、可利用的资源和系统等。

德国学者施特勒特曼（K. A. Stroetmann）则将信息管理归纳为对信息资源和相关信息过程进行的规划、组织和控制，其主要内容包括基于信息服务的管理环境、信息经济化过程管理、信息资源管理、信息生产与服务管理等。

柯平在其主编的《信息管理概论》一书中认为，信息管理就是个人、组织和社会为了有效地开发和利用信息资源，以现代信息技术为手段，对信息资源实施计划、组织、指挥、控制和协调的社会活动。并认为这一定义概括了信息管理的三个要素——人员、技术、信息；体现了信息管理的两个方面——信息资源和信息活动；反映了管理活动中的基本特征——计划、控制和协调。

马费成在《信息管理学基础》一书中认为，信息管理的实质就是人类综合采用技术的、经济的、政策的、法律的、人文的方法和手段对信息流（包括非正规渠道和正规渠道中的信息流）进行控制，以提高信息利用效率、最大限度地实现信息效用价值为目的的一种活动。

卢泰宏在《信息资源管理》一书中提出，对信息管理的理解存在着两种情况，一是认为信息管理就是对信息的管理，即对信息进行组织、控制、加工、规划等，并将其引向预定的目标；二是认为，信息管理不单单是对信息的管理，而是对涉及信息活动的各种要素（信息、人、机器、机构等）进行合理的组织和控制，以实现信息及有关资源的合理配置，从而有效地满足社会的信息需求。

岳剑波在《信息管理基础》一书中认为，现代信息管理就是对信息资源及其开发利用活动的计划、组织、控制和协调，主要目的是实现信息资源的开发、合理配置和有效利用。

综合以上国内外学者对信息管理概念的理解和解释，可以分析出以下几个方面，现代信息管理都注重现代信息技术及其他管理技术的应用，管理的对象不再局限于单纯的信息，而且还包括了信息资源和信息活动，目的是实现信息资源的有效开发和利用。因此本书给出的现代信息管理的概念为：信息管理是借助于现代信息技术，充分利用经济、人文等管理手段，对信息资源和信息活动进行计划、组织、指挥、协调和控制，充分开发、利用信息资源带来社会效益。这里的信息管理既包括微观信息管理（主要包括信息收集、信息组织、信息存储、信息传输、信息分析、信息服务等环节），也包括中观信息管理（主要指信息系统的管理），还包括宏观信息管理（主要是信息产业、信息政策等）。

1.2.2 信息管理的分类

根据大家对信息管理的理解不同，可以将信息管理按不同的标准进行简单的分类。

（1）按管理层次分类

① 微观层次的信息管理。微观层次的信息管理研究和处理的是具体的信息产品的形成和制作过程。从对信息的搜集到对信息的组织、加工、整理，再对信息进行分析与预测，最后形成独立的、具体的信息产品。将信息产品在组织内部消费或送入市场，转化为信息商品，连同信息服务一起出售给消费者。这一层次上的信息管理就是对信息本身的管理。大家通常理解的信息管理通常是这一层次的。

② 中观层次的信息管理。中观层次的信息管理是指广义信息资源管理，即对涉及信息活动的各种要素（信息、技术、人员、机构）进行合理的计划、集成、控制，以实现信息资源的充分开发和有效利用，从而有效地满足社会信息需求。中观层次的信息管理面向的不是一件件具体的信息产品，而是处于社会中的具体的信息系统。信息系统有两个层面的理解，一是从信息技术角度出发，开发编制出用于处理具体问题的计算机系统软件，它涉及系统的

分析、编制、维护与管理等问题；二是从社会组织系统的角度出发，信息系统是一个完整的组织内部的信息处理与交流的环境与平台。如何规划与运营好企业内部的信息资源，是中观层次的信息管理所关注的问题。这一层次上的信息管理就是在微观层次的信息管理的基础上增加了信息系统管理的内容。

③ 宏观层次的信息管理。宏观层次的信息管理是从整个社会系统角度来看的，它主要是指对一个国家和地区的信息产业的管理，是指对社会信息事业及其环境因素进行综合性的规划、协调、指导，以推动信息产业和信息经济的发展，最终实现社会信息化的战略目标。信息产品进入社会、进入信息市场，就要加强对信息市场的监管，加强对信息服务的管理，就要在政策、法规和条例等方面进行规范。宏观层次的信息管理是在广义信息资源管理的基础上再增加信息产业管理这一部分。信息产业所涉及的面比较宽、领域比较广、行业比较多，如何通过对它们的有效管理，提高行业的信息化水平，进而提高整个社会的信息化水平，都是宏观层次的信息管理所要研究的问题。

(2) 从信息管理起源领域分类

① 图书馆领域。从信息管理活动发展史看，在古代与近代的信息管理活动时期，图书馆工作与信息管理活动紧密相关。图书馆的历史被看作信息管理活动的历史。图书馆自诞生以来就承担着信息资源的保存、整理、传递与利用的职能。随着技术的发展、服务理念的变化以及信息媒体类型的多样化，图书馆工作在新的历史时期也超越了传统意义上的图书馆，而将其作为一种文化现象、一种社会信息的转换器来看。它一方面要管理传统的馆内信息资源，同时也要处理馆外的虚拟信息资源，它争取在新时期与环境下，继续履行自己在社会信息系统中的职能，巩固社会信息的管理与传递角色地位。从另一角度来看，图书馆在竞争激烈的社会角色中，它已经不是唯一具有这种职能的机构，它也要同其他同性质的组织进行角逐；从另一方面说，社会信息的爆炸，逼迫它必须应对比以前多得多的信息资源，转变管理理念，提升自己的管理核心对象的品质，改变与完善自己的管理性质，于是信息管理的概念就被引入图书馆的工作中，它具有比图书情报档案学更大的涵盖功能。

我国很多高校的信息管理系是由图书情报系更名而来，使信息管理具有图书情报的特色。传统的图书馆学情报学从创建之日起，它所发明的独特方法是信息管理技术不可或缺的重要方法之一，在这方面它们的贡献是高于其他学科的。图书情报学的文摘法、索引法、分类法、主题法、综述法、计量法、引文分析法等，都已经成为现代信息管理的重要方法被广为采用。图书馆学情报学所研究的信息采集加工、整理、传递、服务、利用、反馈等环节工作，已经构成了一个比较完整的信息管理过程。

② 工商企业管理领域。随着信息技术和世界经济一体化的发展，企业经营出现了许多新的特点。主要有以下几个方面：全球化、跨国化经营；企业为了避免"把所有的鸡蛋都放到一个篮子里"，开始拿出多余的钱来扩大业务领域和项目，实施多元化经营，这种多元化有"相关多元化"和"不相关多元化"；传统的"金字塔"型的组织结构与集权管理体制相适应，但不能满足日益庞大的组织，不能实现组织内部日益增多的信息交流需求，中间层的存在极大地妨碍了信息的交流，组织结构出现了扁平化的趋势，同时在分权的管理体制之下，各层级之间的联系相对减少，各基层组织之间相对独立，扁平化的组织形式能够有效运作；由于技术的发展，面对面的交易因其成本高而逐渐为网络营销所取代，企业经营手段发生了很大变化，一些虚拟企业开始出现，他们依托技术的力量，实现了人、财、物、信息在网络上的虚拟流动，凭借低成本实现了传统企业所追求的利润。

企业经营中出现的新特点对企业组织提出了新的要求，要求企业能够及时处理产生的大量信息。于是只有求助于信息技术，这样就促成了信息管理的出现。一方面，企业管理者希望在管理中引入信息管理技术，希望借助于信息技术提升企业的管理水平、生产能力、动作效率，提高企业的竞争力，所以，这方面的信息管理主要针对企业信息技术的投入与产出的比重、效益。另一方面，企业管理者已经认识到，在变幻莫测的企业生存环境中，直接操作可以看得见、摸得着的物质资源、人力资源、资金资源越来越少，而管理与生产运作中到处存在的信息资源尤其显得重要。如何从信息资源这个角度来重新规划企业经营模式，从信息战略的高度来重新定位企业的经营战略，从信息流的视角重新审视企业的生产与运作管理等问题，成为企业领导人员的新的思想范式。企业信息管理已经成为信息管理的另一个重要的战场。

③ 政府行政管理领域。第二次世界大战后各国政府机构越来越庞大，同时机构职能不断健全，所产生的政务类信息也就越来越多。大量政务类信息的产生，一方面对政府工作的开展造成了障碍，增加了政府行政办公的费用，也造成了文牍的泛滥；另一方面，政务信息的开发、利用工作变得越来越困难，为公民了解、获取、参与国家政务信息带来了麻烦和障碍。于是，首先从美国开始，开始了削减政府文书的工作，加强了对政府信息资源的管理。美国政府 1980 年颁布了《文书削减法令》，明确提出了信息资源管理的概念。这个法令的通过为政府机构的信息管理工作开创了新的篇章，也成为现代信息管理时期的一个重要里程碑。

随着国外政府信息化建设的发展，我国政府也在 20 世纪 80 年代末期意识到了政府信息管理的重要性。1996 年和 2001 年分别成立了国务院信息化领导小组和国家信息化工作领导小组，负责全国各地区、各行业的政府信息管理工作。

(3) 按信息管理的模式分类

卢泰宏和沙勇忠在《信息资源管理》一书中勾画了信息管理的三维构架，认为信息管理应该从技术的角度、经济的角度和人文的角度进行管理。

① 技术的信息管理。在人们开始重视信息管理以后，主要的解决思路就是依赖信息技术来推动信息资源的开发和利用。沿着信息管理的技术发展方向，人类正在追求各种新的信息系统、新的信息媒介和新的信息利用方式，专家系统、知识工程、智能计算机、联机分析、数据仓库与数据挖掘、商务智能等已经成为信息管理技术所关注与向往的方向。目前企业资源规划（ERP）、客户关系管理（CRM）、供应链管理（SCM）、电子商务、企业门户等先进的技术方法与思想已经在信息管理领域占据了很重要的地位。

② 经济的信息管理。随着管理信息系统缺陷的暴露，以及信息主管（CIO）在企业地位和作用的变化，人们开始认识到人们需要促使信息真正或进一步发挥出资源的价值，并且不能单纯地依靠技术来解决所有信息管理的问题，需要诸如经济和人文的手段来促进信息管理的发展。信息管理的另一个重要手段是经济手段。沿着信息管理的经济方向发展，信息商品、信息市场、信息产业正在不断发展和完善，信息经济、知识经济已经成为当前重要的社会经济形态，信息经济学、知识经济学也受到了特别的关注，正在解决信息经济中存在的基本问题。信息经济学已经成为经济学和信息管理领域的重要研究内容。

③ 人文的信息管理。在经济和技术手段失效的时候，人文的手段往往是解决问题的很好办法。沿着信息管理的人文发展方向，人们正在探讨与研究如何应用人文手段规范人们的信息行为，加强对信息产业的管理，促进整个社会各领域部门的信息化水平的提高。信息政策、信息法律等管理手段的不断完善，世界各国相继推出面向不同领域与层次的信息法令，以解决单纯依赖技术手段、经济手段所无法解决的问题的同时，也为它们本身更充分地发展与合作创造了好的社会环境。

三种不同模式的信息管理要相互结合，才能共同构成完美的信息管理框架。

(4) 按信息管理发展阶段分类

对信息管理发展阶段的划分国内外学者有很多不同的分法。国外的信息管理主要来源于政府信息资源管理和工商企业管理领域，研究人员多以经济学、管理学为学科背景，他们在对信息管理发展阶段进行划分时更加关注技术因素对企业、政府组织经营运作的影响。而国内对信息管理的研究则未被这两个行业所重视，主要由从事图书馆学情报学研究的人员开展，他们能够从信息管理活动的历史渊源中寻找切入点，对信息管理发展阶段的划分形成了比较一致的认识。所以国内外对信息管理思想的认识以及对信息管理发展阶段的划分也不一致。在此主要介绍国内外最具代表性的马灿德与克雷斯莱茵的"四阶段说"和马费成的"四阶段说"。

马灿德（D. A. Marchand）和克雷斯莱茵（J. C. Kresslein）从政府组织管理的角度出发，对信息管理思想发展因政府机构所面临的信息环境、技术环境的影响而提出了信息管理思想发展的"四阶段说"：第一阶段（1900—1950年左右），物理控制；第二阶段（20世纪60—70年代中期），自动化技术的管理；第三阶段（20世纪70—80年代），信息资源管理；第四阶段（20世纪80—90年代），知识管理。具体内容如表1.3所示。

表1.3 马灿德和克雷斯莱茵的四阶段说

发展阶段	推动力量	战略目标	基本技术	管理方法	组织地位
物理控制	企业与政府组织的增长与多样化	程序效率和物理效率	纸张、打字机、文件柜、制表机、缩微胶卷	文书管理；记录（报告管理）；函件管理；邮件管理；指令和指示管理；重要记录保护；办公室布局与设计	监管和中低级管理；分裂的、松散的协调
自动化技术管理	数据处理、电信和办公系统的独立发展和提高	技术效率和控制	第2代和第3代计算机、电子复制机独立应用和群集数字处理机（第1代）；增强型声音通信（第1代或第2代专用交换分机）；"技术寻求使用"是作业的技术管理主导模式	集中式数据处理部门的出现；电信的出现；协调者和管理者；文字处理中心和独立应用工作站的出现；复制中心和独立应用单位的出现	中级管理（有些属例外）；分裂的、非协调的；信息的手工管理被视为不同于信息的自动化管理
信息资源管理	数据处理、电信和办公自动化技术的会聚	信息技术的集成管理；把信息当作是一种战略资源	分布式数据处理；综合通信网（声音或数据）；多功能工作站（如数据处理、文字处理、电子函件、时间管理、个人计算）；带有台式计算机和便携式计算机的个人计算	信息技术的水平管理传统的资源管理技术（如规划、成本核算）的应用；经营规划与信息资源规划之间形成了紧密联系	中上级管理到次高级管理
知识管理	对信息技术依赖性的提高以及信息技术对企业各个层次的作业和管理决策制定的渗透	为了决策、管理和操作而将信息资源的物理或技术管理与信息过程的管理结合到一起	专家系统或知识库系统；决策支持系统；办公智能系统	将信息使用和信息价值与信息技术的管理相结合起来；将内部信息处理和外部信息处理结合起来；将信息规划与经营规划紧密联系起来	知识资源的管理成了各级管理层采纳的一般管理哲学的基本组成部分

马费成对于信息管理的发展阶段提出了"四阶段说",在此之前,卢泰宏和谢阳群也提出了大致相同的信息管理发展的"三阶段说"。在前面两位学者的三阶段基础上,马费成增加了一个新的阶段——知识管理阶段。这是近年信息管理理论与实践发展的必然结果。

① 传统管理阶段以图书馆文献信息源管理为核心。传统管理阶段以信息源管理为核心,以图书馆为象征,同时也包含档案管理和其他文献资料管理。虽然人类对信息的保存与管理早已有之,但作为一项专门的工作和事业则是在图书馆出现之后才兴起和发展起来的。为了收藏和整理记录人类经验、知识和信息的文献,图书馆应运而生。随着社会经济、文化和科学的发展,文献记录的类型大量增加,图书馆作为最初的文献收藏机构,逐渐与档案馆分流,成为知识和文献收藏、整理和提供利用的社会信息交流中心机构,即形成了独立意义上的图书馆。图书馆对文献的收藏以文献的利用为目的,尽管引入了管理的概念和方法,图书馆在解决文献收藏和合理利用之间的矛盾问题上仍然不是十分成功。文献信息的利用在时间和空间上分布都非常复杂。在空间上,即使是一个很小的区域,图书馆所面对的也是无穷无尽的需求,而且这种需求在不断变化;在时间上,更是一个漫长的分布,入藏图书馆的文献信息可能是在遥远的未来才会被阅读。许多人对图书馆没有明确的当前服务目标的文献信息源收藏和管理模式表示怀疑。尤其是在 20 世纪 40 年代后,当大科学时代的"情报危机"开始出现,知识信息呈指数增长,并进一步威胁着人类再创的时候,在科技领域出现了一类新兴的专职信息服务机构——科学技术情报研究所。相对图书馆而言,科学技术情报研究所偏重于对图书之外的文献(期刊、专利、会议文献等)信息的管理。

② 技术管理阶段以信息流的控制为核心。技术管理阶段以信息流的控制为核心,以计算机为工具,以自动化信息处理和信息系统建设为主要工作内容。显然,这是在计算机技术及相关信息技术高度发展和广泛应用的背景之下发展起来的新兴信息管理模式。

计算机发明研制后不到 10 年就被应用于图书馆的文献信息加工和管理,其目的是提高文献信息加工处理和查找效率,实现对文献信息流的控制。这实际上是文献信息管理的一场革命。在这种计算机系统中,只要把原始文献的信息进行一次分析,输入计算机系统,就能从中选取和编制出二次文献索引的信息。这种文献信息加工和管理的计算机化,不仅大大缩短了二次文献出版、分发的时差,而且文献收录的范围更加广泛,能适应多样化的需求,给用户带来了方便,推动了数据库行业的发展。与此同时计算机也被广泛地应用于公司、企业和其他各类机构的行政记录处理、财务数据处理、经营活动数据处理。随着这些机构记录数据处理量的不断增大,促成了以系统思想为指导,全面考虑组织机构各类数据(信息)的采集、加工、存储、检索、传输和利用等的管理信息系统(Management Information System,MIS)的诞生。

随着信息系统技术的发展,人们在信息检索系统、办公室自动化系统和 MIS 基础上,又研制出了不同功能的决策支持系统(Decision Support System,DSS)和专家系统(Expert System,ES)。随着分时多用户计算机网络和分布式计算机网络的出现,国际大型联机信息检索系统迅速发展起来。

20 世纪 80 年代以来,微型计算机性能的迅速提高,特别是性价比上的巨大优势,为信息管理提供了新的工具和途径,加上 CD-ROM 的普及利用,使得信息管理出现了结构性变化,从追求覆盖面越来越大、性能越来越综合的大型系统演变到集中式和分散式同时并存和相互竞争的新型信息系统。

显然,信息管理阶段着眼于用计算机技术处理信息并对信息流进行控制,技术因素占主导地位,技术专家唱主角。某些人希望在高度发展的信息技术的支持下克服由"信息爆炸"

所带来的利用方便的困难，以实现有效管理和开发利用，当信息技术达不到预定目标时，他们误以为是技术还不够先进，于是拼命追求最先进技术应用，完全忽视了信息管理中其他因素的作用。这种思想在部分人中一直持续到网络时代。

③ 资源管理阶段以信息资源管理为核心。信息资源管理阶段强调从多种角度对人类社会信息过程及相关要素实行综合管理。信息资源管理这一新概念的提出基于两个方面的背景：一方面，是信息管理阶段纯粹的技术手段不能实现对信息的有效控制和利用；另一方面，也是更重要的原因，是当代社会经济发展使得信息成为一种重要的资源，迫切需要从经济的角度思考问题，并对这种资源进行优化配置和管理。在顾及信息的高效处理、传播、利用和共享的同时，信息安全（包括计算机安全、系统安全、数据安全、国家主权、个人隐私等）和信息利益这两大问题已变得非常棘手。

计算机化信息系统的建立虽然能够有效解决信息管理的许多问题，但它仅仅是在微观层次上着眼于个别的机构和组织。随着技术的进一步发展，这种模式必然导致信息系统的分散和小型化发展趋势，使得信息的管理和控制反而变得更加困难，宏观层次的信息共享和信息效益无法实现。于是，进入20世纪70年代以后，人们着手利用行政的、法律的、经济的手段，从微观与宏观结合上协调社会信息化进程中的各种矛盾、冲突和利益关系，妥善处理信息管理中人与物的复合关系，这样就逐步形成了信息资源管理的思想和观念。

④ 知识管理阶段以知识的创造、学习、应用、理解和协商为核心。21世纪企业的成功越来越依赖于企业所拥有知识的质量，利用企业所拥有的知识为企业创造竞争优势和持续竞争优势对企业来说始终是一个挑战。知识管理就是为企业实现显性知识和隐性知识共享提供新的途径，知识管理是利用集体的智慧提高企业的应变和创新能力。通过在组织中建构一个量化与质化的知识系统，让组织中的资讯与知识，透过获得、创造、分享、整合、记录、存取、更新、创新等过程，不断地回馈到知识系统内，形成永不间断地累积个人与组织的知识并且吸收为组织智慧的循环，在企业组织中成为管理与应用的智慧资本，帮助企业做出正确的决策，以应对市场的变迁。

1.2.3 信息管理的特征

信息管理是管理的一种，因此它具有管理的一般性特征，例如：管理的基本职能是计划、组织、领导、控制；管理的对象是组织活动；管理的目的是实现组织的目标等。同时信息管理又是一种不同于一般管理的专门管理领域，是一个在信息技术推动下得到长足发展和广泛应用的领域，因此信息管理又具有自己独有的管理特征和时代特征。

(1) 信息管理的对象是信息资源和信息活动

传统管理领域的管理对象主要是人、财、物等有形资源，而信息管理的对象是基于人、财、物等基础之上产生的信息资源和信息活动。这是信息管理区别于传统管理最显著的地方。

(2) 信息管理贯穿于整个管理过程之中

管理活动的五项基本职能是计划、组织、协调、指挥和控制，管理活动的每一个过程都必须是在占有大量信息的基础上做出来的，信息在此过程中起到了不可替代的作用，它是整个管理组织的脉络，是整个管理活动的灵魂，信息管理贯穿于整个管理过程。

(3) 现代信息管理具有浓厚的技术色彩

随着经济全球化，世界各国和地区之间的政治、经济、文化交往日益频繁；组织与组织之间的联系越来越广泛；组织内部各部门之间的联系越来越多；科学技术的发展越来越迅猛；这些都导致信息量的猛增和信息活动的日趋复杂。为了更好地进行管理这些信息资源和信息的活动，现代信息管理必须与现代信息技术紧密结合，加快信息处理和传播的速度，使信息资源真正能发挥它们的作用，为社会创造价值。

现代信息技术是目前各研究领域中发展更新最快的领域，信息管理也必将随着信息技术的发展而不断地发展和演变。

（4）信息管理是多学科交叉研究的成果

信息管理集合了管理学、图书馆学、情报学、信息技术、经济学等多学科的视野，是它们交叉研究的结果。随着信息管理的研究，它所涉及的领域也在扩大。从知识范畴上看，信息管理涉及管理学、社会科学、行为科学、经济学、心理学、计算机科学、建筑学等；从技术上看，信息管理涉及计算机技术、通信技术、办公自动化技术、测试技术、缩微技术、人机交互、可用性工程等。

（5）信息管理是为了更好地完成管理的职能

信息管理可以充分管理信息资源与知识资源，最大限度地发挥它们的作用，促进人、财、物等资源的合理有效的配置和流动，使它们充分发挥作用，为组织带来效率和效益。

（6）现代信息管理既是信息技术的应用，又是一种管理思想

将信息管理看成是信息技术的应用这种认识首先产生于 MIS 研究领域，他们将信息管理当作是对 MIS 的一种扩展或其下位学科，或是对基于计算机的信息系统进行更好地管理的一种指南。这种认识强调了信息管理的技术层面特色，将信息管理与信息技术之间画上了等号。

信息管理属于信息技术的范畴，同时又是一种管理思想与方法。从普通民众的理解来看，它更倾向于被当作一种信息技术。但从管理的角度来看，信息战略管理越来越显得重要，对信息进行规划与管理，用于管理中的决策与判断，已经成为企业制胜的法宝。所以说，信息管理具有两方面的特征，一方面是技术特征；另一方面是管理理念特征。这两个特征是一把"双刃剑"，谁也离不开谁，共同构成了信息管理的内涵与特色。

1.2.4 信息管理的发展历程

自从有了人类社会，就有了信息管理的对象——社会信息和信息活动，人类也就开始了信息管理活动。从原始社会人类的结绳记事，到今天人们广泛利用计算机等信息技术来提升信息的管理水平与效率，可以说，人类的历史有多长，信息管理活动的发展历史就有多长。根据人类信息管理活动采用的手段和方法，可以将人类的信息管理活动大致分为三个时期：古代信息管理活动时期、近代信息管理活动时期和现代信息管理活动时期。

人类在不同时期所处的社会环境不同，也就产生了不同的信息管理活动，具有了独特的信息管理活动的特点。概括起来，影响人类信息管理活动的因素主要包括当时社会的整体经济环境、信息资源状况、信息资源类型、信息管理的主体、管理信息的手段与方法等重要方面。

（1）古代信息管理活动时期

这一时期主要指从人类诞生到资本主义社会之前的漫长的几千年。中国信息资源数量在当时的世界上是位于前列的，中国的信息资源管理技术与方法也走在了世界前列。在文字发明以前，人们使用声音语言来传递信息、表达情感。这个时期信息的保存与管理主要通过口耳相传，而声音信息的传递范围无论从广度还是从深度上讲，均受到很大的限制，因此很多信息惨遭遗失，信息管理的效果得不到保证，只有极少数的信息得以保留下来，成为今天人

类极其珍贵的文化遗产。

文字的出现使人类可以超越时空界限对信息的管理得以加强，使信息管理发生了重大的变革。造纸术和印刷术的出现，大大推进了信息数量的增长以及信息加工手段的提高，同时也扩大了信息传递的空间范围，加快了信息传递的速度。

在古代信息管理时期，出现了符合当时信息资源特点的信息管理技术。如西汉末年，刘向、刘歆父子校理古典文献编纂的《别录》《七略》两部书目，开创了我国古代目录学、校勘学、分类学的先河，并影响着后世近两千年来图书事业的发展和学术思想的研究，是我国古代信息管理活动的一颗耀眼的明珠。唐代由魏徵等撰写的《隋书·经籍志》也是我国古代具有代表性的信息管理活动成果之一。清朝由乾隆皇帝亲自组织编撰的《四库全书》是古代信息管理活动发展的顶峰。

古代信息管理活动时期具有以下特点。

① 信息资源数量有限，信息管理活动没有形成社会规模。由于当时生产力发展的因素，古代信息管理时期的信息管理对象以纸制手抄本以及印刷本为主，数量有限。在有限的信息资源的基础之上，信息管理活动也没有形成社会规模。

② 信息存储的方式是封闭的、私有化的。信息管理重心集中于"藏"，主张藏书秘不示人，属于私人财产，甚至于即使是家人也难于看到馆藏。这一方面有利于文献的保管，使之得以流传至今，但另一方面，也有悖于信息管理"传"与"用"的宗旨。

③ 信息管理的手段与方法以手工为主，创造出了适用于当时的信息资源状况的独特方法，并且将此方法与学术研究及其方法结合在一起。古代的图书整理活动在清朝时达到极致，其代表性事件就是《四库全书》的出版。其倡导的信息管理方法——"四部分类法"是适合于中国古代典籍的文献信息管理方法，它所创造的信息分类管理思想，对今天的信息管理活动和行为都产生了深远的影响与冲击。今天，"四部分类法"依旧是中国传统古籍资源的整理方法。

④ 文献资源的所有者或者是官方指定的官员是信息管理的主体，完成信息管理活动，执行信息管理行为。我国也有着良好的信息管理传统，各朝代都有专门记录和管理档案文书的官员，如司马迁就是史官，负责这方面的事务。当然，国家的文献信息资源管理活动也是积极主动的，各朝各代都修史，在史册中皆要有专门记录当代文献的史册，用中国传统的目录学方法。对所记录文献加以"辨章学术、考镜源流"，这种信息管理的思想极大地丰富了现代信息管理的内涵。我国古代有历史可查的图书整理活动始于汉代刘向、刘歆父子的《七略》和《七录》，虽然这两部书均已亡佚，但从《汉书·艺文志》中还可见其内容、方法与规模。《隋书·经籍志》也是我国古代具有代表性的信息管理活动成果之一。

(2) 近代信息管理活动时期

这一时期主要是从资本主义社会开始到第二次世界大战结束这一段时间。信息管理活动的兴盛与衰落与一个国家文化和经济的兴盛与衰落是相伴而行的。19世纪前信息管理活动是东方文化的世界，我国古代的信息管理活动成为世界的领头军，但19世纪末20世纪初开始，随着我国经济的衰退，信息管理活动的重心开始向西方国家倾斜，20世纪开始是西方文化的世界。

近代信息管理活动时期具有以下特点。

① 信息资源的数量增多，管理对象以文献信息为中心。资本主义的科学与民主等人文主义思想不断扩散到全世界。人们追求真理、追求进步思想的呼声高涨，直接推动了社会的整体进步；社会中可接受教育的人数不断增多，群众的识字率不断提高，社会文化不断普

及。社会信息资源因为科学技术的发展而快速增加，特别是新型的机器印刷的出现加快了文献信息的生产，使得社会信息积聚不断加快；除图书这种信息载体类型之外，报纸、杂志等新型载体也大量涌现，但仍旧以纸制印刷品为主；信息传递的渠道增多。信息交流的广度和深度大大加强。

② 图书馆是信息管理的主要场所。与前一个时期相比，这个时期最明显的进步就是社会文化水平的提高。对于信息保存来说，藏书楼式的藏书制度被彻底打破。在以图书文献为主要的社会信息资源的社会背景下，保存文献信息资源的责任义无反顾地选择了这一时期新型的信息存储机构——图书馆。图书馆的出现是人类文明的一大进步，它不同于传统的藏书楼，它已经将信息管理的目的从简单的"藏"发展到"藏"与"用"相结合。图书馆的出现，一方面反映了普通人追求知识的热情，人们可以平等地追求知识；另一方面也反映了社会的进步与发展。20世纪20—30年代在西方国家发起的公共图书馆运动充分证明了这一点，同时也极大地推动了图书馆事业的大发展，更多类型的图书馆不断涌现。

③ 专门的信息管理专业人员所创造的一系列技术手段成为信息管理的主要方法。这个时期，从事信息管理的人员不能再以官员的身份出现，取而代之的是专业的信息管理人员。这种专门化的信息管理人员在这个阶段主要集中于图书馆中，被称为图书馆员。图书馆的出现促进了信息的管理思想及管理手段与方法的变化。联合国教科文组织认定的图书馆四项职能是：保存人类文化遗产，社会信息流整序，传递情报，启发民智的文化教育。在这里，最重要的当属社会信息流的整序职能。图书馆开创了具有现代意义的一系列行之有效的信息管理方法，如分类法、编目法、主题法、索引法、计量法等。

④ 信息管理的内涵还比较单薄。近代信息管理活动时期虽然信息管理思想、手段与方法在不断进步，但信息管理仍旧被解释为"对信息的管理"，是一个简单的动词，信息管理强调的仍旧是对信息加以管理的技术手段与方法，没有上升到一个战略的高度，它的内涵还是比较单薄的。

（3）现代信息管理活动时期

这一时期以第二次世界大战的结束为标志（即随着世界上第一台计算机在1945年研制成功，在次年2月的正式面世），信息管理活动进入了第三个阶段——现代信息管理时期。在这一时期，社会经济在遭受了战争的创伤后，进入恢复与发展时期。资本主义经历了两次世界大战，完成了资本的原始积累，进入了迅速发展的快车道，世界经济出现了欣欣向荣、蒸蒸日上的景象，也促进了社会其他领域的大发展。信息技术在信息管理活动的发展中占有重要地位，它主导着信息管理各时期的发展。计算机技术的出现，对整个人类社会的方方面面，特别是信息管理领域产生了巨大的影响。

现代信息管理活动时期具有以下特点。

① 信息管理的内涵与外延都得到了扩大，它所面对的信息资源已经远远超出了传统的文献型信息资源的范畴，扩大到了多种新型的信息类型，整个社会的信息资源呈几何级数增长，不同的部门和领域均不得不面对信息管理的挑战。计算机、网络等现代信息技术的迅速发展，对信息管理的发展起到重大推动作用，对人类的工作与学习方式，甚至对人类的思维方式都产生了巨大的影响。伴随着信息技术的变化，信息资源类型不断多样化。除文献型信息资源外，还出现了缩微型、电子型、网络型等新型媒体，如网络上的流媒体，已经引起了人们的极大兴趣与关注。信息管理技术的不断复杂化与多功能化，也为信息的深度管理奠定了基础，从向载体单元的操作深入到了信息内部的知识单元，要挖掘信息内部存在的具有逻辑关联的智慧资源，这对信息管理的要求越来越高。信息传播与交流方式也发生了翻天覆地

的变化。报纸与杂志出现的时代比较早,在近代信息管理时期就已经存在了,而在第二次世界大战后,广播、电视、网络三大媒介形式出现,并且成为大众信息交流的主要手段与方式,特别是网络的出现更是扩大了信息交流的范围,促进了信息的爆炸性增长,人们获取信息的渠道与方式改变了,社会信息量加大了。目前,电子信息交流的方式极大地改变着自人类诞生以来的传统信息交流手段与渠道。

② 信息管理技术充分利用了现代信息技术的优势,突破了传统处理文献的信息管理技术范围,大量采用了网络、数据库、数据仓库、联机分析技术等先进技术手段与方法,同时传统的信息管理技术在新的技术环境下也不断地完善与发展,以适应新的环境的变化。信息管理的手段充分利用信息技术,一方面提升了上两个时期形成的信息管理方法,另一方面结合新的信息形式、信息载体、信息类型,而开发出新的管理技术手段,如数据库、数据仓库、联机分析、商务智能等。

③ 信息管理人员早已不仅是以传统的文献信息处理为任务,而是更加技术化、专业化、专门化,他们在组织内部被称为 CIO 或知识主管(CKO),已经成为社会组织中的一个阶层。图书馆在这一时期继续扮演着社会信息流整序的职能,但它已经不再是唯一具有此类社会职能的信息管理机构,社会上出现了相对于图书馆来说功能与目的皆不同的各类型信息管理机构,如咨询公司、企业管理公司、调查公司等,它们共同承担着不同领域、部门和层次的社会信息流的管理工作,共同完成整个社会中信息流的管理。

总之,现代的信息管理已经大大超越了古代和近代时期对信息管理的理解框架,发生了质的认识变化。

1.3　信息管理学

信息管理学是一门建立在数学、管理科学、信息科学与技术的基础上,涉及多个学科和多领域的综合性学科。本课程的任务和目的是使学生能宏观地、全面地了解人类社会信息管理活动的客观规律,掌握信息管理的基本理论和方法,自觉运用所学的知识和技能丰富信息管理的实践活动。

1.3.1　信息管理学的产生背景

信息管理学的产生不是偶然的,一门科学的产生和发展必须符合社会发展的需要,必须受其他学科解决不了的问题和任务所驱动。信息管理学的产生就是顺应现代社会经济和科学技术发展趋势的必然结果。

信息管理学的产生背景总的来说是两个方面的:一是社会信息管理活动发展的需要;另一个是现代科学技术发展的大趋势所向。20 世纪以来,现代科学技术高度综合的发展特征,使得学科间的交互作用、交叉趋势越来越明显。由于研究对象的交叉及对交叉学科整体研究的需要,交叉学科大量涌现。信息管理学是研究人类社会信息管理活动的科学,信息资源及信息管理现象的广泛性、复杂性,要求人们对其进行系统的、综合的研究,这为信息管理学提供了实践基础。信息管理学就是信息科学与管理科学、计算机科学等交叉作用的产物。同时传统的图书情报学又为信息管理学的产生和发展提供了技术基础、学科基础。

① 社会发展需要。社会信息管理活动的发展需要,社会需要永远是推动科学发展的原动力。随着现代社会的信息化程度越来越高,社会信息活动更加广泛,社会信息现象日趋复

杂，出现了所谓的"信息危机"。为了克服信息危机，信息管理从社会劳动中分化出来，成为一种独立的职业活动得以迅速发展。信息管理工作的进一步发展需要有正确的理论指导。为此，人们开始总结信息管理工作的基本原理与普遍规律，从理论上探索出信息管理最优化的途径。为社会信息管理实践提供科学的理论和方法。

② 学科基础。信息科学和管理科学的发展为信息管理学的孕育提供了充分的理论条件。信息管理学是一门综合性交叉学科，它是在原有信息科学与管理科学的基础上吸收了信息论、系统论、控制论的理论和方法，借鉴了现代管理学的基本原理，在社会信息管理实践中逐步形成和发展起来的。作为一门新兴学科，它的培养又与经济学、社会学、传播学、心理学、法学等息息相关。随着新的学科理论的不断引进，信息管理学的研究内容日益丰富，学科体系日渐完善。

③ 方法论支持。传统的图书馆学情报学从文献信息管理的角度来考察和分析文献交流过程，组织和管理文献信息服务，从而为信息管理学积累了大量的经验和方法。文献信息的搜集选择、加工整理、分析研究、检索咨询、传播报道等一系列方法可以推广到各类信息管理活动中，在社会信息管理的更高层次上加以总结，上升为信息管理学的普遍方法。

④ 技术基础。现代信息技术，特别是计算机和通信技术的发展是推动信息管理学前进的必要条件。信息技术在信息管理过程中的应用不仅为人类社会的信息管理活动提供了有效的工具，而且这些新技术进入信息管理领域后，出现了一些新情况和新问题，丰富了信息管理学的研究内容。

⑤ 实践基础。社会信息管理活动为信息管理学准备和提供了丰富的实践经验，这是信息管理学形成和发展的基础条件。随着社会竞争环境的急剧变化，信息管理日益成为组织管理的主要内容并受到社会各界的普遍重视。信息管理活动的广泛发展，为信息管理学开辟了广阔的试验基地，使信息管理学在社会信息管理实践的基础上不断完善，逐渐成为一门理论与实践相结合的综合性、应用性学科。

1.3.2 信息管理学的研究对象

社会信息现象是普遍存在的，人类信息管理活动的范围也是非常广泛的。随着人类社会的发展，信息管理的规模越来越大，信息管理的对象也越来越广泛。毛泽东指出：科学研究的区别就是科学对象的特殊矛盾性。可见，一个学科能否独立存在，要看它是否具有独立的研究对象。信息管理学的研究对象是信息资源和信息活动，它是研究各种信息管理活动基本规律和方法的学科。

（1）信息资源

资源是指自然界和人类社会生活中一种可以用以创造物质财富和精神财富的，具有一定量的积累的客观存在形态。人们对资源的认识是不断发展的，经历了四个阶段：第一阶段仅仅局限于自然资源；第二阶段则从自然资源引申释义到社会、经济资源；到了第三个阶段，则从自然资源到社会、经济资源，再到知识资源，人们在扩大对资源范畴的认识的同时，更加注意到了以人力资源为基础或核心的知识资源和信息资源；到了第四个阶段，则出现了全面资源的雏形——大资源概念的形成。

信息同能源、材料并列为当今世界三大资源。信息资源广泛存在于经济、社会各个领域和部门，是各种事物形态、内在规律、和其他事物联系等各种条件、关系的反映。随着社会的不断发展，信息资源对国家与民族的发展，对人们的工作与生活都至关重要，已经成为国民经济和社会发展的重要战略资源。它的开发和利用是整个信息化体系的核心内容。

① 信息资源的概念。关于信息资源的概念,目前国内外还没有达成共识,在此仅列举一些代表性的观点。

美国的霍顿(F. W. Horten)认为,信息资源在英语中有单复数之分,其概念也有所不同。单数的信息资源(resource)指信息内容本身,复数的信息资源(resources)指除信息本身外,还包括各种信息工具,如信息设备、信息用品、信息设施、信息工作者及其信息处理工具。

德国的斯特洛特曼(K. A. Stroetmann)认为信息资源包括信息内容、信息系统和信息基础结构三部分:信息内容包括产生于信息服务或从外部信息源获取的信息,也包括与内容活动有关的理论与方法论信息、管理与操作信息、与决策相关的信息,还包括与外部活动有关的交易信息、用户信息和市场信息;信息系统包括系统目标、操作人员、信息内容、硬件、内部规则等;信息基础结构是指一个组织的信息基础结构,它由各种可共享的数据库、计算机硬件设备、数据库管理系统和其他软件、局域网等所构成。信息内容、信息系统、信息基础结构形成了一个组织的信息管理的三位一体结构。

我国学者查先进认为,可以从狭义与广义两个角度来阐述信息资源的概念。从狭义角度来说,信息资源是指人类社会经济活动中,经过加工处理有序化并大量积累后的有用信息的集合,如科技信息、政策法规信息、社会发展信息、市场信息、金融信息等,都是信息资源的重要构成要素。从广义角度来看,信息资源是信息和它的生产者以及信息技术集合。也就是说,信息资源由三部分构成:一是人类社会经济活动中经过加工处理有序化并大量积累后的有用信息的集合;二是为某种目的而生产有用信息的信息生产者的集合;三是加工、处理和传递有用信息的信息技术的集合。

我国学者乌家培也从狭义与广义两个角度来看待信息资源,狭义的信息资源仅指信息内容本身,广义的理解是除信息内容本身外,还包括与其紧密相连的信息设备、信息人员、信息系统、信息网络等。

综合以上国内外学者对信息管理概念的理解和解释,可以看出,无论他们对信息资源的概念是如何表达的,大家基本上都把信息资源从狭义和广义两个角度来理解。

狭义的信息资源即信息本身。无论信息资源是以声音、图形、图像等形式表达出来的,还是以文献、实物、数据库等载体记录下来的,其信息内容都是一样的,都是经过加工处理的、对决策者有用的数据。

广义的信息资源是一个包括信息劳动者、信息、信息技术的有机体,它包括了信息管理活动全过程中所有的要素——信息劳动者、劳动对象和劳动工具。信息管理的根本目的是控制信息流向,实现信息的效用与价值。但是,信息并不都是资源,要使其成为资源并实现其效用和价值,就必须借助信息劳动者(即信息专业人员,如信息生产人员、信息管理人员、信息服务人员、信息传递人员等)的智力和信息技术(网络技术、感测技术、控制技术和计算机技术等)等手段。因此,劳动者是控制信息资源、协调信息活动的主体,是主体要素,而信息的收集、存储、传递、处理和利用等信息活动过程都离不开信息技术的支持。没有信息技术的强有力作用,要实现有效的信息管理是不可能的。信息劳动者、信息和信息技术构成了完整的信息资源概念体系。

相比较而言,狭义的观点忽视了系统观,但却突出了信息本身这一信息资源的核心和实质。信息资源之所以是一种经济资源,主要是因为其中蕴涵着的信息具有十分重要的经济功能,而信息生产者、信息技术与设备等信息活动要素只不过是信息这种资源开发利用的必要条件,没有信息要素的存在,其他信息活动要素都没有存在的意义。而广义的信息资源观点把信息活动的各种要素都纳入信息资源的范畴，相对来说，更有利于全面、系统地把握信息资源的内涵。

② 信息资源的特点。信息资源是一种区别于其他资源的一种独特的经济资源，对信息资源的特征可以从两个角度进行分析：一个角度是把信息资源作为一般的经济资源；另一个角度是将信息资源与物质资源和能源进行比较。

信息资源作为经济资源，具有经济资源的一般特征。这些特征包括以下几点。

第一，作为生产要素的人类需求性。人类从事经济活动离不开必要的生产要素的投入。传统的物质经济活动主要依赖于物质原料、劳动工具、劳动力等物质资源和能源资源的投入，而现代信息经济则主要依赖信息、信息技术、信息劳动力等信息资源的投入。人类之所以把信息当作一种生产要素来需求，主要是因为各种形式的信息本身就不仅是一种重要的生产要素，可以通过生产使之增值，还是一种重要的非信息生产要素的"促进剂"，它可以通过与这些非信息生产要素的相互作用，使其价值倍增。

第二，稀缺性。信息资源同物质资源和能量资源一样，同样具有稀缺性。一方面因为信息资源的开发需要相应的成本投入，经济活动行为者要拥有信息资源，就必须付出相应的代价。因此，在既定的时间、空间及其他条件约束下，某一特定的经济活动行为者因其人力、物力、财力等方面的限制，其信息资源拥有量总是有限的。另一方面，在既定的技术和资源条件下，任何信息资源都有一固定不变的总效用，即使用价值，当它每次被投入到经济活动中去时，资源使用者总可以得到总效用中的一部分（也可能是全部），并获得一定的利益。随着使用次数的增多，总效用会逐渐衰减。当衰减到零时，该信息资源就会被"磨损"掉，不再具有经济意义。

第三，使用方向的可选择性。信息资源与经济活动相结合，使信息资源具有很强的渗透性，可以广泛渗透到经济活动的方方面面。同一信息资源可以作用于不同的作用对象上，并产生多种不同的作用效果。

但是信息资源与物质资源与能量资源相比较，又有诸多的特殊性，正是因为这些特殊性，使信息资源具有其他经济资源无法替代的经济功能。这些特殊性包括以下几点。

第一，共享性。在对某一数量的物质资源或能量资源加以利用时，一部分人利用多了，其他人就只能少利用或不利用。信息资源则不存在这样的竞争关系。如某人读了一本书，他从这本书中获取的信息量并不会因其他人已经阅读而受到影响，也不会对将来要阅读这本书的其他人产生影响。

第二，时效性。信息资源比其他任何资源都更具有时效性。一条及时的信息可能价值连城，但一条过时的信息则可能一文不值。

第三，生产和使用中的不可分性。从信息资源所蕴含的信息量角度来看，作为一种资源的信息在生产中是不可分的，信息生产者为一个用户生产一组信息与为许多用户生产的同一组信息比起来，两者花费的努力几乎是没有什么差别的。同时，作为一种资源的信息在使用中也具有不可分性，即信息资源不能像多少吨煤炭或者多少吨石砂那样任意地分割计算。对于信息的可加工性来说，这一点看似矛盾。实际上，信息可以加工，但信息量是不能被丢失的。

第四，不同一性。作为一种资源的信息必定是完全不相同的。对于既定的信息资源而言，它必定是不同内容的信息的集合，集合中的每一信息都具有独特的性质。

第五，驾驭性。这是指信息资源具有开发和驾驭其他资源的能力。不论是物质资源还是能源资源，其开发和利用都有赖于信息的支持。具体的物质和能量的形式都只是支持信息过程的手段，只有信息才是主导的、不可取代的。

③ 信息资源与信息的关系。

a. 信息资源是一种资源，可以创造财富，而一般的信息并无此功能。信息资源是一种经济资源，具有直接创造财富、实现经济效益放大的功能。其主要用途可归纳为：运用信息可以使非资源转化为资源创造财富；使用信息取代劳动力、资金、材料等资源创造财富，实现经济效益倍增；直接让信息作为商品在市场流通中创造财富；通过现代信息技术缩短信息流动时间实现财富增值；通过信息进行科学决策，减少失误创造财富。而一般的信息特别是本体论层次的信息不具有经济性，不能创造财富。

b. 信息与信息资源的外延不同。关于二者的外延不同，可以根据信息资源狭义和广义概念两方面去理解。

信息与广义的信息资源的关系是交叉关系，如图1.4所示。所谓交叉关系，是指两个概念因为外延不同而包括部分相同内涵所形成的关系。信息与信息资源的相同部分即交叉部分是可以用来创造物质财富和精神财富的信息，即狭义的信息资源；信息与信息资源不同的部分即不交叉的信息部分是不能用来创造物质财富和精神财富信息的，即信息劳动者和信息技术。

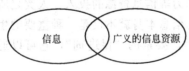

图1.4 信息与广义的信息资源的关系

信息与狭义的信息资源之间的关系是包含关系，即信息包含信息资源，如图1.5所示。所谓包含关系，是指两个概念因一个概念的内涵包含在另一概念的内涵中所构成的关系。从狭义信息资源的角度看，信息资源就是信息本身，但并不是所有的信息都可以称为资源。信息在哲学意义上的定义是自然界、人类社会和人类思维活动中普遍存在的一切物质和事物的属性，是事物的存在方式或运动状态，以及这种存在方式或运动状态的直接或间接的表述。而作为信息资源的信息是能够为人类创造物质财富或者精神财富的，通常是人类选取、组织、序化的有用信息的集合。或者简单来说，信息资源是有用信息的集合。所以信息资源应该具备信息所有的特性，同时还有自己独特的特点。

图1.5 信息与狭义的信息资源的关系

包含关系说明，并不是所有的信息都能成为信息资源，只有能被人类所利用、能用来创造物质财富和精神财富的信息才能成为信息资源。

c. 信息可以转换成为信息资源。信息已成为人类社会的第三大资源，但它的资源优势却并不那么容易被发现和掌握。如果人们不能从形形色色的信息中识别出有利用价值的信息资源，那么信息也就只能是单纯的信息，很可能对社会发展起不到任何积极的作用。例如，当苹果落下砸到牛顿头的时候，如果苹果只是被踢开或是被吃掉，万有引力定律的提出也许将会另有其人了。然而，与之相反，牛顿却对"苹果落地"这一现象产生了兴趣，且从中发现了有可用价值的信息资源，并经过仔细思考及反复的实验论证，最终提出了万有引力定律。这就证明，对于吃掉或是踢开苹果的人来说是"无用"的信息，经过牛顿的准确把握和有效利用，就成了能产生无限价值的资源。因此信息需要经过加工处理，才能成为信息资源，才能够为人类带来价值与财富。

(2) 信息活动

信息活动是指人类社会围绕"信息生命周期"而开展的与信息的产生、传播、收集、加工、吸收、利用的管理活动与服务活动。信息资源的形成阶段以信息的产生、记录、收集、传递、存储、处理等活动为特征，目的是形成可以利用的信息资源。信息资源的开发利用阶段以信息资源的传递、检索、分析、选择、吸收、评价、利用等活动为特征,目的是实现信息资源的价值,达到信息管理的目的。单纯地对信息资源进行管理而忽略与信息资源紧密联系的信息活动,则信息管理的研究对象是不全面的。

人类社会的信息活动包括三个基本层次,即个人的、组织的和社会的信息活动。个人的信息活动表现为个人对信息资源的开发利用,其效率与个人的信息意识和信息能力有关,并且受个体信息环境的影响;组织的信息活动常以各类信息系统的形式出现,信息系统的发达程度能够反映出各组织的信息资源开发利用水平;随着信息活动发展规模不断扩大,信息资源的开发利用对人类社会进步的影响日益显著,在社会整体上体现为一种新兴产业——信息产业的形成和发展。在每一层次上,信息资源的开发利用都是十分复杂的牵扯到许多因素的活动,因此,对信息活动的管理比起对信息资源的管理来说难度更大。

作为信息管理的静态方面,信息资源的管理关心的是信息资源被开发利用的程度,即信息活动在数量上和质量上的表现形式;而作为信息管理的动态方面,信息活动的管理更关注个人、组织及社会与信息资源相互作用的方式,即信息资源开发利用的效果,例如,信息资源对决策分析的支持作用以及信息资源开发利用的社会效益。信息管理就是一种以信息资源和信息活动为对象的管理。只有通过对信息资源和信息活动的管理,才能实现与信息管理范围相一致的整体目标——充分有效地开发利用信息资源。但由于信息管理对象的广泛性和复杂性,从而致使信息管理的目标在具体的信息管理实践活动中往往具有很大的不确定性。

1.3.3 信息管理学的理论体系

学科有了独立的研究对象,则具备了成为独立学科的必要条件。学科成立的充分条件是形成了独立的、较为成熟的理论体系。目前,关于信息管理学的理论体系大家有各自的看法,在此列举两种比较有代表性、较权威的体系。

(1) 层次结构的理论体系

信息管理学理论体系的层次结构可以分为宏观、中观、微观三个层次。

① 宏观层次。该层次主要研究信息管理的一般原理、方法,国民经济信息化管理,国家信息化战略管理,国家信息基础设施规划、建设与管理,全球信息化战略管理等。

② 中观层次。该层次主要研究信息产业管理、地区性信息管理、行业管理、信息市场管理、信息系统管理等。

③ 微观层次。该层次主要研究信息的生产、传播和利用,企业信息化管理,信息企业的运作与管理,非信息企业的信息管理等。

(2) 内容结构的理论体系

信息管理学是研究科学地组织信息管理工作的理论与应用方法的一门学科。它与信息学等学科是交叉学科,同时又是管理学的子学科。另外作为独立学科,它的理论研究相对落后于应用研究。因此,将信息管理学的内容结构分为两个层次——基础理论与应用理论,与此对应,将信息管理学分为理论信息管理学和应用信息管理学。

① 理论信息管理学。理论信息管理学研究信息管理学的基础理论,主要由以下理论构成。

信息管理的基本理论:主要研究信息管理的定义、特征、分类、范畴、基本功能等;信息管理的原则、方法、体系结构;信息管理的计划、组织、领导、控制等基本职能;信息管理的形成和发展等。

信息科学理论:信息科学是研究信息运动规律和应用方法的科学,是信息管理最直接和最主要的理论基础科学之一。信息科学的主要研究范围是信息的本质、信息的度量、信息的运动规律、利用信息进行控制和优化的原理等,其主要的支柱是信息论、系统论和控制论。

管理科学理论:管理科学是一门独立学科,信息管理学是它的子学科,管理学的基本原理均适用于信息管理学。管理学的八个基本原理是:系统原理、反馈原理、整分合原理、封闭原理、能级原理、弹性原理、动力原理、效益原理。

② 应用信息管理学。应用管理学研究信息管理的应用理论,主要由以下内容组成。

企业信息管理:主要研究如何利用现代信息技术对企业生产经营过程中各环节所涉及的信息进行收集、整理、分析和利用,配合企业的人财物,实现企业的目标。

政府信息管理:主要研究政府机关部门的信息管理、信息化和办公自动化等。

信息生产管理:主要研究信息产品的开发和生产的理论与方法,包括信息的采集、鉴别、筛选、整序、激活、存储、传播的机制和方法。

信息系统管理:主要研究信息系统的分析、设计、实施、评价、维护,组织信息资源的配置,信息系统管理与组织竞争战略的关系等。

信息产业管理:主要研究信息产业的产业发展与管理模式、产业政策、产业立法、传统产业信息化,以及产业结构、产业关联、产业组织等产业经济问题和产业管理的关系问题等。

上面两种理论体系看起来可能有较大的不同,但实际上他们研究的内容在本质上还是一致的,只是大家在组织具体的研究内容时是从不同的角度出发来进行的。本书主体上采用了层次结构的理论体系,但是在具体内容的处理上,既包括了理论信息管理学的内容,也包括了应用信息管理学的内容。

1.3.4 信息管理学的理论流派

(1) 信息系统学派

信息系统学派是欧美信息资源管理理论研究的主流,是信息管理学流派中最为成熟的理论学说。其主要理论源于信息技术在企业管理领域的应用,以建立满足组织需要的信息系统为核心,故称为信息系统学派。信息系统学派的主要代表人物包括霍顿、马灿德、迪博尔德、史密斯、梅德利、博蒙特、萨瑟兰、诺兰等。

信息系统学派有以下主要特点:①注重信息的资源特性和财产特性,注重对信息资源进行成本管理,注重投入产出分析;②注重信息系统理论与管理理论的结合,以管理理论为纲,信息系统理论为内核;③注重信息资源的实用分析,强调信息资源管理在实践中的应用,强调从信息资源中赢得竞争优势和识别获利机会;④注重信息资源管理的战略性质,注重首席信息官(CIO)及其职责研究,注重决策分析;⑤注重集体研究,各种理论学说多为合作研究成果,而且合作者多由教学研究领域和实践研究的两部分研究人员所组成;⑥面向对象主要是工商管理领域的管理者、管理信息系统专业师生及一般信息管理者。

信息系统学派是"正宗"的信息管理理论流派,其影响超过了记录管理学派和信息管理学派,但由于它未能包容传统的信息管理学科(如图书馆学、档案学、情报学学科)内容,其应用范围亦受到一定的限制。

(2) 记录管理学派

记录管理学派的理论主要来源于信息技术在记录管理中的应用,侧重研究记录管理系统的建设,实际上是一种与办公室文件处理有关的信息资源管理理论。

记录管理学派的主要代表人物有里克斯(B. R. Ricks)、高(K. F. Gow)、罗比克(M. F. Robek)和英国学者库克(M. Cook)等。

记录管理学派有以下主要特点：①将信息资源等同于记录，认为记录是一个组织的重要资源和财产，高效率的记录管理有助于实现组织目标；②注重记录的生命周期即记录的创造、采集、储存、检索、分配、利用、维护、剔除控制过程，这实质上是一种信息管理过程，这个过程构成了记录管理理论的内在依据；③注重多种媒体的集成管理，所定的"记录"已超越了文书记录的范围而演变为类似我国学者的"文献信息"概念，其目的是在记录的基点上实现文献信息类学科的集成；④没有上升到战略管理的层次，依其理论内容而言，记录信息管理似乎介于经验学科和理论学科之间；⑤未能真正统一文献信息管理，所讨论的主要内容依然是信函、文件、报告、表格、缩微品等，其实质是一种扩大化的档案和文书管理；⑥虽然应用了信息系统理论和管理理论，但这些理论在这里只是一种框架，它所装的仍是记录管理的内容。

记录管理理论应用市场较广阔，在欧美各国尤其是美国流传甚广、影响较大。

(3) 信息管理学派

信息管理学派以"信息管理"作为其学科理论名称，大多数研究者来自于图书馆学、情报学领域，学派内部分歧较大。信息管理学派主要有马丁（W. J. Martin）的信息管理理论、克罗宁（B. Cronin）与达文波特（E. Davenport）的信息管理理论以及斯特洛特曼（K. A. Stroetmann）的信息管理理论等。

① 马丁的信息管理理论。马丁在他1988年出版的专著《信息社会》中专门辟有"信息管理"一章，主要涉及信息管理的内涵与意义、信息管理的要素、信息管理的原则、信息管理的认知、信息管理的制约因素、信息管理的实施与信息管理过程等内容。

② 克罗宁与达文波特的信息管理理论。克罗宁与达文波特于1991年合作出版的《信息管理的要素》开拓了信息管理理论研究的新领域。该书的内容包括：模型、隐喻与转喻，激活财产，价值分析，竞争优势，商品与市场。他们不满足于现有的理论思维和探索，试图从直觉入手，运用模型、隐喻和相关的方法论，剖析信息管理的深刻内涵，并使之上升到一般理论的层次。他们进一步归纳了信息管理中的三种模型：隐喻模型是根据源事物描述目标事物的方法，常见的隐喻包括资源、武器、资产、财产、商品等；转喻模型是以部分代表整体的方法，常用的转喻包括肖像、关键词、文摘、概要、屏幕菜单等；分类模型基于共同的明显的因素来约束分离的实体，常用的分类方法包括等级分类、综合分类、语义网、图形理论、结群分类等。

③ 斯特洛特曼的信息管理理论。斯特洛特曼信息管理理论的核心是对信息管理背景、信息的经济转换过程和信息资源的论述。他认为信息管理的背景可分为三个层次，这些层次由内而外呈环状层层相套。其中，信息管理是信息服务的内核，信息服务则构成了信息管理的第一重背景，图书馆和情报服务就是信息服务的有机组成部分；在信息服务的外围，信息市场和信息环境依次构成了信息管理的中观背景和宏观背景。斯特洛特曼的信息管理理论的理性思辨性很强，试图将新兴的信息管理理论与文献情报学统一起来并取得了成功。但与其他理论相比较，该理论缺乏实践案例的支持，更多的是一种理论推导或创新。

1.4 信息管理学的学科基础

信息管理学的形成和发展是多学科交叉研究的成果，其中影响最深、最主要、并对它的理论形成极具建设性的学科包括信息科学、管理科学与传播学。研究这些学科与信息管理的理论关系、对信息管理理论的影响以及信息管理对它们的相互作用，对于信息管理学的发展具有积极的意义。

1.4.1 信息科学

信息科学是指以信息为主要研究对象，以信息的运动规律和应用方法为主要研究内容，以计算机等技术为主要研究工具，以扩展人类的信息功能为主要目标的一门新兴的综合性学科。

随着科学技术、经济、社会的发展，信息广泛地渗透到了我们生活、学习、工作的方方面面，它们的内容更加复杂，涉及面越来越广，出现的问题也越来越多。人们要求有更一般的理论和更准确的方法对错综复杂的信息现象进行本质和概括的揭示。信息科学由信息论、控制论、计算机科学、仿生学、系统工程与人工智能等学科互相渗透、互相结合而形成的。信息科学为信息管理的建立与发展奠定了坚实的概念与方法基础，打开了信息管理的研究视野。信息管理最基本的概念——信息同样也是信息科学的研究基础。信息科学的研究方法以及研究领域极大地丰富了信息管理的研究内容。同时，信息管理也已经成为信息科学大家庭中非常重要的成员。

(1) 信息科学发展概述

20世纪40年代末，美国数学家申农发表了《通信的数学理论》和《在噪声中的通信》两篇著名论文，提出信息熵的数学公式，从量的方面描述了信息的传输和提取问题，创立了信息论。于是信息论首先在通信工程中得到广泛应用，为信息科学的研究奠定了初步的基础。

随着自动化系统和自动控制理论的出现，对信息的研究开始突破原来仅限于传输方面的概念。美国数学家维纳在这个时期发表了著名的《控制论》和《平稳时间序列的外推、内插和平滑问题》，从控制的观点揭示了动物与机器中共同的信息与控制规律，研究了用滤波、预测等方法，从被噪声淹没了的信号中提取有用信息的信号处理问题，建立了维纳滤波理论。

20世纪60年代中期，由于出现复杂的工程大系统需要用计算机来控制生产过程，系统辨识成为重要研究课题。从信息科学的观点来看，系统辨识就是通过输入输出信息来研究控制系统的行为和内部结构，并用简明的数学模型来加以表示。控制就是根据系统结构和要求对信息加工、变换和利用。

信息和控制是信息科学的基础和核心。20世纪70年代以来，电视、数据通信、遥感和生物医学工程的发展，向信息科学提出大量的研究课题，如信息的压缩、增强、恢复等图像处理和传输技术，信息特征的抽取、分类与识别的模式、识别理论与方法，并出现了实用的图像处理和模式识别系统。

申农最初的信息论只对信息作了定量的描述，而没有考虑信息的其他方面，如信息的语义和信息的效用等问题。而这时的信息论已从原来的通信领域广泛地渗入到自动控制、信息处理、系统工程、人工智能等领域，这就要求对信息的本质、信息的语义和效用等问题进行更深入的研究，建立更一般的理论，从而产生了信息科学。

为了解决控制和决策中的非数值问题，和适应20世纪80年代以后智能机研究的需要，以及要解决知识信息处理的问题，遂产生了知识工程，并已研制成专家系统、自然语言理解系统和智能机器人等。

(2) 信息科学的研究内容

信息科学由信息论、控制论、计算机科学、仿生学、系统工程与人工智能等学科互相渗透、互相结合而形成的。由此可以看出信息科学的外延十分广泛，其内涵也更加丰富、精深。关于信息科学的研究内容，人们尚无统一的认识。一般来说，从信息管理的角度来看信息科学主要研究以下几个方面的问题。

① 信息的基本概念和本质。信息的概念是信息科学研究的基本问题，其他研究方面都是建立在对信息的基本概念及其本质这一问题的基础之上的。通过前面对信息的概念的讨论，对它的丰富内涵及复杂性有了一定的了解和认识。

② 信息的数值度量方法。在信息的数值度量方面，分为概率语法信息测度，模糊语法信息测度，语法信息的统一测度以及语义、语用和全信息的测度四个方面进行讨论。目前对概率语法信息测度已经取得了较多的研究成果，研究比较成熟；但是对于其他类的信息测度，虽然也有相关的研究成果，但总体上来讲还不够成熟，在实际运用中操作起来比较困难。

③ 信息运动的一般规律。信息运动的一般规律包括信息的感知、识别、变换、传递、存储、检索、处理、再生、表示、检测、施效等过程的原理和方法。信息运动的这个过程可以应用于各类事物，将事物的运动过程看作信息的运动过程，这也是信息科学所要研究的信息运动的最简单、意义最丰富的一般过程。

将人类认识世界、改造世界的整个过程进行总结，抽取其中的信息要素，就形成了信息运动模型，如图1.6所示。

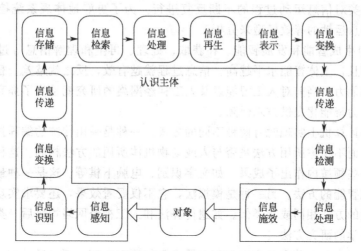

图1.6 信息运动模型

信息感知：完成本体论意义的信息向第一类认识论意义的信息的转变。

信息识别：对所感知的信息加以辨识和分类。

信息变换：将识别出来的信息施行适当的变换（一般是变换它的载体），以利于下一步的传递。

信息传递：将信息由空间的某一点转移到另一点，以供使用。

信息存储：收到信息后要以适当的方式存储起来，以备使用时检索。

信息检索：需要使用信息的时候，就要把存储着的有关信息准确、迅速地取出来。

信息处理：在大多数情况下，信息都不能直接使用，而应当先对它们进行某些适当的处理，包括进行分析比较和运算等。

信息再生：经过信息处理，就可能获得关于对象运动的规律性的认识（即获得更为本质的信息），在这个基础上，主体形成自己对对象的策略，换句话说，就是再生出第二类认识论意义上的信息。

信息表示：主体再生出第二类认识论意义的信息后，要把它用适当的方式表示出来。

信息变换：对以某种方式表示的第二类认识论意义信息进行变换，以利后面的传递。

信息传递：把经过变换的第二类认识论意义信息从空间的某个位置（主体所在处）转移到另一位置（对象所在处）。

信息检测：经过传递的信息可能受到噪声等因素的干扰，信息检测的目的和任务就是要把第二类认识论意义的信息从干扰的背景中分离出来。

信息处理：为了便于第二类认识论意义的信息发挥作用，还需要对它进行适当的加工。

信息施效：第二类认识论意义的信息表现了主体的意志——应当怎样对对象的运动状态和方式进行调整，这种调整（即控制）的作用就称为施效。

经过上面这些详细的环节之后，主体才能获得事物发出的本体论意义的信息，并将饱含着人的主观意识的认识论意义信息反作用于对象，从而实现了对事物的改造目的。

④ 利用信息进行系统控制和优化的原理。在信息运动过程中，人们最终的目的就是希望事物沿着自己的意愿行事，也就是达到改造事物的目的，因此，最后的施效是最关键的一环。在施效这一环节中，信息施效主要表现为"控制"。此时控制的作用是理解和执行认识论意义信息，引导系统达到规定的目的状态，完成主体对对象实施的变革。系统控制和优化的过程实际是人类对信息运动过程的不断反复进行。为了更好地体现系统控制和优化的过程，可以通过信息运动的等效模型来分析。

⑤ 利用信息生成智能和发展智能。在获取、处理、再生和理解信息等过程中，主体应当具有智能，而且，主体智能水平越高，信息过程就越有效，反之就越差。智能在本质上是一种利用信息的能力。当前对人工智能以及人工神经网络的研究就是为了提高信息运动过程的智能化水平，为智能化提供技术保障。

人工智能在计算机上实现时有两种不同的方式。一种是采用传统的编程技术，使系统呈现智能的效果，而不考虑所用方法是否与人或动物机体所用的方法相同。这种方法叫工程学方法，它已在一些领域内作出了成果，如文字识别、电脑下棋等。这是一种最典型的通过加工处理信息生成智能的方法。另一种是模拟法，它不仅要看效果，还要求实现方法也和人类或生物机体所用的方法相同或相类似。如遗传算法和人工神经网络均属后一类型。

（3）信息科学的研究方法

信息科学不但有自己独立的研究对象以及全新的研究内容，而且还具有自己的一套完善的方法论体系，即信息科学方法论体系。此体系包括一个方法两个准则，这个方法就是信息方法，两个准则是结构-功能-行为辩证统一准则、物质-能量-信息三位一体准则。

① 信息方法。1979年我国出版的《自然辩证法讲义》明确地介绍了信息方法，并把它作为一种具有普遍方法论意义的科学研究方法加以阐述。信息方法就是运用信息的观点，把事物的运动过程看作信息传递和信息转换的过程，通过对信息流程的分析和处理，获得对某一复杂系统运动过程的规律性认识的一种研究方法。

信息方法不同于传统的经验方法，它有其自身的特点，这是由信息科学本身的性质所决定的。信息科学是一门多边缘的横断学科，具有综合性的特点，它研究的是从各种复杂的不同质的系统中抽取出来的统一的信息关系。信息方法的特点是用信息作为分析和处理问题的基础，完全抛开研究对象的具体结构和运动形态，把事物的有目的性的运动抽象为一个信息变换过程，即信息的输入、存储、输出、反馈过程。一句话，就是把事物的运动过程看作信息的运动过程，通过对信息运动过程的认识而实现对事物运动过程的把握与改造。

经过实践检验，这一方法已经取得了大量的、卓有成效的成就。如1942年，柏林的食品商店每天都将食品的价格写在商店的标牌上，这对任何一位家庭主妇来说，仅仅是"商品信息"。但罗斯福总统却认为"柏林食品价格"是决定美国是否参战的具有政治军事意义的信息。他认为：通过柏林食品价格的浮动，可以观察到德国军火生产对国计民生的危害程度，了解德国的国库储备、公众情绪。于是他命令美国驻柏林使馆的武官不断地向他报告柏林食品的价格，最后依此并综合已掌握的其他信息做出了美国参战的决策。

② 结构-功能-行为辩证统一准则。结构-功能-行为辩证统一准则是指运用信息方法对复杂事物进行研究时，不需要对事物的具体结构加以解剖性的分析，而是对其信息流程加以综合性的考察，着眼于该系统在与环境交互作用过程中的动态功能，从而获得关于事物整体的知识。结构-功能-行为辩证统一准则认为，有什么样的结构就会产生什么样的功能和行为，具有同样功能的系统不一定具有相同的结构，但为了实现复杂系统的功能，总要落实一种相应的结构，虽然可能并不是唯一的结构。在运用信息方法进行分析时从行为的观点出发，以行为的相似性为基础，从功能上来模拟事物或系统对环境影响的反应方式。这为我们解决"黑箱"问题打开了一个新的思路。

所谓"黑箱"，就是指那些既不能打开，又不能从外部直接观察其内部状态的系统，比如人们的大脑只能通过信息的输入输出来确定其结构和参数。"黑箱方法"从综合的角度为人们提供了一条认识事物的重要途径，尤其对某些内部结构比较复杂的系统，对迄今为止人们的力量尚不能分解的系统，黑箱理论提供的研究方法是非常有效的。

"黑箱"的研究方法的出发点在于：自然界中没有孤立的事物，任何事物间都是相互联系、相互作用的，所以，即使我们不清楚"黑箱"的内部结构，仅注意到它对于信息刺激作出如何的反应，注意到它的输入输出关系，就可对它作出研究。如果我们能设计出一个系统，在同样的输入作用下，它的输出和所模拟的对象的输出相同或相似，就可以确认实现了模拟的目标。在此，信息的输入，就是一个事物对黑箱施加影响；信息的输出，就是黑箱对其他的事物的反作用。事实上人们在对信息进行分析和综合时，很少追求结构上的相似性，而总是把握信息的观点、行为功能的观点。

③ 物质-能量-信息三位一体准则。物质-能量-信息三位一体准则是指信息方法不是割断系统的联系，不是用孤立的、局部的、静止的方法研究事物，也不是那种在剖析的基础上进行简单的机械综合，而是直接从整体出发，用联系的、全面的观点去综合分析系统运动的过程。物质-能量-信息三位一体准则从系统的观点出发，着重从整体与部分之间、整体与外部环境之间的相互联系中，综合地考察对象，从而达到全面地、最佳地解决问题的目的。

信息科学方法论体系的"一个方法，两个准则"是一个统一体，处于核心地位的是信息方法，两个准则实际上是实施信息方法必然要引出的结果。实践证明，物质具有系统属性，科学研究的对象，都可以把它看成是一个由基本要素组成的动态系统。在这个系统内外，不仅存在着信息传递、交换，还存在着对信息的处理和控制。在对任何系统进行信息分析和综合时，一方面要抓住功能的相似，另一方面则要抓住系统的整体优化。只有遵循这两个准则，才能做出最优的信息分析。

1.4.2 管理学

信息管理作为管理学的一种思想与理论，是近二十来年的事情。国外有管理学院将信息管理作为必修课程，已越来越引起了人们的重视。既然可以将信息管理当成管理学的一种思想，那么管理学就是信息管理的基础学科。另外从微观上来讲，管理就是通过信息协调系统内部资源、外部环境与预定目标的关系，从而实现系统的功能。因此管理水平和效果与管理过程中流动的信息的质、量及利用水平都有着密切的联系。

(1) 管理的概念

形成一项管理活动必须具备五个要素：一要有管理的主体，即由谁来进行管理的问题；二要有管理的客体，即被管理的对象及内容；三是管理的目的，即为什么要进行管理；四是管理职能与方法，即解决如何管理的问题；五是管理环境和条件，即管理中所处的内外环境。它们形成了管理的五个基本要素。从这五个要素可以概括出管理的概念。管理是指在一定条件或环境下，管理主体为了达到一定的目的，运用一定的职能和手段，对管理客体施加影响和进行控制的过程。

(2) 管理理论的发展

人类自古就有管理活动，也曾出现过杰出的管理思想，但对管理思想的系统总结是从20世纪开始的，并且主要以西方国家的管理思想为代表。西方管理理论经历了由科学管理到知识管理的发展。

① 古典科学管理阶段（20世纪初—30年代）。古典管理理论诞生于20世纪初期的美国，是与美国当时的经济、社会、文化的发展状况密切相关的。按照美国经济学家罗斯托的经济成长五阶段论，人类社会的发展经历了传统阶段、起飞前阶段、起飞阶段、成熟阶段和高消费阶段。古典管理理论形成的时代正是美国处于起飞阶段的时期。在这一时期，社会出现持续的增长，在主要成长部门有可能通过革新创造或者利用新的资源，形成很高的成长率，并带动社会经济中的其他方面扩充能量。由于经济起飞时期，几乎整个经济都在快速地增长，从而使具有经济现代化观念的人战胜坚持传统社会观念的人，在社会和文化等方面取得胜利。起飞阶段所迸发出的强大力量，既可以表现为工业革命的形式，也可能是技术革新的形式，还可能是管理方式改变的形式。当年，正是因应起飞阶段的经济发展需要，古典管理理论破土而出。古典科学管理理论的代表性人物有泰罗、法约尔和韦伯等人，主要代表理论如下。

• 科学管理理论。科学管理理论的创始人是泰勒（F. W. Taylor，1856—1915），他首次提出了科学管理的概念，1911年出版了《科学管理原理》一书，被称为"科学管理之父"。

科学管理理论的基本出发点是提高劳动生产效率，其主要内容是：使工作方法、劳动工具、工作环境标准化；确定合理的工作量；挑选和培训工人，使其掌握标准工作方法；实行差别工资制；实行职能工长制。

• 管理过程理论。法国人法约尔（Henri Fayol，1841—1925）对组织管理进行了系统地、独创的研究，1925年出版了《工业管理与一般管理》一书，被称为"管理过程之父"。

法约尔提出，管理活动包含五种职能：计划、组织、指挥、协调、控制，并且他给出了14条一般管理原则。

• 行政组织理论。韦伯（Max Weber，1864—1920）着重于组织理论的研究，提出了"理想的行政组织体系"理论。

韦伯认为理想的行政体系具有以下特点：明确的组织分工；自上而下的等级体系；合理地任用人员；建立职业的管理人员制度；建立严格的、不受各种因素影响的规则和纪律；建立理性的行动准则。

② 行为科学理论及管理理论丛林阶段（20世纪30—60年代）。第二次世界大战以后，

管理理论的发展进入了现代管理理论发展时期，所展示出来的各种学说与理论流派纷繁复杂。具体来说，第二次世界大战后的管理学理论研究主要有以下几种。

- 梅奥的人际关系理论。梅奥（G. E. Mayo）的人际关系学说起源于霍桑实验。1924—1932年，美国国家研究委员会和美国西方电气公司合作进行了大量的试验，目的是寻找工作条件、社会因素与生产效率之间的关系。研究小组在实验中发现：工人的工作效率，会受到他人的影响。针对这种现象，梅奥认为，存在着一种非正式组织，并影响着每一个人的工作效率。人们的工作效率不仅仅受物理的、生理的因素的影响，而且受到社会环境、社会心理因素的影响。

于是，梅奥提出了人际关系理论：工人是社会的人；企业中存在非正式组织；满足工人的需要，激励士气，是提高生产效率的关键；设身处地关心下属，与之沟通感情。

- 马斯洛的需求层次理论。马斯洛（A. H. Maslow）是美国心理学家，他认为，在千差万别的人类需要表现形态中，存在着某些共同的需要，而且这些共同的需要是呈层次状态分布的。1970年，它在《动机与个性》（第2版）中指出，人的需求由低级到高级分七个层次：生理需求、安全需求、社会交往需求、尊重需求、求知需求、求美需求、自我实现需求。

马斯洛认为：低层次需求满足之后才能产生较高级层次的需求，当某一层次的需求满足之后该需求就不再有激励作用；大多数人的需要是复杂的，在任何时刻都有许多需要对人的行为产生影响；在一般情况下，只有在较低层次的需要得到满足后，才会产生较高层次的需要，激励人们去从事某种行为；满足较高层次需要的途径比满足较低层次需要的途径多。

- 赫茨伯格的双因素理论。赫茨伯格（F. Herzberg）在其《工作的激励因素》（1959）一书中首次提出双因素理论，即激励因素-保健因素理论。该理论认为，工资、奖金、政策与行政管理、工作安全性、工作环境等属于保健因素（也称维持因素）；工作成就、职务上的责任感、受表扬与得到提升、个人发展的可能性等构成激励因素。前者"得到了则没有不满，得不到则产生不满"，后者"得到后感到满意，得不到则没有不满"。主管人员必须抓住能促进职工满意的因素。

- 麦格雷戈的"X-Y"理论。麦格雷戈（D. M. McGregor）在1957年11月的美国《管理评论》上发表了《企业的人性方面》一文，提出了X-Y理论。X理论是人性为恶理论。这种观点认为，一般人天生都好逸恶劳，人都以自我为中心，对组织的需要采取消极的甚至是抵制的态度；缺乏进取心反对变革；不愿承担责任；易于受骗和接受煽动。而Y理论则是人性为善理论。它与X理论针锋相对，认为人并不是天生就厌恶工作，他们把工作看成像休息和娱乐一样快乐；人们并非天生就对组织的要求采取消极和抵制的态度，而是经常采取合作的态度，接受组织的任务，并主动完成；人们在适当的情况下，不仅能够担当责任，而且会主动承担责任；大多数人都具有较高的智力、想象力、创造力和正确做出决策的能力，但是没有充分发挥出来。

第二次世界大战以后，管理思想得到了丰富和发展，除上述管理思想外，还有众多的流派。这些主要的流派有：管理过程学派；组织管理流派；经验管理学派；系统管理学派；决策理论学派；管理科学学派；权变理论学派；社会技术系统学派；沟通信息中心学派；经理角色学派等。

③ 以战略为中心的企业组织理论阶段（20世纪60—80年代初）。战略管理（strategic management）是指对一个企业或组织在一定时期的全局的、长远的发展方向、目标、任务

和政策，以及资源调配做出的决策和管理艺术，包括公司在完成具体目标时对不确定因素做出的一系列判断，公司在环境检测活动的基础上制定战略。企业战略管理的核心是对企业现在和未来的整体效益活动进行全局性管理，其内容包括从阐明企业战略的任务、目标、方针到战略实施的全过程，这个过程由战略制定、战略实施和战略评价及控制所组成。此阶段的代表人物和代表著作有安索夫（H. I. Ansoff）的《公司战略》（1965）、劳伦斯的《组织与环境》（1969）、迈克尔·波特（M. E. Porter）的《竞争战略》（1980）。

战略管理是一个不确定的过程，因为公司对于危险和机遇的区别有不同的理解。

战略管理是指企业确定其使命，根据组织外部环境和内部条件设定企业的战略目标，为保证目标的正确落实和实现进度谋划，并依靠企业内部能力将这种谋划和决策付诸实施，以及在实施过程中进行控制的一个动态管理过程。

战略管理大师迈克尔·波特认为，一项有效的战略管理必须具备五项关键点：独特的价值取向、为客户精心设计的价值链、清晰的取舍、互动性、持久性。

④ 企业再造理论与企业文化管理理论阶段（20世纪80—90年代初）。为了能够适应新的世界竞争环境，企业必须摒弃已成惯例的运营模式和工作方法，以工作流程为中心，重新设计企业的经营、管理及运营方式。企业再造（re-engineering）也译为"公司再造""再造工程"。它是1993年开始在美国出现的关于企业经营管理方式的一种新的理论和方法。所谓"再造工程"，简单地说就是以工作流程为中心，重新设计企业的经营、管理及运作方式。按照该理论的创始人原美国麻省理工学院教授迈克·哈默（M. Hammer）与詹姆斯·钱皮（J. Champy）的定义，是指"为了飞越性地改善成本、质量、服务、速度等重大的现代企业的运营基准，对工作流程（business process）进行根本性重新思考并彻底改革"，也就是"从头改变，重新设计"。企业再造包括企业战略再造、企业文化再造、市场营销再造、企业组织再造、企业生产流程再造和质量控制系统再造。

企业文化管理理论是20世纪80年代中期产生于美国，其源于日本20世纪80年代初的经营管理的成功。企业文化是指在生产经营和管理活动中所创造的具有本企业特色的精神财富及其物质形态。它由三个部分组成：企业精神文化、企业制度文化、企业物质文化。企业文化主要强调企业职工的主人翁意识，提高企业的精神凝聚力，形成企业的合力，从而增强企业的市场竞争力。企业文化是现代企业生存、发展成功的关键，反映了当代企业管理的客观要求和发展趋势，它标志着企业管理从物质的、制度的层面向文化层面发展的趋势。

⑤ 全球化及知识经济时代的组织管理理论阶段（20世纪90年代以后）。学习型组织是一个能熟练地创造、获取和传递知识的组织，同时也要善于修正自身的行为，以适应新的知识和见解。当今世界上所有的企业，不论遵循什么理论进行管理，主要有两种类型：一类是等级权力控制型，另一类是非等级权力控制型，即学习型企业。

1990年，美国管理学家彼得圣吉《第五项修炼》的出版引起了管理学界的轰动。《第五项修炼》提供了一套使传统企业转变成学习型企业的方法，使企业通过学习提升整体运作、"群体智力"和持续的创新能力，成为不断创造未来的组织，从而避免了企业的夭折和短寿。该书一出版即在西方产生极大反响，彼得圣吉也被誉为20世纪90年代的管理大师，未来最成功的企业将是学习型企业。学习型组织的提出和一套完整的修炼的确立，实际上宣告整个管理学的范式在彼得圣吉这里发生了转变。正是在这个意义上，不少学者认为，《第五项修炼》以及随后的《第五项修炼——实践篇》《变革之舞》的问世，标志着学习型组织理论框架的基本形成。

除学习型组织外，1990年《哈佛商业评论》第六期发表的《公司核心能力》提出了虚拟组织理论。这个理论建议，公司将经营的焦点放在不易被抄袭的核心能力上，由此引发了后来的"虚拟组织"热。虚拟组织与传统的实体组织不同，它是围绕着核心能力，利用计算机技术、网络技术及通信技术与全球企业进行互补、互利的合作，合作目的达到后，合作关系随即解散，以此种形式能够快速获取处于全球各处的资源为己所用，从而缩短"观念到现金流"的周期，而且，灵活的"虚拟组织"可以避免环境的剧烈变动给组织带来的冲击。

(3) 现代管理的基本原理

管理的基本原理就是要研究如何正确而有效地处理各个管理要素及其相互关系以达到管理的基本目标，即高效、低耗、可靠地输出高功能。人类在长期的管理实践中总结出了许多反映管理过程客观规律的原理，对于分析与解决管理问题具有普遍意义。

① 系统原理。管理的系统原理是指运用系统论的思想，从组织整体的系统性质出发，按照系统特征的要求，对管理活动进行系统优化，从而实现最佳化管理的理论。系统优化的核心是处理好局部优化与整体优化的关系。局部优化要以整体优化为指导，整体优化要通过局部协调优化来实现。

现代管理处在各个层次的系统之中。每个单位、每个管理法、每个人都不可能再是孤立的，它既在自己的系统之内，又与其他各系统发生各种形式的"输入"和"输出"，同时还处在一个更大系统的统一范畴之内。因此，为了达到最佳化，必须进行充分的系统管理。

② 整分合原理。现代高效率的管理必须在整体规划下明确分工，在分工基础上进行有效的综合，这就是整分合原理。整分合原理有三层意义：首先，整体最优是有效管理的前提；其次，合理分工是提高效率的关键；最后，综合协调是实现目标的保证。

这个原理中的整体观点是大前提，不充分了解整体及其运动规律，分工必然是混乱而盲目的。但分工是关键，没有分工的整体只是混沌的原始，构成不了现代有序的系统；没有分工的协作是吃大锅饭，只能产生每况愈下的低效率。

③ 反馈原理。反馈是控制论的一个极其重要的概念。管理就是一种控制，必然存在着反馈问题。反馈就是控制系统把信息输送出去，又把其作用结果返回来，并对信息的再输出发生影响，起到控制的作用，以达到预定目的。凡使作用结果越来越放大，叫做正反馈；凡使作用结果越来越收敛叫做负反馈。原因产生结果，结果又构成新原因、新的结果……这种因果关系是为了完成一个目的，就是使好的结果越来越发展，差的结果越来越减少，一句话，反馈就是对客观变化作出应有的反应。管理是否有效，关键在于是否有灵敏、准确、有力的反馈，这就是现代管理的反馈原理。

④ 相对封闭原理。任何社会组织都是一种开放系统，系统内部与外界环境都存在着物质、能量与信息的交换。但是，作为一个组织的管理系统，其管理过程和手段必须构成相对封闭的回路，才能保证信息反馈，形成有效的管理运动。这就是管理的相对封闭原理。

从封闭原理来看，要搞好一项管理活动，必须采取各种措施构成一个相对封闭的管理系统才能形成准确的反馈效应，推动管理活动的正常进行。

建立管理封闭回路的基本条件：一是管理组织的相对独立性，即要有实现本组织功能的自主权，能够对人、财、物等必要资源加以调节运筹；二是设置环形走向、具有相互制约和促进关系的封闭职能机构；三是要有较为完善的管理信息系统，保证信息渠道畅通无阻，信息传递准确及时。

⑤ 能级原理。能量这一物理学概念应用于管理则是指组织机构的职能、政策制度的效能以及管理者的才能，这种能力构成了管理的"场"和"势"，使管理得以有规律地运动，以获得最佳的管理效率和效益。现代管理的任务是建立一个合理的能级，使管理的内容动态

地处于相应的能级中去，避免办事人员拿大权，领导人员盖图章等能级倒置情况。能级原理在管理实践中具体体现在以下三个方面。

第一，根据能级原理建立具有稳定形态的管理组织系统。稳定的管理能级结构应该是正三角形，上有尖锐的锋芒，下有宽厚的基础。管理三角形都可分为三个层次：最高层是经营决策层；第二层是管理监督层；第三层是操作执行层。

第二，按照能级对应原则对处于不同层次的管理组织、管理岗位和管理者分别授权，使授权与能级对应，并使权、责、利对等。

第三，各能级必须动态对应。基本原则之一就是必须使高一级管理人员比他的下级具有更大的才能。管理必须使相应才能的人处于相应能级的岗位上，这就叫人尽其才、各尽其能。

⑥ 弹性原理。弹性原理可以简单地表述为："管理必须保持充分的弹性，以及时适应客观事物各种可能的变化，才能有效实现动态管理。"

管理弹性有两类：一是局部弹性，就是任一管理必须在一系列管理环节中保持可以调节的弹性，特别在重要的关键环节要保持足够的余地；二是整体弹性，就是每个层次的管理系统都有整体性问题，它标志系统的可塑性或适应能力。

另外在应用弹性原理时，要严格区别消极弹性和积极弹性。消极弹性是指留了不该留的余地，使管理的效益降低。

⑦ 动力原理。管理必须有强大的动力，而且要正确运用动力，才能使管理运动持续而有效地进行下去，这就是动力原理。现代科学化管理中有三类基本动力：一是物质动力，这里主要指物质待遇、钱的分配等；二是精神动力，精神动力包括信仰（革命理想、爱国主义等）、精神刺激（奖状、先进称号等），也包括日常政治思想工作；三是信息动力，从管理角度看，信息作为一种动力，有超越物质和精神的相对独立性。书本、情报、经验，甚至传统、作风、爱好、志趣等也都是信息动力的组成部分，它是现代管理不可缺少的动力。

上述三种动力在管理实践中同时存在，但又不会绝对平均。它们必然有所差异，并随环境条件的改变而变化。管理就是要及时洞察和掌握这种差异和变化，把三种动力有机结合起来，综合协调应用。

（4）信息管理和管理学的关系

随着信息技术在组织中的应用，信息在管理中的地位越来越重要，对管理活动的影响也越来越大。信息管理与管理学的关系也越来越密切。信息管理推动了组织管理的发展，同时管理学也为信息管理提供了理论基础。

① 信息管理源自管理，服务于管理。在信息时代，信息成为管理的七大资源之一。随着商业活动的日益复杂化和世界全球化进程的加快，各类企业和组织都不同程度地呈现出战略短线化、组织平面化、职责综合化、管理过程化和经营网络化的趋势，信息在组织中的交相影响作用比以往任何时候都突出，信息在经济管理工作中的重要性日益凸显。因此，对信息的有效管理变得尤为重要。另外，由于人们对信息的有效性和及时性要求更加迫切，加上计算机性能的提高，于是出现了可满足大容量和实时性要求的计算机系统与信息管理的紧密结合，产生了各种能够辅助企业和组织管理层决策的管理信息系统、决策支持系统、人工智能专家系统等，为不同层次的管理者提供不同的业务支持。

信息管理是集信息技术与管理技术于一体的交叉学科，它拥有管理学、经济学、计算机科学、信息科学、系统科学等学科基础，且随着信息网络技术的发展，其概念还在不断的延宽、深入和丰富。在信息管理中，计算机成为提高管理信息系统效益、效率和效能的工具，也成为辅助和支持企业（组织）管理工作的有效工具。

② 信息管理与一般管理有不同之处。管理的主要目的是对资源进行有效的管理，但由于信息这一资源的特殊性，使得信息管理与一般意义或领域的管理有着较大的不同，可以从两个方面来看。第一方面，与人力、物质、资金等实物资源不同，信息是一种无形却具有价值的概念资源，因此其管理方式与实物资源也不同。信息管理的最简单描述是：获取信息、以最有效的方式使用信息、在适当的时候摒弃信息的所有活动，但由于信息的抽象性和大量性，加大了信息管理的困难，使得人们不得不借助一些其他的设备和手段对信息进行处理，这也正是计算机信息系统出现的原因。计算机和网络的介入是信息管理的一大特点。第二方面，与工商企业管理、政府部门管理、公共设施管理或者科研管理、人力资源管理等专门领域内的管理不同，由于信息是最基本的资源之一，信息渗透在一切经济管理活动中，信息管理是一种最基础的管理，其管理的规范性影响和制约上述各个专门领域的管理。正因为它是一般意义上的管理，所以它比任何专门领域的管理更具科学（而非艺术）的特征，所以要立足于管理科学。

③ 管理信息系统开发过程中渗透的管理学思想。信息管理是与信息系统联系在一起的，管理信息系统的理论与方法是信息管理的核心。从管理信息系统开发的整个过程来看，其中处处渗透着管理学的思想与理念。首先，从信息系统的分类来看，信息系统对应不同的管理层次提供不同的业务支持，符合管理的多样性特征。与组织的管理层次相对应，信息系统也可分为组织、工作组（部门）、个人等三个层次，并针对不同的业务需求设定不同的权限、提供不同的服务。其次，管理信息系统的开发过程包括总体规划、系统分析、系统设计、系统实施及运行维护五个阶段，其中用户需求是其基础和重点，一个好的管理信息系统必然是充分地注重和满足用户需求的，这与管理学以人为中心的思想是一致的。再者，管理信息系统的开发是基于对组织业务流程的认识的，业务流程图是系统分析这一阶段的重要任务，也是后续开发工作得以实现的基础。为了减少不必要的信息冗余和重复劳动，便于信息系统的构建，有时需要对组织进行业务流程再造（Business Process Reengineering, BPR），以使组织结构更加合理，提高组织效率，这也是管理学的目标之一。最后，在信息系统的运行与维护阶段，随着组织环境、用户需求等的变化，要不断地进行调整，甚至需要重新构建新的系统，这也符合管理学对于创新的要求。

④ 管理的水平也会影响信息管理的效率。有效的信息管理是组织（企业）有效运作、达到资源合理配置的重要手段，反过来，组织或企业管理水平的高低也会影响到信息管理或信息系统的效率，管理的不当和制度的不合理会造成信息系统的重复开发，造成人力、物力、财力等的严重浪费，这也正是企业信息化实践中 ERP（企业资源规划）信息系统风靡一时却屡遭失败的重要原因。可见，信息管理与管理是相互促进却又相互制约的。

本 章 小 结

本章主要讲述了信息管理学的理论基础问题，主要内容包括信息、信息管理、信息管理学这三个基本术语的剖析，以及信息管理学学科基础的介绍。本章首先介绍信息定义的谱系，阐述本体论信息和认识论信息的定义，介绍信息的特征、类型、信息的度量及信息的作用；并在此基础上探索了信息管理的概念、分类、特征及发展；然后分析了信息管理学产生发展的背景、研究对象、理论体系及理论流派；最后介绍了信息管理的学科基础，主要包括信息科学和管理学。

思 考 题

1. 阐述信息定义多样性的原因。
2. 阐述信息定义的谱系是什么？
3. 简答本体论信息和认识论信息的概念。
4. 信息的含义是什么？信息及与物质能量的关系。
5. 基于概率的信息度量是怎么度量的？
6. 基于经验的信息度量的原理有哪些？
7. 信息资源的含义及它的特征是什么？
8. 信息与信息资源的关系是什么？
9. 信息管理的分类有哪些？
10. 信息管理的发展阶段有哪些？
11. 理解信息管理学的研究对象。
12. 信息管理学有哪些流派？

第 2 章
信息管理的技术基础

现代信息技术的发展,既为信息管理的发展带来了前所未有的机遇,也给信息管理的发展带来了挑战。一方面,现代信息技术的迅速发展和广泛应用,使得信息管理更加成熟,信息技术在不断改变着信息管理学科建设的条件,对社会的作用和影响越来越大。另一方面,信息管理越来越重视采用信息技术,需要不断调整本学科的发展战略,突破传统专业角色和视野,坚持其"适应现代科学技术的发展,适应现代信息社会发展需要"的宗旨,以适应社会的需要。本章节简单地探讨信息管理的相关技术基础。

2.1 信息技术概述

2.1.1 信息技术的发展状况

20 世纪 40 年代,以计算机技术为代表的现代信息技术的开发,掀起了信息革命的浪潮,步入 20 世纪 80 年代,这场革命席卷全球,20 世纪 90 年代以来,信息技术革命又向纵深发展,信息的传递速度提高到接近光速,信息处理已经多媒体化、智能化和网络化,信息技术已经发展成为一门综合性的技术,在微电子学、激光、光电子学、超电子学等基础上,综合运用了计算机技术、通信技术、自动控制技术、激光技术、光电子技术、光导技术和人工智能技术等各类专门技术,使世界科技和经济发生了翻天覆地的变化,人类开始进入信息技术时代。在这若干门类的技术中,计算机技术(设备、软件、电子技术等)和通信技术居于核心地位,它们使信息技术实现了对信息处理和传输的两大功能,计算机技术主要负责对信息进行接收、储存、加工处理和输出,通信技术的职责就是承担并完成信息的传输。数字型、网络型信息资源以其数字文本复制的便利性和自由发表的可能性,使得信息资源的数量急剧增加。但是社会信息量的不断增加并不意味着用户获取信息的增长,相反,这些原始无序的信息资源不仅无助于它的使用,反而加剧了信息增长和使用的矛盾,这一矛盾导致了我们所说的"信息爆炸"的现象。传统的信息传播和管理模式已不能适应社会的需要,而科学技术在国家发展战略中的重要地位及其自身的发展又依赖于先进的科学信息传播机制。所以研究信息管理在信息技术影响下的发展对解决"信息爆炸"和信息利用之间的矛盾有着重要的现实意义。

2.1.2 信息技术的内涵

在人类社会的信息交流和管理活动中,信息技术具有无可比拟的推动作用,它不但影响着整个社会和人们的政治、经济、文化和生活,而且也在迅速地改变着整个社会和每一个人。信息技术的快速发展给信息管理带来了机遇,信息技术使信息的传输时间大大缩短,提高了信息的存储容量和处理速度,降低了信息管理的成本。利用信息技术推动经济发展,可以真正实现信息管理的潜力。同时,伴随着机遇,信息管理也要面临信息技术的挑战。

信息技术是指凡是涉及信息的产生、获取、检测、识别、发送、传输、接收、变换、存储和控制等与信息活动有关的,以增强人类信息功能为目的的应用技术的总称,是在信息科学的基本原理和方法的指导下扩展人类信息处理功能的技术。其具体包括了信息基础技术(微电子技术、光子技术和光电技术等)、信息处理技术(信息获取技术、信息传播技术、信息加工技术、信息控制技术等)、信息应用技术(管理信息系统技术、计算机集成制造系统技术等)和信息安全技术(加密技术、防火墙技术等)等。

从以上可以看出,信息技术的主干技术就是感测技术、通信技术、计算机与智能技术、控制技术等。现代信息技术的主要构成,有所谓1C、2C、3C和4C的说法:

1C＝Computer

2C＝Computer＋Communication

3C＝Computer＋Communication＋Control

3C＝Computer＋Communication＋Consumer

3C＝Computer＋Communication＋Content

4C＝Computer＋Communication＋Control＋Collection

从广义上讲,信息技术是扩展人类信息器官功能的一类技术的总称。综合信息技术的本质和功能,可以定义为:信息技术是指能够扩展人的信息器官功能,完成信息获取、传递、处理、利用等功能的一种技术。信息技术具有层次分明的技术体系,主要包括四个基本层次:基础技术层次、支撑技术层次、应用技术层次、主体技术层次。信息技术的基础技术主要是指新材料技术和新能量技术,不仅是新能源技术,还有新的能量转换和能量控制技术等。信息技术的支撑技术主要是指机械技术、电子与微电子技术,激光技术和生物技术等。信息技术的应用技术包括信息技术在工业、农业、国防、交通运输、科学研究、文化教育、商业贸易、医疗卫生、体育运动、文学艺术、行政管理、社会服务及家庭劳作等各个领域的应用,这样广泛普遍的实际应用体现了信息技术强大的生命力和渗透力,体现了它与人类社会各个领域的密切而牢固的联系。

2.1.3 信息管理与信息技术的关系

信息管理是研究如何获取和掌握信息,如何序化信息,如何加工和传递信息,如何研究、开发和激活信息的一门科学。信息管理和信息技术关系密切,实践表明,随着新技术的不断出现,信息技术和信息管理的发展也是一日千里,信息技术的飞速发展直接推动了信息管理的发展,为信息管理提供了许多有用的技术手段和方法,如计算机技术大大提高了人类生产、加工、存储和检索信息的能力,通信技术延展了人类获取和传递信息的途径。现代信息技术对信息管理工作的意义在于:信息的记录方式不再是模拟式和线性的,而是数字化的、非线性的。信息技术是信息管理创新的原动力。进入信息经济时代，信息成为决定社会生产力的重要因素，信息作为重要的战略资源得到重视，同时，信息技术成为对社会影响最大的技术。在这样的形势下，信息管理研究范式的多元化，拓展了信息管理研究视野和研究内容，使信息管理研究带有时代特征，同信息科学群的其他学科协调、融合、互补，进入了一个信息管理整体更新的发展阶段。

得益于信息技术的进步，信息科学的产生和发展也在不断地呈现出崭新的面貌。从20世纪20—30年代开始，特别是第二次世界大战以后，现代科学技术进入高速发展的时期，现代化"大科学"的出现导致了所谓"信息爆炸"的局面。在这种形势下，信息管理工作不但作为一种独立的社会职业，而且作为国家科学技术事业不可分割的重要组成部分进入了崭新的发展阶段。目前，信息管理已发展成为最充分体现现代科学技术水准的尖端科学之一，以计算机技术、网络技术、通信技术等为代表的信息技术，已成为现代信息管理的关键技术。信息技术体现在操作信息和利用计算机等工具处理信息方面，包括信息采集、传输、处理、存储、检索、分析、服务等。信息管理的目标和基本任务是研究解决由"信息爆炸"带来的信息积累与利用之间的尖锐矛盾，运用现代信息技术等手段与方法组织知识信息，使之有序化，并以最快速度满足用户的信息需求，促进科学技术和经济的发展。

因此，信息技术无疑是现代信息管理的支柱，信息技术的发展推动着信息管理理论和实践的向前发展。围绕信息技术进行的信息管理研究会是信息管理研究的重要内容，基于信息技术形成的情报理论及情报管理研究可构成信息技术主导论思想。利用信息技术，可以实现信息资源的数字化、网络化，实现检索工具的智能化和个性化，实现信息传递的全球化、网络化，实现信息服务的主动化和人性化，由此在技术层面推动和完善信息管理理论。

2.1.4 信息技术在信息管理领域的应用阶段

信息技术从广义上讲，涉及信息的产生、获取、检测、识别、变换、传递、处理、存储、显示、控制、利用和反馈等与信息活动有关的，以增强人类信息功能为目的的技术。信息技术在信息管理的运用主要体现在计算机技术的发展和应用方面，如计算机存储和计算机信息检索等方面。以计算机技术在信息管理领域的应用为标志，以信息管理的产生为起点，信息技术在信息管理领域应用和发展大致经历了以下几个阶段。

(1) 前计算机阶段

前计算机阶段是指信息管理产生至计算机在信息管理领域的应用之前这一阶段，背景是科学技术的高速发展和信息传递技术的迅速进步，信息技术主要体现在各类纸质文献及感光胶片、化学介质等文献的手工组织与半自动检索阶段。各种情报机构的大量出现，开辟了人类进入信息、知识广泛交流的新时代。如1939年法国建立了科学文化中心，出版《文摘通报》，集中搜集、报道国外科技成就，有力地促进了科学技术的发展。它是信息管理的技术启蒙阶段，为信息管理的发展奠定了基础。

(2) 单机检索技术阶段

信息的机器自动查找在这一阶段产生。它源于1945年美国的一位杰出科研领导者和组织者布什（V. Bush）发表的一篇非常重要的论文《As we may think》。他在这篇论文中，提出了用"机器"来实现信息的存储、编码、查找乃至智能检索处理等功能的设想。布什这一思想鼓动和吸引了一大批优秀人才投身于解决信息"找"的问题。在机器自动检索信息方面展开的大量工作及其成果，促使了信息检索机械化和自动化的产生。进入20世纪60年代,世界各国无论在科学技术还是政治经济方面都发生了深刻的变革。以电子信息、生物技术和新材料为支柱的一系列高新技术飞速发展,并且日益渗透到经济和社会生活的各个领域,成为推动现代生产力发展的最活跃的因素。这一阶段的主要特征是以计算机单机检索为手段,把信息的新型介质如 CD-ROM 等置于计算机中应用,从而极大地提高了信息的检索效率,推进了信息管理的理论研究。

(3) 联机检索技术阶段

人类社会 20 世纪 70 年代以来,计算机、通信技术特别是微处理机大量生产和广泛应用,揭开了扩大人脑能力的新篇章,信息技术成为推动社会发展的重要标志。正是在这种背景下,信息与物质、能源一样被誉为社会发展的三大支柱。以数据库的出现和计算机的联网应用为基础,联机检索系统诞生,实现了信息的联机检索,信息科学向社会迈出了重大一步,信息管理专家在信息检索机械化和自动化工作基础上迅速扩大战果,使得在联机条件下"找"信息的问题已经得到了普遍解决。至此,人类信息资源的管理已经进入了一个高级阶段——系统管理阶段。很明显,信息科学的系统管理已经为人类社会做出了重大贡献,并且产生了极为深远的社会影响。

(4) 网络环境下的信息检索技术阶段

以计算机技术为基础,整合了网络通信技术与多媒体应用技术的互联网的广泛应用,使得信息的组织、存储、传递和利用等发生了根本性的变化,这种变化体现在信息资源的知识单元组织与智能检索正在逐步替代传统的文献单元组织和检索,由此迫使信息技术在互联网技术的影响下不断深化和发展,出现了智能搜索引擎技术、信息检索的可视化技术、多媒体技术及信息组织的智能技术等初步研究成果。如 20 世纪 90 年代后期 Internet(互联网)上"WWW"的普及,世界四大联机检索系统(美国的 DIALOG、ORBIT,德国的 STN,欧洲的 ESA)纷纷实现网页(Web)化,将信息检索带进一个全新的时代;同时,以搜索引擎为代表的现代 Web 化检索技术应运而生,也使信息检索与信息技术更加紧密地联系在一起。这些研究成果在新的层面上推动着信息管理的发展。在新的网络环境下,如何不失时机地开发、利用现代信息技术,并从国情出发,加速信息管理学科建设,不断改善信息服务条件,也已成为信息管理界普遍关注的重大问题。

(5) Web 2.0 技术环境下的 UGC 阶段

随着通信技术的飞速发展,以用户主动创作作为主要特征的 Web 2.0 环境逐渐形成。Web 2.0 时代中用户既是网络信息资源的消费者,同时也是网络信息资源的生产者和传播者。用户生成内容即 UGC(User Generated Content)又称 UCC(User Created Content)或 CGM(Consumer Generated Media)作为新一代互联网环境下一种新兴的网络信息资源创作与组织模式,倡导为用户创建一个参与表达、创造、沟通和分享的环境。用户可以在网上开辟信息空间,并进行信息共享、内容创作以及贡献等行为,包括任何形式在互联网上发表的由用户创作的文字、图片以及音频和视频内容。Web 2.0 理念的兴起和相关技术的蔓延本质上激活了 UGC 的灵魂,即每一个人都是互联网的创作者。

各类"去中心化"的社会信息系统如雨后春笋般出现在人们的生活中,用户从被动接受信息到主动发布信息,如撰写博客日志、上传图片、创作共享视频等。常见的 UGC 平台类型包括:社交网站类,如微博、微信、QQ、豆瓣网等;百科网站类,如维基百科、百度百科、互动百科等;问答社区类,如百度知道、知乎、天涯问答等;视频网站类,如优酷、腾讯视频等;网络论坛类,如百度贴吧、天涯论坛、人大经济论坛等;博客类网站,如新浪博客、网易博客、科学网博客等。如果将 UGC 上升到虚拟社区或网络社区的高度,可以从功能上对内容进行分类。UGC 中的内容可分为娱乐型、社交型、商业型、兴趣型和舆论性。UGC 这个术语在 2005 年由网络出版和新媒体出版界最先提出，现在关于 UGC 还没有一个公认的定义，其中较有影响力的界定是由世界经济合作与发展组织（OECD，2007）在 2007 年的报告中提出的。该定义描述了 UGC 的三个特征：①Internet 上公开可用的内容；②此内容具有一定程度的创新性；③由非专业人员或非权威人士创作。随着 Web 2.0 的发展，产生了如社会化标注和大众分类法这类新的网络信息组织的方式，对于 UGC 内容的组织和检索就建立于这类新的网络信息组织方式上。Web 2.0 环境下 UGC 的产生极大地丰富了网络信息资源的内容，同时也给网络信息的管理带来了巨大的挑战，网络信息资源的产生趋于碎片化和分散化。因此在 Web 2.0 环境下的网络信息资源管理，不仅要注重对网络信息的组织、使用、创新，还要不断完善对于 UGC 内容的信息检索技术。

(6) 人工智能技术环境下的 MGC 阶段

随着人工智能技术的成熟，越来越多的行业将这项技术应用于商业生产活动中，如利用人工智能技术自动进行图像、符号和数据信息处理，进而产生出各种内容产品，如新闻、音乐、绘画和文学作品等，这些内容被称为人工智能生成内容（AI Generated Content）或机器生成内容（Machine Generated Content，MGC）。当前，MGC 已受到业界和学界广泛关注。

2017 年，英伟达公司（NVIDIA）发布了 AIVA 人工智能作曲模型，随后迅速得到商用，广泛用于网络视频的自动配乐。这标志着音乐人工智能领域正式进入深度学习时代，深度学习算法成为该领域在国际工业界中的核心技术，被索尼、Spotify、苹果等公司使用在其音乐产品上。

2017 年 12 月 26 日，新华社在成都发布中国第一个媒体人工智能平台——"媒体大脑"，生产的第一条 MGC 视频新闻——《新华社发布国内首条 MGC 视频新闻，媒体大脑来了!》。其生成原理是：首先，通过摄像头、传感器、无人机等方式获取新的视频、数据信息；其次，通过图像识别、视频识别等技术让机器进行内容理解和新闻价值判断；最后，依托大数据技术的"媒体大脑"将新理解的内容与已有数据进行关联，对语义进行检索和重排，以智能生产新闻稿件。

2018 年 10 月，世界第一幅人工智能生成的肖像画，拍卖成交价 43.25 万美元。这幅肖像画背后技术全称是 "Generative Adversarial Networks，GAN"，即 "生成对抗网络"。简言之，"生成对抗网络" 由两个相互博弈的神经网络构成，一个是生成器（Generator），另一个是鉴别器（Discriminator），由谷歌研究员 Ian Goodfellow 提出。其中，生成器主要负责输入并生成数据，鉴别器则负责分析数据，区分这些数据是真实的（来自数据集），还是虚假的（来自生成器）。如此周而复始，一旦生成器成功骗过了鉴别器，让鉴别器认为生成的这张图像是真实的，一张人工智能创作的绘画作品就产生了。

MGC 也受到学术界广泛关注，其中，以法学、新闻传播学和信息管理学领域为代表。学者们当前最关注的是 MGC 的知识产权问题，深入探讨了 MGC 的著作权、独创性、可版权性、权利归属和版权保护等具体问题。也有学者认为将来的元宇宙必将是 MGC 的天下，可以从狭义和广义两个方面理解元宇宙中的 MGC。狭义的 MGC 包括 AI 创作和基于生成对抗网络的深度合成内容等，如数字艺术、图像、诗歌、小说、新闻报道、文章摘要、电影预告片、歌曲、视频等；广义的 MGC 是 AI 虚拟人，AI 虚拟人融合计算机视觉、语音/歌声合成和转换、图像/视频合成和迁移、自然语言理解等多模态 AI 能力与技术，生成逼真的可交互内容，这已成为 MGC 领域的新风口。

2.2 数据挖掘技术

2.2.1 数据挖掘的由来

数据挖掘是时代的产物，它的产生具有历史必然性。以下三方面为数据挖掘产生的主要原因。

（1）数据的爆炸式增长

今天，人们时刻都在接触各种各样的数据，有销售数据、医疗数据、交通数据、人口统计数据、科学数据、气象数据等，数据量也在以喷涌之势增长。面对数据海洋，急需一种技术不仅可以收集、存储、整理这些数据，还可以快速自动地描述分析数据，并将这些充斥在繁杂数据中的信息转换成有用、直观的知识。

（2）市场竞争急需决策支持的相关知识

今天，企业的竞争已不再是劳动生产率的竞争，而是知识生产率的竞争，数据作为信息的载体和知识的源泉，是企业创造价值和利润的原材料，基于知识情报的竞争便体现在了基于数据的竞争。企业急需从数据中提取有价值的情报支持企业的相关决策，从而提高竞争力。

（3）相关学科技术的发展

数据挖掘把对数据处理从简单的统计查询提升到从数据中提取知识，这一历程离不开技术的支持。数据挖掘是多学科交叉的技术，涵盖了数据处理、计算机及智能化等方面的相关技术如数据库技术、数据仓库技术、网络技术、统计学、人工智能、机器学习、模式识别、信息检索、高性能计算及数据可视化等技术，这些技术的发展极大地推动了数据挖掘技术的产生。

2.2.2 数据挖掘的定义

数据挖掘 DM（Data Mining），又称数据库中的知识发现 KDD（Knowledge Discovery in Database），是指从大量数据中提取或"挖掘"出知识。公认的定义是 KDD—96 国际会议上由 Fayyad 等人提出的，即从数据集中识别出有效的、新颖的、潜在有用的，以及最终可被理解的模式的非平凡过程。其中的名词解释如下。

模式：指解决某一类问题的方法论。在数据挖掘中，模式可以是规则、规律、概念、数学表达式，也可以是神经网络、决策树。例如规则描述如超市内"购买面包和果酱的顾客中有 80% 也会购买牛奶"；概念描述如某连锁健身俱乐部年消费额达到 6000 元人民币的会员的特征是年龄处于 18~35 岁，女性多于男性，未婚比例高于已婚，而且具有学历偏高、收入稳定等特点。这些都是模式。

非平凡的：数据挖掘与传统的数据处理相比最大的区别是能否提供预测性信息。传统的数据处理一般是对历史数据进行查询、统计和计算以获取数据的表层信息，而数据挖掘采用具有智能性和自动性的技术和方法，不仅可以获得数据属性的内在规律和隐含信息，还可以预测未来。例如"预测一名新顾客会购买哪款汽车"，继而有针对性地提供销售服务。

识别：指挖掘知识的过程，在这个过程中可以采用各种技术和方法，如数学、机器学习、计算机，还有经典算法如关联规则算法 Apriori、决策树算法 C4.5、聚类算法 k-Means、支持向量机 SVM、朴素贝叶斯 Naïve Bayes、神经网络、蚁群算法等。

过程：表明数据挖掘是多阶段的任务，包括数据预处理、挖掘实施、模型评估及模型表示等步骤，并且在挖掘过程中某些阶段需要反复循环不断优化直到得到高质量的知识。

有效的：也可以说挖掘模式是"有趣"的，"有趣"是满足一些模式兴趣度的客观度量，比如关联规则分析中的支持度和信任度，即保证挖掘的模式有足够的事实根据。

新颖的：指所挖掘的模式是以前未被发现的，是隐藏在数据中甚至是违背用户的经验和直觉的。

潜在有用的：所发现的模式可被实际应用于生产生活及各领域，是有应用价值的。

最终可被理解的：挖掘的模式能够用文字、图、表或更直观的用户能够理解的方式表达出来，一般使用可视化技术。

2.2.3 数据挖掘的处理对象

只要有分析价值和分析需求的数据库，皆可使用数据挖掘技术，数据挖掘不仅可以处理多样化的数据，还可以处理各种异构数据，除应用在最基本的关系数据库数据、数据仓库数据、事务数据以外，还可以用于数据流、时间序列数据、图形数据、网络数据、空间数据、文本数据、视频数据、声音数据以及综合多媒体数据等。

（1）关系数据库

数据组织方式采用关系模型，即数据库由一系列的行列交叉的二维表组成，其中每行代表一个元组，对应一个对象信息，如某顾客信息表中，某行记录：010，Lily，女，27岁，老师；每列代表一个属性，每个属性描述所含数据的意义，如顾客信息表中，对应的属性集：会员号，姓名，性别，年龄，职业。

（2）数据仓库

数据仓库通过数据清理、集成、变换、载入和定期刷新等技术收集多个数据源的信息，存在于统一的模式下，如星型模式、雪花模式、星系模式等，并将其驻留在单个物理站点上，再通过数据查询分析工具等提取用户需要的信息反馈给用户，如图2.1所示。数据仓库具有面向主题的、集成的、相对稳定的和反映历史变化等特点。主题可以是对象或者业务，比如客户主题或营销项目主题；集成是指来源于关系数据库、事务数据、文件数据、数据流、空间数据等的异构数据，消除数据源数据的不一致性；稳定是指存储到数据仓库中的数据很少被修改，大多是查询操作，只需进行定期的加载和刷新；反映历史变化是指数据仓库中的数据包含历史信息，可以查询过去某个时间段的信息。

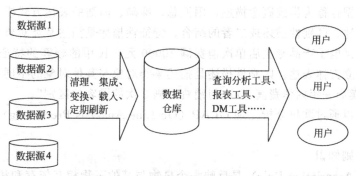

图 2.1 数据仓库典型框架

（3）事物数据

事物数据即记录事物的数据，比如超市购物这件事。事务数据每条记录代表一个事物，通常只包含两个属性，即事物唯一标识号"事物ID"和组成事物的"项的列表"。例如某顾客在超市购物付款后形成的记录"T00102｛苹果，面包，牛奶，草莓酱，生菜，鸡蛋，纸尿裤｝"，T00102为此次购物事件的ID号。事物数据通常用于购物篮分析。

(4) 文本数据

文本指文字描述的对象，可以是各类文档，也可以是 Web 网页。文本挖掘的目的是从文本中挖掘高质量信息，比如"一篇文章的关键词和主题"。目前文本挖掘研究主要集中在网络浏览即通过用户网络行为帮助其寻找有用信息，还有文本检索、文本分类、文本聚类以及文档总结。

(5) 多媒体数据

多媒体数据是指除数值和字符以外的图形、图像、声音、视频等数据。多媒体数据挖掘主要研究集中在图像检索、人脸识别以及语音识别等方面。

(6) Web 数据

Web 数据是对 Web 页面数据包括文本、图像、音频、视频等数据的挖掘。Web 挖掘主要研究提高网络浏览的信息质量和用户体验度。比如在电子商务中，为客户提供个性化产品、改进网站结构以方便客户浏览等。

(7) 空间数据

空间数据是描述空间实体物理位置等特征的数据，如地图。另外通过使用雷达、红外、卫星、CT 等获取的数据也是空间数据。空间数据挖掘典型的应用是地理信息系统 GIS (Geography Information System)。

(8) 时间序列数据

时间序列数据是指可随时间发生变化的数据，如气象数据中每个月的降水量、证券交易中的股票指数、电视台的收视率等。时间序列挖掘可以预测降水量和股票走势。

此外，被挖掘的数据规模要足够大，质量要准确和有效，保证提取的知识具有统计学意义上的可信度。

2.2.4 数据挖掘可发现的知识类型

数据挖掘可以发现多种类型的知识，主要有广义知识、关联规则知识、分类知识、聚类知识以及离群点检测知识等。

(1) 广义知识

广义知识挖掘也称为类或概念描述，用汇总、准确、简洁的表达方式描述类的特征。描述包括特征性描述、区别性描述或二者的结合。特征性描述是描述某类对象的共同特征或特性，比如描述"某电子产品专卖店单次消费满 10000 元人民币的顾客的特征"，描述结果可用图表以及多维立方体表达。区别性描述是描述某类对象与其他对象的不同特征，比如描述"某电子产品专卖店一年内消费满 10 次与消费不满 2 次的顾客的区别"。

广义知识可以通过联机分析处理 OLAP (On-Line Analysis Processing)、面向属性的归纳等技术实现。

(2) 关联规则知识

关联规则 (Association Rule) 是反映一个事物与其他事物相互依存和相互关联的规律。如果两个或多个事物之间存在关联关系，那么其中一个事物就能够通过其他事物预测到。"啤酒与尿布"就是关联规则在购物篮分析中的典型应用。

关联规则的有效和准确，需要满足两个阈值标准，即最小支持度阈值 min＿support 和最小置信度阈值 min_confidence，支持度 support（$A \Rightarrow B$）表示事件 A 和 B 同时发生的概率，置信度 confidence（$A \Rightarrow B$）表示事件 A 发生的条件下 B 发生的概率：

$$\text{support}(A \Rightarrow B) = P(A \cup B) \tag{2.1}$$

$$\text{confidence}(A \Rightarrow B) = P(B|A) = \frac{P(A \cup B)}{P(A)} \tag{2.2}$$

例如规则（2.3）表示顾客购买钢笔与顾客购买本子的关联程度，假设最小支持度 min_support=10%，最小置信度 min_confidence=50%：

$$\text{buys}(X, \text{"pen"}) \Rightarrow \text{buys}(X, \text{"notebook"})[\text{support}=30\%, \text{confidence}=70\%] \tag{2.3}$$

这条规则支持度 support=30%，表示文具店里同时购买钢笔和本子的顾客占 30%，大于最小支持度；置信度 confidence=70%，表示顾客购买钢笔的同时也会购买本子的概率为 70%，大于最小置信度，分别满足了最小支持度和最小置信度阈值，这个规则是强关联规则，是有趣的。

关联规则的挖掘分如下两个步骤。

① 找出所有的频繁项集，频繁项集即为满足最小支持度的项集。

② 找出所有的强关联规则，强关联规则即为由频繁项集生成的满足最小置信度的规则。

关联规则挖掘的重点是找出所有的频繁项集，最经典的是 Agrawal 等 1994 年提出的生成布尔型关联规则的频繁项集挖掘算法 Apriori。

Apriori 使用逐层搜索的迭代方法，基本思想是由频繁 $(k-1)$—项集 L_{k-1} 构建候选 k—项集 C_k，C_k 通过剪枝得到频繁 k—项集 L_k。其中 L_k：长度为 k 的频繁项集，即满足最小支持度阈值的项集；C_k：长度为 k 的候选项集，潜在频繁 k 项集的集合，由有可能成为频繁 k 项集的项集组成的集合，可通过剪枝减去不满足最小支持度阈值的项集得到 L_k。其中剪枝原理是：若任一项集是不频繁的，则其超集必不是频繁的。Apriori 算法基本思想如图 2.2 所示。

算法：Apriori。

输入：数据集 D，最小支持度 min_support，最小置信度 min_confidence。
输出：D 中的所有频繁项集 L，强关联规则 R。
Begin
① 扫描数据集 D，根据 min_support 找出所有的频繁 1—项集保存至 L_1；
② Repeat；
③ 扩展频繁 $(k-1)$—项集得到候选 k—项集 C_k；
④ 扫描数据集 D，剪除 C_k 中不满足 min_support 的候选项集得到频繁 k—项集 L_k；
⑤ Until 没有新的频繁 k—项集被发现；
⑥ 根据 min_confidence 找出由 L 中产生的所有强关联规则保存至 R 中。
End

图 2.2 Apriori 算法

Apriori 算法经常用于购物篮分析，分析顾客购买物品之间的联系，下面为一个 Apriori 算法的应用实例，其中 TID 是事务唯一标识 ID 号，可理解为每条数据是顾客购物篮里的物品，并定义最小支持度 min_support=2，步骤如下所示：

① 第一次扫描事务数据库，对每个项的出现次数计数，得到候选 1—项集 C_1，剪枝将 C_1 中不满足最小支持度阈值的项删除得到频繁项集 L_1。

② 频繁项集 L_1 自连接生成候选 2—项集 C_2，第二次扫描数据库统计 C_2 各项集的支持

度,并通过剪枝得到频繁2—项集L_2。

③ 依此类推,直至没有新的频繁项集被发现。图 2.3 L_1、L_2、L_3 即为寻找的频繁项集。

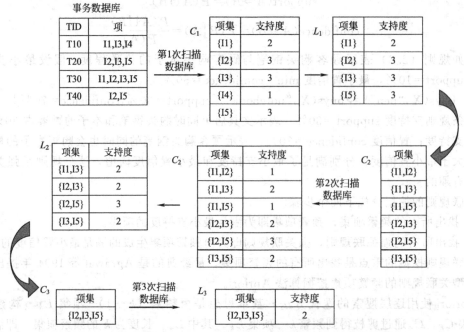

图 2.3　Apriori 的应用实例

(3) 分类知识

分类 (Classfication) 是有监督的学习并具有预测功能的数据挖掘任务,有监督的学习是指从带有类标号的数据中学习。分类任务是通过学习(构造模型的过程)获得一个目标函数 f(模型),此函数可将每个属性集 X 映射到一个预先定义好的类标号 y 上。分类可分成两个步骤完成。

① 建立模型。即构建分类器,也称为学习步。利用训练集(既有属性集也有类标号)通过学习得到一个最优模型,这个模型可以是决策树、神经网络、数学公式、支持向量机等。如图 2.4 所示,是一个简单的信贷欺诈检测分类器的构建过程,训练集中每个元组的属

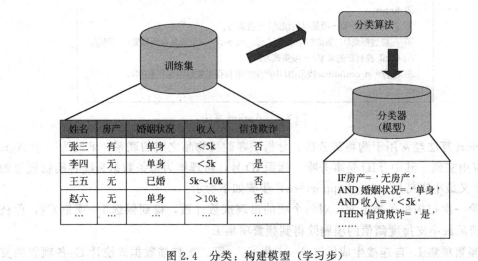

图 2.4　分类:构建模型(学习步)

性集 X 为｛姓名，房产，婚姻状况，收入｝，信贷欺诈检测结果即为类标号 y，利用训练集中完整的数据通过选择最优的分类算法构建检测信贷欺诈的分类器。

② 使用模型。即对未知类标号的数据分类。先利用已知类标号的测试集评估模型预测的准确率，准确率达到标准即可利用此分类器对未知类标号的数据分类。如图 2.5 所示，分类器对测试集的分类结果同测试集原类标号进行比较得到准确率，确定分类器可用后即可对未知数据进行分类，比如银行便可对申请贷款的客户进行信贷欺诈检测，对具有欺诈嫌疑的客户进行重点调查或者拒绝其贷款申请。

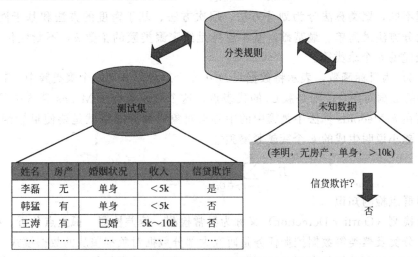

图 2.5 使用模型

常用分类方法有决策树分类法、基于规则分类法、神经网络、支持向量机 SVM（Support Vector Machine）以及朴素贝叶斯等。

(4) 聚类知识

聚类（Clustering）是无监督学习。无监督学习是指从未标记的数据中学习，即在聚类分析前不给任何提示，在没有先验知识的前提下只根据数据特征探索式地学习。聚类的功能是根据数据特征寻找数据间的相似性，将相似数据聚集到一个簇中，使簇内距离最小化，簇间距离最大化。聚类广泛应用于图像处理、模式识别、空间数据分析、市场分析等领域。如商业智能领域中，根据客户的购买行为等数据发现不同的客户群，总结各群特征，根据这些特征提出市场营销策略；城市规划中根据地理位置、户型、价值等信息识别住宅群；在地理信息系统中，通过特征空间聚类创建主题地图。聚类的关键是相似性度量，即如何比较表达数据间的相似性。基于内存的聚类算法通常采用两种数据结构，即数据矩阵和相异度矩阵。

数据矩阵（Data Matrix）也称对象—属性结构：定义 n 个对象，每个对象有 p 个属性（度量或变量），可用关系数据表的形式表示，即行表示对象，列表示属性，也可以用 $n\times p$（n 个对象 $\times$ p 个变量）矩阵来表示，如式（2.4）所示，其中 x_{ij} 表示第 i 个对象的第 j 个属性的属性值。

$$\begin{bmatrix} x_{11} & \cdots & x_{1f} & \cdots & x_{1p} \\ \cdots & \cdots & \cdots & \cdots & \cdots \\ x_{i1} & \cdots & x_{if} & \cdots & x_{ip} \\ x_{n1} & \cdots & x_{nf} & \cdots & x_{np} \end{bmatrix} \quad (2.4)$$

相异度矩阵（Dissimilarity Matrix）也称对象—对象结构：存放对象两两之间的差异

度，也可以称为距离或邻近度，通常用一个 $n \times n$ 矩阵表示，如式（2.5）所示。其中 $d(i,j)$ 表示第 i 个对象与第 j 个对象间的距离，是一个非负值，距离越近越接近 0。

$$\begin{bmatrix} 0 & & & & \\ d_{(2,1)} & 0 & & & \\ d_{(3,1)} & d_{(3,2)} & 0 & & \\ \vdots & \vdots & \vdots & & \\ d_{(n,1)} & d_{(n,2)} & \cdots & \cdots & 0 \end{bmatrix} \quad (2.5)$$

按原理不同，聚类算法分为划分方法、层次方法、基于密度的方法和基于网格的方法等。其中划分方法最简单、最基础，基本思想是给定聚类簇的个数 k，不断优化目标函数，直至找到最优的 k 个聚类簇。

式（2.6）为目标函数，表示将数据集 D 中 n 个对象划分到 k 个聚类簇中，其中 p 为第 i 个簇 C_i 中的数据对象，c_i 则是簇 C_i 的代表点，这个代表点在 k-Means 算法中是簇中对象的均值，而在 k-Medoids 算法中是簇中的中心点对象。划分结果就是要使目标函数的 E 值达到最小，越小说明生成的 k 个簇越紧凑独立。

$$E = \sum_{i=1}^{k} \sum_{p \in C_i} \text{dist}(p, c_i)^2 \quad (2.6)$$

（5）离群点检测知识

离群点检测（Outlier Detection）又称为异常检测、偏差检测、孤立点分析。概念描述、关联规则、分类及聚类等数据挖掘任务是研究大部分数据对象都服从的数据模式，而离群点检测则是挖掘隐藏在数据集中孤立且不同于大部分规则的异常的数据模式。

离群点检测是非常有价值且有趣的挖掘任务。异常数据可能具有更大的研究价值，对于其他任务几十万条记录可能覆盖一条规则，而离群点检测可能个位数的记录便能提取一条规则。异常检测的应用非常广泛，如医疗分析发现医学图像中易被抛弃的可能病变的信息；计算机网络的入侵检测；自然灾害预测；机械设备故障诊断；银行、保险及电信的欺诈检测等。

离群点检测的方法主要有：基于统计的方法寻找不遵循特定统计模型的数据对象；基于距离的方法寻找远离大部分数据对象的对象；基于密度的方法寻找低密度的数据对象；基于聚类的方法寻找不属于任何簇的数据对象。

2.2.5 数据挖掘的一般流程

数据挖掘中广泛应用两种流程模型：一种是侧重数据挖掘方法论的一般流程；一种是侧重应用特别是解决具体商业问题的"跨行业数据挖掘标准流程"CRISP-DM 流程模型。

（1）数据挖掘的一般流程

数据挖掘也视为知识发现（KDD）的同义词。简单来说，知识发现就是从各种原始信息中获得知识的过程。图 2.6 表示知识发现过程，被视为数据挖掘的一般流程，图中箭头上方表示过程，箭头下方表示对象，该流程按功能可以分为以下三大部分。

① 数据预处理。从得到数据到处理成可用的建模数据的过程被称为数据预处理，包括噪声和错误处理、不一致和缺失值处理的"数据清理"；合并多种数据源例如数据库、数据立方体或一般数据存储文件的"数据集成"；提取与所分析任务相关的"数据选择"；将数据转换成适合挖掘形式的"数据变换"。还会用到未在图中显示的在不影响挖掘结果的前提下降低数据集规模、简化数据的"数据规约"。数据预处理可以改进数据质量，提高挖掘过程中建模的精度及性能。

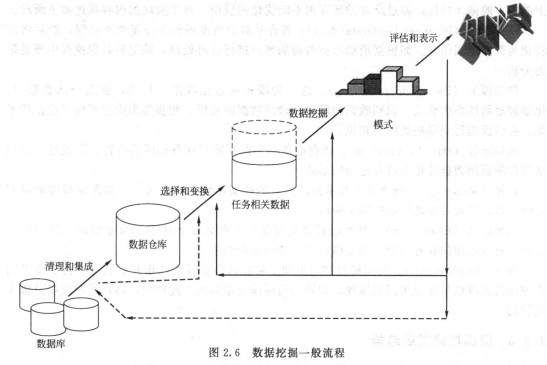

图 2.6 数据挖掘一般流程

② 数据挖掘。数据挖掘是整个流程的核心部分,在确定挖掘任务的基础上,根据数据特征、已有参数信息以及任务需求等选择合适的模型,利用处理好的数据建模,提取数据模式。在发现所得模式不是真正的有趣后,返回此步骤。

③ 模式评估和知识表示。根据"兴趣度"的度量标准识别代表知识的真正有趣的模式,"有趣"可以理解为有用和有意义的。并且将结果用可视化技术和知识表示技术表达出来,提供给用户。

(2) CRISP-DM 模型

"跨行业数据挖掘标准流程" CRISP-DM(Cross-Industry Standard Process for Data Mining)由被称为数据挖掘市场"三剑客"的数据仓储供货商 NCR、德国汽车航天公司 Daimler Chrysler 和统计分析软件供货商 SPSS 首次提出。随后创建 CRISP-DM 特别兴趣小组(SIG:Special Interest Group),吸收了更多的个人和组织,在 2000 年推出 CRISP-DM 1.0 版本,并一直不断改进。CRISP-DM 模型将具体的商业目标映射为数据挖掘目标,强调完整的数据挖掘过程,该过程不仅包括数据处理、模型构建和模型评价,还包括对企业需求理解以及模型的延伸应用。CRISP-DM 倡导的理念是:提倡标准过程行业内共享;建立与应用背景无关的标准过程;建立与所选数据挖掘工具无关的标准过程;建立具有普遍指导意义的标准过程。

如图 2.7 所示,CRISP-DM 模型定义数据挖掘项目的生命周期由 6 个阶段组成,这 6 个阶段的顺序可根据需要调整。箭头表示上一个阶段的输出是下一个阶段的输入。外圈循环表达了数据

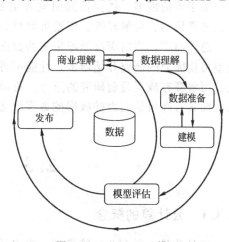

图 2.7 CRISP-DM 模型

挖掘本身的循环特性，通过反复循环发现不断优化的模型。每个阶段的内容描述如下所示。

商业理解（Business Understanding）：首先从商业角度理解业务需求及目标，然后将其转化为数据挖掘任务。如根据消费习惯对商场客户进行分群处理，映射到数据挖掘中便是聚类分析。

数据理解（Data Understanding）：这一阶段是从数据收集开始的，要充分熟悉数据，比如理解属性集的意义，识别数据的质量，检测数据的规模，初步考虑确定可用于挖掘的子集，并假设能得到哪些类型的知识。

数据准备（Data Preparation）：数据准备和数据预处理具有相同的内容，即经过一系列的操作将原始数据转化为适合挖掘的形式。

建模（Modeling）：选择建模技术并将相应的模型参数调整到最佳，如果模型对数据有特殊要求，经常需要跳回数据准备阶段。

模型评估（Evaluation）：模型还需要从商业角度确认是否达到了商业目的，是否存在没有被充分考虑的业务问题，还要确定是否使用挖掘结果。

发布（Deployment）：模型所得结果也就是从数据中获得的知识并不直观，为了便于用户使用需要将结果重新组织和展现，如展现为可读文本形式。此阶段由客户而非数据分析人员执行。

2.2.6 数据挖掘发展趋势

2021年8月，第27届国际数据挖掘与知识发现大会（Knowledge Discovery and Data Mining，KDD）在线上成功举办，该会议是数据挖掘领域全球顶级会议，会议的主题及录用论文代表了数据挖掘发展的前沿与趋势。北京邮电大学GAMMA LAB团队通过对该会议接收的论文进行统计分析，发现当前数据挖掘领域的两个重要学术研究方向分别是图数据挖掘和可信模型，数据挖掘技术在商业领域的重要应用依然集中于推荐、广告、搜索和反欺诈。

图数据挖掘就是以图的结构来存储、展示、思考数据，从而挖掘出其中有用的知识。关于图数据挖掘，人们关注的重要领域之一是图神经网络的性质与应用，包括图神经网络的鲁棒性、可迁移性和可解释性；图神经网络的应用范围和应用内容，如轨迹检测、公司识别以及图神经网络基准、异质图神经网络基准。另一个重要领域是图算子的研究与应用，包括图算子理论、图算子加速和大规模图算子。

关于可信模型，数据挖掘研究者主要关注公平性、去偏差、排序、因果学习、隐私保护、异常检测、可解释性、模型可解释和数据可解释等问题。

总体而言，当前深度学习带来的数据挖掘粗犷发展和暴力应用正在消退，对于数据挖掘模型可信能力的研究开始增多；性能不再是唯一的数据挖掘评价指标，确保模型的公平、安全、可解释亦成了目前研究的重点。可以预见，仅利用暴力模型进行数据挖掘的做法会被淘汰，而具有高可信能力的数据挖掘模型会成为这一领域的主流研究方向。

2.3 云计算技术

2.3.1 云计算的概念

云计算是一种商业计算模型，它将计算任务分布在由大量计算机构成的资源池上，使用户能够按需获取计算力、存储空间和信息服务,这种资源池被称为"云"。"云"是一些可以自我维护和管理的虚拟计算资源,通常是一些大型服务器集群,包括计算服务器、存储服务器和宽带资源等。云计算将计算资源集中起来,并通过专门软件实现自动管理,无需人为参与。用户可以动态申请部分资源,支持各种应用程序的运转,无需为烦琐的细节而烦恼,能够更加专注于自己的业务,有利于提高效率、降低成本和技术创新。云计算的核心理念是资源池,池的规模可以动态扩展,分配给用户的处理能力可以动态回收重用。这种模式能够大大提高资源利用率,提升平台的服务质量。

云计算是并行计算、分布式计算和网格计算的发展,或者说是这些计算科学概念的商业实现。云计算是虚拟化、效用计算、将基础设施作为服务 IaaS(Infrastructure as a Service)、将平台作为服务 PaaS(Platform as a Service)和将软件作为服务 SaaS(Software as a Service)等概念混合演进并跃升的结果。云计算具有以下特点。

① 超大规模。"云"具有相当的规模,Google 云计算已经拥有几百万台服务器,Amazon、IBM、微软和 Yahoo 等公司的"云"均拥有几十万台服务器。"云"能赋予用户前所未有的计算能力。

② 虚拟化。云计算支持用户在任意位置、使用各种终端获取服务。所请求的资源来自"云",而不是固定的有形的实体。应用在"云"中某处运行,用户无需了解应用运行的具体位置,只需要一台笔记本或一台掌上电脑,就可以通过网络服务获取服务。

③ 高可靠性。"云"使用数据多副本容错、计算节点同构可互换等措施来保障服务的高可靠性,使用云计算比使用本地计算机更加可靠。

④ 通用性。云计算不针对特定的应用,在"云"支撑下可以构造出千变万化的应用,同一片"云"可以同时支撑不同的应用运行。

⑤ 高可伸缩性。"云"的规模可以动态伸缩,满足应用和用户规模增长的需要。

⑥ 按需服务。"云"是一个庞大的资源池,用户可以按需购买,像自来水、电和煤气那样计费。

⑦ 廉价。"云"的特殊容错措施使得可以采用廉价的节点构成云;"云"的自动化管理使数据中心管理成本大幅降低;"云"的公用性和通用性使资源利用率大幅提升;"云"设施可以建在电力资源丰富的地区,大幅降低能源成本。

按照服务类型,云计算可以分为三类:将基础设施作为服务 IaaS、将平台作为服务 PaaS 和将软件作为服务 SaaS,如图 2.8 所示。

图 2.8 云计算的服务类型

IaaS 将硬件设备等基础资源封装成服务供用户使用。在 IaaS 环境中,用户相当于在使用裸机和磁盘,既可以运行 Windows,也可以运行 Linux,但用户必须考虑如何让多台机器协同工作。AWS（Amazon Web Services）提供了在节点之间互通消息的接口简单队列服务SQS（Simple Queue Service）。IaaS 优势在于允许用户动态申请或释放节点，按使用量计费。运行 IaaS 的服务器规模可达到几十万台，用户能够申请的资源几乎是无限的。同时，IaaS 由公众共享，因而具有更高的资源使用效率。

PaaS 对资源的抽象层次更进一步，它提供用户应用程序的运行环境。微软的云计算操作系统 Microsoft Windows Azure 可归入这一类。PaaS 自身负责资源的动态扩展和容错管理，用户应用程序不必过多考虑节点间的配合问题。但与此同时，用户的自主权降低，必须使用特定的编程环境并遵照特定的编程模型。这有点像在高性能集群计算机里进行 MPI（Message Passing Interface）编程，只适用于解决某些特定计算问题。例如，Google App Engine 只允许使用 Python 和 Java 语言、基于称为 Django 的 Web 应用框架、调用 Google App Engine SDK 来开发在线应用服务。

SaaS 的针对性更强，它将某些特定应用软件功能封装成服务，如 Salesforce 公司提供的在线客户关系管理 CRM（Client Relationship Management）服务。SaaS 既不像 PaaS 那样提供计算或存储资源类型的服务，也不像 IaaS 那样提供运行用户自定义应用程序的环境，它只提供某些专门用途的服务供应用调用。

随着云计算发展，不同云计算解决方案之间相互渗透融合，同一种产品往往横跨两种以上类型。例如，Amazon Web Services 是以 IaaS 发展的，但新提供的弹性 MapReduce 服务模仿了 Google 的 MapReduce，简单数据库服务 SimpleDB 模仿了 Google 的 Bigtable，这两者属于 PaaS 的范畴，它新提供的电子商务服务 FPS 和 DevPay 以及网站访问统计服务 Alexa Web 服务，则属于 SaaS 的范畴。

2.3.2 云计算的体系结构

由于云计算分为 IaaS、PaaS 和 SaaS 三种类型，不同的厂家又提供不同的解决方案，目前还没有一个统一的技术体系结构，本书综合不同厂家的方案，构造一个供参考的云计算体系结构，如图 2.9 所示，它概括了不同解决方案的主要特征，每一种方案或许只实现其中部分功能，还有部分相对次要功能尚未概括进来。

图 2.9　云计算技术体系结构

云计算技术体系结构分为四层：物理资源层、资源池层、管理中间件层和面向服务的体系结构 SOA（Service-Oriented Architecture）构建层。物理资源层包括计算机、存储器、网络设施、数据库和软件等。资源池层是将大量相同类型的资源构成同构或接近同构的资源池，如计算资源池、数据资源池等。构建资源池更多的是物理资源的集成和管理工作，例如研究在一个标准集装箱的空间如何装下 2000 个服务器、解决散热和故障节点替换的问题并降低能耗。管理中间件层负责对云计算的资源进行管理，并对众多应用任务进行调度，使资源能够高效、安全地为应用提供服务。SOA 构建层将云计算能力封装成标准的 Web Services 服务，并纳入到 SOA 体系进行管理和使用，包括服务接口、服务注册、服务查找、服务访问和服务工作流等。管理中间件层和资源池层是云计算技术的最关键部分，SOA 构建层的功能更多依靠外部设施提供。

云计算的管理中间件层负责资源管理、任务管理、用户管理和安全管理等工作。资源管理负责均衡地使用云资源节点，检测节点的故障并试图恢复或屏蔽，并对资源的使用情况进行监视统计；任务管理负责执行用户或应用提交的任务，包括完成用户任务映像（Image）的部署和管理、任务调度、任务执行、任务生命期管理等；用户管理是实现云计算商业模式的一个必不可少的环节，包括提供用户交互接口、管理和识别用户身份、创建用户程序的执行环境、对用户的使用进行计费等；安全管理保障云计算设施的整体安全，包括身份认证、访问授权、综合防护和安全审计等。

基于上述体系结构，以 IaaS 云计算为例，简述云计算的实现机制，如图 2.10 所示。

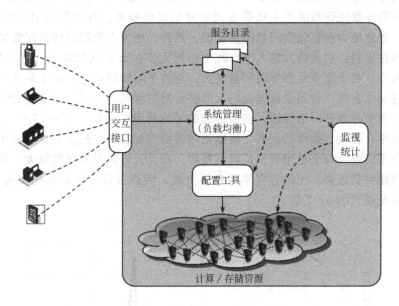

图 2.10 简化的 IaaS 实现机制图

用户交互接口向应用以 Web Services 方式提供访问接口，获取用户需求。服务目录是用户可以访问的服务清单。系统管理模块负责管理和分配所有可用的资源，其核心是负载均衡。配置工具负责在分配的节点上准备任务运行环境。监视统计模块负责监视节点的运行状态，并完成用户使用节点情况的统计。执行过程并不复杂，用户交互接口允许用户从目录中选取并调用一个服务，该请求传递给系统管理模块后，它将为用户分配恰当的资源，然后调用配置工具为用户准备运行环境。

2.3.3 云计算的优势

云计算拥有划时代的优势，主要在于它的技术特征和规模效应所带来的性能价格比优势。全球企业 IT 开销分为三部分：硬件开销、能耗和管理成本。近几年全球企业 IT 开销中能耗和管理的成本上升迅速，随着性能的提升，系统能耗和管理成本还在继续攀升。

云计算的系统建设和管理成本有很大的区别，如表 2.1 所示。根据 James Hamilton 的数据，一个拥有 5 万个服务器的特大型数据中心与拥有 1000 个服务器的中型数据中心相比，特大型数据中心的网络和存储成本只相当于中型数据中心的 1/7～1/5，而每个管理员能够管理的服务器数量则扩大到 7 倍之多。因而，对于规模通常达到几十万乃至上百万台计算机的 Amazon 和 Google 云计算而言，其网络、存储和管理成本较之中型数据中心至少可以降低 5～7 倍。

表 2.1 中型数据中心和特大型数据中心的成本比较

技术	中型数据中心成本	特大型数据中心成本	比率
网络	$95 每 Mb/(秒·月)	$13 每 Mb/(秒·月)	7.1
存储	$2.20 每 GB/月	$0.40 每 GB/月	5.7
管理	每个管理员约管理 140 个服务器	每个管理员管理 1000 个服务器以上	7.1

云计算与传统互联网数据中心 IDC（Internet Data Center）相比，资源利用率有很大不同。IDC 采用服务器托管和虚拟主机等方式对网站提供服务。每个租用 IDC 的网站所获得的网络带宽、处理能力和存储空间都是固定的。然而，绝大多数网站的访问流量都不是均衡的。有的时间性很强，白天访问的人少，晚上访问人多，流量就会暴涨；有的季节性很强，平时访问的人少，到圣诞节或春节访问量很大；有的平时访问量少，由于某些突发事件如迈克尔·杰克逊突然去世，访问量暴增而陷入瘫痪。网站管理者为了应对这些突发流量，会按照峰值要求配置服务器和网络资源，造成资源的平均利用率只有 10%～15%，如图 2.11 所示。而云计算平台提供有弹性的服务，根据租用者的需要在一个超大的资源池中动态分配和释放资源，而不需要为每个租用者预留峰值资源。而且云计算平台规模极大，租用者数量庞大，支撑的应用种类繁多，比较容易平稳整体负载，因而云计算资源利用率可以达到 80% 左右，这是传统模式的 5～7 倍。

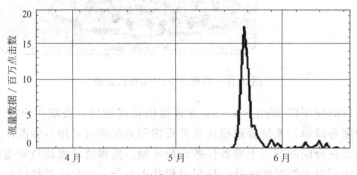

图 2.11 某典型网站的流量数据

综上所述，由于云计算有更低的硬件、网络成本和更低的管理成本，以及更高的资源利用率，两个乘起来就能够将成本节省 30 倍以上！这是云计算成为划时代技术的根本原因。

2.3.4 去中心化云计算

当前,云计算的发展如火如荼,已经影响渗透到人们生活的方方面面。传统的云计算实际上被默认为中心化云计算,即集中化、统一归属的远程集群计算。中心化云计算、云存储服务存在成本问题、隐私安全、黑客攻击和病毒威胁等突出问题。同时,伴随着以去中心化技术构成的 Web 3.0 时代到来,数据存储和计算规模呈现爆发式增长,中心化云计算已难以适应时代需求。在此背景下,分布式存储与去中心化云计算将成为新的基础设施,助力新一轮科技创新与数字化变革。

以"区块链底层技术+云计算模式"形成的去中心化云计算,是将各种类型的算力标准化为最小的单元来进行共享和交换,相当于每一个节点上都有一个独立的服务器,可以独立进行数据存储和传递服务。确保信息传递和交换的安全性,并能有效降低成本。

2021年,国内云计算头部厂商对云计算的发展态势进行了讨论。51CTO高级副总裁胡毅表示,去中心化云计算凭借低成本、高效率、高可靠性、部署灵活等优势,成为了加速云计算产业发展的助推剂。安迈云首席战略官于晓晖认为 5G、云计算、AI 和物联网等技术推动了数据存储和计算需求爆炸性增长,智能时代对数据存储成本、隐私安全保护、数据资产流动性等方面都提出了更高要求。在 Web 3.0 世界中,基础设施将迎来重构。预计未来5年里,去中心化云计算的发展速度将超过中心化云计算。华为云的云计算架构师韩先超认为,去中心化云计算采用分布式的存储与计算节点,具有低成本、灵活性高、安全可靠的特点,是对中心化云计算的有效补充,二者并存将成为未来常态,协同助力企业实现智能化转型。

2021年,智研咨询发布《2022—2028年中国去中心化云计算行业市场竞争状况及发展趋向分析报告》显示,2020年全球去中心化云存储数据量 1.6EB;预计 2015—2025 年期间全球去中心化云存储数据量呈高速增长态势,预计到 2025 年全球去中心化云存储数据量 320.5EB。当前,去中心化云计算被应用于金融、医疗、社交通信、游戏和能源等多个领域,与此同时,应用范围仍在不断拓展。预计 2025 年,全球去中心化应用在游戏领域市场规模占 19.40%、在金融领域市场规模占 12.90%、在政府领域市场规模占 2.80%、在医疗健康领域市场规模占 1.20%、在其他领域市场规模占 63.80%。

2.4 大数据技术

2.4.1 数据要素市场化

当前,数据已成为重要的生产要素,大数据产业作为以数据生成、采集、存储、加工、分析、服务为主的战略性新兴产业,是激活数据要素潜能的关键支撑,是加快经济社会发展质量变革、效率变革、动力变革的重要引擎。面对新一轮科技革命和产业变革深入发展的机遇期,世界各国纷纷出台大数据战略,开启大数据产业创新发展新赛道,聚力数据要素多重价值挖掘,抢占大数据产业发展制高点。

我国高度重视大数据产业发展,推动实施国家大数据战略。我国大数据产业快速崛起,逐步发展成为支撑经济社会发展的优势产业,数据资源"家底"更加殷实,数据采集、传输、存储基础能力显著提升,大数据产品和服务广泛普及,特别是在疫情防控和复工复产中发挥了"急先锋"和"主力军"的作用。"十四五"时期是我国工业经济向数字经济迈进的关键期，《中华人民共和国国民经济和社会发展第十四个五年规划和 2035 年远景目标纲要》围绕"打造数字经济新优势"，做出了培育壮大大数据等新兴数字产业的明确部署。在此背景下，工业和信息化部于 2021 年 11 月出台《"十四五"大数据产业发展规划》，作为未来五年大数据产业发展工作的行动纲领。

《"十四五"大数据产业发展规划》提出了六项重点任务：一是加快培育数据要素市场。围绕数据要素价值的衡量、交换和分配全过程，着力构建数据价值体系、健全要素市场规则、提升数据要素配置作用，推进数据要素市场化配置。二是发挥大数据特性优势。围绕数据全生命周期关键环节，加快数据"大体量"汇聚，强化数据"多样化"处理，推动数据"时效性"流动，加强数据"高质量"治理，促进数据"高价值"转化，将大数据特性优势转化为产业高质量发展的重要驱动力，激发产业链各环节潜能。三是夯实产业发展基础。适度超前部署通信、算力、融合等新型基础设施，提升技术攻关和市场培育能力，发挥标准引领作用，筑牢产业发展根基。四是构建稳定高效产业链。围绕产业链各环节，加强数据全生命周期产品研发，创新服务模式和业态，深化大数据在工业领域应用，推动大数据与各行业深度融合，促进产品链、服务链、价值链协同发展，不断提升产业供给能力和行业赋能效应。五是打造繁荣有序产业生态。发挥龙头企业引领支撑、中小企业创新发源地作用，推动大中小企业融通发展，提升协同研发、成果转化、评测咨询、供需对接、创业孵化、人才培训等大数据公共服务水平，加快产业集群化发展，打造资源、主体和区域相协同的产业生态。六是筑牢数据安全保障防线。坚持安全与发展并重，加强数据安全管理，加大对重要数据、跨境数据安全的保护力度，提升数据安全风险防范和处置能力，做大做强数据安全产业，加强数据安全产品研发应用。

2.4.2 大数据定义

大数据（Big Data）又称巨量资料，是指无法在一定时间范围内用常规软件工具进行捕捉、管理和处理的数据集合，是需要新处理模式才能具有更强的决策力、洞察发现力和流程优化能力的海量、高增长率和多样化的信息资产。大数据的出现对传统的数据存储、数据处理及数据挖掘提出了新的挑战，深刻地影响着人类的生活、工作及思维。传统的数据存储方法、关系数据库、数据处理和数据分析方法已不能满足当前的需要。

有人把数据比喻为蕴藏能量的煤矿。煤炭按照性质有焦煤、无烟煤、肥煤、贫煤等分类，而露天煤矿、深山煤矿的挖掘成本又不一样。与此类似，大数据并不在"大"，而在于"有用"。价值含量、挖掘成本比数量更为重要。大数据技术的战略意义不在于掌握庞大的数据信息，而在于对数据的专业化处理。换言之，如果把大数据比作一种产业，那么这种产业实现盈利的关键，在于提高对数据的"加工能力"，通过"加工"实现数据的"增值"。

大数据技术已开始和云计算技术紧密结合。大数据无法用人脑来推算、估测，或者用单台的计算机进行处理，必须采用分布式计算架构，依托云计算的分布式处理、分布式数据库、云存储和虚拟化技术，因此，大数据的挖掘和处理必须运用云计算技术。

2.4.3 大数据特征

在各行各业均存在大数据，但是众多的信息和咨询纷繁复杂，我们需要搜索、处理、分析、归纳、总结其深层次的规律。IT 业界通常用 4 个 V（即 Volume、Variety、Value、Velocity）

来概括大数据的特征。

① 数据体量巨大（Volume）。当前，典型个人计算机硬盘的容量为 TB 量级，而一些大企业的数据量已经接近 EB 量级。特别是互联网上大量非结构化数据的超大规模和快速增长，导致数据集合规模不断扩大。数据单位已从 GB 到 TB 再到 PB、EB、ZB、YB 等。

② 数据类型繁多（Variety）。这种类型的多样性也让数据被分为结构化数据和非结构化数据。相对于以往便于存储的以文本为主的结构化数据，非结构化数据越来越多，包括网络日志、音频、视频、图片、地理位置信息等，这些多类型的数据对数据的处理能力提出了更高要求。

③ 价值密度低（Value）。价值密度的高低与数据总量的大小成反比。以视频为例，一部 1 小时的视频，在连续不间断的监控中，有用数据可能仅有一二秒。如何通过强大的机器算法更迅速地完成数据的价值"提纯"成为目前大数据背景下亟待解决的难题。

④ 处理速度快（Velocity）。这是大数据区分于传统数据挖掘的最显著特征。根据 IDC 的"数字宇宙"的报告，全球数据使用量达到 35.2ZB。在如此海量的数据面前，处理数据的效率尤为重要。

2.4.4 大数据分析层次

大数据分析通常有四个层次，如图 2.12 所示。

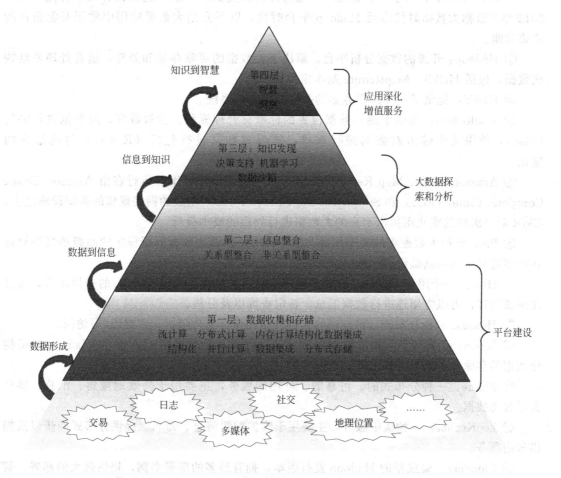

图 2.12 大数据分析的四个层次

第一层：数据收集和存储。互联网时代，数据形式发生了巨大变化，海量的不同格式、不同形态的数据急剧增加，需要用新技术捕捉这些数据，然后汇集起来。

第二层：信息整合。所有的数据共有两种形态：一种是比较高价值的关系型数据，比如 ERP、CRM、供应链等都是这一类高价值的数据。另一种是非关系型数据，随着工业 4.0 推进和企业智能化的发展，来自传感器、物联网的数据越来越多，形成一批非关系型的数据。大数据分析的一个环节就是大数据服务，需要把关系型、半机构化的、非结构化的数据进行整合。

第三层：知识发现。数据整理出来后，怎样利用这个数据，做好数据的探索，当前中国处于一个学习的过程。在国外，数据分析师、数据科学家是一个专业概念，一个专业领域。在这个领域当中，需要一些好的手段和技术去帮助把数据探索的工作做得更加有效率，因此数据探索、发现知识是非常新的一个领域，需要我们利用专业知识，用一种科学家的精神去探索不同数据之间的相关关联性。

第四层：智慧洞察。云计算将所有数据变为一个智慧，智慧形成决策，可以帮助政府和企业做更好的决策，做业务创新。

2.4.5 大数据的相关开源组件简介

继 2012 年之后，由于大数据相关开源组件的种类更多，组件选型也有很多补充，所以 2012 年之后称大数据时代为后 Hadoop 平台时代。以下介绍大数据应用中常用开源组件的主要功能。

① Hadoop：开源的数据分析平台，解决了大数据的可靠存储和处理；适合处理非结构化数据，包括 HDFS、MapReduce 基本组件。

② HDFS：提供了一种跨服务器的弹性数据存储系统。

③ MapReduce：提供了感知数据位置的标准化处理流程。读取数据，对数据进行映射（Map），使用某个键值对数据进行重排，然后对数据进行化简（Reduce）得到最终的输出。

④ Amazon Elastic Map Reduce（EMR）：托管的解决方案，运行在由 Amazon Elastic Computer Cloud（EC2）和 Simple Strorage Service（S3）组成的网络规模的基础设施之上。EMR 对一次性的或使用频率不高的大数据进行处理的成本极低。

⑤ Pig：分析大数据集的一个平台，该平台由一种表达数据分析程序的高级语言和对这些程序进行评估的基础设施一起组成。

⑥ Hive：一个用于 Hadoop 的数据仓库系统，它提供了类似于 SQL 的查询语言，通过使用该语言，可以方便地进行数据汇总、特定查询以及分析。

⑦ Hbase：一种分布的、可伸缩的大数据储存库，支持随机、实时读/写访问。

⑧ Sqoop：为高效传输批量数据而设计的一种工具，主要用于 Apache Hadoop 和结构化数据储存库如关系数据库之间的数据传输。

⑨ Flume：一种分布式的、可靠的、可用的服务，主要用于高效地搜集、汇总、移动大量日志数据。

⑩ ZooKeeper：一种集中服务，主要用于维护配置信息、命名、提供分布式同步以及提供分组服务。

⑪ Cloudera：最成型的 Hadoop 发行版本，拥有最多的部署案例，提供强大的部署、管理和监控工具。

⑫ Hortonworks：具有增强 Apache Hadoop 特性并提交至核心主干的功能，能够让 Hadoop 在包括 Windows Server 和 Azure 等平台上本地运行。

⑬ MapR：支持本地 Unix 文件系统，提供诸如快照、镜像或有状态的故障恢复等高可用性特性。

⑭ Logstash：一个应用程序日志及事件的传输、处理、管理和搜索的平台。

⑮ RabbitMQ：是一个受欢迎的消息、代理系统，通常用于应用程序之间或者程序的不同组件之间通过消息进行集成。

2.5 人工智能技术

1956 年 8 月，在美国汉诺斯小镇宁静的达特茅斯学院中，约翰·麦卡锡（John McCarthy，人工智能之父、LISP 发明人）、马文·闵斯基（Marvin Minsky，人工智能与认知学专家）、克劳德·香农（Claude Shannon，信息论的创始人）、艾伦·纽厄尔（Allen Newell，计算机科学家）、赫伯特·西蒙（Herbert Simon，诺贝尔经济学奖得主）等科学家正聚在一起，讨论着一个主题：用机器来模仿人类学习以及其他方面的智能。这次会议足足开了两个月，仍旧没有达成普遍的共识，但是却为会议讨论的内容起了一个名字：人工智能（Artificial Intelligence）。后来，1956 年被称为人工智能元年。

2.5.1 人工智能发展简史

（1）人工智能的诞生（20 世纪 50—60 年代）

1950 年，著名的图灵测试诞生，按照艾伦·图灵的定义：如果一台机器能够与人类展开对话（通过电传设备）而不能被辨别出其机器身份，那么称这台机器具有智能。同一年，图灵还预言有创造出具有真正智能的机器的可能性。

1954 年美国人乔治·戴沃尔设计了世界上第一台可编程机器人。

1956 年夏天，美国达特茅斯学院举行了历史上第一次人工智能研讨会，被认为是人工智能诞生的标志。会上，约翰·麦卡锡首次提出了"人工智能"这个概念，艾伦·纽厄尔和赫伯特·西蒙则展示了编写的逻辑理论机器。

（2）人工智能的黄金时代（20 世纪 60—70 年代）

1966—1972 年期间，美国斯坦福研究院研制出机器人 Shakey，这是首台采用人工智能的移动机器人。

1966 年美国麻省理工学院的魏泽鲍姆发布了世界上第一个聊天机器人 ELIZA。ELIZA 的智能之处在于它可通过脚本理解简单的自然语言，并能产生类似人类的互动。

1968 年 12 月 9 日，美国斯坦福研究院的道格·恩格勒巴特发明计算机鼠标，构想出了超文本链接概念，它在几十年后成了现代互联网的根基。

（3）人工智能的低谷期（20 世纪 70—80 年代）

20 世纪 70 年代初，人工智能遭遇了瓶颈。当时的计算机有限的内存和处理速度不足以解决任何实际的人工智能问题。要求程序对这个世界具有儿童水平的认识，研究者们很快发现这个要求太高了：1970 年没人能够做出如此巨大的数据库，也没人知道一个程序怎样才能学到如此丰富的信息。由于缺乏进展，对人工智能提供资助的机构［如英国政府、美国国防部高级研究计划局（DARPA）和美国国家科学委员会］逐渐停止了对无方向的人工智能研究的资助。美国国家科学委员会（NRC）在拨款 2000 万美元后也停止了资助。

(4) 人工智能的繁荣期（1980—1987 年）

1981 年，日本经济产业省拨款 8.5 亿美元用以研发第五代计算机项目，在当时被叫做人工智能计算机。随后，英国、美国纷纷响应，开始向信息技术领域的研究提供大量资金。

1984 年在美国人道格拉斯·莱纳特的带领下，启动了 Cyc 项目，其目标是使人工智能的应用能够以类似人类推理的方式工作。

1986 年美国发明家查尔斯·赫尔制造出人类历史上首台 3D 打印机。

(5) 人工智能的冬天（1987—1993 年）

"人工智能之冬"一词由经历过 1974 年经费削减的研究者们创造出来。他们注意到了对专家系统的狂热追捧，预计不久后人们将转向失望。事实被他们不幸言中，专家系统的实用性仅仅局限于某些特定情景。到了 20 世纪 80 年代晚期，美国国防部高级研究计划局的新任领导认为人工智能并非"下一个浪潮"，拨款将倾向于那些看起来更容易出成果的项目。

(6) 人工智能真正的春天（1993 年至今）

1997 年 5 月 11 日，IBM 公司的电脑"深蓝"战胜国际象棋世界冠军卡斯帕罗夫，成为首个在标准比赛时限内击败国际象棋世界冠军的电脑系统。

2006 年，杰弗里·辛顿以及他的学生鲁斯兰·萨拉赫丁诺夫正式提出了深度学习的概念，立即在学术圈引起了巨大的反响，推动人工智能进入第三次发展热潮。

2011 年，沃森（Watson）作为 IBM 公司开发的使用自然语言回答问题的人工智能程序参加美国智力问答节目，打败两位人类冠军，赢得了 100 万美元的奖金。

2012 年加拿大神经学家团队创造了一个具备简单认知能力、有 250 万个模拟"神经元"的虚拟大脑，命名为"Spaun"，并通过了最基本的智商测试。

2013 年 Facebook 人工智能实验室成立，探索深度学习领域，借此为 Facebook 用户提供更智能化的产品体验；谷歌（Google）收购了语音和图像识别公司 DNNResearch，推广深度学习平台；百度创立了深度学习研究院等。

2015 年是人工智能突破之年。谷歌开发了利用大量数据直接就能训练计算机来完成任务的第二代机器学习平台 Tensor Flow。剑桥大学建立人工智能研究所等。

2016 年 3 月 15 日，谷歌人工智能阿尔法狗（AlphaGo）与围棋世界冠军李世石的人机大战最后一场落下了帷幕。人机大战第五场经过长达 5 个小时的搏杀，最终李世石与阿尔法狗总比分定格在 1：4，以李世石认输结束。这一次的人机对弈让人工智能正式被世人所熟知，引发了世人对于人工智能的高度关注，整个人工智能市场也像是被引燃了导火线，开始了新一轮爆发。

2.5.2 人工智能技术概述

(1) 人工智能的定义

人工智能，简称 AI，它是研究、开发用于模拟、延伸和扩展人的智能的理论、方法、技术及应用系统的一门新的技术科学。人工智能是计算机科学的一个分支，它企图了解智能的实质，并生产出一种新的能以人类智能相似的方式做出反应的智能机器，该领域的研究包括机器人、语言识别、图像识别、自然语言处理和专家系统等。20 世纪 70 年代以来人工智能技术被称为世界三大尖端技术（空间技术、能源技术、人工智能）之一，也被认为是 21 世纪三大尖端技术（基因工程、纳米科学、人工智能）之一。

约翰·麦卡锡认为"人工智能是表现出看似智能行为的硬件或软件"。斯坦福大学尼尔斯·约翰·尼尔逊（Nils John Nilsson）教授认为："人工智能是关于知识的学科，是怎样表示知识、怎样获得知识并使用知识的科学。"麻省理工学院帕特里克·温斯顿（Patrick Winston）教授认为："人工智能就是研究如何使计算机去做过去只有人才能做的智能工作。"斯坦福大学爱德华·艾伯特·费根鲍姆（Edward Albert Feigenbaum）教授认为："人工智能是一个知识信息处理系统。"这些说法反映了人工智能学科的基本思想和基本内容。即人工智能是研究人类智能活动的规律，构造具有一定智能的人工系统，研究如何让计算机去完成以往需要人的智力才能胜任的工作，也就是研究如何应用计算机的软硬件来模拟人类某些智能行为的基本理论、方法和技术。

人工智能从诞生以来，理论和技术日益成熟，应用领域也不断扩大，可以设想，未来人工智能带来的科技产品，将会是人类智慧的"容器"。人工智能可以对人的意识、思维的信息过程进行模拟。人工智能不是人的智能，但能像人那样思考，甚至可能超过人的智能。人工智能可分为强人工智能（Bottom-up AI）和弱人工智能（Top-down AI）。

（2）强人工智能

1985年9月26日，诺贝尔物理学奖得主，第一位提出纳米概念的理论物理学家——理查德·费曼（Richard Feynman）在一次讲座中第一次提出了强人工智能的概念。哲学家约翰·罗杰斯·希尔勒给出了强人工智能的定义："强人工智能观点认为计算机不仅是用来研究人的思维的一种工具；相反，只要运行适当的程序，计算机本身就是有思维的。"

强人工智能观点认为有可能制造出真正能推理和解决问题的智能机器，并且，这样的机器将被认为是有知觉的、有自我意识的，可以独立思考问题并制定解决问题的最优方案，有自己的价值观和世界观体系。有和生物一样的各种本能，比如生存和安全需求。在某种意义上可以看作一种新的文明。强人工智能可以有两类：

① 类人的人工智能，即机器的思考和推理就像人的思维一样。

② 非类人的人工智能，即机器产生了和人完全不一样的知觉和意识，使用和人完全不一样的推理方式。

关于强人工智能的争论，不同于更广义的一元论和二元论的争论。其争论的要点是：如果一台机器的唯一工作原理就是转换编码数据，那么这台机器是不是有思维的？希尔勒认为这是不可能的。他举了著名的"中文屋"的例子来说明，如果机器仅仅是转换数据，而数据本身是对某些事情的一种编码表现，那么在不理解这一编码和实际事情之间对应关系的前提下，机器不可能对其处理的数据有任何理解。基于这一论点，希尔勒认为即使有机器通过了图灵测试，也不一定说明机器就真的像人一样有思维和意识。

但也有哲学家持不同的观点。丹尼尔·丹尼特（Daniel C. Dennett）在其著作《意识的阐释》里认为，人也不过是一台有灵魂的机器而已，为什么我们认为："人可以有智能，而普通机器就不能呢？"他认为像上述的数据转换机器有可能有思维和意识。

虽然关于强人工智能的讨论至今仍没有定论。但强人工智能的研究，并未因分歧而停滞。

（3）弱人工智能

弱人工智能是擅长于单个方面的人工智能，比如战胜世界围棋冠军的人工智能阿尔法狗，它只会下围棋，如果你让它辨识一下猫和狗，它就不知道怎么做了。弱人工智能的观点认为不可能制造出能真正地推理和解决问题的智能机器，这些机器只不过看起来像是智能的，但是并不真正拥有智能，也不会有自主意识。

弱人工智能的一举一动都是按照程序设计者的程序所驱动。如出现特殊情况，程序设计者做出相对应的方案，由机器去判断是否符合条件并加以执行。在我们生活中，最好理解的弱人工智能就是语音聊天系统，如 Siri、小爱同学和小度等，当你和它们进行语音或文本交流时，实际上就是程序设计者在背后设计出一套相对应的流程，或者通过大数据在网络上进行搜查，然后在语音或文本识别的基础上加了一套应对，使得大家都以为它们能够听得懂你在说什么。实际情况是"语音助手"只不过是执行了一遍程序员编写的流程而已。

（4）人工智能四要素

大数据、算法、算力和场景是人工智能的四要素。

人工智能的智能都蕴含在大数据中。如今这个时代，无时无刻不在产生大数据。移动设备、廉价的照相机、无处不在的传感器等积累了海量数据。这些数据规模庞大、形式多样、价值密度低，大部分都是非结构化数据。如果需要为人工智能算法所用，就需要进行大量的预处理过程。

算力也就是计算能力，算力对于人工智能，如同厨房的煤气/电力/柴火对于美味佳肴一样。有了大数据和算法之后，需要进行不断的训练，算力为人工智能提供了基本的计算能力的支撑，本质是一种基础设施的支撑。除了训练，人工智能算法实际需要运行在硬件上，也需要推理，这些都需要算力的支撑。目前的人工智能算力主要是由专有的 AI 硬件芯片，以及提供超级计算能力的公有云计算服务来提供。其中 GPU 领先其他芯片在人工智能领域中用得最广泛，GPU 有更高的并行度、更高的单机计算峰值、更高的计算效率。

算法对于人工智能，就是厨师（烹饪的方法）与美味菜肴的关系。算法是实现人工智能的根本途径，是挖掘数据智能的有效方法。当前，机器学习算法是主流算法，是一类从数据分析中获得规律，并利用规律对未知数据进行预测的算法。机器学习算法主要分为传统的机器学习算法和神经网络算法，神经网络算法发展较快，其中最热门的分支当属深度学习，近年来深度学习的发展达到了高潮。

大数据、算力、算法作为输入，只有在实际的场景中进行输出，才能体现出实际的价值。人工智能经典的应用场景包括用户画像分析、基于信用评分的风险控制、欺诈检测、智能投顾、智能审核、智能客服机器人、机器翻译和人脸识别等。

2.5.3 人工智能应用领域

（1）自然语言处理

自然语言处理（Natural Language Processing，NLP）是人工智能领域中研究最早，也是最困难的问题之一，旨在探索能实现人与计算机之间用自然语言进行有效通信的各种理论和方法。自然语言处理是一门融语言学、计算机科学、数学于一体的科学。因此，这一领域的研究将涉及自然语言，即人们日常使用的语言，所以它与语言学的研究有着密切的联系，但又有重要的区别。自然语言处理并不是一般的研究自然语言，而在于研制能有效地实现自然语言通信的计算机系统，特别是其中的软件系统。自然语言处理的核心环节包括知识的获取与表达、自然语言理解、自然语言生成等。

自然语言处理主要应用于知识图谱、人机对话、机器翻译、信息检索、舆情监测、自动摘要、观点提取、文本分类、问题回答、文本语义对比、语音识别好的中文 OCR 等方面。

（2）语音识别

语音识别就是让机器通过识别和理解过程，把语音信号转变为相应的文本或命令的技术。语音识别涉及的领域包括：数字信号处理、声学、语音学、计算机科学、心理学、人工智能等，是一门涵盖多个学科领域的交叉科学技术。与机器进行语音交流，让机器明白你说什么，这是人们长期以来梦寐以求的事情，如今人工智能将这一理想变为现实，并带它走入了我们日常的生活。

语音识别的技术原理是模式识别，其一般过程可以总结为：预处理—特征提取—基于语音模型库下的模式匹配—基于语言模型库下的语言处理—完成识别。

(3) 计算机视觉

计算机视觉或称为机器视觉，是一门研究如何使机器"看"的科学，也就是指用摄影机和电脑代替人眼对目标进行识别、跟踪和测量等机器视觉，并进一步做图形处理，使电脑处理成为更适合人眼观察或传送给仪器检测的图像。作为一个科学学科，计算机视觉研究相关的理论和技术，试图建立能够从图像或者多维数据中获取"信息"的人工智能系统。这里所指的信息指香农定义的，可以用来帮助做一个"决定"的信息。因为感知可以看作是从感官信号中提取信息，所以计算机视觉也可以看作是研究如何使人工系统从图像或多维数据中"感知"的科学。

根据人工智能投资公司数智网的分析，2016—2025年计算机视觉最受欢迎的十大用例包括：视频监控、机器/车辆物体检测/识别/避让、医学图像分析、增强现实（AR）/虚拟现实（VR）、定位和制图、将文书工作转换为数据、人类情感分析、广告插入图像和视频、脸部识别、房地产开发优化。

(4) 专家系统

专家系统是一个智能计算机程序系统，其内部含有大量的某个领域专家水平的知识与经验，能够利用人类专家的知识和解决问题的方法来处理该领域问题。换言之，专家系统是一个具有大量的专门知识与经验的程序系统，它应用人工智能技术和计算机技术，根据某领域一个或多个专家提供的知识和经验，进行推理和判断，模拟人类专家的决策过程，以便解决那些需要人类专家处理的复杂问题，其能力可以达到甚至超过人类专家的水平。简而言之，专家系统是一种模拟人类专家解决领域问题的计算机程序系统。

专家系统目前是人工智能研究中最深入、最广泛的一个领域，其应用领域覆盖数学、物理、化学、医疗、地质、气象、农业、法律、教育、交通运输、机械、艺术以及计算机本身，甚至渗透到政治、经济、军事等重大决策部门。

从不同角度看，专家系统可分为多种类型。从其完成的功能来分，可包括诊断、解释、修理、规划、设计、监督、控制等多种类型；从体系上来分，它可分为集中式专家系统、分布式专家系统、神经网络专家系统、符号系统与神经网络结合的专家系统。

(5) 交叉领域

其实人工智能的四大方面应用或多或少都涉及其他领域，然而交叉应用最突出的方面还是智能机器人。机器人是自动执行工作的机器装置，它既可以接受人类指挥，又可以运行预先编排的程序，还可以根据以人工智能技术制定的原则纲领行动。它的任务是协助或取代人类的工作，例如生产业、建筑业，或是危险的工作。

2.5.4 机器学习与深度学习

(1) 机器学习

机器学习是人工智能的核心研究领域之一，是研究计算机怎样模拟或实现人类的学习行为，以获取新的知识和技能，重新组织已有的知识结构使之不断改善自身性能。机器学习的研究主要分为两类研究方向：第一类是传统机器学习的研究，该类研究主要是研究学习机制，注重探索模拟人的学习机制；第二类是大数据环境下机器学习的研究，该类研究主要是研究如何有效利用信息，注重从巨量数据中获取隐藏的、有效的、可理解的知识。

机器学习是一个庞大的家族体系，涉及众多算法、任务和学习理论。按照学习方法不同，机器学习可以分为归纳学习、演绎学习、类比学习和分析学习；按照学习方式不同，机器学习可分为监督学习、无监督学习、强化学习和迁移学习；按照数据形式不同，机器学习可分为结构化学习和非结构化学习；按照学习目标不同，机器学习可分为概念学习、规则学习、函数学习、类别学习和贝叶斯网络学习。

常见的机器学习算法包括线性回归、Logistic 回归、线性判别分析、决策树、朴素贝叶斯、K 最近邻算法、K-均值、支持向量机、Boosting 和 AdaBoost、袋装法（Bagging）和随机森林、人工神经网络。

（2）深度学习

深度学习是机器学习的分支，是一个比较新的概念。深度学习是用于建立、模拟人脑进行分析学习的神经网络，并模仿人脑的机制来解释数据的一种机器学习技术，它的基本特点是试图模仿大脑的神经元之间传递、处理信息的模式。深度学习又分为卷积神经网络（Convolutional Neural Networks，CNN）和深度置信网（Deep Belief Nets，DBN）。其主要的思想就是模拟人的神经元，每个神经元接收到信息，处理完后传递给与之相邻的所有神经元即可。

深度学习本来并不是一种独立的学习方法，其本身也会用到有监督和无监督的学习方法来训练深度神经网络。但由于近几年该领域发展迅猛，一些特有的学习手段相继被提出（如残差网络），因此越来越多的人将其单独看作一种学习的方法。最初的深度学习是利用深度神经网络来解决特征表达的一种学习过程。深度神经网络本身并不是一个全新的概念，可大致理解为包含多个隐含层的神经网络结构。为了提高深层神经网络的训练效果，人们对神经元的连接方法和激活函数等方面做出相应调整。其实不少想法早年间也曾有过，但由于当时训练数据量不足、计算能力落后，因此最终的效果不尽如人意。深度学习摧枯拉朽般地实现了各种任务，使得似乎所有的机器辅助功能都变为可能。无人驾驶汽车、预防性医疗保健，甚至是更好的电影推荐，都近在眼前，或者即将实现。

2.5.5 人工智能趋势与展望

（1）从专用人工智能向通用人工智能发展

如何实现从专用人工智能向通用人工智能的跨越式发展，既是下一代人工智能发展的必然趋势，也是研究与应用领域的重大挑战。2016 年 10 月，美国国家科学技术委员会发布《国家人工智能研究与发展战略计划》，提出在美国的人工智能中长期发展策略中要着重研究通用人工智能。阿尔法狗系统开发团队创始人戴密斯·哈萨比斯提出朝着"创造解决世界上一切问题的通用人工智能"这一目标前进。微软在 2017 年成立了通用人工智能实验室，众多感知、学习、推理、自然语言理解等方面的科学家参与其中。2020 年，在北京市政府、科技部支持下，北京大学、清华大学等合作共建了北京通用人工智能研究院，其目标是实现具有自主的感知、认知、决策、学习、执行和社会协作能力，符合人类情感、伦理与道德观念的通用智能体。

（2）从人工智能向人机混合智能发展

借鉴脑科学和认知科学的研究成果，是人工智能的一个重要研究方向。人机混合智能旨在将人的作用或认知模型引入人工智能系统中,提升人工智能系统的性能,使人工智能成为人类智能的自然延伸和拓展,通过人机协同更加高效地解决复杂问题。在我国新一代人工智能规划和美国脑计划中,人机混合智能都是重要的研发方向。

(3) 从"人工+智能"向自主智能系统发展

当前人工智能领域的大量研究集中在深度学习,但是深度学习的局限是需要大量人工干预,比如人工设计深度神经网络模型、人工设定应用场景、人工采集和标注大量训练数据、用户需要人工适配智能系统等,非常费时费力。因此,科研人员开始关注减少人工干预的自主智能方法,提高机器智能对环境的自主学习能力。例如阿尔法狗系统的后续版本阿尔法元从零开始,通过自我对弈强化学习实现围棋、国际象棋、日本将棋的"通用棋类人工智能"。在人工智能系统的自动化设计方面,2017年谷歌提出的自动化学习系统(AutoML)试图通过自动创建机器学习系统降低人员成本。2019年,图灵奖得主、深度学习三巨头之一的Yann LeCun 提出了基于能量的自监督学习,简称"能量模型",被认为是通向自主人工智能系统的起点。

(4) 人工智能将加速与其他学科领域交叉渗透

人工智能本身是一门综合性的前沿学科和高度交叉的复合型学科,研究范畴广泛而又异常复杂,其发展需要与计算机科学、数学、认知科学、神经科学和社会科学等学科深度融合。随着超分辨率光学成像、光遗传学调控、透明脑、体细胞克隆等技术的突破,脑与认知科学的发展开启了新时代,能够大规模、更精细解析智力的神经环路基础和机制,人工智能将进入生物启发的智能阶段,依赖于生物学、脑科学、生命科学和心理学等学科的发现,将机理变为可计算的模型,同时人工智能也会促进脑科学、认知科学、生命科学甚至化学、物理、天文学等传统科学的发展。

(5) 人工智能产业将蓬勃发展

随着人工智能技术的进一步成熟以及政府和产业界投入的日益增长,人工智能应用的云端化将不断加速,全球人工智能产业规模在未来10年将进入高速增长期。例如,2016年9月,咨询公司埃森哲发布报告指出,人工智能技术的应用将为经济发展注入新动力,可在现有基础上将劳动生产率提高40%;到2035年,美、日、英、德、法等12个发达国家的年均经济增长率可以翻一番。2018年麦肯锡公司的研究报告预测,到2030年,约70%的公司将采用至少一种形式的人工智能,人工智能新增经济规模将达到13万亿美元。

(6) 人工智能将推动人类进入普惠型智能社会

"人工智能+X"的创新模式将随着技术和产业的发展日趋成熟,对生产力和产业结构产生革命性影响,并推动人类进入普惠型智能社会。2018年清华大学发布的《人工智能发展报告》指出,人工智能显著提升各行业的运转效率。2020年李开复在题为"AI赋能重构中国经济"的报告中指出:"AI将像电一样赋能各行各业"。我国经济社会转型升级对人工智能有重大需求,在消费场景和行业应用的需求牵引下,需要打破人工智能的感知瓶颈、交互瓶颈和决策瓶颈,促进人工智能技术与社会各行各业的融合提升,建设若干标杆性的应用场景创新,实现低成本、高效益、广范围的普惠型智能社会。

(7) 人工智能社会学引发广泛关注

为了确保人工智能的健康可持续发展,使其发展成果造福于民,需要从社会学的角度系统全面地研究人工智能对人类社会的影响,制定完善人工智能法律法规,规避可能的风险。早在2015年,谭铁牛院士就曾提出"从社会学角度研究人工智能的时候到了"。2017年9月,联合国区域间犯罪和司法研究所(UNICRI)决定在海牙成立第一个联合国人工智能和机器人中心，规范人工智能的发展。美国白宫多次组织人工智能领域法律法规问题的研讨会、咨询会。特斯拉等产业巨头牵头成立 OpenAI 等机构，旨在"以有利于整个人类的方式促进和发展友好的人工智能"。2020 年，北京邮电大学高崇等出版图书《人工智能社会学》，首先从社会学的视角出发，分别从身体技术、社会互动、社会阶层等社会学的主题探讨人工智能的社会功能，其次从工作生活、休闲娱乐、媒体传播、教育传承、文化更新、社会发展等领域分析了人工智能在社会不同层面的影响，再次探讨了人工智能的越轨行为及风险控制，最后谈到了智能社会的未来发展，并辅之以人工智能相关案例的分享，旨在帮助读者正确把握智能社会的相关知识，认识人工智能与社会的关系。

2.6　区块链技术

2008 年 11 月，区块链的概念由一位自称为中本聪（Satoshi Nakamoto）的人在论文《比特币：一种点对点的电子现金系统（Bitcoin：A Peer-to-Peer Electronic Cash System）》中首次提出。该文指出区块链技术是构建比特币系统的基础技术，区块链记录着所有元数据和加密交易信息，从而建立了一个完全通过点对点（P2P）技术实现的电子现金系统，此系统使得在线支付的双方不用通过第三方金融机构而直接进行交易。两个月后理论步入实践，2009 年 1 月 3 日，第一个序号为 0 的创世区块诞生。几天后，2009 年 1 月 9 日出现序号为 1 的区块，并与序号为 0 的创世区块相连接形成了链，标志着区块链的诞生。业内普遍把比特币视为区块链在全球的首个应用，随后比特币系统大行其道，得到越来越多人的关注和研究，区块链技术作为比特币系统的底层技术也得以重视，由此拉开了研究区块链技术的序幕。

2.6.1　区块链技术概述

（1）区块链技术的定义

区块链这一概念最早是在中本聪的比特币白皮书中提出的，但它不是以区块链的形式出现，而是以工作量证明链的形式存在。中本聪对区块链概念的叙述：时间戳服务就是通过对区块中数据项加上时间戳进行哈希，并把这一哈希值广泛地传播出去，就像是新闻或者在世界性新闻网络上的发帖一样。显然，要得到这个哈希值，就需证明在过去的某个时刻加上时间戳的数据必然存在。每个时间戳包含了先前的时间戳，这样就形成了一条链，并且后面的时间戳都对前一个时间戳进行了增强。

关于区块链的定义，不同机构和权威给予了不同的定义。

中文维基百科认为区块链是一种分布式数据库，起源自比特币。区块链是一串使用密码学方法相关联产生的数据块，每一个数据块中包含了一次比特币网络交易的信息，用于验证其信息的有效性（防伪）和生成下一个区块。中本聪创建的第一个区块，即为"创世区块"。

英文维基百科认为区块链由包含一系列加盖了时间戳的有效交易的区块组成。每个区块都包含了前一个区块的哈希值，这样就把区块连接在了一起。连接在一起的区块形成区块链，并且每一个随后的区块都是对之前一个区块的增强，因此给它取了一个数据库类型的名字。

国内最早的区块链资讯社区巴比特认为区块链是由一串使用密码学方法产生的数据库组成的，每一个区块都包含了上一个区块的哈希值，从创世区块开始连接到当前区块，形成区块链。每一个区块都确保按照时间顺序在上一个区块之后产生，否则前一个区块的哈希值是未知的。这些特征使得比特币的重复支付变得困难。

不同机构和权威对区块链的定义虽然有不同，但本质上都一样，即区块链拥有去中心化、信息不可篡改、自治性、开放性、匿名性等特征。综合而言，区块链是指一种电子记录形式的账簿，其中每一个区块是账簿的一页，从第一页"链接"到最新一页。这些区块一旦被确认，几乎不能做修改操作，每个区块包含了当前一段时间内的所有交易信息和区块元数据，如图 2.13 所示。

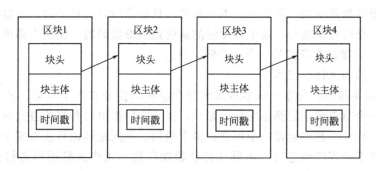

图 2.13 区块链结构示意图

区块链的运作机理是将传统由中心机构统一记录和管理的记账账单变为全网公开并由各个节点共同维护的账单，每笔交易信息都可以通知到全网的用户，账本中的信息可以由所有用户共同核对，这样交易在缺少第三方信用主体时一样可以得到信用担保，从而保障信息的真实性与可信度。

（2）区块链的类型

根据区块链开放程度的不同，区块链可以分为公有链、联盟链和私有链。

① 公有链。公有链通常也称为非许可链，任何人都可以参与区块链数据的维护和读取，容易部署应用程序，完全去中心化不受任何机构控制。公有链的应用非常广泛，例如资产证券化、数字资产的跨链流通等。现在市场上的主流大势区块链项目比特币、以太坊、量子链、EOS、唯链以及 Neo 等都是公有链项目。公有链是真正意义上的完全去中心化的区块链，它通过密码学保证交易不可篡改，同时也利用密码学验证交易信息以及激励，在互为陌生的网络环境中建立共识，从而形成去中心化的信用机制。在公有链中的共识机制一般是工作量证明（PoW）和权益证明（PoS）。公有链具有通过去中介化的方式打破当前中心化商业模式的潜力，而且本身无须维护服务器或管理系统，从根本上降低创建和运行去中心化应用程序（dApp）的成本。

② 联盟链。联盟链是一种需要注册许可的区块链，这种区块链也称为许可链。联盟链仅限于联盟成员参与，联盟规模可以大到国与国之间，也可以是不同的机构企业之间。区块链上的读写权限、参与记账权限按联盟规则来制定。整个网络由成员机构共同维护，网络接入一般通过成员机构的网关节点接入，共识过程由预先选好的节点控制。因此联盟链一般不采用工作量证明的挖矿机制，而是多采用权益证明（PoS）或 PBFT（Practical Byzantine Fault Tolerant）、RAFT 等共识算法。和公有链最高每秒完成交易 3~20 个相比，联盟链可以达到每秒 1000~10000 个，交易速度更快且交易成本大幅降低。联盟链可以解决结算问题，降低两地结算的成本和时间，适合于机构间的交易、结算等 B2B 场景，因此金融行业应用最广泛。其中最知名的就是 R3CVE 组织，即 R3 联盟，有包括花旗银行、中国平安银

行、纽约梅隆银行在内的50多家银行机构加入。

③ 私有链。私有区块链（简称私有链）指仅仅使用区块链这一技术进行记账操作，但它不对外公开。它的对象可以是一个公司也可以是个人，单独拥有此区块链的写入权限，或许会对外开放有高度限制的读取权限。目前金融巨头都在探索自己的私有链，既应用到区块链的特性，又能保证安全。私有链仅限于企业、国家机构或者单独个体使用，不完全能够解决信任问题，但是可以改善可审计性。常用于企业内部的数据库管理、审计等，政府的预算和执行，或者政府的行业统计数据等。他们彼此之间需要透明，但没必要对外公众透明。私有链的价值主要是提供安全、可追溯、不可篡改、自动执行的运算平台，可以同时防范来自内部和外部对数据的安全攻击，这个在传统的系统是很难做到的。任何人都可以创建私链的平台的 Multichain 项目本身就是一个私有链项目。

(3) 区块链的四大核心技术

① 分布式账本技术。分布式账本技术就是交易记账由分布在不同地方的多个节点共同完成，而且每一个节点记录的都是完整的账目，因此它们都可以参与监督交易合法性，同时也可以共同为其作证。其本质是一个可在由多个机构、不同地理位置或者多个节点组成的网络里进行数据共享的资产信息库。不同于传统数据库技术由中央管理员进行数据记录与存储，这种账本能在点对点网络中的不同节点之间相互复制，处在同一个网络里的用户均可获得一个真实账本的副本，该账本里存储信息的安全性和准确性通过公开密钥、私有密钥以及数字签名的使用来控制账本的访问权，从而实现基于密码学原理的信息维护。

② 密码学技术。密码学技术被用于提高区块链的安全性，其中代表性技术包括非对称加密技术和哈希算法。非对称加密技术是指在加密和解密两个过程中使用不同的密钥。在这种加密技术中，每个用户都有一对钥匙：公开钥匙和私有钥匙。加密过程中使用公钥，解密过程中使用私钥。公钥可以在网上公开，但私钥需要用户自己保存。这解决了对称加密中密钥共享的安全危险。非对称加密与对称加密相比，安全性更好。对称加密的通信双方使用相同的密钥，如果一方的密钥泄露，整个通信将被破解。

哈希算法是区块链中用得最多的一种算法，它被广泛地使用在构建区块和确认交易的完整性上。它是一类数学函数算法，又被称为散列算法，需具备三个基本特性：其输入可为任意大小的字符串、能产生固定大小的输出、能在合理的时间内算出输出值。哈希算法有很多，区块链主要使用的是哈希算法中的 SHA-256 算法：将任意数据串作为输入值代入公式，可以得到一个独一无二的 64 位输出值，但是用输出值无法倒推出输入值。对于同一个哈希算法来说，相同的输入必定会得到相同的输出，不同的输入必定会得到不同的输出。区块链就是利用哈希函数为区块生成的签名，将区块中的数据作为输入，得到的输出就是区块的签名。

③ 智能合约。智能合约是一种自动执行协议，买方和卖方之间的条约被写入分布式区块链网络的代码行中。因此，智能合约能在无中心授权的情况下允许匿名用户进行交易和协议。智能合约是一种只有通过区块链才能实现的新技术。普通、标准的合同涵盖了当事人之间协议的条款，且常通过法律来强制执行；智能合约是数字化的，存储在区块链中，并使用加密代码强制执行协议。智能合约只是软件程序，与所有程序一样，完全按照程序员的意图执行。基本上通过数学计算，智能合约可以协商协议中的条款，自动验证履行，甚至执行约定的条款，所有这些都不需要通过中央组织来批准。智能合约使公证人、代理人和律师等中间人几乎毫无意义。

④ 共识机制。共识机制就是能让分布在全球区块链网络中的每一个独立节点遵守、达

成一致运行的规则。共识机制相当于法律法规，人人都要遵守法律，一旦违法就应该受到法律的制裁。在区块链中的规则是由机器代码执行，一旦运行，不可更改，代码即是法律，不受任何人为因素的影响。而相比法律法规，共识机制在区块链系统中的作用要多一些，具有奖励贡献者和惩罚作恶者的作用，促进系统正常运转。共识机制解决了节点间互相信任的问题，是保障区块链系统不断运行下去的关键。各种区块链项目的共识机制是不同的，是针对解决现实中不同的问题而设计的。通俗来说，共识机制在区块链网络内起到决定谁负责生成新区块以及维护区块链统一的作用。在区块链网络中，由于应用场景的不同，所以采用了不同的共识算法。目前区块链的共识机制主要有四类：工作量证明机制 pow、权益证明机制 pos、委托权益证明 Dpos、验证池共识机制 pool。

2.6.2 区块链技术特征

（1）去中心化

去中心化是区块链技术的最本质特征。区块链技术的产生意味着在没有中央处理节点的情况下，实现了全网所有数据的分布式记录、存储并且能够保证数据记录的真实性。区块链技术通过 P2P（点对点）协议组成网络。不同于中心化网络模式，P2P 网络中各节点的计算机地位平等，每个节点有相同的网络权力，不存在中心化的服务器。

在这种去中心化的网络环境中，全网所有在网节点没有实质的区别，所有节点享有相同的权利和义务。区块链网络中的在网节点必须遵守同样的密码学规则，共同维护全网系统中的数据记录。对数据的记录、存储过程，必须得到区块链网络内其他节点的批准后才能执行。由于所有在网节点都没有第三方中介或者信任机构背书，所以在去中心化的区块链网络中，对单个节点的攻击无法控制或者对整个区块链网络产生影响。

以常见的支付宝为例，当前我们在淘宝购物时，所有交易数据都是由支付宝这个中心化机构进行管理和储存的。我们的购物流程可以简化为：支付宝通知买卖双方付款或发货—买方付款、卖方发货—支付宝确认付款或发货—完成交易。

而使用区块链解决方案后，我们的购物流程变成：买方付款—卖方发货—完成交易。

（2）信息不可篡改

由于采用密码学原理将数据上链，且后一个区块包含前一个区块的时间戳，按时间顺序排序，因此区块链可以具备不可篡改或者篡改成本非常高的特性。不可篡改意味着一旦数据写入到区块链，任何人都无法轻易擅自更改数据信息。

之所以说篡改成本十分高昂，是因为只有掌握整个系统 51% 节点，才能对区块链信息进行篡改，否则对单节点的区块记录篡改是没有意义的，即对个别节点的账本数据的篡改、攻击不会影响全网总账的安全性。但由于整个区块链系统节点众多，要实现大部分节点同时作恶，成本是极其高昂的。也正因如此，区块链能确保数据的完整性、真实性和安全性。

区块链不可篡改的特性适用于多个领域。比如说，当你需要向银行借钱，并在 8 月 8 日完成借款，并约定 10 月 6 日归还。当你们双方通过区块链系统签订了电子合约，那么，在 8 月 8 日当天和 10 月 6 日当天，你和银行都不能随意毁约或修改内容，都需要按照合约数额进行支付。如果不支付，智能合约就能自动执行这份电子合约。

（3）自治性

区块链系统的构建，依靠的是机器信任，这种信任的建立需要写入特定的数学算法，为系统建立规则，每个节点都要遵守这个规则，不能打破。

  这一改变的意义重大。在人类的进化过程中，首先构建的是人与人之间的信任，但由于种种原因，人是会改变的，所以这种信任不是绝对的，需要通过制度来维护，即制度信任。而区块链的出现，将人类带入了机器信任的时代，机器是不会改变的，即使人为干预也是徒劳。

  区块链采用基于协商一致的规范和协议，整个系统中的所有节点都能在去信任的环境自由安全地交换数据，使得对"人"的信任变成了对机器的信任，任何人为的干预都无法发挥作用。

  区块链上的自治，让参与方、中心系统按照公开算法、规则形成了一种自动协商一致的机制，记录在区块链上的每一笔交易都更加准确、更加真实，每个人都能对自己的数据做主，是实现以客户为中心的商业重构的重要一环。

  区块链的智能合约更加接近现实，延伸到了社会生活和商业，可以从多个方面让机器参与这类能完成的判断和执行。社群及自治又让区块链引发了无限猜想。原本人类具备的投票、信任、承诺、协作、判定等意识或思维，区块链同时都具备了。

  区块链是一项伟大的信息技术创新，在有关信息的质量和真实性上，区块链能够为人类提供高精度调制。一旦大数据、云计算、物联网、人工智能、机器人等越来越多，并被连接到一个可以互相通信的网络，不同的程序为了实现自己的目标，数字智能就会要求其在网络上进行传输和交易，许多任务都可以通过区块链来自动管理。

  （4）开放性

  由于区块链是去中心化的，所有网络节点都可以参与区块链网络数据的记录维护。这要求区块链网络必须是开放的，区块链网络只有开放了，才能保证所有人都可以参与进来，才能保证数据的安全性。

  同时，区块链系统又是公开透明的，除交易各方的私有信息被加密外，数据对全网节点是透明的，任何人或参与节点都可以通过公开的接口查询区块链数据记录或者开发相关应用，这是区块链系统值得信任的基础。区块链数据记录和运行规则可以被全网节点审查、追溯，具有很高的透明度。

  区块链公有链就是充分展示区块链开放透明的例子。公有链是一种开源的、可编程的区块链，如同是完备的"底层网络"，任何人都可以在公链上部署应用。比如以太坊、EOS、TT链等。TT链在开放性这方面则做到极致，开发者不仅可以直接在TT链上部署应用，还可以在几分钟内将应用从以太坊上迁移到TT链上，实现真正意义的开放。

  （5）匿名性

  区块链技术在复杂的网络环境中解决了在网节点间的信任问题，因而区块链网络中的交易节点可以在无须了解对方身份的情况下进行交易。区块链网络中的交易是基于加密地址，而不会对交易双方身份进行认证。交易双方仅需要公布自己的地址就可以与对方进行交易通信。这种匿名性的技术基础就是非对称加密算法。

  区块链网络的节点使用非对称加密技术构建节点间在匿名环境下的信任。所有节点维持自身的公私钥对，对区块链网络节点间的通信信息进行加密和解密。节点公开发布自己的公钥，保留自己的私钥。进行信息传递的发送方，使用信息接收方公布的公钥对将要传递的信息进行加密。信息接收方在接收到传递的加密信息后，使用自己的私钥对加密过的信息进行解密。通过这样的方式，节点间可以在不需要身份认证的情况下，完成匿名环境下的信任交易。

  如果说去中心化是很多人了解区块链的动力，那么匿名性则是很多人选择区块链的重要原因。区块链运用哈希运算、非对称加密、私钥和公钥等密码学手段，在实现数据完全开放的前提下，保护个人交易隐私。

正是因为区块链的匿名性，在区块链网络上可以看到所有转账记录，但无法获知地址背后的拥有者。比如在区块链网络上购物，卖家会知道你的地址，但是不知道买家具体是谁，杜绝全部身份信息被泄漏的风险。

不过，区块链的匿名性目前也屡受质疑，原因是部分不法分子利用区块链开展非法行为，但由于区块链具备匿名性，仅通过地址无法获知不法分子相关身份信息，导致不法分子可以不被发现、逍遥法外，引发监管难题。目前各大项目均通过加强技术防范，降低甚至避免不法行为的发生。

2.6.3 区块链技术应用领域

（1）金融领域

区块链能够提供信任机制，具备改变金融基础架构的潜力，成为链上的数字资产，在区块链上进行存储、转移和交易。区块链技术的去中心化，能够降低交易成本，使金融交易更加便捷、直观和安全。区块链技术与金融业相结合，必然会创造出越来越多的业务模式、服务场景、业务流程和金融产品，从而给金融市场、金融机构、金融服务及金融业态的发展带来更多影响。随着区块链技术的改进及区块链技术与其他金融科技的结合，区块链技术将逐步适应大规模金融场景的应用。

区块链在金融领域的五大应用场景包括数字货币、证券交易与发行、跨境支付与结算、票据与供应链金融业务、客户征信与反欺诈。

（2）公共服务领域

传统的公共服务依赖于有限的数据维度，获得的信息可能不够全面，且有一定的滞后性。区块链不可篡改的特性使链上的数字化证明可信度极高，在产权、公证及公益等领域都可以以此建立全新的认证机制，改善公共服务领域的管理水平。区块链技术在公共服务这个领域中有四大应用方向，它们分别是身份验证、共享信息、透明政府以及鉴证确权。

自从区块链技术产生以来，许多国家和地区都开始构想基于区块链的政府建设问题。在身份验证方面，使用区块链技术可以将所有与个人证明有关的信息统一存储，如身份信息、行驶证和出生证等，这样可以免除许多繁琐的认证步骤以及物理签名。在鉴证确权方面，区块链技术可以减少欺诈事件的发生。政府可将部分民生或者可公开的方面进行透明化，而区块链技术可以共享信息的特性能帮助政府做到管理以及流程的透明化。其中也包括了部分信息的共享。

2021年，我国工业和信息化部、中央网络安全和信息化委员会办公室发布的《关于加快推动区块链技术应用和产业发展的指导意见》要求在公共服务领域推动应用创新，推动区块链技术应用于数字身份、数据存证、城市治理等公共服务领域，支撑公共服务透明化、平等化、精准化，提升人民群众生活质量。

（3）物联网领域

① 区块链技术能让物联网高效运行。当区块链应用于物联网时，区块链技术可以被应用于追踪过往的历史，也可以协调设备与设备、设备与人之间的数据交互和实际交易，赋予另外物联网设备独立的身份。很多物联网设备，如智能家电，无需实时与云端服务器交互，专门构建云计算服务器任务来支持某个家电并无很大价值，特别是对于那些会在家庭存在十年甚至更长时间的设备。使用区块链网络对数据进行处理和存储，并为系统内的物联网设备

提供设备级别的控制和管理，会极大地降低物联网使用的成本，明显提高物联网系统的效率。

② 区块链技术能保证物联网的数据安全和用户隐私能得到保护。物联网的数据安全和隐私保护问题越来越受到关注。由于中心化服务存储的物联网数据在存储、处理和传输环节有多种泄密可能，导致著名公司和政府部门的数据泄露事件层出不穷，让用户无法真正信任运营服务提供商的承诺。事实上，政府安全部门可以通过未经授权的方式对存储在中央服务器的数据内容进行审查，而运营商也很有可能出于商业利益的考虑将用户的隐私数据出售给广告公司进行大数据分析，以实现针对用户行为和喜好的个性化推荐，这些行为无法防止。

区块链技术为物联网提供了公开、透明、可追溯、不可篡改的数据保护措施，并通过特有的加密和分享机制保证了物联网数据使用的安全和便捷。

③ 区块链技术构建物联网领域的全新商业模式。区块链技术可以确保物联网系统内部授权的真实可靠，从而为智能化的物联网设备赋予商业交易参与者的身份。这样，区块链在全网获得交易身份的物联网设备和人类一起，共同参与了区块链网络的交易。

例如，通过智能合约控制的冰箱可以在食品不够时直接向供应商下单进行采购，炉灶可以自动向燃气公司购买燃气指标等，所有这些不仅需要支付能力，而且需要身份鉴权。

而在区块链网络上不同所有者的物联网设备所获得的加密数据，可以直接在区块链全网范围内进行结算交易，无需通过数据中心的再处理和交易撮合，去中心化的结算交易，不仅效率很高，而且也极大地节省了数据中心的存储和处理资源。

(4) 信息安全领域

① 用户身份认证保护。非对称式公私钥加密技术采用两套密钥系统，比对称式加密更安全。区块链可以构建一个全新的身份管理系统，商务密邮采用的身份标识算法，让篡改难以隐匿，从而有效防范身份伪造。

② 数据完整性保护。传统的加密算法，一旦遭到中间人篡改攻击，网络中的参与者就无法及时感知。在一些企业的交易邮件中时常发生类似的事情：发件人邮箱地址没有问题，但收款账户却被篡改了，而这种邮件诈欺通常在损失已形成后才被察觉。

美国国防部 DARPA 高级研究计划局正在考虑使用区块链来保护敏感的军事数据。区块链利用哈希算法存储数据，数据区块之间互为连结，只要任一处数据被篡改，都会引起区块序列值的变更，再庞大的网络，也能轻易找到篡改来源。

③ 有效阻止 DDoS 攻击。变本加厉的 DDoS 攻击令企业望而生畏，一场高级的 DDoS 攻击甚至可以轻松搞垮一家大型企业，这也正是黑客尝试进行大规模破坏的首选。

区块链的分布式存储架构则会令黑客无所适从，已经有公司着手开发基于区块链的分布式互联网域名系统，绝除当前 DNS 注册弊病的祸根，使网络系统更加干净透明。

(5) 供应链管理

供应链由众多参与主体构成，存在大量交互协作，信息被离散地保存在各自的系统中，缺乏透明度。信息不流畅会导致参与主体难以准确地了解相关事项的实时状况以及存在的问题，影响供应链的协同效率。当各主体间出现纠纷时，举证和追责耗时费力。而加入区块链技术之后，在发现供应链系统运行过程中产生问题时，能够有针对性地找到解决方案，进而提升供应链管理的整体效率。国内就有很多结合区块链技术做供应链管理的项目，涉及家电、汽车等行业。供应链涉及大规模协作，因此这些行业很适合应用区块链技术。以万向区块链的供应链金融服务平台为案例，将核心企业与其上游供应商交易中的关键业务数据进行上链管理，并将金融机构引入平台。这其中，区块链的价值主要体现在以下四个方面：

第一，区块链的不可篡改性以及多方记账的特点，确保了平台上记录交易的真实性和系统运作规则的透明性，能够防止违规交易。

第二，票据、合同实现电子化存储和流转，办理业务更高效、业务成本更低。

第三，区块链的共识算法确保了记录的交易数据难以被篡改，链上记录可追踪、可溯源，一定程度上解决了中小企业无法自证信用水平的问题。同时，通过中心企业的信息接入，能够持续有效地披露底层真实贸易信息，实现供应链业务可视化，金融机构能够轻易地掌握中小微企业的经营情况，中小微企业也能以更低成本从金融机构获得融资。

第四，非对称加密技术可以实现在交易及融资过程中针对性展示数据，保护商业机密。

2.6.4 区块链技术存在问题

虽然区块链技术具有很多优势并且取得了丰硕的研究成果，但是目前区块链技术在平台安全性、匿名性与隐私性、技术壁垒等方面都存在着很多亟待解决的问题。这些问题也是区块链技术应用于信息安全领域时必须要解决的关键问题。

(1) 区块链平台安全性问题

若将区块链应用于信息安全领域，区块链系统的安全性就成为了保障整个信息系统安全的基石和前提。区块链系统安全性主要包括两个方面：

① 区块链自身安全问题。区块链安全性靠共识机制进行支撑，当前最流行且应用最广泛的是基于算力的 PoW 共识机制，主流公有链平台比特币、以太坊等都依赖于分布在世界各地的"矿工"持续不断地"挖矿"来维持系统正常运转。但由于挖矿的激励机制，造成全球算力的大量集中。从概率上讲，算力越强就代表能够获得越多的货币奖励，算力低的矿工将因为得不到激励而逐渐被淘汰出局，最后将导致整个区块链平台的维护只由少数具有超强算力的矿池节点来提供支撑，这违背了区块链技术分布式、去中心化的设计初衷。以比特币为例，截至 2020 年 2 月，全球前四大矿池 F2Pool（占比 17.3%）、Poolin（占比 16.9%）、AntPool（占比 10.6%）、BTC.com（占比 9.7%）的算力总和占到全球算力的 54.5%。从理论上讲，如果能够控制整个区块链网络算力的 51% 以上，就能够通过算力优势来对区块链上数据进行篡改，从而对区块链所建立的信任体系进行颠覆。而不基于算力的 PoS、DPoS 等共识机制的安全性还未得到理论上的有效证明，PBFT 等强一致性算法又存在算法复杂度高、去中心化程度低等缺陷。因此，要将区块链应用于信息安全领域，安全的共识机制是面临的重大挑战之一。

② 用户账户的安全性问题。传统的身份账户由第三方进行保护，当用户账号发生丢失等意外时，用户可以凭借有效的身份证明对密码进行重置。而区块链账号仅由持有人地址对应的私钥对其保护，涉及账号的所有交易都要使用该私钥，一旦私钥丢失，则无法重置或找回，用户将永久性失去其账户内的数字资产，这是区块链去中心化机制所带来的弊端。既然该私钥如此重要，管理区块链账户即是对私钥进行保管和使用。如何在方便账户使用的同时又保障数字资产的安全性还需要进行深入的研究，从而实现保障账户安全性与可用性的统一。

(2) 匿名性和隐私性

区块链技术经常被宣传的优点之一就是匿名性，但是以数字加密货币为例，从实际情况上来看，其并不具备真正的匿名性，且隐私性无法得到真正的保障。区块链是完全透明的系统，交易信息以公共总账方式公开存储，这使得任何人都可以查询所有交易信息。通过数据挖掘技术，可以发现很多地址间的关联关系。从积极的方面说，监管机构能够从中得到非法交易人员及攻击者犯罪的蛛丝马迹；而从消极的方面来说，用户的隐私无法得到有效的保障，每个用户能够拥有多个地址，就好比将每笔交易都用假名向公众进行公开发布，一旦其中一个地址假名的真实身份被泄漏，所有交易及相关隐私数据都将暴露在公众的视野中。

(3) 技术壁垒问题

区块链作为一项新兴信息技术，自身还存在很多不足和需要改进的地方。

① 区块链的技术操作较为繁琐，并且区块链交易处理速度较慢。以比特币为例，每一交易区块处理大约需要 10min，无法对实时请求进行响应。区块链安全性也与处理时间成正比，处理时间越短，系统抵抗篡改攻击、非法交易的效果就越差。

② 区块链是一种数据只增不删的分布式总账系统，区块链数据所占容量也不断增大，从 2014—2021 年，比特币中完整区块链容量从 14GB 增长到 383GB，截至 2020 年 4 月，以太坊的区块链容量已经达到 4TB，一年内几乎翻了一番。这样大的容量需要交易用户具有很高的网络带宽，技术及应用整合存在难度，如何实现区块链的轻量化也是一个急需解决的问题。

③ 由于区块容量所限，无法存放大规模数据，这也限制了区块链技术的应用。以比特币为例，比特币单个区块容量有 1MB 的最大值限制，当所要存储在区块链上的数据超过 1MB 时，就要对数据进行分割，将分割后的数据存储在不同的区块上。然而，新区块在共识机制下成功接入区块链需要等待一定时间来保证通过绝大多数节点的验证，这在存取效率上是难以接受的，从而导致区块难以直接存放大规模数据。

④ 由于区块链技术目前还在不断发展完善，还没有相关技术标准的出台。从而导致现阶段各行业在应用区块链技术时，缺乏核心的技术理念和基本的应用共识，不同区块链平台及应用都采用了各自不同的技术标准，自成体系，难以实现不同区块链间数据的互联互通，并导致整个行业发展分散化、碎片化，无法形成发展合力。同时，由于缺少权威机构对区块链相关产品可靠性、安全性的评估机制，使得区块链产品质量良莠不齐。

本 章 小 结

本章首先对信息技术、信息管理技术及与信息管理之间的关系进行了介绍，并在此基础上对信息管理相关技术基础包括数据挖掘技术、云计算、大数据技术、人工智能技术、区块链技术等进行了较为详细的阐述。通过本章的学习，学生应当掌握与信息管理技术相关的基础理论知识。同时，应当加强对信息管理相关技术基础前沿及应用前景的认识与了解。

思 考 题

1. 什么是信息技术？信息技术的内涵是什么？
2. 信息管理技术发展的阶段有哪些？
3. 简述数据挖掘技术的一般流程。
4. 简述云计算的体系结构。

5. 谈谈大数据分析层次。
6. 谈谈信息安全技术的发展前景及其应用。
7. 云计算有哪些特点？
8. 云计算按照服务类型可以分为哪几类？
9. 云计算技术体系结构可以分为哪几层？
10. 云计算的优缺点有哪些？
11. 什么是大数据？
12. 大数据有哪些特征？
13. 大数据和云计算的关系是什么？
14. 怎么体现大数据的价值？
15. 什么是人工智能？
16. 人工智能可应用于哪些领域？
17. 什么是深度学习？
18. 什么是区块链技术？
19. 区块链技术有哪些特征？
20. 区块链技术可应用于哪些领域？

第3章
信息源及其分布规律

信息源是信息管理工作的前提,研究信息源及其分布规律是进行信息组织与加工的基础。本章通过分析信息源的种类与特征,讨论信息源的分布规律,为信息管理工作提供理论指导和依据。

3.1 信息源概述

资源是一种存在于自然界与人类社会活动中,用以创造物质财富与精神财富的、具有一定量积累的客观形态,如矿产资源、水资源、人力资源、信息资源等。资源分为自然资源和社会资源两大类。作为资源一个种类的信息资源也分为自然信息资源和社会信息资源。自然信息资源广泛存在于自然界之中,是物质运动与生物生存活动的结果,人类利用它得以认识世界。社会信息资源则存在于人类活动之中,是社会的直接产物。信息资源的主体是社会信息资源,它以不同形式存在,经过积累与传播,作用于物质活动过程,与物质、能量一起共同构成现代社会发展的三大资源。

信息是随着人类活动的产生而产生的,但作为社会资源却是近代才形成的。正如各种自然存在物只有达到一定的量才能形成资源一样,信息也需要经过不断积累并达到一定的量后才能构成资源。信息资源是信息一定量的积累,是一种动态的、可增值的、共享的社会资源。信息技术的飞速发展,为信息的产生、存储、传递和积累提供了条件,为信息资源的形成提供了机遇,也为信息资源的应用提供了技术基础,使信息资源得以积累和形成,并以爆炸性的速度增长。

信息资源不仅数量十分庞大,而且应用范围相当广泛,包括科技信息、经济信息、人文信息、生活信息、凡是人类活动的各类信息均可构成信息资源。人们已经认识到,在信息社会里,信息是战略资源,谁拥有和控制了信息资源,谁就拥有和控制了主动权。信息资源已经成为生产力、竞争力和控制力的关键,成为社会经济活动的先导和决策基础。

信息源即信息的来源,并不等于信息资源。信息源是蕴涵信息的一切事物,信息资源则是经过加工处理有序化且达到一定量积累的有用信息集合。信息源可以不断地转化为信息资源，但不全是信息资源。信息源一般分为原始信息源、信息服务机构和信息系统三个层次。原始信息源没有经过任何加工处理，产生一些无序的、复杂的、真实可靠的信息，这类信息源产生的信息没有经过任何干扰，能提供真实可靠的依据，但是这类信息收集困难，随着科技水平的发展，它的真实可靠性有时也遭到怀疑。信息服务机构专门从事信息的采集、组织、分析、存储，将原始信息进行加工处理后，传递给用户，为用户提供信息服务的信息源，如信息中心、情报机构等。信息系统存储了大量整理有序、条理清晰的信息，通过现代信息网络进行传递，为各类信息部门和信息机构提供更专业的服务。

3.2 信息源的种类

人类活动所产生的信息是多种多样的，人们的信息需求也是各种各样的，使得信息源的种类繁多。可以从不同的角度、不同标准对信息资源进行划分，概括起来主要有以下几种。

① 按信息产生的时间顺序，信息源可分为先导信息源、实时信息源、滞后信息源。先导信息源是指产生时间先于社会活动，起预警作用，或为决策提供依据，减少决策的不确定性和风险性的信息源，如天气（地震）预报、股市展望、科学展望、市场预测等。实时信息源是指社会实践活动过程中产生的信息源，如实验记录、产品测试报告、股市行情等。滞后信息源是指产生于社会实践活动之后，绝大部分信息都是滞后信息，是对实践活动的总结，含有大量的个人观点，如报刊文章、科技报告、论文等。

② 按信息的可保存性，信息源可分为正式记录的信息源和非正式记录的信息源。前者指可以用保存的形式记录的信息源，如各种印刷品、机读文档、缩微品、声像资料等，后者指无法正式保存、正式记录的信息源，如电话、口头交流、实物、会议等。

③ 按照信息的生产过程，可以分为原始信息源、二次信息源、三次信息源、精粹信息源等。原始信息源是信息检索的对象，指没有经过加工的一次信息源，是人类生产活动过程中直接获得的各种数据、概念、知识、经验及总结。二次信息源是信息检索的工具，是对原始信息进行加工、处理、分析、改编、重组而形成的文摘、索引之类的信息源。三次信息源是指利用二次信息源、原始信息源进行有序化和创造性的评述和综述之类的信息源。精粹信息源是指利用二次信息源和三次信息源对某一学科、某一专题、某一研究方向中最有价值的某些数据、论述、文章、观点等按一定的标准加以编制而成的信息源。精粹信息源为科学研究、课题开发提供了更加专业更加有价值的信息，是当今信息源发展的新方向。

④ 按信息存在的形式，信息源分为个人信息源、实物信息源、文献信息源、组织机构信息源、数据库信息源等。个人信息源又称为口头信息源，具有及时性、新颖性、主观随意性、职业性。实物信息源是指通过观察、拆分、分析可以得到其信息内涵的一种信息源，如年轮、黑匣子、各种展品等，具有直观性、客观性、隐蔽性。文献信息源是指用文字、图形、符号、声频、视频等技术手段将系统化的信息内容存储在纸张、胶片、磁带和光盘等物质载体上而形成的一类信息源，具有系统性、时滞性、稳定性。组织机构信息源是指研究机构、信息中心、图书馆、档案馆、标准化组织、学术团体、高校、新闻出版单位等一些加工处理信息的机构，具有权威性、垄断性。数据库信息源是指具有大型数据库的信息系统，存储了大量井然有序、条理清晰的信息，如清华同方、重庆维普等。这种信息源提高了信息检索效率，有利于信息共享，具有动态管理性、多用性、技术依赖性。

⑤ 按信息源的形式，信息源可以分为文献型信息源、档案型信息源、统计型信息源、图像型信息源和动态型信息源。文献型信息源是指以文字为主，有明确的专业或者学术领域，可以是二次信息源也可以是三次信息源。如书籍、报刊、学术论文、科技报告、会议期刊论文，以及它们的文摘、索引、目录、综述、述评等。档案型信息源是指按照时间序列贯穿始终的，反映历史的事实和演变过程，生命周期较长的经过处理、整理的事后文献。统计型信息源是以数据为主要形式的信息源，包括经济统计、数理统计等。图像型信息源是指照片、录像、电视、电影等。随着科学技术的进步，多媒体技术的发展，图像型信息源成为当今世界的主流信息源。动态型信息源是一种由工作人员进行搜集、整理、加工、存储的生命周期较短、动态变化的信息源。

3.3 信息源的分布规律

信息资源总是按一定规律分布于社会之中的。对信息资源实施科学管理与开发利用的前提是掌握信息资源的分布规律，即在一定时间和空间范围内，信息资源的各种分布形式和规律。信息源的分布规律不仅对信息管理具有实际的指导意义，更是揭示信息管理学奠基性的定律。

3.3.1 文献信息的增长规律

文献信息增长规律主要关注文献信息量的增长同时间的关系，研究文献信息在时间轴上的动态趋势可以揭示信息的增长规律，为实施信息的动态管理提供依据。一般情况下，文献信息的增长，只能用文献数量的增长来描述。以文献为计量对象研究信息的增长规律是建立在两个假设之上的：一是所有的信息都包含在已发表的文献中；二是每篇文献含有等量的信息。

(1) 文献信息的指数增长规律——普赖斯曲线

普赖斯（D. J. deSolla. Price）通过观察期刊的增长和时间的关系绘制出了普赖斯曲线。考察1750—1900年期间期刊的变化，1750年10种，1800年100种，1850年1000种，1900年10000种，即每50年期刊数量增加10倍。如果以文献数量为纵轴，年代为横轴，将不同年代的文献数量描绘在坐标轴上，然后用平滑的曲线连接各点，就绘制出了文献随时间增长的规律，这就是著名的普赖斯曲线（图3.1）。

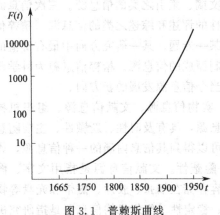

图 3.1 普赖斯曲线

分析曲线，普赖斯发现文献增长与时间成指数函数关系，如果用 $F(t)$ 表示 t 时刻文献的数量，则指数增长定律可以表示为：

$$F(t) = ae^{bt} \quad (3.1)$$

式中，a 为统计初始时刻的文献量；b 为文献的持续增长率；$F(t)$ 为时间 t 时刻的文献数量；e 为自然对数的底数，约等于2.718。实际中，常常用文献数量翻一番的时间来衡量文献的增长速度，即 $F(t)=2a$，由 $2a=ae^{bt}$，则文献翻一番的时间 $t=\ln2/b$。

【例】 在某一初始时刻，文献量 $a=10\,000$ 件，增长率 $b=10\%$，那么 10 年后的文献数量将是：

$$F(10)=10\,000\mathrm{e}^{0.1\times 10}=27\,183\text{（件）}$$

100 年后的文献数量是

$$F(100)=10\,000\mathrm{e}^{0.1\times 100}=220\,264\,660\text{（件）}$$

文献翻一番的时间为：

$$t=\ln2/0.1=0.693/0.1=6.93\text{（年）}$$

需要注意的是文献信息的指数增长规律是对每一年文献累积数而言的，而不是相对于每一年新发表的文献数量。每年文献信息的累积数是指可以利用的文献数量总和。

（2）逻辑增长规律——逻辑曲线

普赖斯曲线是没有考虑其他条件影响的理想模型，如果直接套用会有较大误差，甚至导致错误的结论。实际统计表明，在不同时期、不同级别、不同质量、不同学科领域的文献信息增长态势是不一样的，文献数量的增长肯定会受到许多外在条件的影响，导致其背离普赖斯曲线。考虑到物质、经济、智力和时间的影响与限制，文献数量的增长是按照逻辑曲线变化的，如图 3.2 所示，在 A 点上，当 $t=\ln[a/(bk)]$ 时，$F(t)=k/2$，说明在 $\ln a/(bk)$ 年时，文献 A 的累积量为 $k/2$。

逻辑曲线表示为：

$$F(t)=k/(1+a\mathrm{e}^{-kbt})(b>0) \qquad (3.2)$$

式中，b 为老化率；k 为 $t\to\infty$ 时的文献的累计量，即文献累积量的最大值；$F(t)$ 为 t 年的文献累积量。

对式(3.2)中的时间变量 t 求二阶导数，并令二阶导数为 0，则可求出曲线拐点 A 的坐标为 $\ln a/(bk)$，$k/2$。

事物的发展基本都符合"S"曲线。当新生事物处在发展初期，其发展迅速，发展到一定阶段后，其发展减慢，一段时间后将达到极限值，然后在各种因素的控

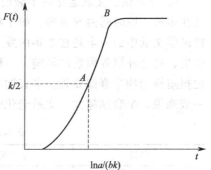

图 3.2 科技文献的逻辑增长曲线

制下呈现下滑的趋势，下滑到一定阶段又将会有一定的回升。逻辑曲线也不例外呈"S"形，所以，又称为 S 曲线，逻辑曲线表明，在最初阶段，文献增长符合指数增长规律的，但是它不能始终保持这种增长的势头，当文献数量增至最大值的一半时，增长率开始变小，最后缓慢增长，并以 k 为极限值。

应当指出，在表征文献增长规律方面，逻辑曲线比普赖斯曲线更符合客观实际。弗雷蒙等人在对 1965—1975 年间煤的气化方法方面的文献增长的研究和有关肥大细胞研究方面的文献增长规律的研究都验证了逻辑曲线的正确性。但逻辑曲线也有其局限性，它表明科学技术发展到一定阶段时，科技文献的增长率趋于零，科技文献总量将达到不可逾越的最大值 k，再也没有新的文献产生，这显然是与实际情况不相符的。

一方面，由于人类社会活动是时刻变化的，文献量的增长和文献总量用指数曲线或逻辑曲线来确定都有一定的局限性。另一方面，利用这两种曲线确定文献增长规律，是运用预测学中的趋势外推法，而文献作为传播信息的复杂系统中的一个子系统，其增长因素受到许多因素的影响和制约，只有利用系统论的观点进行分析才能得到符合实际的结论。显然，单独使用哪一种具体的数学模型来描绘文献系统的整个增长趋势都有一定的局限性。在实践中，只能把普莱斯增长曲线、逻辑增长曲线，还有其他的一些描述文献增长规律的数学模型作为

粗略估计和预测文献增长规律的参考依据,而不能完全依赖数学指标进行判定。

3.3.2 文献信息的老化率

文献信息每时都在增长,又同时在老化。随着时间的推移,科学的发展,很多有价值的文献信息会失去它的价值。文献的这种逐渐失去使用价值而不再被人们利用或越来越少地被利用的现象就是文献信息的老化现象。文献信息老化的表现有以下三点:

① 文献信息的内容被证明是不可靠的或错误的,或者文献信息的内容尽管仍正确,但被新的文献形式所替代,导致原有文献逐渐很少被人使用。

② 文献信息尽管仍有用,但正处于一个人们对其兴趣下降的时期。

③ 文献信息不再有用,需要注意的是,文献老化并不等于文献没有用,文献老化主要是相对用户而言,是用户不再利用这些文献了,而它们所包含信息的效用则不一定过时。

(1) 文献信息老化的量度指标

文献信息老化的主要量度指标包括半衰期、普赖斯指数和剩余有益性指标三种,一般来讲,利用这三个量度指标衡量文献信息的老化过程,能够比较客观地反映文献信息的老化规律。

① 半衰期。文献老化的半衰期是指某学科领域内,现在尚在利用的全部文献中的一半是在多长一段时间内发表的。如生物医学文献老化的半衰期约为 3 年,即现在正在使用的生物医学文献中的一半是在 3 年内发表的。半衰期受学科的性质、内容、科技的发展、时代的变更、社会环境等因素的影响。一般而言,专著要比期刊论文的半衰期要长,理论性刊物要比报道性刊物半衰期要长。半衰期基本上与某学科领域的半数文献失效所经历的时间相同。一般来说,半衰期越大,文献老化的速度越慢,表 3.1 为几个学科领域文献的半衰期。

表 3.1 几个学科领域文献的半衰期

学科	半衰期/年	学科	半衰期/年
生物医学	3.0	生理学	7.2
冶金工程	3.9	化学	8.1
物理学	4.6	植物学	10.0
化学工程	4.8	数学	10.5
社会学	5.0	地质学	11.8
机械工程	5.2	地理学	16.0

半衰期的计算可以使用作图法和定量模型计算法两种。作图法是将统计数据制成引文频次分布表,以引文百分累积量为纵坐标,以被引文出版的时间为横坐标,找到引文累积量达到一半的地方,求得时间即为半衰期。定量模型计算是将统计数据建立文献老化模型,根据定义找出半衰期计算公式,从而求得结果。

② 普赖斯指数。普赖斯指数是由经验得来的。1971 年,普赖斯在利用 SCI 进行统计分析时发现,被调查的一年内发表文献的全部参考文献中有一半是近五年内发表的。于是,他以 5 年作为分界线,把出版年限小于 5 年的"新"文献称为"现时有用"文献,出版年限大于 5 年的"旧"文献称为"档案性"文献。并将"新"文献的引用量与总文献的引用量之比作为普赖斯指数,即普赖斯指数公式:

$$P = 出版年限小于 5 年的文献引用数量/总文献引用量$$

普赖斯指数可以作为衡量文献老化的测度,一般说来,普赖斯指数越大,半衰期就越小,文献老化的速度越快。

普赖斯指数与半衰期有共性，也有差异。共性是都从文献被利用的角度研究和量度文献信息的老化程度。差异是它们计算的方式不同，半衰期只是笼统地衡量一个学科领域全部文献的老化情况；普赖斯指数可以用于某一领域的全部文献，也可用于评价某种期刊、某一机构、某个作者或者文章的老化。

③ 剩余有益性。某一年份的某一期刊被用户所利用的文献数被称为期刊有益性。剩余有益性是指若干年后期刊还保留的有益性，是期刊老化程度的一个量度。剩余有益性只适用于满足一定类型和内容的信息需求的几种期刊才有用，适用面非常窄。

(2) 文献老化模型

对文献按年代被引证的次数进行统计分析，可以得到某一学科领域的文献老化速度的可靠数据。如果用纵坐标表示现在正被利用文献的被引量，横坐标表示时间，文献老化规律可以用公式表示为：

$$C(t)=ke^{-at} \tag{3.3}$$

式中，$C(t)$ 表示发表 t 年的文献的被引次数；k 是常数，随学科不同而变化；a 为老化率。和式(3.3)所对应的文献老化曲线如图 3.3 所示，t_1、t_2、t_3、t_4 代表文献出版时间，显然，随着出版时间的推移，文献的被引次数 $C(t)$ 呈递减趋势。

(3) 文献信息老化的因素

文献信息老化是一个复杂的问题，目前对它的研究还不够成熟，还没有一个较为理想的模型能够准确描述这一过程。文献信息的老化速度受很多因素的影响，不仅取决于所属的学科领域，还取决于其他一些因素。归纳起来主要有以下几个方面。

① 文献的增长。文献的增长和老化从不同侧面描述科学的发展。因此，文献的老化首先与文献的增长联系紧密。科学文献大量增加，表明科学知识增长速率加快，新理论、新方法、新技术、新设计、新产品不断产生和不断完善，致使旧文献的应用价值逐渐降低，使之成为"档案性文献"。此外，由于文献的不断增长，客

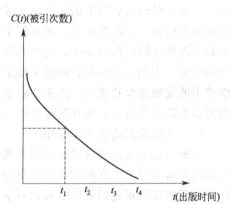

图 3.3 文献信息老化曲线

观上就有更多的文献可供人们引用，而且人们在实践中也往往倾向于引用新文献。一般来讲，文献增长越快，文献老化也相应加快，从而使文献的增长成为影响文献老化的一个重要原因。

② 学科的差异。英国的 B.C. 布鲁克斯指出，世界上约 93%～98% 的科技期刊的引用寿命为 20 年左右。但并非所有学科的文献老化率都大体一致，相反，彼此之间的差异却比较大。普赖斯将文献分为两类：一类是半衰期大于 5 年的"档案性文献"；另一类是半衰期小于 5 年的"有现时作用的文献"。具体原因为：有的学科较活跃，投入了大量的人力物力，知识更新的速度较快，文献的半衰期也就相应较短，如电子、医学、化学化工等；也有一些学科，其发展主要是知识的积累而不是修正，这些领域相对比较稳定，文献也可长期起作用，因而它们的文献半衰期也就较长，如动植物分类学、地理学等；还有一些学科迅速老化的文献与"档案性文献"在数量上大体相当，它们介于前两者之间。

③ 学科发展阶段的差异。即使是同一学科在不同时期或不同阶段，文献的半衰期也不尽相同，即描述文献老化的曲线不仅仅是指数曲线。当学科处于发生和发展的初期，由于原始文献较少，这时，该学科的文献会呈指数增长，相应地，文献的老化速率也较快，半衰期也较短。随着学科研究的深入和学科发展进入相对成熟阶段后，学科文献的增长就不再继续

保持原有的指数增长态势，文献的增长速率变小且半衰期变长。一旦文献累积到一定数量时，就会出现由量变到质变的飞跃，学科再度进入新的高度和新的层次，也有可能同时派生出新学科，从而再度使学科文献呈指数增长及老化速率加快。

④ 用户需求及信息环境。不同类型的用户对文献的需求各不相同，科研工作的骨干人员对最新文献感兴趣，而刚刚踏上研究工作岗位的人员则还需要了解历史背景资料；同一类型的用户在不同的时期和为了不同的研究目的，他们对文献的需求也有不同的特点，有些文献对研究者作用不大，但对专业历史工作者来说却依然有用。

⑤ 文献的种类和性质。文献的种类和性质在很大程度上决定着文献的老化速度。据苏联《发明问题》杂志统计，各类文献的平均使用时效分别为：图书为10~20年，期刊论文为3~5年，科技报告为10年，学位论文为5~7年，技术标准为5年，产品样本为3~5年。西方国家认为80%~90%的科技文献的使用寿命为5~7年。此外，相关研究还表明，科学专著、理论性文献的半衰期较长，而评论性文献则比研究性文献的老化要慢一些。

文献老化是科学发展的另一测度，具有积极的理论意义，首先有利于评价和选择文献资源，掌握文献信息特性、判断文献时效和确定文献价值，从而帮助图书馆评价和选择文献资源。再者文献老化有利于优化馆藏文献资源的结构。在图书馆工作中，及时地筛选老化文献和调整布局是一个重要环节，既有利于解决书库的空间危机，优化馆藏文献资源的布局，又有利于提高文献资源利用率，而且有利于制定科学合理的文献工作原则。文献老化理论和规律的研究，为制定各种半衰期的文献工作原则提供了科学依据。最后文献老化有利于揭示科学技术的发展过程和规律，由于文献老化与学科性质有关，因而，根据文献老化的指标数据就可以判断出学科的性质及其所处的发展阶段。

(4) 文献信息的老化律应用

文献信息的老化律应用在文献管理中，可以指导文献的剔旧工作、优化馆藏，提高文献服务的质量和效率。在科学和科技史研究中，可以根据文献信息老化曲线和量度数据，判断学科的性质以及所处的发展阶段，对学科的发展方向和发展趋势作出预测。

3.3.3 文献信息的分散规律——布拉德福定律

对于某一特定信息需求来讲，信息源的分布总是分散的，分散是文献信息的重要性质。但是，这种分散现象不是杂乱无章而是有规律可循的。布拉德福（S. C. Braodford）通过长期的观察统计分析，研究论文在科学期刊中的分布规律，揭示了文献信息的分散规律，提出了布拉德福定律。他认为：科学技术的每一个学科都或多或少、或远或近地与其他任何一个学科相关联，从而导致一个学科的文献出现在另一个学科的报纸杂志之中，这就是从学科角度对文献分散规律的描述。

若将科学期刊按其刊载某一学科主题论文数量的多少以递减顺序排列，便可以在这些期刊中区分出载文率最高的核心区域和与核心区域包含相等数量论文的后继各区，核心区域与后继各区中的期刊数量呈 $1:a:a^2\cdots$ （$a>1$）的关系。这就是1934年1月26日在《工程》周刊上由英国文献学家布拉德福首先提出的科学文献分散规律，被称为布拉德福定律、布拉德福分布定律或布氏定律，是布拉德福定律的区域描述。该定律定量描述了某一学科论文在相关期刊中的分布规律。a 是比例常数，或称布拉德福常数。布拉德福对应用地球物理学和润滑学两个学科进行统计后得出，a 值大约为5.0。需要注意的是，a 的值不是恒定的，对于不同学科专业而言，其 a 的值也不尽相同。

布拉德福定律还可以用图像表示，也就是布拉德福定律的图像描述。如果取等级排列的期刊序号或级数 n 的以 10 为底的对数（$\lg n$）为横坐标，以相应的论文累积数 $R(n)$ 为纵坐标绘制成图，便得到一条曲线，称为布拉德福分布曲线，如图 3.4 所示。在图 3.4 中，布拉德福分布曲线明显分为 AB、BC、CD 三部分：曲率渐增的曲线、直线、曲率渐减的曲线（亦称为格鲁斯下垂）。当 $n=0$ 时，$R(n)=a$；$n=b$ 时，$R(n)=R(b)$；$n=c$ 时，$R(n)=R(c)$；$n=d$ 时，$R(n)=R(d)$。AB 部分为曲率渐增部分与核心区期刊对应，BC、CD 两部分与后继各区期刊对应。布拉德福分布曲线在进入直线部分后为什么要偏离下垂，目前已经从数学上得到解释。

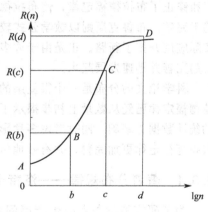

图 3.4 布拉德福分散曲线

布拉德福定律不仅对情报学的理论研究有重要影响，而且实际应用也相当广泛，主要表现为以下几个方面。

(1) 确定核心期刊

这是布拉德福定律最广泛的一个应用领域。然而，在实际的核心期刊确定工作中，由于布拉德福定律要求学科之间有非常明晰界限这一局限，使得布拉德福定律必须与其他的一些指标结合才能更好地作为核心期刊确定的依据和标准。

(2) 动态维护信息存储量

利用布拉德福定律进行信息源排序，存储所有核心区的信息，其他信息根据信息量的存储平衡进行动态存储，使其存储量保持动态平衡。

(3) 测定信息检索与信息搜集的完整性

信息检索与搜集完整性＝实际检索到的期刊（论文）总数/布拉德福定律求的期刊总数（论文）总数，运用该公式可以直接测定信息检索与信息搜集的完整性。

(4) 把握学科发展前沿

利用布拉德福定律确定某学科核心期刊，使读者通过掌握该学科核心期刊，把握学科发展前沿。

(5) 比较学科发展幅度

布拉德福定律中的 a 值大小可以反映学科发展速度，某学科的 a 值越大，其发展速度越快。

(6) 选择核心出版者

利用布拉德福定律确定某学科核心期刊，从而可以由核心期刊确定核心出版者。

布拉德福定律具有一定局限性，它必须充分满足下列三个条件才能成立：一是论文所属的学科或专业领域应当清楚划定；二是被分析的某一学科、领域或主题的期刊清单，以及对这些期刊中所刊载的相关论文的统计应当是充分的；三是被分析的期刊的时间应当清楚限定，以便使这些期刊上刊载的相关论文都被计算出来。同时，布拉德福定律应用也受这些条件限制。

布拉德福定律虽然在 1934 年就已提出，但并未引起学术界重视，直到 1948 年布拉德福在他的专著《文献工作》中对该定律进一步论述之后，才引起人们的关注。其中最有代表性的是英国的维克里（B. C. Vickery）和布鲁克斯（B. C. Brooks）对该定律的研究。维克里推广和修正了布拉德福定律,使布拉德福文献分布的图像与定律在结构上得到了统一,形式上趋于完整。布鲁克斯则以数学公式较为严密地描述了这一定律,发展了图像分析方法,为其实际应用开拓了新路。正是由于许多学者的共同努力,才使布拉德福定律从理论上和应用上日趋完善并迅速发展起来。

科学论文的分布是一个很复杂的问题,既受人的主观因素影响,又受客观条件限制。布拉德福定律已经从数量上初步揭示了这一分布规律。今后要综合运用多种数学工具,以大量的统计数据为基础,同时考虑多种影响因素,建立更为普遍适用的数学模型和检验手段,使布拉德福定律更加完善,并有效地付诸实用。

3.3.4 著者分布规律——洛特卡定律

为了研究科学著者的生产率问题,即著者和他发表学术论文的关系,美国人口统计学家洛特卡(A. J. Lotka)通过大量的统计调查,于1926年在美国著名的学术期刊《华盛顿科学院学报》上发表了《科学生产率的频率分布》一文,论述了科技工作者的生产能力对科技进步和科学发展所作的贡献。然而,这篇论文发表后并未引起人们的关注,直到1949年洛特卡逝世,这一研究成果才得到学术界的认可,被誉为著者分布规律即洛特卡定律。

洛特卡通过统计总结认为:生产2篇文章的作者大约是生产1篇文章作者数量的1/4,生产3篇文章的作者大约是生产1篇文章作者数的1/9……。由此推论出在某一时间内,发表 x 篇论文的作者数占作者总数的百分比与其撰写的论文数 x 的平方成反比,即:

$$f(x)=C/X^2 \tag{3.4}$$

式中,X 为论文数;$f(x)$ 为发表 x 篇论文著者的出现概率,即发表 x 篇论文著者占著者总数的比例;C 为常数,由计算可得,$C≈0.6079$。

当 $x=1$ 时,$f(1)=C$,表示在某一领域中仅发表一篇论文的著者约占60.79%。

洛特卡以美国《化学文摘》和德国奥尔巴赫《物理学史一览表》为数据源研究科技工作的论著数量分布。分别以论文数 x 和作者数 $f(x)$ 的对数为横纵坐标作图,图像描述如图3.5所示,L_1 代表《物理学史一览表》的数据,L_2 代表《化学文摘》的数据。用最小二乘法计算拟合直线的斜率近似为-2。

经过大量研究,学者们对公式进行了修正,提出了广义洛特卡定律,其表达式为:

$$f(x)=C/X^m \tag{3.5}$$

C 和 m 都为可变参数,C 的取值范围为:$0.5<C<0.75$,m 的取值范围为:$1<m<3$,C 和 m 的具体取值由学科或专业而定。

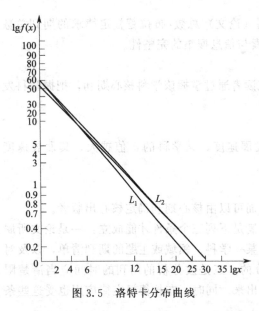

图3.5 洛特卡分布曲线

洛特卡定律实际是科学论文作者集中和分散规律,它的特点是:

① 采用频次排序的方法,即按某类作者出现的频次大小排位,而不是按照作者所写论文的多少进行排序;

② 论文在作者上的集中与分散程度只限于平方反比关系，即只给出这种集中与分散程度的单一描述，这种特征已成为现在学者开展诸如科学劳动成果的状态与估计科学劳动规模等工作的核心内容和发展方向。

3.3.5 词频分布规律——齐普夫定律

美国哈佛大学教授、著名的语言学家和心理学家齐普夫（G. K. Zipf）经过研究提出"最省力法则"，即当人们利用语言表达思想时，会受到两个相反方向力的作用，即单一化力和多样化力。单一化力是指说话者总想用最简短的词汇表达所有的概念为最省力，多样化力是听话者希望每个概念都用一个词来表达并能被理解为最省力，单一化的力和多样化的力取得了平衡，就使得自然语言词汇的频次分布呈双曲线分布，这里的"力"不同于物理学中的力，只是一种形象化的比拟。最省力法则出现以后，很多学者纷纷对此进行研究，并把它应用于很多领域。例如，运用这个原则研究了图书排列的最佳方案，使得管理员和借阅者平均付出最小的力等。显然，"最省力法则"与经济学著名的"利润最大化原则"不谋而合。因为齐普夫将词频分布规律建立在这一深刻的思想基础之上，所以人们才把他视为词频分布规律的最主要贡献者，并以他的名字将其命名为齐普夫定律。

1949 年齐普夫经过研究统计分析，公开发表了《人类行为与最省力法则——人类生态学引论》。他在"最省力法则"思想的指导下，对人类语言进行了大量研究，推出了词汇在文献中的分布规律——齐普夫定律，即如果某个文献信息单元中含有 N 个词（$N \geqslant 5000$），统计其中每个词汇出现的频次 f，并按递减顺序排列。给这些词汇编上等级序号 r，即频次高的词等级为 1，频次次之的等级为 2……，频次最小的词等级为 D（或 L）。则每个词汇出现的频次 f 与相应的等级序号 r 之积为常数，即：

$$fr = C \tag{3.6}$$

式中，C 为常数。但这里的常数并不是绝对不变的恒量，而是围绕一个中心数值上下波动的。

对表达式两边取对数，以 $\ln f$ 为横坐标，$\ln r$ 为纵坐标绘出中频词汇分布曲线（不适合高频词和低频词），如图 3.6 所示。

一般来说，齐普夫定律比较适合应用于西文文献中词频的分布情况，定量地揭示了文献信息的词频分布规律。但是词频分布问题的复杂性使得上述公式的适用性就有一定的局限性，尤其是出现高频词和低频词的时候，并不能很好地反映其分布规律。由公式可以看出，一个 r 值只能对应一个 f 值，说明文献中不可能出现频率相同的词汇，显然这是不正确的。实验证明，中频词频率相同的概率较小，但是高频词和低频词的频率相同的概率相对较大。可见，上述公式不

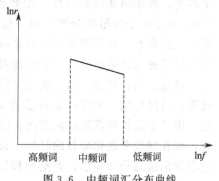

图 3.6 中频词汇分布曲线

能恰当描述高频和低频词的分布情况，只适用于中频词。介于这些局限性，研究者进行了进一步的研究，使齐普夫定律获得了应有的发展。

3.3.6 马太效应

马太效应是指强者愈强、弱者愈弱的现象，即两极分化现象。1968 年，美国科学史研究者莫顿（R. K. Merton）将马太效应归纳为：任何个体、群体和地区，在某一个方面获

得成功和进步,就会产生一种积累优势,就会有更多的机会取得更大的成功和进步。

在社会信息流的产生、传递和利用过程中,信息及其相关因素常常表现为明显的核心趋势和集中取向。例如,少数作者因某些文献而成为领域的核心作者,少数期刊成为领域的核心期刊,少数网站集中了大量的用户等,这就是信息产生和分布中的马太效应。

信息管理中的马太效应主要表现为信息分布的核心趋势和集中取向。马太效应同洛特卡定律、齐普夫定律和布拉德福定律有着紧密的联系,都是信息源的分布规律,只不过相对而言马太效应是定性描述信息源的分布特征,而其他三个定律则是用定量的模型和方法来描述信息源的分布特征。

马太效应的这种核心趋势和集中取向便于选取核心信息源,提高信息选择和筛选的效率,但是马太效应也有一些负面的影响。比如,马太效应描述信息对象的优势和劣势过度集中,容易使信息工作者按简单的优劣进行信息的选择、评价、传播和利用,而且使评价工作落入俗套,不利于评价工作的创新和激励创新人才的发展。同时,马太效应形成的信息分布有时只是表面的、外在的,例如信息被引率高并不一定代表作者的研究成就高,背后还隐藏着许多不为人知的多种因素,会造成一些虚假的繁荣现象,使得学术界的评价和信息的选择太过于浮躁。马太效应在科学发展中还存在一些其他的不足,例如不利于年轻学者的发展,过于纵容权威学者等。

3.3.7 长尾理论

长尾理论是一个经济学理论,描述了世界经济的变化核心,它在信息分布中也是一个重要的规律。

长尾理论是美国人克里斯·安德森于 2004 年提出的,它打破了人们只关注重要的人或重要的事的传统思维方式。本章前面所讨论的几个信息源的分布规律,都毫不例外地把重心放在了高频对象上,尽管在方法上也关注到了低频的对象,但是主要关注点仍是所谓的权威和核心。

"长尾"实际上是统计学中幂律特征。幂律(Power Law)最显著特征是等级越高则越不均衡。幂律描述的是这样一组数据,其第 n 个位置的秩(Rank)是第 1 个位置的秩的 $1/n$。对于一个纯幂律分布,第一位与第二位之间的差距要大于第二位与第三位之间的差距,以此类推。如果把出众的对象叫做主流的话,那么长尾关注的就是同样重要的非主流。在安德森的《长尾理论》一书中提到:文化就是一场流行度大赛,被热门事物迷得神魂颠倒——制造它们、挑选它们、谈论它们,还要追踪它们的起起落落,热门事物已经成了一种透视镜,透过它们,可以洞悉自己的文化。但同时,非主流、非热门的信息也被很多人所关注。图 3.7 是长尾理论的模型图,图中长长的尾巴在过去的信息分布中并没有引起足够的重视,而在如今个性化彰显的时代,长尾信息、产品(服务)都越来越被人关注,利用长尾理论指导的信息分布理念,为挖掘和分析特性信息奠定了坚实的理论基础。

图 3.7 长尾模型图

3.4 引文分析

引用体现了文献的继承性和知识运用的相互渗透,引文分析可以揭示各种学术文献内容之间的内在联系。引文分析是信息计量与管理的重要手段之一,具有重要的理论意义和实际作用。

3.4.1 引文分析的基本内容和方法

科学论文和著作发表时,作者给出了参考文献、引文书目等,这样就形成了科学文献间的引用与被引用关系,其目的在于揭示文献所蕴含的情报特征和相关关系。这种引用关系正是引文分析的主要依据。

引文分析法是利用各种数学及统计学方法,以及比较、归纳、抽象、概括等逻辑思维方法,对科学期刊、论文、著者等分析对象的引用和被引用现象进行分析,以揭示其数量特征和内在规律的一种信息计量研究方法。它反映了一篇论文、一个科学家、一种学术期刊在科学发展过程中所起的作用,反映了学科之间、专业之间、科学家之间、学术期刊之间相互的联系与区别。因此,引文分析法得到了广泛的研究和应用。

现代科学论文的一个重要特征是在参考文献下依序列出所引用文献的著录事项。参考文献(被引用文献)与正文(引用文献)的简单逻辑关系就是引文分析的基础和背景。致力于引文分析理论和技术研究的文献学家主要有普赖斯、加菲尔德等。普赖斯于1956年发表重要著作《科学论文的网络》,为引文分析奠定理论基础,加菲尔德于1953年受法律业务工具书《谢泼德引文》的启发,于1961—1963年编成《科学引文索引》(Science Citation Index,SCI),使引文分析具备了实用工具。引文分析与其他分析方法相比更适于探索科学的微观结构,便于超越时间空间,跨学科组织文献,使文献有序化,有利于对文献由表及里地深入展开分析,更易于量化。

利用引文分析进行研究时,一般经过以下几个步骤。

(1) 选取统计对象

针对所研究学科,选择该学科中有代表性的较权威的期刊,确定若干期及若干篇相关论文作为统计对象。

(2) 统计引文数据

在选取的若干篇论文中,分项统计每篇论文后面引文的数量,引文的出版年代、语种、类型等。或者直接运用《科学引文索引》等工具,选取有关的引文数据,作为引文分析的基础。统计引文数据是引文分析的重要环节,是引文分析的前提。

(3) 引文分析

在获取引文数据的基础上,根据研究的目的,从引文的不同角度和各种指标进行分析。例如,引文量的理论分布分析,引文量的集中、离散趋势分析,引文量随时间增长的分析,引文的主要指标分析等。

(4) 作出结论

根据引文分析的原理、方法和原则进行判断和预测,从而总结出相应的分析结论。

对引文分析方法进行分类,从不同角度和标准,有不同的分类。如果从获取引文数据的方式来看,引文分析法有直接法和间接法。直接法是直接从来源期刊中统计原始论文所附的被引文献,从而取得数据并进行引文分析的一种方法;间接法则是通过SCI、期刊引用报告

(Journal Citation Reports，JCR) 等引文分析工具，查得引文数据再进行分析的一种方法。如果从文献引证的相关程度来看，引文分析法有自引分析、双引分析、三引分析三种，自引分析就正是立足于科学主体自身的这种特殊过程，为揭示其特殊规律性而发展起来的一种引证分析方法。它是对引证分析的继续和深入，是引证分析的重要分支；双引分析是指文献耦合和同被引两种引文分析；三引分析包括自引分析、文献耦合、同被引三种引文分析方法。如果从分析的出发点和内容来看，引文分析法有引文数量研究、引文网状关系及其反映的主题相关性研究、引文链状结构研究三种。引文数量研究主要用于评价期刊和论文，研究文献情报流的规律等；引文网状关系及其反映的主题相关性研究主要用于揭示科学结构、学科相关程度和文献检索等；引文链状结构研究主要用于反映科技论文间存在的"引文链"，如文献 A 被文献 B 引用，B 被文献 C 引用，C 又被文献 D 引用等，以揭示科学发展的过程并展望未来发展趋势。

从不同角度和各种基本要素出发，对科学引文的分布结构进行描述和分析，便形成引文分析的基本内容，一般包括以下内容。

(1) 引文年代分析

一般来说，随着年度的由远而近，引文量呈增长趋势，即时间愈近，被引用的文献愈多；文献被利用的峰值是该文章发生以后的第二年。如果以引文年代为横轴，各年引文量为纵轴，在坐标图上描绘各年数据点，然后用一条线连接起来，便可得到一条引文年代分布曲线。通过对该曲线的分析，不仅可以了解被引文献的出版、传播和利用情况，而且可以研究科学发展的进程和规律，特别是在文献老化和科技史的研究中，引文年代分析更是一种广泛应用的有效方法。

(2) 引文国别分析

对引文的国别分析，特别是各国文献互引情况的统计分析，可以探明各国互引文献的状况，弄清国际文献交流的数量和流向。

(3) 引文量分析

引文量是某一主体对象含有的参考文献数量，它是"引文链"的基本特征之一。通过引文数量的分析，不仅可以揭示文献引证与被引证双方的相互联系，而且还可以从定量的角度反映出主体之间的联系强度。如果两篇论文或两种期刊之间的引文数量大，就可以认为它们之间的引证强度大，说明其联系较紧密。引文量的分布规律可从下列几个方面分析。

① 引文量的理论分布。将一定量的论文的引文量数据进行分析比较，发现其变化规律表现为以平均数为中点，接近中点的频数最多，离平均数远的频数趋于减少，形成中间高两极低的正态理论分布。如果频次的分布不对称，理论分布就属于正向偏态分布。如果研究对象的引文量平均数，难以直接从统计中获得，也可以根据数理统计的方法，用样本的平均数来估计总体的平均数，并用一个可靠的区间范围来表达，也可以达到预期的目的。

② 引文篇数分布。它是指每篇研究论文平均占有的引文篇数的分布。它不仅反映了论文作者引用文献的广度和深度，而且还能说明引文与被引文的学科内容之间的联系强度。因此引文篇数分布是引文分布结构的重要方面之一。

③ 引文的集中与离散规律分析。引文分布的集中性与离散性是相对于一定的测度指标而言的。引文按来源期刊的分布，引文篇数的频数以平均数为中心的分布，引文按年度、语种、文献类型等的分布，都表现出这种集中与离散的趋势。

④ 引文类型分析。科学研究中引用的文献很广，有期刊论文、图书和特种文献。对被引文献的类型进行分析，将有利于确定文献情报搜集的重点。

⑤ 引文语种分析。引用文献是由不同语种的文献构成的。某一语种的文献被引用量愈大，则说明该语种比较常用和重要。考察和分析引文语种的分布，对于人们有计划地引进外文文献、译文选题、外语教育等都颇有参考价值。

3.4.2 引文分析的测度及特点

科学引文的指标分析，对于改善文献信息工作和管理，提高文献信息定量研究的水平都具有重要的意义。一般来说，对科学期刊进行分析时常用的测度指标有自引率、被自引率、影响因子、期刊引证率与即年指标。在对专业和学科结构进行研究时，除用引证率外，还可用引文耦合和同被引等测度指标。

在引用文献的过程中，限于主体本身范围内的引用称之为自引。包括同一类学科文献的自引、同一期刊文献的自引、同一著者文献的自引、同一机构文献的自引、同一种文献的自引、同一时期文献的自引、同一地区文献的自引。自引率就是对主体本身范围内文献引用的次数与主体引用的文献总数的比值。

被自引率是被引用现象的一个测度，被自引率就是主体文献被自引的次数与主体被引用的总次数的比值。它反映出被引用中有多少是被自己引用的。

影响因子主要在研究科技期刊时使用，是期刊在规定时间内（一般是两年）论文被引量与可引论文总数之比。

期刊引证率等于该刊中参考文献量除以期刊载文量。这是衡量吸收文献能力的一个相对指标。

即年指标是测度期刊被引用速度的指标，它是期刊某年发表的论文当年被引用的次数，除以该刊这一年所发表文章的总数，是衡量期刊重要性的一种依据。

当两篇文章同时引用一篇或多篇相同的文献时，这种现象称引文耦合，这两篇文献就具有耦合关系。引文耦合的文献之间总存在着这样或那样的联系，其联系的程度称为耦合强度。

当两篇（多篇）论文同时被别的论文引用时，则称这两篇论文具有同被引关系，引用它们的论文的多少，即同被引程度，称为同被引强度。

引文分析具有广泛适用性、简便易用性。它的素材是引文与被引文，而引文现象又是普遍存在的。以期刊论文为例，全世界范围有90%以上的科学论文附设了引用文献，平均每篇论文有引用文献15篇。我国目前88%左右的重要科学论文带有引用文献，平均每篇中文科学论文有引用文献8.9篇，可以说，凡是有引用文献的地方，引文分析方法就有用武之地，所以，引文分析方法具有广泛适用性。由于引文分析不要求其他先决条件和辅助条件，不需要使用者具有十分专深的知识，研究的深度、广度可以由自己控制，所以一般的信息人员都可以借助于这种方法，完成一些有价值的研究课题，解决一些工作中的实际问题。总之，这种方法的使用限制极少，简便易用，很值得在广大的信息人员中普及推广。所以，引文分析方法具有简单易用性。由于引文分析方法具有广泛适用性和简便易用性的特点，通过一些不太复杂的统计和分析，就可以确定核心期刊、研究文献老化规律、研究信息用户的需求特点，甚至可以研究学科结构、评价人才等。

但是引文分析方法也有一定的局限性。著者引用文献是人为控制的思维和判断过程，而作为其表现形式的引用文献，仅仅是宏观的、表面的测度，不能真实地反映引用文献的相关性、重要性和真实性。其局限性受到许多限制因素的影响，表现在以下几个方面。

(1) 引文关系假联系的影响

引用文献的原因多种多样，两篇论文可能出于完全不同的原因或从不同的角度引用同一篇早期文献，一篇可能是引用其方法，另一篇可能是引用其结果，那么这两篇文献在内容上的联系就有可能是虚假的。引文有些是发生在前言和篇名中；有些是发生在正文中；有些是发生在结论或讨论中。在这些情况下，作者对原著的引用内容和程度是不相同的。引文对原著的关系和重要性也各不相同，但在目前的引文分析中，对它们都是同等看待，不加区分地，这样也容易造成假关系。新刊的论文得不到大量引用；小型期刊被引率往往低于大型期刊；引而未用或用而未引的情况也时有发生。文献引用中的这些现象都会影响引文分析方法的应用和效果。

(2) 文献被引用并不完全等于重要

有些具有错误观点或结论的论文，后人出于批评商榷的目的，可能被引次数很多。另一方面，被引次数较少的文献也不能一概认为不重要。它受到许多因素的限制，如发表的时间、语种、学科专业等。被引次数上的微小差别也不能完全说明质量上的优劣，它有很大的随机性，只有当这一差别很大时，才能说明问题。

(3) 著者选用引文受到可获得性的影响

索普（M. E. Soper）研究指出，著者引用的文献，大部分是个人收藏的文献，少部分是本部门和就近图书馆的资料，而其他城市或国家的文献所占比例甚小。这说明著者选用参考文献以方便为准则，以占有为前提；同时还要受到著者语言能力、文献本身年龄和流通周期，以及二次出版物报道的影响。

(4) 马太效应的影响

研究者认为，在文献引用方面也存在着马太效应的影响。人们往往以"名著""权威"作为选择引文的标准，有的确实出于需要，也有的则是为了装饰门面，抬高自己论文的身价。一种期刊因为发表名人的文章而为众人所引用，以至引起连锁反应，结果其引文率很高。这种马太效应的心理作用，掩盖和影响着文献引用的真实性。

总之，引文分析主要用于指导编制各种新型检索工具，为科学管理提供量化的依据，探讨科学的结构，评价与选择期刊，考察科学著作及科学家的社会影响等。目前，关键是开发或引进更为有效的分析方法。

3.4.3 学术文献的双引分析

通过科学文献的引证与被引证，使得大量文献分群聚类。在文献的引证关系中，除文献之间的单一的相互引证关系之外，还存在两篇或者两篇以上文献同时引证同一篇文献，或两篇文献同时被别的文献引证等多种关系。学术文献的双引分析包括文献耦合和同被引。

(1) 文献耦合

1963年美国麻省理工学院的教授凯斯勒（M. M. Kessler）首次提出文献耦合（Bibliographic Coupling）的概念。凯斯勒在对《物理评论》期刊进行引文分析研究时发现，越是学科、专业内容相近的论文，它们参考文献中相同文献的数量就越多。于是他把两篇或者多篇论文同时引证一篇或多篇论文的论文称为耦合论文（Coupled Papers），并把它们之间的关系称为文献耦合。

文献耦合就是指来源文献通过被引文献建立起来的耦合关系。具体来说，如果A和B两篇文献共同引用了一篇或多篇相同的文献，则称A和B两文献在引用上具有耦合关系，且称A与B为文献耦合。具有耦合关系的论文可以认为它们有必然的某种联系或相关性。耦合关系的程度可用耦合强度（或称耦合频率）的指标来衡量。耦合强度的度量单位是两篇论文共有的参考文献的篇数，若两篇论文有 n 篇相同的参考文献，那么这两篇文献的耦合程度为 n 个引文耦。可见，耦合强度取决于 A 和 B 共有的参考文献的数量，强度越大，A、B 在信息内容上的关系就越密切。

文献耦合理论基本的出发点是，凡共同引用一篇或多篇文献的两篇文献之间必有相互关系。"耦合"的概念并不仅仅只局限于同时引用的两篇论文本身之间的关系，并可推广至相对于文献的学科主题、期刊、著者、语种、国别、机构、发表时间等特定对象之间的耦合关系。也就是说，耦合关系还可以反映同时引证的两个或多个著者、机构、期刊等对象之间的关系。例如，不以文献为单位而以期刊为主题，若两刊同时引证了另一期刊的论文，则称这两种期刊具有耦合关系。同时，把这两种期刊同时引用某种期刊一次就计算为一个引文耦或引刊耦。引文耦越多，表明这两种期刊的亲缘关系越密切。

起初文献耦合由一篇相关的论文 P_O，通过检索系统可以得到与 P_O 有耦合关系的全部论文簇 G_A（P_O）。凯斯勒将 G_A（P_O）称为 P_O 的逻辑参考文献。文献耦合作为检索工具，具有很多的优点：①文献耦合不依赖于任何人工检索语言和词汇，所有的处理都由计算机自动匹配计算完成，因而避免了由于语言、语法、词汇等习惯不一致所造成的种种困难，提高了检索效率和质量；②文献耦合不需要专家阅读或判断，这给图书情报部门检索管理带来了很大便利；③可以突破传统静态分类的限制，随着基础论文 P_O 继续被别人引证，逻辑参考文献也会不断地扩大，论文数量不断增加，能反应科学研究新的变化和方向。

（2）同被引

1973 年，美国情报学家亨利·斯莫尔（Henry Small）和苏联情报学家依林娜·马沙科娃（I. V. Marshakova）分别在研究文献的引证结构和文献分类时，同时首次提出了同被引（Co-citation）的概念。作为测度文献间关系程度的另一种方法。

同被引指两篇（或多篇）文献同时被别的文献引用时，则称两篇文献（被引文献）为同被引。具体来说，即 A 和 B 两篇（或多篇）文献，不管其发表的时间如何，只要同时被后来的一篇或多篇文献引用，则称 A 和 B 具有同被引关系。定义同时引证这两篇论文的论文篇数为同被引强度（Co-citation Strength）或同被引频率（Co-citation Frequency）。同被引不仅表现在两篇文献之间还存在三篇甚至更多文献的同引关系，同时引证这些文献的文章越多，则它们的同被引频率越高，说明它们之间的关系越密切。如今，同被引的概念进一步推广，从而得到了各种类型的同被引概念，如期刊同被引、著者同被引、主题同被引等。广义的同被引现象把一些无外部联系的特征对象客观地被同时引证它们的作者联系起来，从不同角度揭示了文献引证之间的复杂的结构关系，为全面进行引文分析、研究引文结构提供了新的方法和途径。

学术文献双引的文献耦合和同被引之间既有联系又有区别。文献耦合和同被引都是指两篇文献通过另外一篇或者多篇文献建立联系，都可以反映出文献之间的联系程度和结构关系，在引文分析中属于同一种类型。这两种方法都可以用于文献关系研究、文献检索和文献结构研究。它们的区别主要有以下五点：

① 文献耦合反映的是两篇引证文献之间的关系，同被引反映的是两篇被引证文献之间的关系。前者是由两篇文献的作者共同建立的，后者是由引用它们的作者各自建立的。

② 文献耦合强度是固定不变的，同被引强度则随时有可能发生变化。这是因为对于任意两篇已发表的论文来说，其后的参考文献是固定不变的。因此，文献耦合后的关系就不会改变，也就长期地得到固定和承认。对于具有同被引关系的两篇文献来说，同被引的特性决定了它们始终处于被动地位，它们之间的关系总是等着其他文献来建立，其强度也是依赖其

他文献的需要量来增加,所以同被引后的关系仍处于变化之中。

③ 文献耦合反映的文献间的关系是一种固定的、长久的关系,而同被引反映的则是变化的或暂时的关系。因此,文献耦合形成的模型是静态结构模型,而同被引则是动态结构模型。

④ 文献耦合是回溯性的,属于"回向引用",而同被引则是展望性的,属于"前向引用"。

⑤ 对于研究和揭示科学文献的内在联系与规律,描绘科学发展的动态结构来说,同被引比文献耦合更具有优越性,更适应当前情报科学所研究的对象不断变化和发展的特点。

常见的文献引用关系除文献耦合、同被引外,还有自引(Self-citation)。自引指著者引用自己先前的著作或与他人合作的著作。图3.8形象地描述了文献过去、现在、将来的引用关系。

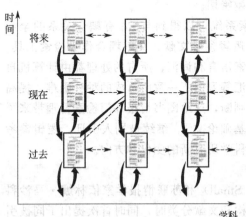

图3.8 文献引用关系

(3) 引文分析的应用领域

目前,引文分析技术日趋完善,应用不断扩大,已发展成为文献计量学的重要方法之一。引文分析方法的应用主要有以下几个方面。

① 测定学科的影响和重要性。通过文献引用频率的分析研究可以测定某一学科的影响和某一国家、地区某些学科的重要程度。

② 研究学科结构。通过引文聚类分析,特别是从引文间的网状关系进行研究,能够探明有关学科之间的亲缘关系和结构,划定某学科的作者集体;分析推测学科间的交叉、渗透和衍生趋势;还能对某一学科的产生背景、发展概貌、突破性成就、相互渗透和今后发展方向进行分析,从而揭示其科学的动态结构和某些发展规律。

③ 研究学科信息源分布。通过文献间的相互引证关系,分析某学科(或专业)文献的参考文献的来源和学科特性,不仅可以了解该学科与哪些学科有联系,而且还能探明其信息的来源及分布特征,从而为制定本学科的信息管理方案和发展规划提供依据。

④ 确定核心期刊。引文分析方法是确定核心期刊的常用方法之一。这种方法的主要特点是从文献被利用的角度来评价和选择期刊的,比较客观。加菲尔德通过引文分析,研究了文献的聚类规律。他将期刊按照期刊引用率的次序排列,发现每门学科的文献都包含有其他学科的核心文献。这样,所有学科的文献加在一起就可构成一个整体的、多学科的核心文献,而刊载这些核心文献的期刊不过1000种左右。利用期刊引文的这种集中性规律可以确定学科的核心期刊。

⑤ 研究文献老化规律。目前,有关文献老化的研究一般是从文献被利用角度出发的。D·普赖斯曾利用引文分析探讨文献的老化规律。通过对"当年指标"和"期刊平均引用率"的分析,他认为期刊论文是由半衰期截然不同的两大类文献构成的,即档案性文献和有现时作用的文献。科学文献之间引文关系的一种基本形式是引文的时间序列。对引文的年代分布曲线进行分析,可以测定各学科期刊的"半衰期"和"最大引文年限",从而为制定文献的最佳收藏年限、对文献利用进行定量分析提供依据。同时,一个学科的引文年代分布曲线与其老化曲线极为相似。这有力地说明文献引文分布反映了文献老化的规律性。因此,从文献引用的角度研究文献老化规律是一种有效的途径和方法。

⑥ 研究信息用户的需求特点。利用引文分析方法进行信息用户研究是一种重要途径。根据科学文献的引文可以研究用户的信息需求特点。一般来说，附在论文末尾的被引用文献是用户（作者）所需要和利用的最有代表性的文献。因此，引文的特点可基本反映出用户利用正式渠道获得信息的主要特点，尤其是某信息中心对其所服务的用户所发表的论文的引文分析，更具有直接的指导意义。通过对同一专业的用户所发表的论文的大量引文统计，可以获得与信息需求有关的许多指标，如引文数量、文献类型、语种分布、时间分布、出处等。

⑦ 评价人才。在人才评价方面，常采用引文分析方法。这是因为某著者的论文被别人引用的程度可以作为衡量该论文学术价值和影响的一种测度，同时，也从科研成果被利用的角度反映了该著者在本学科领域内的影响和地位。因此，引文数据为人才评价提供了定量依据。从对历年诺贝尔奖奖金获得者的论文被引用情况的统计来看，物理学、化学、医学领域中诺贝尔奖奖金获得者中，其论文被引次数最高者高达 1888 次，最低的也有 79 次，只有六名低于 200 次。可见，这些学科界精英的论文的被引用次数是很高的。

3.5 网络信息计量学

网络信息计量学（Web Metrics）是在当前特定的科学背景和技术条件下迅速形成与发展起来的，主要是由网络技术、网络管理、信息资源管理与信息计量学等相互结合、交叉渗透而形成的一门交叉性边缘学科，也是信息计量学的一个新的发展方向和重要的研究领域。该学科的发展必将在人类社会、经济、科技和文化等各个领域带来越来越大的影响和变革。其研究分析给用户提供了很多方面的帮助，不仅扩展了信息计量学的研究范围，而且对网络的发展起着重要的作用。

3.5.1 网络信息计量学的产生与发展

网络信息计量学是技术发展的必然产物。在当今世界，信息资源电子化、网络化以及网上文献信息数量激增，不仅为网络信息计量学的产生提供了必要的基础和条件，而且还产生了迫切的实际需求，从而推动了这个学科的形成和发展。而且，电子文献信息资料的统计分析及研究成果，为这个学科的形成奠定了基础，积累了经验。例如，在 1997 年召开的第 63 届国际图书馆及馆员联合会（International Federation of Library Associations and Institutions, IFLA）大会上，就有三篇论文专门讨论了电子信息资料的统计问题。其中，美国计算机联机图书馆中心（Online Computer Library Center，OCLC）的 T. O. 爱德华在《万维网可存取之信息的特点》一文中，对网络信息的统计指标、统计类型及其他问题进行了探讨；另两篇文章则讨论了图书馆电子信息服务中的统计问题。1999 年在泰国召开的第 65 届 IFLA 大会上，又有数篇论文对此进行了研究，并取得了一定进展。随着网上文献信息的日益增长，信息计量学的研究对象和范围必然要随之扩展到网络领域，这是该学科发展的客观要求和必然趋势，这也是信息计量学发展的客观需要。随着网络化的日益普及，加强网络管理已成为当务之急，而实施定量化管理则是其主要的途径之一，成为加强和改善网络管理的迫切需要。网络信息计量学的研究成果必然会为网络管理的定量化和科学化提供理论指导和定量依据，而网络管理定量化的实践需求又会促进网络信息计量学的全面发展。

20 世纪 60 年代以来，在图书馆学、文献学、情报学和科学学领域相继出现了三个类似的术语：Bibliometrics、Scientometrics 和 Informetrics 分别代表着三个十分相似的定量性的分支学科，即文献计量学、科学计量学和信息计量学，简称"三计学"。其中信息计量学又称之为情报计量学。经过几十年的研究与推动，"三计学"都不同程度地取得了一定的进展，得到了国际学术界的广泛承认。随着信息科学和信息技术的迅速发展以及互联网的普及应用，信息资源由早期的实物化、纸质化阶段进入到电子化、数字化和网络化阶段，网络信息交流活动迅速激增，原有的信息计量指标已不再适用于测度和评估网络信息资源，而要求先前的信息计量学进一步发展成为"互联网上的信息计量分析"（Web Metrics），即网络信息计量学。近几年网络信息计量学的诞生，本质上说，是科学计量学、文献计量学、情报计量学和技术计量学在新的信息网络时代经过革命改造的结果。用比利时埃格黑（Egg he）教授的话说，是"新的因特网虚拟世界对信息计量学分析提出了挑战"并且开辟出了一个全新的时代，迫使原先人们熟知的科学计量学和信息计量学的定律被称为了经典定律。文献从万维网发展的新趋势的角度，分析了网络信息计量学的产生背景，并归纳为六点：万维网的广泛使用与文献激增；万维网对浏览设备更加标准化的要求；万维网用户的新特性；万维网与资源共享；借阅时间和检索方式的改变；文献计量学的许多原理在网络时代已经显得不完整和不充分。目前所知道的关于网络信息计量的最早研究是 Wood ruff 等对网络文献特征（例如 HTML 文档的大小与数目）的测度，但目前通用的名称 web metrics 是 T. C. Almond 和 Peter Ingwersen 在 1997 年首先提出的。他们在文献中描述了一系列 WWW 上信息分析的参数，主张将传统的信息分析方法移植到 WWW 网上的信息分析当中，并提出用术语"Web Metrics"一词来描述将文献计量学方法应用于网络信息的定量研究。在这之后，许多学者在其有关网络空间的信息计量研究中使用了"Web Metrics"一词。在 1999 年于罗马召开的欧洲信息学会自组织会议上，正式认可了这一概念。此外，其他一些新的词汇也开始出现在该领域的文献中，如 Cyber Metrics、Cybrarian、Webometry、Webliography、Sitation 等，但与网络信息计量学的概念都有所区别。国内很多学者在引用 Web Metrics 这一概念时，称为网络计量学。由于其实际研究内容并不涉及网络与电脑的物理结构的计量，而主要是对网络与电脑上的电子信息资源的计量，因而意译为网络信息计量学更为贴切。

资讯（信息）科学的定义与内涵至今仍是一个无解的疑题，作为其分支的资讯（信息）计量学自然很难定出一条明确的路线，网络信息计量学作为信息科学的新兴分支，其概念目前有很多不同的解释。美国学者 T. C. Almond 在文献中认为，网络信息计量学是以文献计量学为基础发展起来的，是运用文献计量学、科学计量学以及信息技术对网络通信的有关问题所进行的研究，网络信息计量学包括了所有使用情报计量和其他计量方法对网络通信有关问题的研究，情报计量方法所使用的手段完全可以应用到万维网上，只不过是将万维网看作引文网络，传统的引文由 Web 页面所取代。此外，其他的定义还有：网络信息计量学是一门关于计算机软件设计的科学；是一门对网络文献规律进行分析的科学；是一门研究因特网上数据之间相互引用的科学；是基于 Web 的软件计量分析工具；是集计算机技术、网络技术、计量学方法、统计学方法于一体，其应用范围覆盖了所有基于网络通信技术的信息测度。从网络信息计量学的研究现状及其发展趋势来看，以上定义都还不够完善，有的甚至与这门学科的实际情况相差甚远。从研究对象、方法、内容和目标等方面来看，网络信息计量学是采用数学、统计学等各种定量方法，对网上信息的组织、存储、分布、传递、相互引证和开发利用等进行定量描述和统计分析，以便揭示其数量特征和内在规律的一门新兴分支学科。它主要是由网络技术、网络管理、信息资源管理与信息计量学等相互结合、交叉渗透而形成的一门交叉性边缘学科，也是信息计量学的一个新的发展方向和重要的研究领域，具有广阔的应用前景。这一定义自提出后就被学术界广泛引用，可以说是目前最为准确、全面的定义。

目前网络计量学的研究处于初步阶段，仍存在很多的问题：实证研究多于和先于理论研究，相关的理论方法许多方面还不成熟；基于某一方面和专题的研究较多，而从整体上进行综合分析的较少；网络信息计量学研究对象具有不确定性、实验结果具有不可重复性。网络信息数量庞大、变化频繁、载体形式多样。这些问题给网络信息计量学研究带来了新的挑战。每个学科要想取得突破性进展，就要解决如下两个问题：知识信息的表达与组织必须从物理层次的文献单元向认识单元或信息单元转换；知识信息的计量必须从语法层次向语义和语用层次发展。这两方面的突破有赖于网络信息计量学的深入研究和发展。网络信息计量学研究的突破带来信息计量的可操作性与有效性，必将为网络的知识信息组织与管理提供有效的工具和方法，进而消除和缓解网络时代信息无序带来的知识积累与利用间的矛盾，使各学科的社会功能得以实现。网络信息计量学的根本任务是不断开拓新方向、发展新问题，采用新手段开发新的网络计算工具和方法，探讨网络信息计量学的有关规律。

网络信息计量学的发展新趋势主要体现在以下几个方面。

① 研究理论系统化，即围绕着网络信息的分布、增长、老化等现象展开深入研究，努力构建关于网络信息分布与变化的规律体系。

② 研究工具专门化，为了避免由于数据收集工具的不足给分析结果带来的影响，应该针对具体研究目标，开发特定工具，如对当前流行的博客现象进行计量研究，研究人员就专门开发了具有检索和统计分析功能的博客链接收集工具。

③ 分析方法多元化，虽然目前网络信息计量学较多地关注链接分析法，但是已有不少学者开始关注网络数据挖掘、网络内容分析、网络可视化、网站域名分析等方法。

④ 应用领域实用化，应该扩大网络计量研究成果的应用范围，比如指导网络信息资源的建设、网络管理、网站评价、大学评价等。未来，网络信息计量学在实际应用中将取得更大的成效。

3.5.2 网络信息计量学的研究对象

对于网络信息计量学的研究对象和内容，不同学者从不同角度进行了分析，有不同的认识。多数学者认为，网络信息计量学的研究对象是对网络信息计量学文献著者规律的研究；对网络文献分散规律的研究；对网络文献增长规律的研究；对网络文献老化规律的研究；对网络信息计量学文献引文的分析；对网络上声音、图形、文字规律的研究。同时认为网络信息计量学的主要研究范围包括：网络信息计量学中的文献检索研究；网络信息计量学中的引文分析；传统引文分析指标的改进，包括网络文献的引文数、平均引用数、自引数与自引率、被引用数、影响因子、快指标等；网络信息计量学中老化规律的研究；网络信息计量学中的累积优势原理与核心期刊效应。

网络信息计量学涉及范围很广，内容非常丰富，不仅仅是文献计量学方法在网络上的简单应用。首先，网络信息计量学的研究对象应从广义上理解，这里所讲的"网络"，不仅指因特网而且也包括局域网等各种类型的网络。

网上信息的计量对象主要涉及三个层次。

① 网上信息本身的直接计量问题，包括数字信息或文字信息，集文字、图像和声音为一体的多媒体信息，以字节为单位的信息量和流量的计量等。

② 网上文献、文献信息及其相关特征信息的计量问题，如网上电子期刊、论文、图书、报告等各种类型的文献，以及文献的分布结构、学科主题、关键词、著者信息、出版信息等

的计量,既涉及网上一次文献,又包括二次、三次文献的计量问题。

③ 网络结构单元的信息计量问题,网络结构单元包括站点、布告栏、聊天室、讨论组、电子邮件等,对以上网络结构单元中的信息增长、信息老化、学科分布、信息传递,以及各单元之间的相互引证和联系等的计量研究,将是网络信息计量学研究的重要组成部分。

其次,网络信息计量学的内容体系是由理论、方法和应用三个部分构成的,其理论是基础、方法是手段、应用是目的,三者相辅相成不可偏废。在理论方面主要研究网络信息计量学作为一门学科存在而必须解决的基本问题,研究网络信息计量的新概念、新指标和新规律,包括网上信息分布的集中与离散规律、著者规律、词频规律、增长与老化规律、引证规律、多媒体信息规律,以及这些规律的理论解释和数学模型的研究等;在方法方面,主要研究文献信息统计分析法、数学模型分析法、引文分析法、书目分析法、系统分析法等各种定量方法在网络信息计量分析中应用的原理、适用性和操作程序,以及必要的修正、改进和完善等;在应用方面,主要研究网络信息计量学在图书情报工作、信息资源管理、网络管理、科学学、科学评价、科技管理与预测等多学科、多行业领域的应用,使之最大限度地发挥作用,为促进科技、经济和社会发展作出应有的贡献。

3.5.3 网络信息计量学的主要研究方法

由于网络信息计量学被看成是文献计量学、科学计量学在网络上的应用的一门学科,因而在文献计量学、科学计量学中得到广泛应用的文献信息统计分析法、数学模型分析法、引文分析法、书目分析法、系统分析法等定量方法将在网络信息计量研究中也得到广泛应用。同时,由于网络环境的特殊性,这些方法在应用过程中必将不断得到改进与发展。

可以说,网络信息计量研究的兴起给文献计量学、科学计量学的研究方法带来了新的活力。就引文(Citation)分析的应用而言,Ronald Rousseau 提出了"Sitation"的新概念来描述网站(Site)之间相互链接的行为。同时,网络信息计量研究中所用的工具更为先进,研究途径更为多样,大多数的研究都用网络搜索引擎(特别是功能强大的 AltaVista)来搜集研究数据,利用计算机辅助分析处理原始研究数据。

一些学者还引进了数学、统计学中比较前沿的研究方法和研究成果。Egghe 在其《超文本的分形和信息计量》一文中引进了分形理论,研究了超文本系统的分形特征,并建立了其与信息计量参数的联系,进一步提出了超文本系统每页的超链接的分形计算公式。

在专著《网络数据分析》一书中,归纳并列举出了若干定量、半定量的网络数据分析方法,如网络流量分析、域名分析、网络链接分析、内容分析、抽象分析、归纳分析、相关分析、对比分析、联机分析处理(OLAP)、数据挖掘、数据仓库、聚类分析、时间序列分析等。

根据不同类型的数据,和不同的应用目的,适用不同的网络数据分析方法。比如网络链接分析主要是比照文献计量学中引文分析的方法,用来计算网络影响因子(Web-IF),评价核心网站和网络信息资源的质量等。而域名分析则被认为是书目分析法在网络信息计量中的移植。

网络信息计量学研究离不开数据的支持,其数据来源主要有以下几个方面。

(1) 搜索引擎

对网络信息计量学来说,互联网上的搜索引擎主要有两个用途。第一是直接用于查找所需信息,探寻有价值的信息线索。这时搜索引擎的搜索结果可以直接作为抽样的依据,进而做相关的统计分析。例如,有人曾经借助搜索引擎来搜索因特网上有关"黑客"的英文词汇，通过比较其各种同义词形式在不同时期网页中的出现频率和比例，推断因特网上存在着与现实生活中类似的语言流变规律。第二是专门用于网络链接分析。这方面的研究在网络信息计量学中尤其受到关注。例如，AltaVista不仅能够提供关于网站链接的搜索功能，可为网络信息计量研究提供有效的数据源，而且能够提供多种类型的限制检索，如主机名限制、超链接限制、域名限制、Link限制、文件类型限制、新闻组限制、主题限制等。此外，AltaVista还提供布尔逻辑检索、截词检索、字段限制检索、日期限制检索、范围限制检索、动态分类检索、指定语种检索、位置检索等多种检索功能。由于AltaVista检索功能强，检索途径多，能满足多种计量的需要，因而受到许多研究者的青睐。迄今为止的网络信息计量研究几乎都使用AltaVista来收集研究数据。还有许多其他的商业性搜索引擎，如Google、Fast（all the web）、Hot bot、Go（info seek）、百度等，许多都支持类似link:、url:、title:、domain:、host:、site:、file:、type:等特殊检索指令，给网络信息计量学研究带来了一些方便。在利用搜索引擎来调查收集数据时，应根据需要选择合适的搜索引擎，并熟练掌握它们的高级搜索语法。

(2) 在线文献数据库

在线文献数据库主要是将传统纸本文献进行适当标引和数字化后，用数据库和超链接加以组织，并提供商业化的网络服务而形成的。按其提供的内容可分为全文库、文摘库、目录库、索引库等。例如，常用的中国知网学术期刊全文数据库、优秀博士硕士学位论文全文数据库、重要报纸全文数据库、重庆维普中文科技期刊数据库、方正Apabi电子书和数字图书馆；人大报刊复印资料数据库、全国报刊索引数据库，以及外文的《剑桥科学文摘》、《化学文摘》、Dialog联机检索系统。按其来源文献的形式可以分为数字图书馆、科研论文数据库、专利数据库、技术标准数据库、法律法规数据库、会议文献数据库、学位论文数据库等，如超星数字图书馆；中国知网优秀博士硕士学位论文全文数据库、万方学位论文和会议论文全文数据库；国家知识产权局数据库；美国专利数据库；中国标准咨询网、中国标准服务网等。

(3) 在线引文数据库

引文数据库是为进行引文分析，对传统纸本文献进行引文标引、加工后得到的一类特殊的数据库产品。美国科学情报研究所（ISI）所编的引文数据库为文献计量研究提供了强有力的工具，并为引文分析创造了条件，它包括著名的四大引文索引《科学引文索引》（SCI）、《社会科学引文索引》（SSCI）、《人文科学引文索引》（A&HCI）和《期刊引证报告》（JCR）。ISI Web of Knowledge是ISI推出的一个基于网络的学术信息资源体系，它整合了上述引文数据库和国际会议录、德温特专利、生物科学数据库、化学数据库等其他数据库。国内的引文数据库则有中国科学院文献情报中心研制的《中国科学引文数据库》（CSCD），南京大学研制的《中国社会科学引文索引》（CSSCI）等，也可以提供网上检索服务。引文数据库的出现大大提高了搜集、统计引文数据的效率。

(4) 统计网站与统计数据库

统计数据是对某一领域一定时间范围内的某一项或几项指标进行科学计数所得出的一组科学数据。统计数据的质量取决于执行统计单位的可信度及权威性。统计数据一般来源于国家政府机构或特定机构对其自身状况的统计。统计数据可以科学、直观地反映出某一领域内各项因素的现实状况，特别是通过不同领域内的同项指标的对比，或通过同一领域内某一指标在不同时间段的比较可以清楚地反映出某项因素的发展动向，为科学研究和决策提供依据。

因特网上专门的统计网站和统计数据很多，且都是一些可信度较高的"硬"数据。常用的统计网址有：

① 中国国家统计局（http://www.stats.gov.cn）；

② 中国统计年鉴1996—2004（http://www.stats.gov.cn/tjsj/ndsj/）；

③ 中国各地方及国外统计网站导航（http://www.stats.gov.cn/tjlj/）。

(5) 各类专题网站与在线专题数据库

在因特网上除少数大型门户网站外，多数都是一些主题专指度很高的分类专题网站，如女性网站、政府网站、大学网站、某学科领域的学术交流网站、新闻、军事、教育、体育、音乐、电影、旅游、游戏、交友、文学、软件下载、手机短信、电子商务、房地产交易、人才招聘、企业机构名录网站等。这些专题网站一般都涵盖了有关该狭小领域的热点和重要事件、数据，并且许多都建有自己特有的行业信息数据库。一些知名的专题网站可以作为进一步选择统计样本的依据，比如某个城市的房产交易网站，可以查询关于该市期房、现房、二手房交易行情等大量有价值信息，而这些数据在一般的文献数据库中是很难找到的。在网络图苑、e线图情、老槐也博客等一些网络社区中，可以了解到有关图书馆学情报学界的主要事件、动态及争论的热点。

3.5.4 网络信息计量学的主要特征及研究意义

网络信息计量学作为当今研究的一大热点，具有计量方便、统计全面、学科新颖、方法精致、应用广泛等特征。由于网络站点和数据库自身具备了计量功能，各自的信息资源收藏状况便于人们掌握。网络信息计量学利用网络数据库进行信息统计，保障了统计数据的全面性，可以包括各方面的内容，而且大大减少了工作量；网络信息计量学是与现代信息、网络技术联系在一起的，顺应了时代需求；网络信息计量学使用了概率论与统计学对网络中的数据进行科学分析，得出网络本身所适用的数学模型，从而揭示网络文献及信息资源的新规律；网络信息计量学可以应用在网络信息管理的各个方面。

总之，网络信息计量学为网上信息的有序化组织与合理分布、网络信息资源的优化配置、网络管理规范化和科学化提供了必要的定量依据，在研究因特网上的学科知识结构、指导网络信息资源建设、促进网络健康发展等方面有着广阔的应用前景。

本 章 小 结

本章首先介绍了信息源概念、形成条件和种类，较为详细地分析了信息源分布规律，包括文献信息的老化规律、文献信息的增长规律、文献信息的分散规律、著者分布规律和词频分布规律，以及马太效应和词频长尾理论。在介绍引文分析的内容、方法、测度及特点的基础上，分析学术文献的双引分析，包括文献耦合和同被引，最后，较全面介绍了网络信息计量的相关理论。

通过本章的学习，学生应当掌握信息源基本概念和分布规律，了解信息计量尤其是网络信息计量的发展现状和趋势。

思 考 题

1. 信息资源形成的条件是什么？
2. 信息源有哪些种类？

3. 分析两个文献信息增长规律模型的局限性。
4. 量度文献信息的老化率的指标有哪些？各有什么作用？
5. 试述布拉德福定律的意义和应用领域。
6. 洛特卡定律特点是什么？
7. 试述齐普夫定律的局限性和应用领域。
8. 试述马太效应和词频长尾理论在信息源分布中的应用。
9. 分析文献耦合和同被引之间的异同。
10. 分析网络信息计量学研究的现状和发展趋势。

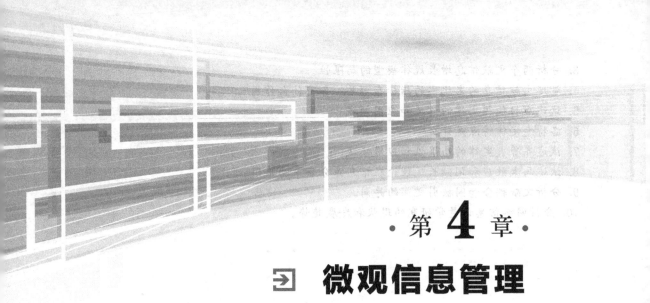

第 4 章 微观信息管理

信息管理是对人类社会信息活动的各种相关因素（主要是人、信息、技术和机构等）进行科学的计划、组织、控制和协调，以实现信息资源的合理开发与利用的过程。从信息管理的层次上来看，信息管理包含三个不同的层次，即微观信息管理、中观信息管理和宏观信息管理。在这三个层次的信息管理中，宏观管理和中观管理是微观管理的前提，微观管理是宏观管理和中观管理的基础。

微观信息管理就是根据用户信息需求对信息进行搜集与组织、存储与检索、分析与预测，并提供信息服务的过程，它是信息管理的具体操作。微观信息管理的实质在于管理过程。这一过程是由一系列相关有序的环节组成，主要包括信息搜集、信息组织、信息存储、信息检索、信息分析、信息预测、信息服务等环节以及信息用户等要素。了解和掌握微观信息管理的全过程，将为有效的信息管理打下坚实的基础。

4.1 信息搜集与组织

面对杂乱无序的信息，信息管理人员需要进行有目的的选择与搜集，通过对信息系统化、规范化整理与加工，增加信息的价值，满足用户的信息需求，为人类开发与利用信息带来便利。信息搜集是微观信息管理的首要环节，是信息管理后续工作的基础，因此，信息搜集在信息管理中占有非常重要的地位。对搜集信息进行组织，使其成为有序的信息资源，是信息组织的目的，也是信息管理中非常重要的一环。

4.1.1 信息搜集

信息搜集是指根据特定目的和要求，运用一定的信息搜集方法，选择并寻找相关信息，将分散在不同时空域的有关信息搜集起来并加以提取整合的过程，它是信息资源能够得以充分开发和有效利用的基础。没有准确及时、先进可靠的信息搜集工作，就无从谈起信息资源管理和有效利用。而要做好信息搜集工作，需要知晓到哪里搜集所需要的信息。因此，需要对信息搜集的源头——信息源有较为明确的了解。对信息源进行分析是信息搜集的重要步骤，其目的在于指导信息搜集，明确信息搜集的方法。

4.1.1.1 信息源分析

根据不同的分类标准，可以将信息源区分为不同的类型。

① 从信息搜集的角度出发，可以将信息源分为个人信息源、实物信息源、文献信息源、数据库信息源和组织机构信息源。

• 个人信息源。个人信息源在社会信息交流系统中具有重要的地位和作用。由于社会成员的知识背景、业务工作、人际交往不同，因此其头脑中存储着大量不同的对社会活动有用的信息。特别是那些处于重要位置的专家，他们在工作中积累了大量的经验，占有着大量的信息，而且又在不停地创造着信息，同时与外界有着广泛的联系，专家本身就是信息的聚集点和发射源。

个人信息源的特点主要有：一是及时性，通过与个人直接接触和交谈，获取信息的速度最为快捷，而且可以及时得到信息反馈；二是强化感知性，面对面获取的信息，除信息字面的含义外，还可感受言外之意，并以此进行推理和判断，得到更有价值的信息；三是主观随意性，人们在口头信息交流中往往按照自己的判断和好恶对信息进行加工取舍，这种主观随意性容易导致信息失真，因此对通过这种渠道搜集的信息应当加以过滤和筛选；四是瞬时性，口头的信息交流容易流失，必须记录在其他载体上才可长期准确保存。

• 实物信息源。一切物质实体都蕴涵着丰富的信息，信息搜集工作中常用的实物信息源主要是指各种产品样本、各类产品及服务市场、实验室等。

实物信息源的特点主要有：一是直观性，实物的最大优势就是直观、生动、全面、形象，它能提供全方位、多角度的信息，供人们根据各自的需要进行分析研究；二是真实性，实物信息源是客观存在着的东西，人们可以从中获得第一手的完整可靠的信息，因而具有较高的真实性和可信度；三是隐蔽性，实物信息源中包含的信息往往是潜在的、隐蔽的、不易被完全发现的，因此要求信息搜集人员必须有强烈的信息意识、敏锐的洞察力和一定的分析研究水平；四是零散性，实物信息源的时空分布十分广泛、散乱，往往并无一定规律可循。

• 文献信息源。文献信息源指用一定的记录手段将系统化的信息内容储存在纸张、胶片、磁带、磁盘和光盘等物质载体上而形成的一类信息源。这是一种最普遍的信息源，它具有系统性、稳定性、易用性和时滞性等特点。

• 数据库信息源。所谓数据库，就是在一定的计算机软硬件技术的支持下，按照一定方式和结构组织起来的大量相关数据的集合，是计算机信息管理的基本资源。这类信息源包括企业内的信息系统，如管理信息系统（MIS）、决策支持系统（DSS）、Intranet，以及Internet及各类检索网络等。随着数据库管理技术的不断发展，数据库的存储量越来越大，检索能力越来越强，使用越来越方便。数据库信息源的特点主要有：一是多用性，数据库是从整体上来组织数据的，内容可靠，存储量大，充分考虑了多种应用的需求，能够为用户提供尽可能多的检索途径；二是动态管理性，数据库系统便于扩充修改，更新速度快，且能根据需要随时进行建库、检索、统计、备份和恢复等多种数据管理。

• 组织机构信息源。各级各类组织机构主要是通过内外信息交换来发挥其控制功能以实现组织目标的，因此，组织机构既是社会信息的大规模集散地，也是发布各种专业信息的主要源泉。这类信息源的主要特点有：一是权威性，各种组织机构，或从事生产经营，或从事研究开发，或从事监督管理，往往是专门开展某一方面的业务工作，因此他们所产生并发布的信息相对集中有序，也比较准确可靠，具有一定的权威性，值得高度重视；二是垄断性，某些组织机构因其特殊地位等方面的原因，可拥有其他人无法获得或使用的信息资源。

② 以组织机构边界为界线，可以将信息源分为内部信息源和外部信息源。内部信息源产生组织机构的内部信息，包括组织机构中的各部门在工作中产生的大量有用信息，这些信息可以供管理人员分析组织机构当前状况，以用于决策。组织机构成员本身也是一种重要的信息源。此外，组织机构经过多年发展积累下来的图书期刊、报纸等资料及各种档案信息也属于内部信息源。

外部信息源是指在组织机构外部为组织活动提供信息的信息源，与组织机构自身的业务和外部环境有关。外部信息来源广泛，这些信息源反映了组织机构的生存环境，是决定组织机构生产和发展的重要因素。

③ 根据信息是否数字化，可以将信息源区分为数字化信息源和非数字化信息源。数字化信息源提供的信息来自于计算机存储设备，包括内存和外存，并且可以通过网络传输。这类信息源包括组织内的各类信息系统。

④ 根据信息的载体，可将信息源分为印刷型信息源、缩微型信息源、电子型信息源、实物信息源、声像信息源等。

⑤ 根据信息的运动形式，可以把信息源区分为动态信息源和静态信息源。动态信息是指直接从个人或实物信息源中发出，且大多尚未用文字符号或代码记录下来的信息。静态信息是指经过人员的编辑加工并用文字符号或代码记录在一定载体上的信息。

总之，不同的划分标准，决定了不同的信息源类型，对于不同类型的信息源其搜集方法也是不同的。

4.1.1.2 信息搜集原则

信息搜集是一项耗费人力、物力、财力和时间的工作。随着信息技术的高速发展，信息不仅在数量上猛增，流速加快，而且信息老化、污染与分散问题也日益严重。特别是20世纪90年代以来，网络的普及使得人类社会信息"新陈代谢"加快，出现了信息爆炸、信息无用、信息资源拥有量贫差距等问题。为避免过多人力、物力、财力的浪费，提高信息搜集的效率，满足用户的信息需求，我们在信息搜集过程中应遵循以下几个基本原则。

(1) 针对性原则

信息数量庞大，内容繁杂，而人们的信息需要总是特定的，是有层次、有类型、有范围的。因此，在信息搜集中，要做到有针对性，即根据使用者的实际需要，有目的、有重点、有选择地搜集利用价值大的、适合当时当地环境条件的信息，做到有的放矢。信息搜集的过程同时也是信息选择的过程，信息的选择不取决于搜集人员的主观愿望，而应根据信息用户的需要有目的、有针对、有重点地搜集信息。

(2) 系统性原则

根据用户的信息需求，全面系统完整地搜集与信息需求相关的方方面面的信息，对用户解决问题有很大帮助。信息搜集的系统性就是保证信息搜集在时间和空间上的广泛性和连续性，要把与某个问题有关的散布在各个领域的信息收集齐全，形成对该问题完整、全面的认识，还要对同一事物在不同时期、不同阶段的发展变化情况进行跟踪搜集，以反映事物的真实面貌。信息搜集的系统性是后续工作信息组织与分析的基础，只有系统、连续的信息来源，才能有所比较、有所分析，才能产生有序的信息流。

(3) 预见性原则

由于当代信息资源"新陈代谢"加快，信息的搜集不仅要时刻关注现代社会、经济、科学的发展动态以及现存的信息源和信息渠道，还要着眼于未来，预见可能存在与产生的新的信息源和信息渠道，预测信息的集中与分散、增长与老化等趋势，估计信息用户潜在的信息需求，使信息具有一定的超前性和预见性，对未来发展有指导作用。信息搜集工作既要立足于现实需要，满足当前需求，又要有一定的前瞻性，要注意了解用户的潜在信息需求以及信息需求未来变化的趋势，注意搜集那些对将来发展有指导作用的预见性的信息。

（4）经济性原则

现代社会信息环境十分复杂，如果是不加限制地滥搜信息，不仅会造成人力、财力、物力上的极大浪费，而且会使主次不分、真伪不辨的信息混杂在一起，将导致重要信息淹没于大量无用信息之中。因此，信息搜集工作必须坚持经济性原则，即适度适量原则，讲求效益。而且，同样的信息可能拥有多种不同的载体形式与表现形式，应该注意优先选用较为经济实用的载体形式。根据信息搜集的目的，选择适用的信息源、合适的信息搜集途径与方式及合适的信息数量等，有助于提高信息搜集工作的经济效益和社会效益。

（5）真实性原则

真实可靠的信息是正确决策的重要保证。信息搜集人员必须坚持实事求是，不要夹杂个人主观愿望，而要通过调查研究，经过比较与甄别，去粗取精、去伪存真、由表及里，准确了解各种信息资源的信息含量、使用价值及可靠程度。同时应该采用科学的方法研究信息资源产生与分布规律，选择那些信息密度大且含量高的信息源进行信息搜集。

（6）及时性原则

由于信息资源具有很强的时效性，在现代信息环境下，信息使用有效期越来越短。过时的信息不仅其价值会降低或无用，而且会给用户带来信息决策的失误与相应的经济损失。特别是有些信息属于瞬时信息，如股票市场、军事情报等，如不及时获取与利用，将会错失很多大好机会。因此，信息搜集应能及时反映事物发展的最新情况，使信息效用得到最大发挥。信息搜集人员要有敏锐的信息意识和强烈的竞争意识，以及高度的主动性、洞察能力和快速反应能力，同时也要熟悉各种信息搜集途径并能掌握先进的信息搜集技术和方法，及时收集所需信息。

4.1.1.3 信息搜集的基本程序

信息搜集的程序化是信息搜集质量和信息数据准确科学的重要保证。信息搜集的基本程序分为以下几个步骤，如图4.1所示。

（1）确定信息搜集目标

信息搜集的最终目的是满足人们日益增长的信息需求，这就要求信息搜集前，必须对用户的信息需求深入分析，了解用户信息需求的目的、具体内容、时间和范围等，明确信息搜集的目标，做到有的放矢，获取高质量的信息。

（2）制订信息搜集计划

信息搜集计划指信息搜集在一段时间内采取的具体实施方案。计划的制订不仅可以保证信息搜集的可行性和进度，而且还预见了信息搜集过程中可能遇到的问题与解决方案。

（3）实施信息搜集工作

信息搜集是人类发挥主观能动性的活动。它是一项长期而连续性的工作，必然要耗费一定的时间和物质资源，其过程包括各种事务性、行政性与智慧性的工作。所以要求实施信息搜集工作的人员具有一定的信息素质、较强的公关能力和事务处理等能力。

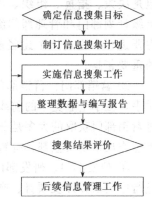

图 4.1 信息搜集的基本程序流程图

(4) 整理数据与编写报告

根据搜集到的信息资源，通过进一步的内容整理与数据分析，编写成可视化的文件报告或统计报表等表现形式，这是信息搜集的最终成果的集成表现。

(5) 搜集结果评价

搜集结果评价是信息搜集中非常重要的一环，主要是对搜集到的信息以及整个信息搜集工作进行评价，以保证本次信息搜集工作的质量，并为以后的信息搜集工作提供借鉴和参考。

(6) 后续信息管理工作

信息搜集工作完成后，还要对信息进行诸如信息存储、信息分析、信息预测、信息服务等的后续信息管理工作。

4.1.1.4 信息搜集途径

信息搜集的途径很多，不同的信息工作者或信息用户，经常会利用不同的信息搜集途径；不同类型的信息源，对其获取的途径也有所不同。总体而言，信息搜集应该根据信息用户的信息需求、科学地选择和应用有效途径对信息进行搜集。对任何部门或系统来说，都应该在尽可能广的范围内搜集信息。但就某个具体部门而言，它本身就产生大量的内部信息，并对其他部门产生影响，与内部信息相对的还有外部信息。因此，信息搜集的途径也可分为内部途径和外部途径。

(1) 内部途径

内部途径一般是指政府机关、科研机构、工厂企业内部形成的各种信息通道。它主要用于搜集部门的内部信息，有时也能获取一些外部信息。内部途径还可以进一步细分为以下几类。

① 信息部门。信息部门包括档案、资料、图书、商情、信息等部门。这些部门掌握着大量的内部资料，承担着各种信息资源（如会议记录、内部刊物、行政报告、数据报表等）的搜集整理与保存任务。所以，信息部门是信息搜集的首要通道。

② 管理部门。一般来说，管理部门主要指行政管理、人事管理、财务管理和生产管理等部门。管理部门的信息主要是各类销售记录、财务报告和各种文件等，这些信息不但是决策、指挥、组织、控制、监督的前提，而且要用适当的方式向上级机关报告，为上级计划部门和管理部门编制计划提供充分的依据。因此，管理部门是获取内部信息的主要途径，通过这个途径获得的信息真实可靠，是信息用户决策、控制、领导各项工作的重要依据。

③ 营销部门。营销部门是企业与市场之间的联系纽带，营销人员直接面对客户和竞争对手，位于企业竞争的前线，因此他们通常掌握着有关竞争环境和竞争对手的大量信息。通过营销部门获取的大多是非公开的动态信息，这类信息对于企业及时制定有效的竞争策略、迅速作出市场反应都具有重要意义。

④ 研发部门。研发部门承担着新技术、新产品的研究、设计与开发任务，掌握着正在进行中的研究开发项目、产品技术水平、设计标准规范等方面的信息资料。因此，研发部门可以提供企业内部目前的技术水平、开发项目以及投入的成本、所获得的专利与成就、新开发产品的市场、销售量估测、预期效益等数据信息资料。通过研发部门获取的信息具有专业性和先进性，有较高的参考价值。

⑤ 内部信息网络。内部信息网络即企业自己的信息机构，通过通信线路与各部门联系起来形成的企业内部信息网络。内部信息网络也是获得内部信息的重要渠道。

(2) 外部途径

外部途径是指部门以外的用于搜集各类信息的各种信息来源。外部途径主要包括以下几种。

① 互联网。利用互联网搜集信息是现代一种非常高效、便捷与低成本的方法。由于互联网具有开放性、平等性、共享性、广泛性等特点，通过互联网可以在世界范围内浏览与查询到各种企业黄页、商业数据库、产品信息数据库、市场贸易与统计信息数据库、法律与税收信息数据库、专利商标和标准信息数据库等信息。

② 大众传播媒介。通过电视、广播、报纸、杂志等大众传播媒介可以得到内容新颖、范围广泛的信息资源。但由于大众传媒是面向大众的，其信息带有一定的娱乐性，缺乏针对性，内容比较肤浅。所以信息搜集人员应根据信息用户需要，利用大众传媒进行定向、定时、定题的信息搜索与采集。必要时也可以委托图书馆、剪报公司或其他信息机构进行专题信息搜集工作。

③ 政府部门与行业协会。政府部门主要指工商、税务、外贸、银行及其对应的主管部门，这些政府部门掌握着丰富的信息资源，通过这些部门可获取国家各方面的法律法规和政策信息，如政府部门发布的政策文件、对外公开的档案（如工商企业注册登记信息、上市公司业绩报表、专利技术、标准等）及政府各类政策白皮书等。与政府机关保持良好的合作关系，有利于及时了解各方面的政策法规性信息，以指导本部门的决策与行动。

通过各类行业协会等社会组织，可以搜集到所需行业内的内部通信信息、学科发展报告、专业简报等非公开出版物，是信息用户获得行业最新技术，了解同行业情况的最佳途径。

④ 用户与消费者。从用户与消费者那里不仅可以获取其对产品或服务的需求信息，而且可以得到及时的反馈，这对于自身产品或服务的改进，满足用户及消费者需求，获得更大的经济效益具有重大意义。因此，用户与消费者是一个不可忽视的外部信息来源。

⑤ 个人交往与观察。在市场竞争日益激烈、信息保密的情况下，通过个人的人际交往和观察获得的信息往往是不曾公开发表或者非常私密的，有时甚至可以搜集到比较机密的情报信息。

⑥ 各类会议。各种学术与商业的研讨会、发布会、展销会、交易会、洽谈会、演示会等是信息搜集人员获取外部环境信息和竞争对手信息的重要途径。这些外部信息通常很难通过其他途径获得。

⑦ 文献部门。除组织机构内的信息部门外，文献部门也是进一步获得公开出版物（如专业杂志、图书、年鉴、文摘、目录、索引、政府出版物、统计资料、专利说明书等）、限制性公开资料（如企事业机构名录、产品目录、设计图、企业人才招聘广告等）、公司企业内部资料（内部刊物、内部统计资料、市场调查报告、研究报告等）、政府法规文件等的重要途径。

4.1.1.5 信息搜集方法

信息搜集方法是指根据信息用户的需求和信息搜集计划，选择合适的信息源对所需信息进行选择和搜集的基本方法。信息搜集方法依照信息的类型和性质不同而有所不同。下面着重介绍几种常用的信息搜集方法。

(1) 文献法

文献法主要指通过查阅文献资料来获取信息的方法。利用文献搜集资料的基础是充分占有文献，信息搜集人员应注意搜集一些统计类、行业年鉴、企业名录和专业手册等文献，这些文献是了解单位市场环境专门知识的有用工具。另外，还可购买各种载体形式的专业技术资料，订阅相关杂志和报纸。同时，信息搜集人员除自身要拥有一定的文献资源外，还应该善于利用国家公共的文献保障体系，如图书馆、档案局、情报所等信息服务机构。

(2) 观察法

通过现场观察可以获得第一手材料，这样获得的信息具有详细、可靠、及时、直观的特点。观察法的主要特点是只看不问，而被调查者并不感觉自己正在被调查。由于被调查者没有意识到自己正在接受调查，所以其表现的动作与行为会比较自然。调查到的信息准确性与客观性高。但是这类方法看不到内部信息，需要长时间的观察与发现，而且受被调查者主观因素的影响，同时也需要调查者有较高的观察水平及一定的实践经验，才能取得良好的效果。

(3) 访谈法

访谈法是通过当面或电话等形式与采访对象直接交谈而获取有关信息的方法。这类方法由于避免了信息传递过程中各种"噪声"的污染，因此可以达到双向沟通、澄清事实，对有关问题得以深入探讨，及时获取反馈信息并得以改进的效果。但由于访问的成本较高，需大量的访问时间，调查结果受访谈人员的素质和技术水平影响，故一般适用于信息搜集范围较小、问题比较集中、需要搜集详细而实质性问题的场合。

根据采访的对象，访谈可分为个别访谈和集体访谈。个别访谈形式较自由，可获得较深层次的信息。集体访谈可以集思广益，获得大量信息，同时采访者之间可以形成互补，提高信息搜集的全面性和准确性。

为使访谈过程得以规范化，访谈的形式可以采取以下三种。

① 调查表型访谈。指访谈中所询问的问题、问题的顺序及表达形式等都严格按照事先确定的问卷调查表一一提问。访谈者一般不询问调查表以外的问题，也不对被调查者回答的问题作进一步的探究。但当被调查者对某个术语不理解时，可以做些必要性的询问与解释。

② 固定问题组访谈。指访谈前要调查的问题已事先确定，但这些问题的表达形式、顺序和答案方式等都没有严格的规定。访谈者可以根据自己的思路与语言方式回答问题，但整个访谈过程要紧密围绕固定的话题内容，所询问的各个问题一般不作实质性的变动。

③ 纲要型访谈。即事先只确定访谈的主要内容，拟定访谈纲要，可能确定了若干主要的问题方向，但具体问题不事先确定。访谈者可以根据访谈的对象和环境来提出或回避具体问题，并对相关联的其他问题进行询问或深入探究，不必严格地按照提问或纲要回答。整个访问的方向和内容可以根据被调查者的实际情况或访谈者的兴趣发生转移。

(4) 问卷调查法

问卷调查法是搜集动态信息最主要的方法之一，是信息工作者就有关问题设计调查问卷，向被调查者发放调查问卷，通过调查表的回收与处理调查数据获取信息的方法。一般是在对某个问题有了一定程度的了解后，希望进一步使问题清晰化或量化而采用的信息搜集方法。

问卷调查法一般包括问卷设计、选取样本和实施调查三个步骤。

问卷调查的质量和效果不仅取决于调查表的设计质量和效果，而且取决于被调查者的配合与响应程度。因此，问卷调查表的设计应该注意以下问题：①调查问卷应该简明扼要，语言通俗易懂，便于回答填写，让被调查者能集中精力思考问题而不是把时间耗费在理解复杂的调查问卷上；②提问要集中并具层次和针对性，问题的设计要紧紧围绕调查目的，集中内容并按等级展开，一般情况下，背景性的问题在前，实质性和开放性的问题在后，同时问题的数量要适当,过多的问题会分散调查者的注意力,影响对中心问题的回答效果;③不要介入个人的观点,问卷调查的目的是从被调查者那里获取信息,而不是要他们确认自己的观点,因此注意不要在调查问卷中掺入调查者的个人倾向或出现诱导性提问。

选取样本就是从研究总体中按照一定的方法抽取一部分来实施调查,并以此来推断总体情况。由于调查对象的选取直接影响到调查结果的准确性和客观性,选取样本时要注意被调查者是否具有代表性和可靠性,且调查人数要适中。问卷调查主要采取抽样调查方式来选取样本。抽样调查是从研究总体中按照一定的要求抽取一部分(即样本)进行调查分析,并以此来推断总体的调查方法。抽样总是会存在误差的,因此抽样调查的一个主要问题就是如何保证样本对于总体的代表性,把抽样误差控制在一定范围内,这就要求采用合理的抽样方法。经常采用的抽样方法包括概率抽样和非概率抽样。

概率抽样又可具体分为:①随机抽样,即在对研究总体进行编号的基础上运用随机数字表抽取样本,这种方法适用于调查总体数量不大,总体中个体差异不大的调查对象;②类型抽样,即在对总体按照同质性进行类型划分的基础上,根据各个同质层在总体中所占的比例用随机抽样的方法在每类中抽取一定比例的个体构成样本,这种方法可得到更大程度的代表性,减少抽样误差,适用于总体数量较多,且内部差异较大的调查对象。

非概率抽样在抽样中加入了某些人为的主观标准,其经济性和可行性较好。非概率抽样主要包括:①方便抽样,即按照研究对象的可得性抽取样本,这种方法简便易行,费用少,但精确性和代表性差,只适合于探索性、试验性调查,或作为正式调查的准备工作;②判断抽样,即按照研究目的与要求,根据调查者的主观判断选择确定样本,这种方法要求调查者对调查总体的有关特征有较为透彻的了解;③定额抽样,即按照一定的标准和比例分配样本数额,然后由调查者根据分配的样本数额自行选择合适条件的样本,这是一种将概率抽样与非概率抽样结合起来的方法,也是应用较多的一种抽样方法。

在实施调查阶段中,调查表回收率的高低会直接影响着信息搜集的效果。可以采用一些方法来提高问卷调查表的回收率,如指明信息调查的意义,鼓励信函的使用,赠品的配送,有针对性地发放问卷,增加吸引调查者的内容以提高其关注程度等方法。实施调查应有一定的计划和组织,并对调查者进行适当的培训,必要的话,可先进行试点调查,对调查方案进行反馈和完善,再全面展开调查。问卷的发放可采取邮寄、面呈和报刊登载等方式。

(5) 网络调查法

随着互联网的普及,在网络上进行信息调查成为越来越多企业和研究机构常用的信息搜集方法。网络调查的实施可以充分利用 Internet 作为信息沟通渠道的开放性、自由性、平等性、广泛性和直接性的特性,使得网络调查具有传统的调查手段和方法所不具备的一些独特的特点和优势。

① 及时性和共享性。网络调查是开放的,任何网民都可以参与调查并查看结果,而且在调查信息经过统计分析软件自动初步处理后,可以马上查看到阶段性的调查结果。

② 便捷性和低费用。实施网络调查可以节省传统调查中耗费的大量人力和物力。

③ 无时空、地域限制。网络调查是 24 小时全天候的调查,这就与受区域制约和时间制约的传统调查方式有很大不同。

④ 减少调查的故意回答误差。故意回答误差是指由于被调查者被问及敏感性等问题而不愿意真实回答所产生的误差。网络调查中由于被调查者没有与调查者直接面对面,较好地保护了被调查者的隐私,因而可以避免故意回答误差。

⑤ 可检验性和可控制性。计算机技术可以减少填写调查问卷的技术性错误,如可对数

字型、字符型数据进行合理值的限定，提醒被调查者及时更正人为错误。在统计分析调查结果时，计算机代替手工处理也大大减少了人为的计算错误。

⑥ 灵活性和界面友好。网络调查可利用多媒体技术，在问卷中加入声音、视频、动画等，使调查内容更加广泛，并提供更多的关于问卷的额外辅助信息，使问卷界面更加友好，从而吸引更多人加入调查。还可以通过将计算机程序技术与问卷设计结合起来，实现交互式问卷设计。

虽然网络调查具有以上优点，但其缺陷也是很明显的，在具体实施过程中必须注意以下问题。

① 样本偏差问题。由于我国互联网普及程度还不高，因此网络调查的结论只能反映网民的情况，这是网络调查存在的最严重的问题，也是选择网络调查首先要关注的问题，如果网民难以代表被调查总体，则通过网络调查而得出的结论的解释力就非常有限。

② 注意信息搜集的质量检控。对搜集信息实施质量的检控，可以采用"IP若干特征标志"的办法作为判断被调查者填表次数唯一性的检验条件。

4.1.2 信息组织

对信息搜集后，信息工作者就需要对搜集到的数据和信息进行组织，否则信息就会杂乱无章，无法进行信息资源的检索、开发和利用。因此信息组织是微观信息管理的重要一环，是微观信息管理过程中提高信息工作水平的重要保证。

4.1.2.1 信息组织的内容

信息组织是信息检索与信息服务的准备。信息组织有广义和狭义之分。广义信息组织是指根据信息的内容特征和外部特征，采用一定的原则和方法，对信息进行加工处理，使之有序可用的过程。广义信息组织的基本内容包括信息揭示、信息描述、信息加工、信息序化和信息存储。狭义的信息组织往往指信息序化。

（1）信息揭示

信息揭示也称为信息标引，是对信息的主要内容和其他形式特征进行选择、概括和提炼的过程。它既包括对信息形式特征进行选择，也包括对信息内容特征进行分析并转换成反映信息内容主题的标识等具体内容。

（2）信息描述

信息描述也称为信息著录，是根据一定的管理规则和技术标准，对信息的外在特征和部分内容特征进行描述并给予记录的过程。通过信息描述，形成一条条反映原信息内容特征和外在特征的记录。

（3）信息加工

信息加工是指根据信息用户的需求，通过对信息源的选择、分析、揭示、整理、综合，在原始信息的基础上再生新信息的活动。

信息加工和信息揭示与描述相比，区别主要有三点：一是信息揭示与描述侧重描述信息，而信息加工更重要的是在原始信息的基础上，生产出价值含量高、方便用户利用的新信息（比如文摘、综述、数据库等），是使信息由隐含到显现、由复杂到简单、由无序向有序转换的过程，这一过程将使信息增值。二是两者的使用工具不同：信息揭示与描述往往有专门的标准来规范具体的操作过程、结果形式，有特定的语言工具来分析描述信息；信息加工则大多没有专门的标准和特定的语言，而主要是靠信息工作者自身的专业知识、工作经验和综合素质。三是两者的目的不同：信息揭示与描述一般是为信息检索服务，而信息加工更主要的是直接满足用户的信息需求。但两者并没有本质的差别，我们也可以将信息揭示与描述的产品（如著录、标引等）看做是信息加工的初级产品。信息加工是信息组织的重要环节。

（4）信息序化

信息序化是按照一定的方法将无序的信息组织成有序的信息的过程。信息序化的方法很多，比如分类组织法、主题组织法、目录、索引等。信息序化是信息组织最核心的内容。

（5）信息存储

信息存储是将经过描述、加工、序化后的信息按照一定的格式与顺序存储在特定的载体中的一种信息活动。信息存储的目的是便于信息管理者和信息用户快速准确地识别、定位和检索信息。关于信息存储的有关内容将在下一节进行详细介绍。

4.1.2.2 信息组织的原则

要使信息组织真正发挥整序信息、科学分流、促进选择、保证利用的功能和作用，形成健全完善的信息组织体系和顺畅通达的信息组织流程，信息组织必须在一定的科学原则的指导下进行。信息组织必须遵循的基本原则主要有以下几个。

（1）客观性原则

客观性原则首先明确了信息揭示与描述的数据来源必须是客观存在的信息本身。信息组织中揭示与描述信息的外在特征和内容特征必须客观而准确，要根据信息本身所反映的各种特征加以科学地反映和序化，形成相应的信息组织成果。同时，客观性原则也要求信息组织工作不能损害信息的本来效用，不能歪曲信息本身，不能毫无根据地、人为地添加一些不准确的思想和观点，而应该完整地、全面地、准确地反映信息的客观特征。另外，信息组织的客观性还要求我们不断跟踪信息源的发展变化和信息组织技术的发展变化，使信息组织与条件变化和环境变化保持客观一致。

（2）系统性原则

用系统的观点和方法来进行信息组织工作的协调管理，有助于发挥信息组织的整体优势，也有助于实现信息组织的整体功能。系统性的信息组织工作是实现整体信息管理目标的重要环节。为实现信息组织的系统性，需要处理好四种关系：一是要处理好宏观信息组织与微观信息组织的关系；二是要处理好信息组织部门与其他部门的关系，特别要注意与从事信息搜集和信息服务的部门以及进行机构日常管理的行政部门的关系；三是要处理好信息组织工作各个环节之间的关系；四是要处理好不同信息处理方法间的关系。

（3）目的性原则

信息组织具有鲜明的目的性，应根据信息用户的信息需求来开展工作，时刻注意目标市场的需求状态及其变化特征，以满足成本收益对称的原则。信息组织虽然有时不直接与用户接触，但处于微观信息管理流程中间位置的信息组织必须以用户第一为宗旨。信息传播的效果在很大程度上由信息组织的水平决定，因此，信息组织工作必须积极开展用户研究，充分了解用户需求，改进信息组织方式，使信息组织成果能极大地方便用户的选择和利用。

（4）标准化原则

信息组织的标准化主要体现在信息组织工作的统一性、信息组织方法的规范性、信息组织系统的兼容性和信息组织成果的通用性方面。信息组织的标准化是整个信息交流和管理标准化的重要组成部分，主要包括基本术语标准、有关信息技术标准（如信息交换格式、信息共享和信息传播格式等）、信息组织技术标准（如信息描述规则、信息代码、信息标引规则）

以及其他相关标准。信息领域的若干国际性和国家性标准组织制定和实施了一系列有关信息组织工作的标准，为促进信息组织的整体化、科学化发展创造了良好的条件。

4.1.2.3 信息组织的基本程序

信息组织的一般程序包括信息的标引、信息描述、改编重组和组织排序，最终形成用户的信息资源库，以方便信息用户的信息查找与利用，如图4.2所示。

信息标引〉信息描述〉改编重组〉组织排序〉信息资源库

图4.2 信息组织的基本程序

（1）信息标引

信息标引是对信息内容进行分析并予以充分而有效的揭示。揭示信息的内容是检索和利用信息的前提条件。现代信息标引的主要类型有分类标引和主题标引。

分类标引是指对信息进行主题分析，用分类语言表达分析出的主题，赋予文献信息分类标识（分类号）的过程。对个体文献信息来说，分类标引就是归类标引，即根据文献信息内容的属性将它归入特定分类体系中的相应类目，并赋予分类号的过程。对于文献信息集体来说，分类标引就是根据文献信息内容及其他相关属性，以分类语言（分类表）为工具，将内容属性相同的文献信息用相同的分类检索标识（分类号）予以聚集，内容属性相关的文献信息通过分类检索标识（分类号）予以反映，内容属性不同的文献信息则用不同的分类号予以区别。由此形成一个揭示和组织文献信息的严密系统。

主题标引是指对文献进行主题分析，用主题语言（主题法）表达分析出的主题，赋予分类检索标识（标题词、叙词等）的过程。即用经过严格筛选和规范化的词对文献信息内容所描述的事物名称（如内容名称、事物某方面名称、载体类型名称等）进行"命名"，且其选择的名称是对事物、事物某方面、内容表现形式等唯一而精确的表示。

（2）信息描述

信息描述亦称元数据的创建、信息资源编目，是指根据信息组织和信息检索的需要，对信息资源的主题内容、形式特征、物质特征等进行分析、选择、记录的活动。信息描述可以针对一切形式的信息资源进行，使信息能够更好地整理与组织。目前流行的信息描述主要方法有以下几种。

① 国家标准书目著录ISBD。ISBD（International Standard Bibliographic Description）是国际图书馆协会和机构联合会为实现世界范围内文献的书目控制，促进国际书目信息交流，而主持制定的一套关于文献著录的国际标准。ISBD对信息描述的核心是对统一的描述内容运用统一的描述符号按统一的描述格式进行著录。信息描述项目亦称著录项目，是用以揭示文献信息内容和特征的记录事项。我国国家标准《文献著录总则》规定的基本描述项目有9大项，依次为：题名与责任者项；版本项；文献特殊细节项；出版发行项；载体形态项；丛编项；附注项；文献标准编号及有关记载项；提要项。

② 机读目录（MARC）。MARC（MAchine-Readable Catalogue）是在ISBD模式的基础上，以代码形式和特定结构记录在计算机存储载体上，由计算机识别、处理、编辑与输出的目录格式。机读目录是计算机自动编目的产品，通过对MARC格式的修改与完善，可以实现对网络信息资源和数字电子信息资源的组织。

③ 书目记录的功能需求（FRBR）。1998年国际图书馆协会和机构联合会正式公布了FRBR（Functional Requirements for Bibliographic Records，FRBR）的报告。FRBR根据"实体-关系（E-R）模型"把编目对象的实体划分为著作（Work）、表现形式（Expression）、表达形

式（Manifestation）与文献单元（Item）四个层次。FRBR 明确了书目记录的基本任务是发现实体、识别实体、选择实体和获取实体。FRBR 使目录由单一的检索文献的工具发展为全面揭示文献信息资源的指南，是对传统文献信息资源组织（如 ISBD 和 MARC 模式等）的改进模式。

④ 元数据（Metadata）。元数据是指关于数据的数据。元数据的出现是为了适应信息在网络时代的组织，对于信息资源挖掘、组织电子资源、数字鉴别、信息开放与存取等方面发挥了巨大的功效。都柏林核心元素集（Dublin Core Element Set）是目前国际上最有影响力的元数据格式。都柏林核心集是信息发展到网络阶段，为规范 Web 资源体系结构的国际性元数据解决方案，它定义了一个所有 Web 资源都应遵循的通用核心标准，具有简单明了、可扩展性强、支持语义互操作性、广泛通用等特点。都柏林核心元素集包括 15 个元素，如图 4.3 所示。

都柏林核心元素集分类		
内容描述	知识产权描述	外部属性描述
题名(Title)	创作者(Creator)	日期(Date)
主题(Subject)	出版者(Publisher)	资源类型(Type)
描述(Description)	参与者(Contributor)	格式(Format)
来源(Source)	权限管理(RigHT)	资源标识(Identifier)
语言(Language)		
关联(Relation)		
覆盖范围(Coverage)		

图 4.3 都柏林核心元素集分类

⑤ 信息分类编码。信息分类编码是把国民经济和其他社会活动中各种信息通过一种被计算机和人识别的符号体系表示出来的过程。信息分类编码是信息标准化的一项重要内容，具体应用请参见《信息分类与编码国家标准汇编》。

（3）改编重组

信息的改编重组是指根据用户的信息需求将分散的信息汇集起来，通过对信息的筛选、解构、改编、组合和整序等深加工处理，形成集约化信息产品的过程。信息的改编重组是一种知识再创造型的劳动，是实现信息增值的过程。信息改编重组的主要方法有汇编法、摘录法、综述法。汇编是选取原始信息中的篇章、事实或数据等进行有机排列而形成的，如剪报资料、文献选编、年鉴名录、数据手册等。汇编法不需要对信息内容进行复杂的分析和浓缩，只需抽取相关的信息片段按一定方法编排整理，汇集成某一专题或专业的资料。摘要法是在信息整理过程中对原始信息的主要内容进行简明扼要的摘要，以便更全面、深入地揭示原始信息的方法。综述法是对某一课题某一时期内的大量有关资料进行分析、归纳、综合而成的具有高度浓缩性、简明性和研究性的信息产品。

（4）组织排序

对于已经按照信息的内外特征进行描述与标引的信息，必须按照一定规则对信息记录进行组织和排序，才能为用户获取信息提供有效途径。常见的信息组织和排序的方法有：分类组织法、主题组织法、字顺组织法、代码组织法、时空组织法、超文本组织法等。这些组织方法将在下面专门介绍。

4.1.2.4 信息组织的基本方法

信息是事物运动的状态和方式,而任何事物运动的状态方式都具有形式、内容和效用等三个基本方面。根据这三个基本方面,信息可以分为语法信息、语义信息和语用信息。对这三种信息进行组织,也成为信息组织的基本方法。

(1) 语法信息组织方法

语法信息组织是以信息的形式特征为依据序化信息的方法。语法信息组织需要遵循方便性、多向成族性和标准化等原则。语法信息一般不涉及信息的含义和用途,语法信息组织必须用标准化来加以约束;而标准的形成和应用的过程,也就是语法信息的优化过程。比较常见的语法信息组织方法有以下四种。

① 字顺组织法。字顺组织法是指按照信息的有关特征所使用的语词符号的音序或形序来组织排列信息的方法。这种方法是历史最悠久、使用最广泛的一种信息组织方法。它是从字、词的角度排序有关信息,具体又分为音序法、形序法、音序和形序混合使用的方法。各种词典、字典、名录等大多采用字顺组织法。这种组织方法可以满足人们检索的一般需要。但是字顺排列的结果只能揭示组织概念的语词在音或形方面的联系和差异,无法显示信息内容间的相关性。

② 代码组织法。即以代码来表征信息和集约信息,并按信息被赋予代码的次序或大小顺序组织排列信息的方法,代码一般使用拉丁字母和阿拉伯数字。某些特殊类型的信息,如科技报告、标准文献、专利文献、商品信息等,在生产发布时都有一定的编号,这些类型的信息组织可以使用代码组织法。按代码对信息进行组织排列十分简便易行,既容易接受又便于管理,尤其适合于计算机信息处理、存储与检索。随着信息总量的激增和信息多样化,这种方法日益显示出其重要性。

③ 地序组织法。即根据信息的空间特征来序化信息的方法,其最为显著的特点是可以反映地区特色。地序组织法一般有文字法和图文法两种形式,它还可以进一步分为行政区划组织法和地名字顺组织法。行政区划组织法能反映地区之间的隶属关系和横向联系;地名字顺组织法只能反映地区之间的形式关系,各种地图、地理文献和风景名胜介绍所采用的就是地序组织法。

④ 时序组织法。时序组织法是以信息的时间特征为依据组织信息的方法,其突出优点是能反映事物的发展规律和演变状态,并呈线性结构,史书、年表、日记、传记、档案和连续出版物等多采用此法。时序法具有广泛的应用范围,如编撰工具书、著书立说,甚至写一篇文章等,人们都较普遍地使用了时序法。

(2) 语义信息组织方法

语义信息组织是以信息的内容或本质特征为依据序化信息的方法。语义信息组织需要遵循客观性原则、逻辑性原则和发展性原则。比较常见的语义信息组织方法有以下两种。

① 分类组织法。人们的分类对象可概括为三种:一是实物,如商品;二是概念,如知识;三是概念与实物的结合体,如文献。于是就有三种不同的分类方法,在信息组织的实践中,它们可以结合使用。知识分类法是人类认识客观世界的科学方法,对其他两种分类法有着指导意义。文献分类以知识分类为基础,结合了文献实际属性和信息利用的实际。实物分类带有更多的专业(或行业)特性和效用原则。

分类组织法是把具有某种或某些共同属性的事物集合,划分为一类,用概括该类事物所共有的本质属性的概念作为类目,并给出相应的标记符号作为类号。在一类事物中,每一事物除具有与同类其他事物共同的属性外,还有许多与同类事物不同的属性。用这些不同属性的一种作为标准划分该类事物，会得到若干个下位类，再分别给出每个下位类的类号，各下位类又可按事物的另外一种属性为标准进行细分，以此类推。

分类组织法使用分类号来标志类目，分类号可反映类目在分类体系中的位置和排列次序。在信息量不大，分类工作比较简单的情况下，人们可以采用自己拟订的简单分类方法来组织排序信息。当信息量较大，分类工作十分复杂时，则必须采用标准化的分类标引工具对所有信息进行分类标引，以保证信息组织排序的科学性和普遍适用性。

分类组织法是图书馆等信息部门组织信息的主要方法。在我国进行这项工作的主要依据有《中国图书馆分类法》，简称《中图法》。它是综合性的分类体系，主表共分为22个大类，然后逐级细分，共有大小类目20000多个，涵盖了古今中外各类学科的内容，体系庞大。

国际著名的分类系统有《杜威十进分类法》和《国际十进分类法》等。《杜威十进分类法》(Dewey Decimal Classification，简称DC或DDC或杜威法)，又名《十进制图书分类法》，是美国图书馆学家麦威尔·杜威（Melvil Dewey）所创，初版于1876年，现已出第23版，并推出了Web Dewey 2.0。这是一部在国际上出现最早、流行最广、影响最大的图书分类法。它采用十进制的等级分类体系，即把所有学科分成9大类，分别标以100～900的数字。9大类表示9个专门的主题范畴，各类中的类目均按照从一般到特殊，从总论到具体的组织原则，对不能归入任何一类的综合性资料归入第10类，即总论类，以下依次逐级分类，形成一个层层展开的等级体系。《国际十进分类法》（Universal Decimal Classification，简称UDC），由比利时学者保罗·奥特勒（Paul Otlet）和亨利·拉芳（Henri Lafontaine）在DDC的基础上补充而成，初版于1905年，现已出第3版。它是一种半组配式的体系分类法，现已有3种文本，从20世纪60年代末期起被称为世界图书信息的国际交流语言。该分类法由主表、辅助表及辅助符号3大部分组成。主表把知识分为10大门类，大类划分沿用了《杜威法》的基本大类结构。全表有近20万个类目，是世界上现有各种分类法中类目设置最多的一部，科技部分类尤为详尽。

分类组织法的优点是体现了学科的系统性，便于从学科和专业的角度出发进行检索；缺点是缺乏进行多概念灵活组配的能力，无法反映新学科和新技术的内容，不能全面检索有关跨学科专业的某一事物的所有文献。

网络信息资源大量出现后，很多是应用分类组织法进行网络信息组织的，有些直接利用已经存在的分类体系，更多的则采用了自编的分类体系。雅虎的分类体系被认为是网络信息资源组织的典范。它将网络信息资源分为14个基本大类，每个大类下又分出若干小类，其类目体系从用户使用的角度出发，强化了对热门主题对象与学科的关注。

对于非文献信息部门而言，如企业，其信息量相对来说小得多，综合性也不强。因此，在企业的信息内容分类工作中，只能参考分类法的原则，而不应当全盘照搬使用，否则带来的直接后果将使许多信息资料的分类号雷同，削弱了信息分类整理的意义。因此，企业可以参照《中图法》建立适于自身信息内容的分类体系。

② 主题组织法。主题组织法是从事物内涵的主题或涉及的问题与事物的属性出发，以语词作为概念标识，并通过概念标识的字顺排列和参照方法等间接地揭示概念之间相互关系的一种信息组织方法。这种方法是字顺法在语义信息中的特殊应用。它既采纳了字顺法直截了当、便于检索的优点，又兼顾了相同内容聚集的特点，是人们从内容角度更直接获取信息的有效方法。

主题组织法是从信息的内容特征出发来实现信息有序化的方法，它直接用词汇（即表达主题概念的标志）来对信息进行分类整理。该法给人们提供了一种直接面向具体对象、事实或概念的信息查询途径。最常见主题组织法有标题法、单元词法、关键词法和叙词法等类型。标题法是用规范化的词语来表现文献主题，并按字序排列标志的方法。它以事物为中心，集中与事物有关的文献，利于查全有关一件事物的所有文献。单元词法是指用规范化的单元词查找文献主题的方法。所谓单元词是指表达主题内容最基本、最小的、字面上不能再分的词语。该方法已进一步演变为叙词法。关键词法是用关键词标引和检索文献的方法。关键词法一般从文章的引文或摘要中抽取能表征文献主题的词汇。叙词是一些以概念为基础的经过规范化的，并具有组配性能，显示词间语义关系和动态性的词和词组。叙词法是用叙词标引和检索文献的方法。这几种方法各有特点，且更适于计算机检索信息的要求。在我国用主题组织法对信息进行分类整理的主要依据是《汉语主题词表》，它由主表、附表、词族索引和英汉对照索引组成，全书共有三卷：第一卷为社会科学部分，第二卷为自然科学部分，第三卷为附表，全表共收词108568条，其中正式主题词91158条。

此外，为实现分类主题一体化，降低标引难度，分类语言和主题语言兼容互换的工具《中国分类主题词表》于1994年出版，并于2005年发布第二版和电子版，于2010年发布网络版。

③ 分类组织法与主题组织法的比较。分类组织法和主题组织法的区别主要有以下几点。
● 从揭示对象来看，分类组织法揭示的是信息的学科属性，处理和检索的信息都必须对其学科属性作出判断；主题组织法揭示信息论述的具体事物或主题概念，一般不涉及学科类别的判断。
● 从使用标志来看，分类组织法以抽象化的类目代号——分类号作为文献内容标志和检索标志，比较简洁，但也较费解；主题组织法直接用词语表示信息的主题，即用事物名称或概念词语做描述信息主题的标志和检索标志，直观易懂。
● 从排列方式来看，分类组织法按分类号（学科或专业门类的代号）排列，系统性较强，但如果不熟悉有关分类表就难以有效地利用它；主题组织法按词语字序排列，如同词典，易学易查。
● 从用途来看，分类组织法比较适合于图书或文集的组织和检索，既可用于编制分类目录和分类索引，还可用于文摘编排、文献报道、藏书排架与统计，提供的是从学科或专业角度查找文献信息的途径，族性检索功能强；主题组织法较适合于期刊论文、研究报告、会议论文等单篇文献的组织和检索，且更适于计算机组织和检索，主要适用于编制主题索引和主题目录，提供从具体事物入手查找文献信息的途径，专指性强。

(3) 语用信息组织方法

语用信息组织方法是以信息的效用特征为依据序化信息的方法。语用信息组织需要遵循目的性、实用性和个性化原则。常见的语用信息组织方法有以下几种。

① 重要性大小组织法。它是按重要性的大小不同组织信息的方法，包括重要性递减信息组织法和重要性递增信息组织法。大众传媒的栏目设置采用重要性递减信息组织法，它把重要信息置于其醒目的位置加以突出。

② 权重值组织法。它赋予不同的信息以不同的权重值，然后通过复杂的计算，以权重值大小组织信息的方法，比如决策方案的选择和教学质量评估等都涉及权重值组织法。

③ 概率组织法。它是根据事件发生的概率大小序化信息的方法，比如期货交易等过程即涉及信息的概率组织法。这种方法是在未全知信息情况下，对信息进行组织的方法。

④ 特色组织法。它是根据用户某一方面的特殊需求组织信息的方法。

综上所述，从信息的性质出发对信息进行组织，有其特殊的意义。在实际应用中，人们很少简单地应用某一层次的信息组织方法，而常常是把不同层次的信息组织方法综合起来加以应用。因此，由事物的多向成族性所决定的信息的综合组织法也是最常见的方法。

4.1.2.5 网络信息资源的组织方法

网络信息资源组织是人们根据网络信息资源本身的特征（或属性），运用各种工具和方法，对网络信息进行加工、整理、排列、组合，使之有序化、系统化、规律化，从而有利于网络信息的存储、传播、检索、利用，以满足人们的网络信息需求的活动过程。

随着各种先进的网络技术以及 Internet 的发展和应用，信息资源、信息量、信息种类及传递速度也发生了变化，信息组织方式也发生了深刻变化。以往的信息组织多采用手工编织的目录、索引、文摘、综述等形式，局限于文献信息的组织方式，即使采用计算机技术后，所处理的仍主要是二次文献信息，也需要事先进行人工著录、标引。而在网络环境下，信息资源多以数据库、信息库的形式存在，数字化信息占主导地位，信息组织的对象逐渐多样化，范围也随之扩大，它不再停留于对文献特征的描述，而深入到知识单元、信息单元，致使传统的信息组织方式已不能满足各种信息的需要。

目前，对网络信息的组织包括对网络一次信息资源的组织和网络二次信息的组织。

(1) 网络一次信息资源的组织方法

① 超文本方法。超文本是网络信息组织的基础，超文本技术有两大特征：其一是信息的非线性排列，它以节点为基本单位，节点间以链相连，将信息组织为某种网状结构。使用户可以从任一节点开始，根据网络中信息间的链接，从不同角度浏览和查询信息。超文本组织方法所提供的非顺序性的浏览功能，比传统的信息组织方式更加灵活方便，且符合人们的联想思维方式。超文本技术的第二个特征是信息表达形式的多样性。超文本信息可以是文字、图形、图像、声音、动画等多种媒体形式，因此也可称之为"超媒体"。

② 自由文本方法。该方法是对非结构化的文本信息进行组织和处理的一种方式，主要用于全文数据库的组织。自由文本方法是用自然语言深入揭示文献的知识单元，根据文献全文的自然状况直接设置检索点。它能够完整地反映出一次文献的全貌，通过计算机自动进行文献信息处理和组织。基于全文数据库的全文检索可以将任意字符作为检索标识，这样，用户用自然语言即可直接检索未经标引的一次文献。

③ 主页方式。它类似于档案全宗的组织方式，可将有关某机构或个人的各种信息集中组织在一起，是对某机构或人物等各类对象的全面介绍。

(2) 网络二次信息的组织方法

一次信息是原始的信息资源，将一次信息资源进行描述、揭示、分析和存储后，形成了有序化、系统化的二次信息。目前，网络二次信息的组织方法主要有以下几种。

① 搜索引擎方法。搜索引擎是指 Internet 上专门提供查询服务的一类工具，它利用被称作 Robot（机器人，是搜索引擎的一个自动程序，作用是访问互联网上的网页，建立索引数据库，使用户能在搜索引擎中搜索到网站的网页）、Spider（蜘蛛，也是搜索引擎的一个自动程序，作用与 Robot 同）等名称的自动代理软件，定期或不定期地在网上爬行，通过访问网络中公开区域的每一个站点，对网络信息资源进行收集，然后利用索引软件对收集的信息进行自动标引，创建一个详尽的、可供用户进一步按关键词查询的 Web 页索引数据库。此类数据库的内容一般有标题、摘要或简短描述、关键词或 URL（Uniform/Universal Resource Locator，统一资源定位符，也被称为网页地址，是因特网上标准的资源的地址）、文件大小、语种以及词出现的频率和位置等。搜索引擎方法是目前 Internet 上对二次信息进行组织的主要方式之一，网上有成百上千的这类搜索引擎，较著名的有 Google、Alta Vista、Excite、Lycos、百度等。此种方式所搜集的信息虽然广博，但良莠不齐，因而查准率低。

② 主题树方法。主题树方法是将信息资源按照某种事先确定的概念体系分门别类地逐层加以组织，用户先通过浏览的方式层层遍历，直至找到所需要的信息线索，再通过信息线索连接到相应的网络资源。网上许多著名的网络检索工具如雅虎、搜狐等，都采用这种方式组织信息资源。利用主题树方式组织信息资源具有很多优点，它屏蔽了网络资源系统相对于用户的复杂性，提供了一个基于树浏览的简单的网络信息检索与利用界面。它使得用户按照规定的范畴分类体系逐级查看，目的性强，查准率高，而且，它具有严格的系统性和良好的可扩展性。当然，该方法最突出的缺点是必须事先建立一套完整的范畴体系。

③ 图书馆编目方式。图书馆界也一直在努力探索网络信息资源的组织方式，图书馆编目已成为一种网络信息资源的组织方式，它用传统的机读目录格式来组织整理网络信息资源。联机计算机图书馆中心（Online Computer Library Center，OCLC）因特网资源编目技术是较为成功的典型事例。1993年4月，OCLC和美国国会图书馆联合发起了一项建议，即修改 USMARC（美国国会图书馆早期研制的一种用于描述、存贮、交换、控制和检索的机读目录标准）书目格式以适应因特网信息资源编目的需要。修改的主要内容之一就是建立新的 MARC 856 字段——电子网址和索引，用以著录因特网信息资源的获取方式及其获取的必要信息，如电子邮件、文件传输、主机名称、文件大小、电子格式、操作系统等，这些都为网上资源编目的开展奠定了基础。

④ 数字图书馆方式。虽然人们对数字图书馆的理解并不一致，但数字图书馆已经成为因特网上数字化信息资源的重要组织形式。数字图书馆将资源分为元数据和对象数据。对象数据是指数字化的文本、图像、声音、影像等；元数据是那些描述和管理对象数据的数据。对象数据分布式存放在各地的资源站点内；元数据则集中在数字图书馆中心的超大规模服务器上，用户查询时，中心调度系统通过元数据来调度对象数据库数据以提供服务。

4.1.2.6 信息组织的基本成果

信息组织的成果是一次信息、二次信息和三次信息的有机结合。一次信息经过描述和揭示后生成二次信息，一次信息、二次信息在相互结合经过分析、综合后形成三次信息。二次信息、三次信息的保留与利用，为信息产品和信息服务的传播提供了技术方法和保证。

（1）二次信息

二次信息是对一次信息进行加工、整理后产生的一类信息，如目录、题录、文摘、索引、剪报等。目录是对图书、期刊或其他单独出版文献的特征进行揭示和报道，并按照一定的方法加以编排的二次信息。文摘是以单篇或单本文献为报道单位，以提供文献内容梗概为目的，不加评价和补充解释，简明、确切地记录文献重要内容的短文。索引是以文献单元或文献中的信息单元为揭示对象的检索工具，如图书索引、报纸索引、期刊索引、会议文献索引等。二次信息揭示和反映了一次信息的基本特征，是对一次信息的压缩与加工，也是一次信息的报道与推荐，并为一次信息的查找提供线索。二次信息还具有传递信息、报道信息的功能，它的形成是信息从分散到集中、从无序到有序的控制过程。

（2）三次信息

三次信息是在零次、一次、二次信息的基础上，经过分析、综合等深加工而成的信息，如手册、百科全书、年鉴等。它具有信息量大、综合性强和系统性好等特点。手册是汇集某一学科领域或业务部门专门知识的工具书；百科全书是概要记述人类一切知识门类或某一知识门类的工具书；年鉴是以描述和统计的方式提供某一年度某领域信息的工具书。三次信息向用户提供的不是具体的一次、二次信息，而是在用户的特定信息需求基础上集成化的信息组织成果。三次信息中所含的知识是经过鉴别与提炼、简化与综合的,是信息组织者创造性的劳动成果。

4.2 信息存储与检索

信息存储与检索(Information Storage and Retrieval)是处理信息、开发利用信息的重要手段,也是管理和利用信息资源的两个逆向过程。它包括采用多种形式记录信息、排序信息的信息存储过程,以及通过一定的设备、采用一定的手段与技巧从信息系统中快速、准确地搜寻所需信息的方法与过程。

4.2.1 信息存储

信息是抽象的东西,它必须依赖于某种载体才能表现出来。信息寄附在载体上的过程,就是信息的存储过程。信息的存储是继信息搜集、组织之后,微观信息管理的又一重要组成部分。

(1) 信息存储的意义与作用

信息存储是指将经过组织的信息按照一定的规定记录在相应的信息载体上,并将这些载体按照一定特征和内容性质组织成系统化的检索体系。也就是说,信息存储是将信息保存起来,以备将来应用。信息存储包括三层含义:一是将所搜集的信息,按照一定规则,记录在相应的信息载体上;二是将这些信息载体,按照一定的特征和内容性质组成系统有序的、可供自己或他人检索的集合体;三是应用计算机等先进的技术和手段,提高信息存储的效率和利用水平。

信息存储具有重要的意义,主要体现在:①有利于增大信息资源的拥有量;②有利于集中管理信息资源;③有利于开发高层次的信息资源;④有利于充分利用信息资源,提高管理工作效率。

信息存储的作用主要表现在以下三个方面。

① 方便检索。将组织后的信息存储起来,形成信息库,就为用户检索到所需的信息提供了极大的方便。在用户需要信息的时候,能够及时地获取这些信息,并经加工处理后为控制、管理与决策提供服务。而且,信息的历史性特点也要求将信息予以保存,以便从同一事物不同历史阶段的信息中分析、探讨该事物的发展规律,供管理决策时使用。

② 利于共享。将信息集中存储到信息库中,为用户共享其中的信息内容提供了便利,人们还可以反复使用,提高了信息的利用率。

③ 方便管理。将信息集中存储到信息库中,可以采用先进的数据库管理技术定期对其中的信息内容进行更新和删除,剔除其中已经失效老化的信息内容。

(2) 信息存储的原则与要求

信息存储时需要遵循以下基本原则:①统一性原则,指信息的存储形式应该在全国甚至全世界范围内保持一致,这就要求信息存储时需要遵守相关的国家或者国际标准;②便利性原则,存储是为了以后提供利用,便利性原则就是指信息的存储形式要以方便用户检索为前提,要保证有较高的检索效率,否则会影响用户使用存储的信息资源;③有序性原则,指信息存储要按照一定规律进行排列,以方便用户检索;④先进性原则,指信息存储形式应该尽量采用计算机以及其他新兴材料作为信息存储的载体,同时,要利于信息更新,包括持续增加新信息，剔除过时信息和修改贮存的信息，信息存储在组织和设计中必须充分考虑到信息更新的方便性和灵活性；⑤安全性原则，指信息存储时要保证存储的信息不被破坏、篡改、丢失，又要对某些信息进行保密。

信息存储的基本要求主要有：①求全，所谓"全"，是指信息存储要尽可能做到全面系统，应有尽有；②求新，所谓"新"，是指存储的信息要新颖，越是新颖的信息，其使用价值越大；③求省，所谓"省"，是指信息存储过程中要尽量降低费用，以便最大限度地提高效益；④求好，所谓"好"，是指要建设和管理好与信息存储相关的设备和设施。

（3）信息存储的主要类型

按照不同的标准，可以将信息存储载体划分为不同的类型。一般而言，信息存储的类型大致有内存和外存两种，内存是指利用人们的经验和大脑的记录；外存是指通过载体存储信息的方式。通常所说的信息存储主要指外存。存储信息就是要存储各种信息载体，能记录下来并加以保存的载体称为"信息存储介质"。

就目前来看，信息存储的介质一般有纸介质、缩微胶片、磁介质、光介质等。纸介质是最常用、最简单、使用历史最长的一种存储介质，迄今为止，纸介质仍然是最普遍使用的信息存储方式。纸介质存在许多不足，如体积大、不易保管以及查阅不方便等。缩微胶片是利用专门的光电摄录技术装置，把以纸介质为载体的信息进行高密度微化在胶片上，可供在专门的阅读装置上阅读。磁介质是将各类信息转化为电磁信号，记录在磁盘、磁带上所构成的存储介质。光介质是将各类信息数据化，并将其转化为光信号，记录在光盘上，构成介质。磁介质和光介质是采用计算机进行处理的介质，具有存储量大、制作方便及检索功能强等优点。

从信息存储介质来看，信息存储有七种类型：人脑载体存储，人脑是一种初始的载体存储形式，但不易长期记忆；语言载体存储，语言也是人类最早的信息存储形式之一，人们通过语言来达到传递信息、沟通思想的预期目的；文字载体存储；书刊载体存储；电信载体存储；计算机载体存储；新材料载体存储。

（4）信息存储的主要技术

传统的信息存储技术主要是指纸张印刷存储技术，现代信息存储技术主要包括缩微存储技术、声像存储技术、计算机存储技术以及光盘存储技术，它们具有存储容量大、密度高、低成本、存取迅速等优点，所以获得了广泛的应用。

① 纸张存储技术。纸张印刷存储是指将带有文字信息的印刷表面涂上油墨类的物质，用一定压力印到纸张表面用以保留和传递信息。由于纸张上的文字信息直观易读，因此纸张是人们最常用的信息载体。其不足之处是存储密度太低、体积过大、占用空间太多，而且纸张易燃烧，易受潮霉烂，易遭虫蛀、风化，因而保存信息的时间偏短。

② 缩微存储技术。缩微存储技术主要是利用摄像机将印刷品上的内容缩微拍摄到胶片上，冲洗成缩微胶片后予以存储。缩微存储技术的主要优点是：a. 存储密度高，可以节省用纸张存储信息空间的90%以上，在存储相同资料的情况下，缩微胶片与普通纸张占有空间比约为1:50；b. 存储方法简单，成本低，比较经济；c. 保存期长，通常环境中保存期长达50年，在标准条件下可保存几百年；d. 缩微品忠实于原件，不易出错，同其他存储方式（如磁盘、光盘等）相比，其误码率为零；e. 采用缩微技术能将非统一规格的原始文件规范化、标准化，便于管理。缩微技术还可以与计算机技术、通信技术结合使用，实现自动化检索。缩微存储技术的不足之处在于缩微品必须借助于缩微阅读机或缩微阅读复印机才能阅读，并且不能对照阅读，保存条件要求也非常严格。

③ 声像存储技术。声像存储技术是指将信息通过录音或者录像等方式记录存储的一种信息存储技术，它包括录音存储技术、录像存储技术和电影存储技术。声像存储技术的显著特点是集声音、图像信息于一体，生动、直观、形象。

④ 计算机存储技术。计算机存储技术是指利用计算机的内存储器来存储信息的一种技术。按照在计算机中的作用，可以将计算机的存储器分为主存储器和辅助存储器。其中主存储器（内存）直接与中央处理器（CPU）打交道，其主要特点是速度快、容量小、价格高；辅助存储器（外存）主要是作主存储器的后备和补充而被人们广泛使用，其特点是存储容量大、成本低，可以永久脱机保存信息。

⑤ 光盘存储技术。光盘存储技术是20世纪70年代以来发展起来的利用激光和计算机存储信息的新型存储技术。目前市场上的光盘大体上可以分为只读光盘、一写多读光盘、可擦重写光盘等三种类型。光盘具有以下特点：a. 存储密度高、容量大，光盘的存储密度在目前的大容量存储器中最高，它不仅可以用来存储计算机中的数据和文字信息，而且可以广泛用于声音和图像信息的存储；b. 价格低廉，便于复制；c. 坚固耐用，存储寿命较长，光盘密封较好，不宜受尘土、有害气体以及电磁场的影响，而且它利用激光进行非接触式存取，不仅可以快速随机存储，而且不存在磨损现象，使用寿命达10年以上。光盘的主要缺点是：误码率比较高，核对误码需要占20%～30%的光盘空间。

目前信息存储技术不断向体积小、存储密度高、容量大、功能多的方向发展。由于多方面因素的影响，各种存储技术将并存相当长的一段时期，发挥各自的优势服务于全社会。

(5) 信息存储方式

在计算机未发明之前，人们对信息的存储主要依赖于纸和笔，信息储存的表现形式是各种出版物、记录、报表、文件和报告等。这种信息存储方式是人类历史发展长河中一种重要的形式，在现在和将来都会一直发挥重要的作用。随着计算机的出现，出现了文件方式的信息存储、数据库方式的信息存储和数据仓库方式的信息存储。

① 文件系统存储。文件存储是信息存储得最为普遍的方法。文件存储方式是计算机系统中信息存储的最基础的方法。文件是记录的集合，从信息科学的角度来看，文件有操作系统文件和数据库文件两类。操作系统文件的记录没有结构，不具有特定的含义，由算法或程序解释存储在文件中的语义或者语法含义，文件本身可以视为一个字符串或者位串，仅为存取、处理方便，把文件分成信息组，每个信息组，称为一个记录，这些记录被顺序编号。数据库文件的记录有一定的结构，含有关键字和若干属性等数据项。

文件在介质上的存储方式称为文件的物理结构。文件的物理结构有顺序、链式和随机三种基本方式，表现形式有顺序、索引和散列文件等。顺序文件是按记录的逻辑顺序依次存储的文件。索引文件是指为了便于查找，在存储文件本身数据的同时，还存储着文件的目录即文件的逻辑记录与它的存储地址的对照表（称为索引表）的文件。索引表中每个索引都登记着某记录的关键字值和它的地址（可用物理记录号代替）。散列文件是指文件像线性表那样利用散列函数作散列存储的文件。散列函数实质上是关键字值空间与存储空间的映射关系。散列函数的构造与关键字值的分布有关，就是期望将关键字值空间均匀分布在存储空间中。

② 数据库与数据仓库。文件存储有很多不足，如文件存储的程序与文件过于相关，缺少程序和数据的对立性；文件存储的处理程序必须过多地关心文件存储的细节；文件中的数据有大量冗余，修改和并发控制困难等。人们通过大量的研究和实践，认识到必须建立专门的数据存储和应用技术，为人们科学地组织和存储数据提供方法、原理，并为人们提供对数据进行定义、操作和控制的工具，数据库技术便应运而生了。

数据库是指为了满足多个用户的多种应用需求，按一定的数据模型和数据结构在计算机系统中组织、存储，并能供用户使用的相互联系的数据集合。它由相关数据集合以及对该数据集合进行一定控制与管理的数据库管理系统（DBMS）构成。数据库的实现依赖于计算机的超高速运算能力和大容量存储能力，计算机技术的飞速发展和社会对信息处理的迫切要求。随着社会的发展，人们已不满足于简单的数据操作，而是进一步产生了使用数据的需求，即充分利用现有的数据进行分析推理，从而为决策提供依据。为此，数据仓库（Data Warehouse）、联机分析处理 OLAP（On-Line Analytical Processing）和数据挖掘（Data Mining）等新的概念和方法又产生了。数据仓库对大量用于事务处理的原始数据库中的数据进行清理、抽取和转换，并按决策主体的需要重新组织，形成一个综合的、面向分析的决策支持环境。它可以集成多个部门不同系统的大量数据，以提供辅助决策。

数据库按照一定的目的和要求，将各种载体形式的信息组织成有序的信息集合体，所以它又被称为信息库。可以按照不同的划分标准对信息库进一步细分。例如，如果按信息库的存储手段划分，则可分为人工信息库和机器信息库；如果按信息库的存储内容划分，则可分为文献信息库、数值信息库、事实信息库和综合信息库；如果按信息库的存储规模划分，可分为大型信息库、中型信息库和小型信息库。

综上所述，信息存储包括物理存储和逻辑组织两个方面。信息存储不仅强调存储的设备，更强调存储的思路，即我们应当考虑以下问题：为什么要存储这些信息，这些信息存储多长时间，以什么方式存储这些信息，存储在什么介质上，将来有什么用处或对决策可能产生的效果是什么等。最简单地，也要首先根据管理需求确定需要存储的信息，要注意并不是存储的信息越多越好。如果存储介质是采用计算机存储器的话，则要考虑运用信息库技术。

换个说法，信息存储必须考虑两方面的因素：一是存储介质的空间容量问题，信息存储的根本问题就是如何通过有效的信息组织高效率地利用有限的存储空间；二是存储信息的利用问题，信息存储的最终目的是人们异时利用提供方便。因此，信息存储的关键点就是要在节约存储空间和提高信息利用率之间寻找平衡点。

4.2.2 信息检索

信息检索也是微观信息管理的一项重要内容。信息检索是对信息的查找和调取工作，它和信息的存储是事物的两个方向。信息的存储可看作是信息库的"输入"和"存放"，信息的检索则可视之为信息库的"输出"和"使用"。信息存储建立信息库，其目的就是方便检索和提供使用。存储是为了检索，检索则依赖于存储。

（1）信息检索的含义及分类

① 信息检索的含义。信息检索是根据特定用户在特定时间和条件下的需求，运用某种工具，按照一定的过程、方法和技术，从各种各样的信息中查出所需的信息，形成用户需要的信息资源的过程。信息检索实质上是将描述特定用户所需信息的提问特征与信息存储的检索内容进行比较，从中找出与提问特征一致或基本一致的应用过程。

信息检索是查找信息的方法和手段，它能使人们在浩如烟海的信息海洋中迅速地、准确地、全面地查找所需的信息。可以说，信息检索对于人们的学习、工作和生活等各方面都是非常有用的。

② 信息检索的分类。可以根据不同的标准，将信息检索区分成各种类型。按检索内容划分，可以将信息检索分为数据信息检索（Data Information Retrieval）、事实信息检索（Fact Information Retrieval）和文献信息检索（Document Information Retrieval）。数据信

息检索是将经过收集、整理、加工的数值型数据存入检索数据库中，然后根据用户需求检索出可回答某一问题数据的过程。数据检索不仅能查出数据，而且能提供一定的运算、推导能力，辅助用户进行定量化的分析与决策。事实信息检索是将存储于检索数据库中的关于某一事件发生的时间、地点、经过等信息查找出来的检索。它既包含数值型数据的检索、运算、推导，也包含事实、概念等的检索、比较、逻辑判断。事实信息检索比数据信息检索复杂。文献信息检索是将存储于检索数据库中的关于某一主题文献的信息查找出来的检索。它通常通过目录、索引、文摘等二次文献，以原始文献的出处为检索目的，可以向用户提供有关原始文献的信息。

按组织方式划分，可以将信息检索分为全文检索、超文本检索和超媒体检索。全文检索是将存储于检索数据库中整本书、整篇文章中的任意内容查找出来的检索。它可以根据需要获得全文中有关章、节、段、句、词等的信息，也可进行各种统计和分析。超文本检索是对每个结点中所存信息以及信息链构成的网络中信息的检索。它强调中心结点之间的语义联接结构，靠系统提供的复杂工具进行图示穿行和结点展示，提供浏览式查询，可以进行跨库检索。超媒体检索是对存储的文本、图像、声音等多种媒体信息的检索，它是多维存储结构，也可以提供浏览式查询和跨库检索。

(2) 信息检索的主要手段

信息检索的主要手段有手工信息检索、联机信息检索、光盘信息检索和网络信息检索四种。

① 手工信息检索。所谓手工信息检索是指不用任何辅助的检索工具，仅仅是用人工的方法，从大量的信息资源中找出符合需要的部分。这是一种传统的检索方法，工作量大、效率低。但是由于其经过了人工的选择，准确性相对较高，适用于检索要求较为模糊、需要人工亲自检视取舍的、小范围的信息检索。

② 联机信息检索。联机信息检索是指用户利用终端设备，运用一定的指令输入检索词和检索策略，通过通信网络连接联机信息中心的中央计算机，进行人机对话，通过检索软件的运行从联机信息中心的数据库中查找所需信息的过程。

联机信息检索的特点是：a. 突破了空间限制，信息资源集中管理和共享，打破了信息检索的地域和空间限制，用户可以检索异地的数据库；b. 信息更新较及时，联机信息中心定期更新数据库中的信息，更新周期短，如 DIALOG 系统的工程索引每周更新，报纸数据库每天更新，有的商情数据库随时更新；c. 检索速度快；d. 检索费用较高。

DIALOG 系统是世界上最早也是目前最大的专业联机检索系统，现拥有 600 个数据库，这些数据库的内容覆盖面广，涉及自然科学、工程技术、社会科学、商业新闻与工业分析、公司信息与金融数据、报纸新闻等方面。其中，科技文献类数据库占 40%，人文社会科学类数据库占 10%，公司及产品类商情数据库占 24%，其他为新闻、媒体以及参考工具书等类型的数据库。DIALOG 的数据库主要收录公开出版的文献信息，每个数据库都有明确的收录范围，所有进入数据库的信息均用规范化的语言进行严格的编辑、标引，数据关联体系严谨，信息有序化程度高，可靠性强。

③ 光盘信息检索。光盘信息检索就是通过购买光盘数据库进行信息检索。具有检索成本低、操作简单、运行速度快、安全性能好等优点。但光盘信息检索也存在一些缺点，如光盘数据库更新周期较长，检索时需要不断更换光盘，不同出版商制作的光盘数据库不兼容等。

④ 网络信息检索。网上信息资源非常丰富,从信息检索的角度讲,网络信息具有以下特点:a. 数量庞大,内容丰富,网络信息的最大优势就在于它无所不包,信息类型丰富多样,这一方面给用户提供了非常大的选择空间,但另一方面大量无用信息混杂其中也给检索带来困扰;b. 可随时更新,不断变化;c. 无序性强,任何机构、个人都可以自由地在网上发表信息,信息来源分散、组织松散、质量良莠不齐;d. 信息关联度强,网络信息利用超文本链接,构成了立体网状文献链,把不同国家、不同地区、不同服务器、不同网页、不同文件之间通过节点链接起来,增强了信息的关联度,通过各种搜索引擎及检索系统可以方便快捷地实施信息检索。

网络信息资源是当前发展最快的信息源,人们也越来越多地依赖网络检索自己需要的信息,因此,下面就网络信息检索做进一步的介绍。

(3) 信息检索的基本程序

根据用户的信息需求的不同,信息检索的方法和途径也会随之改变。但不管采取何种信息检索的方式和手段,信息检索的基本程序是大体一致的(图4.4)。

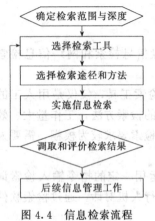

图4.4 信息检索流程

① 确定检索范围与深度。信息检索的范围指检索信息内容的宽度,信息检索的深度指信息检索的长度及是否需要索取信息根源。

② 选择检索工具。信息检索的工具很多,如目录、索引、文摘等,应该根据自己的检索需要合理选择和运用。一般情况下,当已知信息检索内容时,可以选择目录检索工具。如果只确定了检索信息的大概范围,可选用索引检索工具。当只需要获取一些信息的主干内容和重要数据时,可以选用文摘检索工具。

③ 选择检索途径。信息检索总是根据信息某一外表特征或内容特征来查找索取信息的,这些特征被称为信息检索的途径。从内部信息特征分析有分类途径和主题途径;从外部信息特征分析有题名途径、著者途径、编号途径等。

④ 选择检索方法。信息检索的方法主要有顺查法、倒查法、抽查法、追溯法等,检索方法的正确选择与应用,可以保证较高质量的检索效果。

⑤ 实施信息检索。在检索的实施阶段,如果是手工检索,可以根据检索标识符号查找文献信息的收藏地。机器检索时,可以依据题名、关键词、刊名、责任者等检索途径去查找所需信息。

⑥ 调取和评价检索结果。调取检索结果是指把信息资料提取出来,或为信息用户提供复印及打印服务,或将信息资料直接提供给用户使用。

对于检索结果进行评价,如果检索结果符合用户要求则进入到后续信息管理工作,若不能满足用户的信息需求,则表明需要调整检索策略,再重新选择检索工具或检索途径与方法,再次进行检索。

⑦ 后续信息管理工作。至此环节,信息检索工作已经完成,接下来就是对检索到的结果进行信息分析与利用等其他信息管理工作。

(4) 信息检索的主要方法

合理地选择和运用科学的信息检索方法,运用现代信息检索技术的策略,可以有效地提高信息检索的效率和检索效果。信息检索的主要方法有以下几种。

① 顺查法。顺查法是以信息检索课题起始年代为起点,按时间顺序由远而近地检索信

息的方法。这种方法所查得的文献较为系统全面，基本上可反映某学科专业或某课题发展的全貌，能达到一定的查全率。一般在申请专利的查新调查和新开课题时采用这种方法。优点是查全率高，缺点是费时费力。

② 倒查法。倒查法是从时间上由近向远进行回溯检索信息的方法。该法多用于查找新课题或有新内容的老课题，需要的是最新发表的文献信息。所以，一旦找到所需文献即中止检索。优点是节约时间，可保证情报的新颖性，缺点是漏检率高。

③ 抽查法。抽查法是按课题研究的需要，利用学科发展的波浪式性特点，抽查学科发展迅速、发表文献较多的时期内信息的方法。在学科发展兴旺的时期，科技成果和发表的文献一般也很多。因此，抽查法能以较少的检索时间获取较多的文献信息。该法的检索效果和检索效率较高，但漏检率也较高，而且必须在熟悉检索学科的基础上进行检索。

④ 追溯法。追溯法又称回溯法、扩展法，指以某一篇文献末尾所附的参考文献为依据，由近及远进行逐一追踪查找的方法。此法简单、直观，不断追溯可查找到某一专题的大量参考文献，是扩大信息源的好方法。一般在缺乏工具书或信息资源比较少的情况下采用追溯法。但由近及远的追溯法无法获得最新信息，而利用引文索引进行追溯查找则可弥补这一缺点。追溯法的缺点是费时、费力、漏检率高，检索效率和查全率低。

⑤ 循环法。循环法又称分段法，指先利用检索工具查找一批有用文献，再利用这些文献末尾所附参考文献的线索进行追溯查找。如此交替、循环使用常规法和追溯法，不断扩检，直到满足检索要求为止。优点是在检索工具缺年、缺卷时，也能连续获得所需年限内的文献资料。

(5) 网络信息资源类型及检索方法

网络信息检索是通过网络共享信息资源的重要方式。当前，网上检索工具界面友好、功能强大、简单易用，用户无需培训就能进行网上信息的检索。互联网上的信息服务资源一般配置在相应的服务器上，用户通过客户机就可以访问服务器上的信息。

人们按照不同的标准，划分出多种类型的网络信息资源。按照传输协议的不同，可以将互联网上的信息资源划分为万维网（WWW）信息资源、文件传输协议（FTP）信息资源、新闻讨论组（Usenet）信息资源和 Telnet 信息资源。

① WWW 信息资源检索。WWW 万维网或称 Web 服务器是当前互联网上最为流行的信息检索与信息服务程序，它把互联网的各种类型的信息（文本、声音、静止图像、动态影像等）综合集成起来提供给用户。通过交互式的查询方式，提供简单的信息查询接口和直观的用户界面。人们所说的互联网信息检索主要是指基于 Web 的信息检索。

检索 WWW 信息资源的检索工具主要是搜索引擎。用户输入自己的检索式，由搜索引擎自动将其与存储在网上的一次信息特征进行比较匹配，将符合用户要求的网上一次信息的描述记录以超文本方式显示出来。搜索引擎"命中"的网上一次信息动辄成千上万，因此越来越多的搜索引擎提供二次或高级检索功能，或对检索结果进行再处理，如按用户要求进行排序，或者按符合用户检索要求的程度由大到小排列输出检索结果，或者允许用户限定检索的时间、地域范围，或提供并行检索功能等。

② FTP 信息资源检索。FTP（File Transfer Protocol，文件传输协议）是利用网络在本地计算机与远程计算机之间建立关联，并将文件在远程计算机与本地主机之间进行传送。通过 FTP 协议，人们可以跟互联网上的 FTP 服务器进行文件的上传（Upload）或下载（Download）等动作。只是，FTP 服务器并不是可以随意使用的，上传和下载通常只对部分

用户开放，因此登录 FTP 服务器需要用户账号和口令，FTP 服务器只允许在该系统上拥有合法账号的用户对其文件进行传输操作。当 FTP 把用户与远程计算机连接时，会要求用户输入登录名和口令来表示其身份。用户输入登录名和口令并被接受后，可以查看远程计算机有哪些文件，并可以把文件从远程计算机上复制到本地计算机，或把本地计算机的文件上传到远程计算机。当然，在互联网上也有很多匿名（Anonymous）的 FTP 服务器，这些服务器向全世界开放，可以公开访问。这些 FTP 服务器在登录时使用"Anonymous"作为用户名，而将用户的 E-mail 地址作为口令。然而，无论以何种方式访问 FTP，都必须预先知道所需要的资源存放在哪一个文件服务器里，以及其相应的注册方法。互联网上的 FTP 服务器成千上万，想快速获知所需信息存储在哪些 FTP 服务器上，以及注册及获取方法，可以借助 achive 等 FTP 检索工具。

③ Usenet 信息资源检索。Usenet（User's network，又称为 Netnews）是一个建立在互联网上的包含很多条新闻讨论组的全球系统，是一个世界范围的多人参加、多向交流的网络大论坛。其讨论内容几乎覆盖当今社会经济生活的各个方面。

Usenet 不受任何人的管制，网络用户可以在很短的时间内与多人进行交谈、辩论、沟通思想、获取信息。据粗略统计，Usenet 上设有 6500 个新闻组，大多数新闻组都有相当多的文章，因此，如何在浩瀚的文档中查找自己需要的新闻组及文章，已成为人们关注的问题。

Deja news 是一个专门用于查询 Usenet 网络新闻组的搜索引擎。该引擎的基本功能是新闻组文章的全文检索，用户可以使用不同的检索方法查看发表在新闻组上的所有文章的内容，还提供了帮助用户迅速获取所需讨论组的新闻组查询功能，以及为用户提供免费个人新闻订阅服务，允许用户就某一主题随时向讨论组发送见解。

④ Telnet 信息资源检索。Telnet 是 Internet 的远程登录协议，允许用户将自己的计算机作为某一个 Internet 主机的远程终端与该主机相连，从而使用该主机的硬件、软件和信息资源。目前许多机构都建立了可供远程登录的信息系统，例如各类图书馆的联机公共目录系统、信息服务机构的综合信息系统、政府与企事业部门的信息系统等。通过 WWW 浏览器连接 Telnet 系统的方法是，在浏览器地址输入框中输入主机的 URL，然后输入用户名和口令，便可以按照系统的指示和方法执行有关操作和使用相关资源。

（6）信息检索的效果评价

信息检索的效果是信息检索系统在对信息进行检索时所产生的有效结果。通过对信息检索系统的评价，分析信息检索过程中的影响因素和存在的问题，以便进一步地提高信息检索的有效性。影响信息检索效率的因素主要有信息标引的网罗度、检索词的专指度、用户需求的表达程度等。根据信息检索的影响因素，信息检索效果可以通过评价相关信息资源检索过程中的各种检索指标来进行衡量，如查全率、查准率、漏查率、误检率等。

① 查全率。查全率（Recall Ratio，简称 R），是指检索出的相关信息的数量与检索系统中相关信息总量之间的比率。

$$查全率 = \frac{检出的相关信息资源量}{检索系统中相关信息总量} \times 100\%$$

查全率表明检索系统避免相关信息资源漏检的能力，是评价检索系统效率的重要参数。对于数据库检索系统来说，查全率为检索出的信息条目数与数据库中收集的所有相关信息间的比率。但对于因特网信息检索来说，信息的总量是很难计算的，由于检索方式与途径的不同，信息检索的结果也不尽相同。为此，我们引用了相对查全率的概念，在信息环境相对稳定的情况下计算出查全率。

$$相对查全率 = \frac{专业人员检索的信息数量}{全部实际检索出的信息集合总数} \times 100\%$$

② 查准率。查准率（Precision Ratio，简称 P），亦称检准率、相关率，是指系统实施检索时检出的相关信息的数量与检出的信息总量之间的比率。可表示为：

$$查准率 = \frac{检出的相关信息资源量}{检出信息资源总量} \times 100\%$$

查准率表明检索系统排出与检索提问无关的信息资源的能力。与查全率相似，在网络环境下信息资源的总量很难计算，为此定义出相对查准率。

$$相对查准率 = \frac{检出的相关信息资源量}{检索者在检索过程中搜集的信息总量} \times 100\%$$

相对的查全率和查准率是指在信息环境已知的情况下，以传统的方法计算信息检索效果，其受人为的因素较大，缺乏可重复性和客观性。一般情况下，信息的查全率和查准率成反比例关系，在实际检索中应注意追求两者的相对平衡，使其比率达到最优。

③ 漏检率。漏检率（Omission Factor，简称 O），指漏检相关信息量与检索系统中相关信息总量间的比率，它与查全率是一对互逆的检索指标，查全率高，则漏检率低。

$$漏检率 = \frac{漏检相关信息量}{检索系统中相关信息总量} \times 100\%$$

④ 误检率。误检率（Noise Factor，简称 N），是指误检（检出不相关）信息量与检出信息总量间的比率，是衡量信息检索系统误检程度的尺度。它与查准率是一对互逆的检索指标，查准率高，则误检率低。

$$误检率 = \frac{误检信息量}{检出信息总量} \times 100\%$$

(7) 信息检索的发展趋势

信息检索始终是信息科学研究的一个热点。在现代信息技术的推动下，信息检索呈现如下发展趋势。

① 多样化。多样化表现在三个方面。第一，可检索信息形态多样化。在互联网出现以前，信息检索基本上只限于文本信息，可供检索的非文本信息数量极少；现代信息技术的发展使得当前可检索的信息形态呈多样化，如文本、声音、图像、视频等。尤其是信息检索的可视化发展，一幅图像传递的信息要比一篇文字更生动、形象、准确。现在，可视化技术广泛应用于地理信息系统、产品设计、数字城市等领域。第二，检索向多国别、多语种发展。在网络世界中，信息检索突破了国别的界限，但语言障碍成为影响检索效率的主要因素之一，因此多语种检索技术是当前信息检索研究的一个重点领域。第三，检索工具和服务的多样化，单一的检索工具已不能适应需求，集多种检索功能于一体的检索工具和检索服务成为发展趋势。

② 智能化和个性化。智能化是信息检索发展的重要方向，主要表现在两个方面。第一，智能检索可以是基于自然语言的检索形式，机器根据用户所提供的自然语言表达的检索要求进行分析，形成检索策略并进行检索。第二，智能化发展的另一个方向是个性化信息服务，信息推拉技术的出现加快了信息服务智能化进程。信息推送（Push）是指信息源主动将信息推送给用户；信息拉取（Pull）则是指用户主动从信息源拉取信息。根据不同用户的特点和需求，智能化信息检索利用智能推拉技术、神经智能技术等实现信息源对不同用户类型所要求的信息的按需推送；利用知识发现技术，可从推拉技术所获取的信息中进一步提取更有

意义、更有价值的知识，发现隐藏在信息资源中的内在规律；利用数据挖掘技术、知识评价技术，最终能够提取真正符合用户要求的信息。

4.3 信息交流

4.3.1 信息交流的内涵

信息交流，是人类通过符号和媒介交流信息以期发生相应变化的活动。这个定义指出了信息交流四个方面的含义，即信息交流是一种人类的活动；人们交流的是信息；信息交流离不开符号和媒介；信息交流的目的是希望发生相应的变化。

根据信息交流的概念，可以看出信息交流涉及多个要素。但基于不同角度的研究者对于信息交流的构成要素有多种不同的观点，如"三要素说""五要素说""六要素说"等，但它们都反映了信息交流的几个基本要素。

① 信息源：即信息产生的发源地。没有信息源，信息交流就变成了无源之水，无本之木。

② 交流者：交流者是信息交流行为的主体，是沟通信息源和信息接收者之间的桥梁和纽带。交流者的作用主要有两点：一是信息交流始于交流者；二是信息交流的内容、对象也取决于交流者。根据交流者与信息源的关系，可以分为直接交流者和间接交流者；根据交流者是否专职进行交流，分为普通交流者和专职交流者。

③ 交流媒介：交流媒介又称为交流渠道、信道，是指信息交流的通道，它是信息交流系统的重要组成部分。交流媒介的关键问题是容量，要求以最快的速度传递最大的信息量。

④ 接收者：接收者是信息交流的对象，又称信宿、信息用户。信息从信息源出发，由交流者通过交流媒介到达接收者。单独分析某一信息交流过程，信息接收者是信息交流活动的终点。但如连续地考虑信息交流活动，则信息接收者既是终点也是起点。

4.3.2 常见的信息交流方式

(1) 多向主动交流

多向主动交流指信息发送者根据自己的选择和判断将信息进行处理后传递给事先没有确定的接收者。

这种信息交流的主要形式有：信息管理机构的情报报道服务，企业发放广告资料，广播电视节目，开讲座，举行招待会等。例如书商关于新书新刊目录的交流与分发，信息中心对二次文献的选择报道，网站对信息的选择发送等。

多向主动传递已经发展成为专业信息服务的基本形式，面对浩如烟海的一次信息，用户不仅难于获得自己所需要的部分，即使获得后也没有足够的时间和精力去进行阅读、选择、评价、分析和吸收，专业信息服务机构通过对大量一次信息的加工整理，把浓缩后的二次信息向用户提供，大大提高了信息交流的效率。

(2) 单向主动交流

信息发送者根据自己的选择和判断将信息主动传递给事先确定的信息接收者。这种方式一般是信息机构与信息用户之间有固定的和较为密切的合作关系，信息机构了解了用户的信息需求，从而能够准确、及时地提供信息。这种信息传递方式至今尚未形成比较固定的模式。

(3) 多向被动地交流

信息发送者根据广泛的接收者的要求，向他们提供信息资料的传递。多向被动地传递最主要的形式是借阅服务。例如：图书馆、信息中心的书刊资料阅览和借阅服务、网站信息服务等。来到信息中心或图书馆的用户、点击网站信息的用户是主动的，而信息传递本身是被动的故也被称为无向被动传递。网络信息服务实质上是网站通过对大量信息进行选择、评价、整理之后存贮于相应的网站主页或栏目中，给用户提供导航、搜索服务；阅览、借阅同样是对大量信息进行收集、加工、整理、存贮之后按照检索语言的要求，上架存放，或输入到计算机信息系统中，供信息用户前来借阅和查寻。这已经成为信息传递的一种固定模式。

(4) 单向被动交流

信息发送者根据事先确定的信息接收者提出的问题和要求来进行的信息传递。信息机构根据自己掌握的知识、经验和信息资源接受信息用户的咨询，从而判断信息用户需要什么样的信息，咨询的问题可能涉及各个方面，如获得某一信息的线索，某一具体数据或事实，要求能得到圆满的解答。咨询是由用户提出问题，对信息机构来说是被动的，而信息传递的对象又是特定的咨询者，所以这种信息传递被称为单向被动传递，也被称为有向被动传递。

上述四种信息交流方式并非彼此独立，而是相互联系的，它们之间不能相互替代，而要长期共存。多向主动交流是专业信息服务开展的各种信息交流中最基本、最重要的信息传播，它构成信息服务和信息管理工作诸环节的核心，以它为中心环节，形成信息管理的工作流程。要进行多向主动交流，必然要同时完成信息的收集、加工整理和检索等各个环节的工作。以此为基础，其他几种类型的信息交流才得以进行。此外对于用户来说，有了信息机构的多向主动交流，才具有了解和获得各类信息的基础。多向交流一般较单向交流容易，因为单向交流具有特定的目标，需要信息机构花许多精力和时间去了解特定用户的需求，难度自然增加。与被动交流比较，主动交流较为容易，因为有较为充裕的时间进行准备。单向被动交流是信息服务的理想目标，只有定向，才能将信息交流给特定的利用者，从而最大限度地发挥信息的效用。其中单向主动交流是信息服务的高级形式，但不易做到。

4.3.3 常见的信息交流模式

对于信息交流，研究者从自己的研究领域出发，基于不同视角提出了不同的信息交流模式。

(1) 拉斯韦尔的直线模式

美国政治学家拉斯韦尔，交流学奠基人之一。在其1948年发表的《交流在社会中的结构与功能》一文中，最早以建立模式的方法对人类社会的交流活动进行了分析，这便是著名的"5W"模式。"5W"模式界定了交流学的研究范围和基本内容，影响极为深远。"5W"模式如下。

谁（Who）→说什么（Says What）→通过什么渠道（In Which Channel）→对谁说（To Whom）→取得什么效果（With What Effects）。如图4.5所示。

图4.5 拉斯韦尔直线模式

5W模式的地位不可撼动，因为它最早提出了信息交流模式，并且用简单的五个要素对复杂的人类信息交流过程进行描述，为人们理解信息交流过程提供了便利。他提出的五个要素揭示了信息交流过程的本质，成为后来交流学研究关注的焦点。其中，对于"谁"（交流者）的研究，导致了后来所谓的控制研究（Control Studies）；对于"说什么"（信息）的研究，则是内容分析（Content Analysis）的主要任务；研究"通过什么渠道"（媒介）的是媒介分析（Media Analysis）；"对谁说"（受者）成为了受众分析（Audience Analysis）的主要对象；"有什么效果"（效果）则是效果研究（Effect Studies）所关注的。这五个领域成为了交流学研究的焦点。

但是拉斯韦尔的信息交流过程是有缺陷的。一些交流学学者批评该模式过于简化，忽略了一些交流中的重要因素：一方面它的信息交流模式是单向的，没有考虑到交流者和受者之间的信息交流。从模型上来看，信息交流活动在受众接受信息，并产生一定的效果以后就戛然而止了，而受者对交流者所做出的反馈，以及这种反馈活动对于信息交流过程的影响则没有考虑到其中。另一方面该模式忽略了信息交流过程不是在一个真空的环境中进行的，没有考虑到周围环境对于交流过程（比如交流者编辑和传递信息、信息在媒介中的传递以及接受者接受信息并对信息加以理解等环节）的影响。

（2）申农—韦弗模式

1949年，美国贝尔电话实验室的申农（Shannon）及其合作者韦弗（Weaver）提出了一个通信系统的模型——申农—韦弗模式如图4.6所示，后来被人们视作信息论的基本模式而得以广泛引用。

图4.6 申农—韦弗模式

韦弗把交流定义为一个过程，通过这个过程，一个人的思想影响到另一个人，交流是一种有意识的活动。申农—韦弗模式对交流学的研究带来了巨大的影响。它解释了信息交流的基本组成部分，即：信源、信道、信息、接收器、噪声。在该模型中，信源发出讯息，经过发射器，把讯息变换为信号。信号在信道中传递的过程，会受到噪声的干扰，因此接收到的信号实际上是"信号＋噪声"。经过接收器，把信号还原成讯息，传递给信宿。由于可能受到噪声的干扰，信号不是稳定不变的，这可能会导致发出的信号与接收的信号之间产生差别。

这个模式是作为一个电子通信模式而存在的，不能解释人类的信息交流行为；没有反映出反馈。

（3）施拉姆的循环模式

拉斯韦尔的直线模式和申农—韦弗模式都是直线型信息交流模式，没有体现出反馈。1954年施拉姆在《交流是怎样进行的》一书中提出了循环模式，如图4.7所示。

图4.7 施拉姆循环模式

施拉姆循环模式的优点如下。

① 反映出了信息交流双方的互动性；
② 体现出了交流者和受众之间角色互换。

其不足之处体现在以下几个方面。

① 没有反映出信息交流双方处于一定的社会环境中，其信息交流受到诸多外界因素的影响。
② 信息交流双方不应该是图中所显示的那么同质，应存在着很多的差异性。
③ 很多信息交流活动并不如图中显示得那么对等。

(4) 米哈依洛夫广义的科学交流系统模式

20世纪中叶，美国社会学家门泽尔 H 从载体角度对信息交流过程进行了系统的研究，提出了著名的"正式过程"和"非正式过程"交流模型。在这种模型下，社会中的信息交流被分为正式交流（依法组织、具有正规合法渠道、受法律保护，是社会组织机构运行的必要条件）和非正式交流（社会成员之间或非正式组织成员之间自由自愿的信息交换与沟通）两种基本形式。这一理论经苏联情报学家、教育家米哈依洛夫 А И 整理，得到了体系严密的广义的科学交流系统模式，如图4.8所示。这种模式将科学交流分为正式交流和非正式交流。正式交流是通过科学文献系统或"第三方"的控制而进行的信息交流，信息交流在科学文献或"第三方"的控制下从信息创造者流向信息使用者。

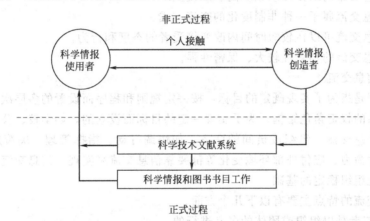

图4.8 米哈依洛夫广义的科学交流系统模式

这种交流方式的优点是：获得的情报可靠程度高，质量有保证，因为科学文献在出版前一般得到了同行或专家评审；能够从大量的文献当中找到有关某一课题详细、全面的科学情报，因为科学文献是存储科学情报的重要场所和交流科学情报的重要手段；不需要与信息生产者本人见面。

这种交流方式的缺点是：信息传递不及时，新颖性难以保证；通过文献查找科学信息需要一定的方法和技巧，而不懂查找方法或技巧的人就不容易真正找到所需要的全部信息。非正式交流是指科学家、研究人员之间通过个人接触进行的信息交流，如彼此之间关于所做研究的直接对话，参观同行的和科学技术展览，对各类听众作口头演讲，交换信件、出版物预印本和单行本，研究成果在发表前的准备工作等。这种交流方式由于没有中间环节而具有以下优点：信息间隔时间短，能以科技文献所达不到的速度传递信息；信息选择性和针对性强，即通过与同行或同事的直接交流比通过文献查找所需要的信息要方便和对口；传递信息时反馈迅速，即直接对话时对任何问题都可以立即澄清并根据需要立即修正答案，进行讨论；对所得到的信息易于理解，并能给出恰当的评价。非正式交流渠道局限性表现在：信息的可靠性和准确性难以检验；往往只有少数人有参与直接交流的机会；不可能为以后的加工进行情报积累。这些缺点对于科学交流来说是致命的，因而非正式交流的作用也是有限的。

4.3.4 社会信息交流

社会系统中信息交流的现象和规律是社会信息交流的主要研究内容。这一研究为信息管理行为奠定了基础。社会系统中的信息交流现象将整个社会联系在了一起。社会信息交流类型中最重要的是：人际信息交流、组织信息交流、大众信息交流。

(1) 人际信息交流

个人与个人之间的信息交流活动称为人际信息交流。是由两个个体系统相互连接而成的新的信息交流系统。它是一种最典型、最直观、最常见、最丰富的社会信息交流活动。其特点有以下几个方面。

① 人际信息交流的方法灵活、渠道多。

② 由于其方法灵活、渠道多从而使其所表达的含义丰富多彩。如同一句话用不同的语气表达出来，会给接受者带来不同的暗示。

③ 人际信息交流的双方互动频度高、反馈及时。

④ 人际信息交流属于一种非制度化的交流方式。

⑤ 人际信息交流可以在较短时间内改变接受者的态度和行为。

⑥ 人际信息交流的随意性较大、保密性强。

(2) 组织信息交流

这里的组织是指为了实现既定的目标，按一定规则和程序而设置的多层次岗位及其有相应人员隶属关系的权责角色结构，为了实现一定的目标而设立的，如学校、公司等。组织结构的核心就是信息交流。组织成员间的联系，如协调行动、指挥管理、决策应变、达成共识、发展组织生命力、应付外部环境变化等都要靠信息交流来实现。信息交流是组织存在与发展的基础，是组织稳定的基础。

组织信息交流的特点主要有以下几个方面。

① 信息交流者是以组织或团体的名义进行的。

② 信息大多是指令性、训导性和劝服性的内容。

③ 具体活动是在有组织领导的情况下进行的。

④ 交流活动有一定的规模，参加者人数不等，或十几人或几百人或更多不等。

组织信息交流指组织成员或组织与组织之间的信息交流行为。主要包括组织内部的信息交流和组织外部信息交流（如组织向外输出信息或从外界输入信息的行为）两部分。

组织内部的信息交流是指组织内部各子系统之间的信息交流。如成员、部门之间相互进行信息联系。组织内部的信息交流主要是为了思想的沟通、感情的沟通和工作的沟通目的。

组织的外部信息交流可以这样理解：组织是一个系统，内部有各子系统的部门，他们直接相互配合，共同完成组织目标。与此同时，这个系统是开放的，它与外部环境之间要进行信息的沟通与交流，并受环境的影响而要求不断改变策略，提高应对水平。从组织从外界输入信息和向外界输出信息来看，组织外部的信息交流又分为两个方面：组织从外界输入信息；组织向外界输出信息。

(3) 大众信息交流

大众信息交流是专业化的媒介组织运用先进的交流技术和产业化手段，以社会上一般大众为对象而进行的大规模的信息生产和交流活动。印刷媒介（如报纸、杂志）和电子媒介（如广播、电视、网络）是大众信息交流的两种主要媒体。

大众信息交流与其他类型的信息交流活动相比有以下特点。

① 大众信息交流中的交流者是从事信息生产和交流的专业化媒介组织。

② 大众信息交流是运用先进的交流技术和产业化手段大量生产、复制和交流信息的活动。交流的媒介日益复杂化和现代化。

③ 大众信息交流的对象是社会大众。不受性别、职业、年龄、社会地位、文凭等的影响，受众量大、分布广泛，这使得大众信息交流的反馈迟缓、零散、间接、具有积聚性。

④ 大众信息交流的信息既具有商品属性，又具有文化属性。

⑤ 从交流的过程来看，大众信息交流属于单向性的信息交流活动，信息交流双方联系是间接的、松散的。

⑥ 大众信息交流是一种制度化的社会信息交流方式。

⑦ 对信息接受者的立场、观点、态度、行为、文化素养等方面能产生积极的或消极的影响。

4.3.5 信息交流的影响因素

作为一类信息行为，信息交流必然会受到各种因素的影响。

(1) 社会因素

政治因素。个人有隐私，国家有秘密。为了国家的安全，某些信息的交流肯定会受到限制。

军事因素。军事的敌对国，由于科技文化经济等方面的互相封锁，彼此间的信息交流不可能不受到冲击和影响；而且，这种敌对关系不仅存在于国与国之间，两国个人间的关系也会受到波及。

法规因素。一个国家的法规是维护社会安定和有序化的一种手段。然而，它也与其他事情一样具有一定负面的影响。例如版权法、商标法和专利法促进了信息的交流与共享，但又限制了交流范围和交流模式。

经济因素。统计资料显示，经济越发达地区，信息技术方面的投资也越多，经济越发达，对信息交流的刺激也越大。

科技因素。科技发展的水平与信息交流的水平息息相关。在信息化时代，人与人之间的交流非常容易。地球上某一个人可以在地球的任何一个角落与另外一个人随时通信。

文化因素。不同的文化背景会阻碍信息的交流。两个民族，如果文化背景和习俗不同，他们在进行思想交流和沟通时难免会出现障碍。

教育因素。教育对信息交流有重大影响，教育发达的地区有利于信息交流的开展。

(2) 交流过程因素

① 信息产生中的因素

信息时滞。当一件事情出现后，用语言表述，比如写成新闻发表在报刊上，总有一个时间差，即使是电视实况转播，也不可能没有时差。

语言的转化。人们要想用语言准确地描述一件事情是非常困难的，这就是语言转化的难点，自然语言中有不同语系、不同语种、不同方言都会导致认知和理解的困难。

形式化。形式化过程是自然语言向机器符号的转化，为了实现这种转化，必须先建立一个形式系统，规定所用的符号，规定符号连接成合法符号串的规则以及合法符号串如何表示问题领域中的意义,然后把要处理的问题用符号串表示出来,这种形式化的过程肯定会对交流产生影响。

干扰。除传输前的有用信息和无用信息之间的相互干扰外,过量的信息也会加重人们在传输前的选择负担。

② 信息传递中的因素

信息容量。根据申农第一定理,信息容量是有一定限制的,控制好传输的容量和质量是信息传递中的重要任务之一。

传输过程干扰。根据申农第二定理,信息传输过程中,干扰是不可避免的,关键是如何进行信息编码,使传输信息的干扰最小。

信息还原。信息还原取决于信道的选择和编码解码方式,信道的选择包括信道的种类和信道的容量。

传递方式。比如 DDN(数字电路)、ISDN(综合数字业务)、ATM(异步模式)等传输方式的传输效率不同,即使同是 DDN,由于其宽带不同,传输效率也不同。

(3) 信息接收中的因素

接收需求。以某用户在互联网上搜索信息为例,假如要查与"科技"有关的信息,通过互联网上搜索引擎搜索的结果可能有一万条信息,而这些信息不可能都需要,内容是否合适就成为进一步评价筛选的标准,一般来说评价标准与准备完成的工作密切相关,如果要查中国科技创新的影响,那么进一步筛选的标准将会缩小,可见接收需求影响信息交流的内容范围。

接收能力。信息接收者的信息接收能力对信息交流有较大影响,当一个人收到一条信息时,第一反应就是对这条信息进行评价,评价的好坏将决定信息的取舍,取舍完成后,还要对信息进行加工整理、理解吸收,否则反馈信息无法进行。

(4) 信息安全因素

信息污染。信息污染是指无用信息、劣质信息或有害信息渗透到信息资源中,对信息资源的收集、开发和利用造成干扰,影响信息交流的速度与效率,增加信息筛选、甄别的难度,信息污染中的有些信息还会对用户和国家产生危害。

信息泄密。信息泄密是指通过不合理或非法手段,窃取个人的隐私信息、企业的商业秘密、政府部门和军队的机密、计算机文件和软件等。

信息破坏。信息破坏主要是指制造和交流恶意程序,破坏计算机内所存储的信息和程序,甚至破坏计算机硬件,对信息安全影响最大的信息破坏主要是计算机病毒。

信息侵权。信息侵权是指对信息产权的侵犯,传统的信息产权主要是指知识产权,包括版权、专利权和商标权,现代信息技术环境中的信息侵权还包括计算机软件侵权、数据库产品侵权、域名侵权、网上信息侵权等。

信息侵略。信息侵略是指发达国家利用其信息优势向发展中国家输出其价值观念与政治观点,破坏发展中国家的政治独立性和文化独立性的行为。

4.4 信息分析与预测

信息分析与预测是以对已知信息的内容进行整序和科学抽象为主要特征的一项信息深加工活动,目的是获取增值的、具有决策支持作用的信息产品,以便更好地开放和利用信息资源,是信息利用的重要基础和保障。信息分析与预测是微观信息组织管理过程中的重要环节。在这一过程中,针对用户特定的信息需求,确立研究选题,通过调查广泛系统地搜集相关信息资源,依据信息分析程序和方法,对信息进行加工整理、价值评价和分析研究,并在此基础上,运用科学的理论和方法,获取对客观事物运动规律的认识,对客观事物的发展或未来信息做出合理的预测,满足用户的信息需求。

4.4.1 信息分析

世界上一切事物的运动都具有形式多样、姿态万千的特点,但从本质上看,这些事物的运动又并非杂乱无章、难以捉摸,而是有规律的。在客观规律面前,人们并不是完全无能为力的。人们可以透过现象认识它,并通过它再现事物的运动过程。在科学决策、研究与开发、市场开拓领域,信息分析便是一种行之有效的揭示规律的方法。信息分析旨在通过已知信息揭示客观事物的运动规律。这些信息是客观上已经产生和存在的,这些规律也是客观事物运动本身所固有的、本质的规律。信息分析的任务就是要运用科学的理论、方法和手段,在对大量的(通常是零散、杂乱无章的)信息进行搜集、加工整理与评价的基础上,透过由各种关系交织而成的错综复杂的表面现象,把握事物发展内容本质,从而获取对客观事物运动规律的认识。

4.4.1.1 信息分析的含义与特点

信息分析是将大量离散、无序、质量不一的信息进行搜集、选择、加工和组织,形成增值的信息产品,最终为不同层次的科学决策服务的一项科研活动。通过系统化的方法将信息转化为情报、知识和谋略,并应用于人类的各项活动和各种决策中,比如用于解决实际问题,推演事物发展变化规律,或预测事物未来发展变化情况等。涉及的范围包括世界范围发展水平趋势信息分析、技术经济信息分析、市场信息分析、产品信息分析、管理信息分析、战略信息分析等。在人类社会发展须臾不可离开信息的今天,信息分析的意义极其重要,它不仅存在于科技和经济领域,而且还遍及广泛的社会领域,并对社会的发展和变革产生重要影响。信息分析的目的是把握现在,预测未来。

信息分析的主要特点有以下几点。

① 目标性。目标性是指信息分析活动必须针对某一既定的具体目标来进行,如针对国民经济和社会发展的宏观决策需要,针对企业生产、技术开发和营销管理的微观决策需要,做到有的放矢。信息分析的目标性体现在最终的信息产品上,表现为信息分析产品对用户的实用性,如在产品的内容、制作方式和传递渠道上,适合特定用户在不同的场合、时间的实际情况的需要等。信息分析人员要及时掌握决策层正在或者将要决策的目标,同时要掌握国内外政治、经济、社会、科技发展的现状和趋势,才能使自身在信息分析工作中具有明确的目标。

② 系统性。信息分析的一项基本工作就是使大量有关课题研究的信息系统化,具体说就是使分散、无序的信息密集化、有序化,使不同层面的信息连串化,使不同时空的信息整体化。目的就在于使有关的知识与信息系统化、有序化、准确化,以便于信息用户能够更加有效地加以利用。系统性主要表现在:

• 搜集相关信息素材的系统性,在信息搜集过程中,要系统地记忆、归纳、整理相关信息素材,使之成为系统有序、便于检索的信息资源;

• 信息分析方法的系统性,从纵向方面讲,在信息分析的过程中,要将有关课题的过去、现状以及未来的信息按时间序列系统地进行综合研究,从横向方面讲,综合研究课题相关的其他信息并形成系统化，如涉及的学科知识的系统性、所需要研究的因素的系统性等。

③ 概率性。信息分析的信息资料来源十分广泛，其真实、相关、及时、准确程度都很不确定，而且信息分析绝大多数面对的是一个不确定因素繁多的动态随机环境；同时，分析人员的学识、经验、观察分析能力等都有所差异，因此，信息分析结果受到信息分析人员素质和搜集到的原始信息质与量的双重限制，其结果的可靠程度只是一个概率数值，信息分析的目标就是尽量使分析结果的概率值趋近于1，从而使信息分析成果更为精准可靠。

④ 政策性。作为一项政策性很强的工作，信息分析必须围绕社会发展、经济建设以及所在部门、行业、地区的政治、经济、科技、社会发展的需要而进行。因此，信息分析不能违背国家以及所在部门、行业、地区指定的关于发展国民经济，促进社会进步和提高技术水平的路线、方针、政策。在信息分析中，必须依据这些路线、方针、政策进行信息素材的判断和取舍，特别是在为决策服务的信息分析活动中，要受到国家现行政策和制度的制约，同时又要为现行政策的修订和新政策的制定提供服务。因此，政策性是信息分析活动必须考虑的重要因素。

⑤ 时效性。信息的效用依赖于时间并有一定的期限，其价值的大小与提供信息的时间密切相关。实践证明，信息一经形成，所提供的速度越快、时间越早，其实现价值越大。随着大众传播科技的飞速发展，人们对信息时效性有增无减的需求将会得到进一步满足，信息传播与接收将会越来越快。因此，信息分析也要以最快的速度，为用户提供及时、适时的研究成果。在信息分析活动中要设立合理的时间限度，如果超过时间的上限，信息分析活动不能发挥其最大效用；如果低于时间下限，由于发展环境的变化和干扰，信息分析活动的价值也会大大降低。

4.4.1.2 信息分析的基本程序

信息分析是针对某一特定问题的需要对有关信息进行定向选择和科学抽象的研究活动，它通常由选题、设计研究框架、信息搜集与整序、信息分析与综合以及编写研究报告并进行结果论证五个步骤组成。其流程如图4.9所示。

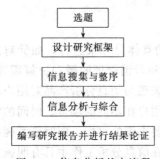

图4.9 信息分析基本流程

（1）选题

选题就是选择信息分析的课题，明确信息分析工作的研究对象、研究目的和研究的内容，它既是信息分析工作的起点、目标和方向，也是信息分析活动中的重要战略环节。信息分析选题正确、恰当与否，往往关系到信息分析工作能否达到预期的目的和效果。好的选题与国民经济和社会发展相吻合，与用户的信息需求相一致，并在实际应用中创造极大的社会价值和经济效益。为了使所选课题准确、切中时要，而且具有研究的价值和可能，在信息分析课题选择的过程中，信息人员要遵循以下基本原则。

① 针对性。针对性是指所选课题与科研生产、经济建设、社会发展紧密结合，能够反映社会现实发展的迫切需要，能够为国民经济和社会发展各领域的科学决策和市场开拓活动服务，具有实践上的应用价值，即选定的课题具有一定的研究必要性，而不是可有可无的。因此，应做到"按需选题"，并处理好现实需要与潜在需要、近期需要与长远需要、战略需要与战术需要之间的关系。

② 可行性。对于既定的课题，如果信息分析机构已经具备或通过努力可以具备条件，可以认为这样的选题是可行的。

在选题的过程中要充分考虑到：研究机构的物质和技术设备条件、资金状况；研究人员的专业特长、研究基础以及能力条件；国家相关政策对课题研究的扶持或资助状况等，综合权衡自身条件和宏观环境的利弊，做到量力而行。

③ 效益性。从经济角度看，在信息分析活动的过程中投入了大量的人力、财力、物力和时间，因此，信息分析活动本身就是经济活动的一部分。在信息分析活动中要正确处理投入与产出的关系，用最少的投入获取最大的效益。

信息分析工作的效益表现为经济效益和社会效益两个方面，在信息分析活动中经济效益和社会效益发生冲突时，应坚持社会效益优先的原则。

(2) 设计研究框架

信息分析课题确立后，要设计出一整套科学、合理的研究方案和工作框架。研究方案和工作框架是行动的指南和纲领，是课题任务全面而系统的筹划和安排。有了工作框架和计划，就有了工作目标，就可以把整个研究过程有机地组织起来，保障研究工作有条不紊地顺利推进。

为保障研究框架的科学性，通常事先形成开题报告，阐明选题目的、预期目标、研究内容、调查大纲、实施方案、进度计划、产品形式及其提交方式、经费预算、人员组织及论证意见等。开题报告通过后，要制订出更为详细的研究框架和工作计划。为此，课题负责人必须对研究课题各阶段的实施步骤有十分清楚的了解，既要规划信息分析工作的总体结构，又要综合各局部子课题的研究成果来实现其总体目标。

(3) 信息搜集与整序

进行信息搜集，充分掌握与课题有关的信息资料是信息分析工作的前提和基础。无论是何种类型的信息分析，都必须充分占有信息"原料"，没有信息搜集，信息分析也就成了无米之炊。随着信息技术的飞速发展，各类庞杂的信息形成了信息海洋，而信息需求又是特定和专门的，它因课题的目的、要求不同而异，具体参见4.1.1的内容。

同时，为控制信息的流速与流向、数量与质量等，在信息分析活动中需要进行信息整序，把信息传递过程中杂乱无序的信息整理为系统有序状态。信息整序的一般要求是：

第一，信息内容的有序化即信息组织，把从各类信息源采集到的零散的、孤立的信息内容进行有序化整理，使集中在一起的信息系统、条理，并按一定标识呈现出某种秩序，并能表达某种意义；

第二，信息流向明确化，基于研究用户信息需求和信息行为，分析出不同用户的信息活动特征，确定信息传递方向，并根据信息环境的发展变化不断调整信息流动方向，形成信息合流；

第三，信息数量精约化，对信息认真选择加工，降低信息冗余度，达到内容简练、简明扼要的要求；

第四，信息质量最优化，对信息进行鉴别、分析、评价，剔除陈旧过时、错误无用的信息，提高信息产品的可靠性和先进性。

(4) 信息分析与综合

信息分析与综合是对信息进行高级组织的核心环节。信息分析与综合环节的具体内容，与研究的目标对象、研究目标和任务有着直接联系。从研究目标对象看，信息分析与综合包含着许多具体而实在的内容，大体上涉及科技、经济、军事、政治、文化、市场等各个社会领域的一切信息的分析与综合,因此信息分析与综合要针对不同课题的特点和要求综合运用各种方法,对不同的领域和研究对象进行科学合理的分析和系统的综合。从研究目标和任务看,信息分析与综合的目标和任务包含两部分:一是中间目标和任务,即解释研究对象本身所固有的、本质的规律;二是最终目标和任务,即利用所揭示的本质规律为用户服务。也就是说,信息分析与综合的结果一方面要回答进行该项研究要解决的主要问题,同时也要为信息预测提供必要的基础。

(5) 编写研究报告并进行结果论证

专题研究报告是信息分析成果的一种主要表现形式,信息分析的结果经归纳、总结后,将以书面报告的形式提交给委托者或用户。专题研究报告的基本内容包括:课题名称、文摘、引言、正文、结论、参考文献或附注(含背景材料及原始材料)等。并且它还应包括以下主要内容:背景描述与现状分析,包括拟解决的问题、主要工作内容、任务和要达到的目标等;分析研究方法,包括原始资料的归纳、数据处理、所做的分析、结果及检验等;论证与结论,包括总结与建议等,同时指出在应用时应注意的问题。

4.4.1.3 信息分析的主要方法

信息分析方法是进行信息分析的工具,是实现信息分析工作目标的手段。作为一门社会科学和自然科学交叉的综合性学科,信息分析方法有的源于一般科学,如系统科学、数学等,有的是信息学专有的方法,如引文分析方法、信息组织方法等。因此信息分析方法是多种方法融合而成的。这里主要介绍信息分析方法的四种类型。

(1) 信息联想法

世界上的一切事物都是相互联系着的,表征事物现象的任何信息都连接着无数与其相关的信息。信息联想法就是从信息联系的普遍性上去进行思维加工,从离散的表层信息中识别出相关的隐蔽信息,明确信息之间的相互联系,由此组合并产生出新的信息。常见的信息联想法主要有比较分析、逻辑分类、触发词、强制联想、特性列举、偶然联想链、因果关系、相关分析、关联树与关联表、聚类分析、判别分析、路径分析、因子分析、主成分分析、引文分析等。

(2) 信息综合法

在复杂多变的社会信息现象和漫无边际的信息海洋面前,如何把其中支离破碎的信息片段汇集起来综合得出事物的整体认识,如何从中提炼出或捕捉到有针对性、对解决问题有用的信息,都需要利用信息综合的方法。信息综合法是在深入分析有关研究对象的各种信息基础上,根据信息之间的逻辑关系进行的科学概括,并将这些信息有机地组合起来,形成一种新的统一认识,达到总体上把握事物本质和规律的目的。常见的信息综合法有:归纳综合、图谱综合、兼容综合、扬弃综合、典型分析、背景分析、环境扫描、系统辨识、数据挖掘等。

(3) 信息预测法

无论多么复杂的事物,在其发展过程中总有某种规律可循,因此,人们可以根据事物过去运动变化的客观过程和某些规律性,运用各种定性和定量的分析方法,对事物未来可能出现的趋势和可能达到的水平进行预测。信息预测法就是根据过去和现在已经掌握的有关某一事物的信息资料,运用科学的理论和技术,深入分析和认识事物演变的规律性,从已知信息推导出未知信息,从而对事物的未来发展做出科学预测的方法。常见的信息预测方法有逻辑推理、趋势外推、回归分析、时间序列、马尔科夫链、德尔斐法等。

(4) 信息评估法

信息评估是进行科学决策的重要步骤和依据，也是信息分析中一项重要的工作。信息评估是在对大量相关信息进行分析与综合的基础上，经过优化筛选和比较评价，形成能满足决策需要的有效信息的过程，通常包含综合评估、技术经济评价、实力水平比较、功能评价、成果评价、方案优化等形式。常见的信息评估法有指标评分、层次分析、价值工程、成本-效益分析、可行性研究、投入产出分析、系统工程与运筹学方法等。

除了以上四种方法，通常采用的信息分析方法还有：比较法、推理法、计量法、层次分析法、回归分析法、时间序列分析法等，这里不再一一详述。

4.4.2 信息预测

预测就是以事物的过去为参照，根据当前出现的各种情况对未来的事物发展作出推测和判断。信息预测理论是以一切都不变的假定为依据连接已知和未知、现在和将来的桥梁。要想做出科学的预测，就必须对客观事物的过去和现状进行深入的研究和科学分析。事物的发展具有动态性和连续性，过去、现在和未来之间必然有着某种联系，预测者要想找出这种规律，预见未来的发展趋势，就必须使用一种逻辑结构，采用一定的信息技术或人工智能的手段，以达到预测的目的。

(1) 信息预测的含义与特征

信息预测是信息预测人员利用已知的定量和定性信息及其他相关信息，借助一定的预测方法和工具，分析出信息流程的运动及未来变化和发展的规律。信息预测具有以下特征。

① 超前性。超前性是指信息预测能够突破现有信息流程的现实规定和时间限制，预测未来，解释现实中尚不存在的信息运动状况，是一种对信息流程的事先反映的活动。因此，信息预测对于克服实践活动中的盲目性、提高实践活动的有效性具有现实的意义。

② 探索性。在信息预测过程中，受到复杂多变的内、外因素的共同影响，加上预测方法、预测理论的局限性，预测目标对象的不确定性等，使信息预测具有不充分、不确定的特点，因此信息预测是一项具有很强的探索性的活动。

③ 近似性。信息预测只能对事物的未来发展勾画出一个大概轮廓，指明其发展的趋势和方向，而且往往带有一定限制性的假定条件，预测的结果大多是近似于实际，很难精确地与实际情况相契合。

一般情况下，信息预测的精确度随预测区间的不同而不同，长期预测的误差较大，而短期预测误差较小。

④ 灵活性。信息预测的具体研究内容、预测方法和结果不是固定不变的，预测对象的选择、如何进行预测以及要达到怎样的预测目标和效益，都可以根据实际活动中的具体需要和具备环境条件来灵活调整。

(2) 信息预测的基本程序

信息预测是在信息分析基础上对客观事物发展规律进行不断探索的一个过程，其操作过程可以概括为确定预测目标、搜集与分析信息、选择预测方法、给出预测结果、分析预测结果和提供预测结果六个步骤，如图4.10所示。

图4.10 信息预测的主要环节

① 确定预测目标。为了准确把握研究工作的目标和努力方向，首先要确定信息预测的目的和任务，如预测对象的来源和意义、预测拟解决的问题、预测结果可能取得的效益等，这是信息预测过程的第一步。只有在明确了信息预测目标的基础上，才能够确定信息预测活动的进程与范围。

② 搜集与分析信息。确定预测目标后，就开始着手搜集和分析有关信息，其中，所搜集信息的完整性和准确性直接决定了信息预测的准确度，因此必须全面系统地搜集相关信息，并进行科学合理的分析，保证信息预测的结果符合未来实际。

③ 选择预测方法。信息分析预测的方法有很多，不同的方法有其不同的特点，对信息预测的要求也有所不同，这需要根据预测对象的本质特征，选择相应的信息预测方法。为了提高预测的准确度，可同时选择几种不同的方法，以便验证预测的结果。选择预测方法首先要了解各种方法的特点，比如相关的时间范围、所适用的数学公式、模型的类型、准确度等；其次还要明确预测目标对象及其所处的环境的特征，比如预测的时间跨度、预测需要的详细程度、预测对象所含的要素的多少、预测的用户具体情况等。

④ 给出预测结果。无论是采用何种预测方法，最后都要给出相应的预测结果。在现代信息技术的支撑下，信息预测产品的表现形式是多样化的。除传统的纸质印刷形式外，还出现了包括图、文、声的多媒体形式，可以根据预测对象的条件和用户的需要来确定预测结果或产品的表现形式。

⑤ 分析预测结果。信息预测结果形成以后，还要对结果做进一步的检查和验证，确保预测结果在允许的误差之内。分析预测的结果就是具体分析导致误差产生的原因和各种因素的变化，对预测结果进行修正，使预测结果尽可能接近于实际。

⑥ 提供预测结果。预测结果在得到检验和修正后，就可以把最后的信息预测产品提供给服务用户，并及时跟踪用户的反馈情况做研究总结。

（3）信息预测的主要方法

信息预测的方法主要有：逻辑方法，如比较、分析与综合和推理等；文献计量学方法，用文献计量学的基本原理进行信息预测；层次分析法；回归分析法；时间序列分析法；德尔斐法；头脑风暴法和交叉影响分析法等。

下面简要介绍其中常用的三种方法。

① 德尔斐法。德尔斐法是美国兰德公司首创的一种情报研究方法。当时，随着科学技术和社会的发展，情报研究课题更加多样，特别是一些预测性课题，取决于多方面的条件和影响，受多种因素的制约。在这种情况下，单单依靠研究人员很难完成课题，于是便向一批具有广博知识的专家求助，请他们根据个人的知识和经验对某些问题的未来情况做出评价和判断。同时，经过不断地完善和发展，形成了情报信息研究的德尔斐法，又称之为专家调查法或专家咨询法。

采用德尔斐法进行信息预测研究，制定合理的工作程序对课题的顺利完成至关重要，其主要包括以下实施步骤：

• 课题组织者针对课题，首先拟定答询专家名单，设计咨询表，编写有关背景资料，用邮件形式寄给有关专家；

• 专家根据课题组所提供的背景材料，结合自己的知识和观点，按照咨询表格式答询，然后将表寄回课题组织者，第一轮答询结束；

● 课题组织者将答询结果经过科学的统计分析，拟定出下一次咨询表，再次寄给有关专家；
● 一般经过 3～4 次咨询反馈，能使专家们的意见达到较一致的程度；
● 课题组织者根据最后一轮答询表结果进行科学的数据处理，做出结论或评价。

在信息预测中运用德尔斐法应注意以下几个方面。

第一，答询专家的选择。合理地选择答询专家是至关重要的。答询专家要根据课题内容而定。他们应该是该课题领域具有广博而专深学识的代表，同时应考虑答询专家的不同层次，如年龄、经历、职称、学历、单位等，因为专家的答询结果直接影响课题的质量。

第二，课题组织者在设计咨询表时要简明扼要，咨询答案除必须用文字表达外，应尽可能用数字或符号表述。这样可以节省被咨询专家的时间。

第三，信息研究人员应实行与专家的横向联合，形成信息网络，以保证咨询表的回收率，因为回收率是课题完成的关键。没有专家们的支持，没有信息网络的互通情报，德尔斐法在信息中的应用是很难完成的。

② 头脑风暴法。头脑风暴法又称激励法，是一种激发创造性思维的方法，它可以用来确定问题、诊断问题、提出解决问题可能的方法，并确定哪一个方法最有效。头脑风暴法力图通过一定的讨论程序与规则来保证创造性讨论的有效性，因此，讨论程序构成了头脑风暴法能否有效实施的关键因素，一般来说，组织头脑风暴法包含以下几个环节。

● 确定议题。一个好的头脑风暴法从对问题的准确阐明开始。因此必须在会前确定一个目标，使与会者明确通过会议需要解决的问题，同时不要限制可能的解决方案的范围。

● 会前准备。为了使头脑风暴畅谈会的效率较高，可以在会前做一些准备工作。如收集相关资料预先给大家参考，以便与会者了解与议题有关的背景材料和外界动态。参与者在开会之前也要对解决的问题有一定的了解。

● 确定人选。一般以 8～12 人为宜。与会者人数太少不利于交流信息、激发思维；而人数太多则不容易掌握，并且每个人发言的机会相对减少，也会影响会场气氛。

● 明确分工。确定一名主持人，1～2 名记录员。主持人在头脑风暴畅谈会开始时重申讨论的议题和纪律，在会议进程中启发引导、掌握进程；记录员应将与会者所有设想都及时编号，简要记录，最好写在黑板等醒目处，让与会者能够看清。

● 规定纪律。根据头脑风暴法的原则，可规定几条纪律，要求与会者遵守。如要集中注意力积极投入，不消极旁观；不要私下议论，以免影响他人思考；发言要针对目标，开门见山，也不必做过多解释等。

● 掌握时间。会议时间由主持人掌握，不宜在会前定死，一般来说，以几十分钟为宜。时间太短与会者难以畅所欲言，太长则容易产生疲劳感，影响会议效果。美国创造学家帕内斯指出，会议时间最好安排在 30～45 分钟之间。倘若需要更长时间，就应该把议题分解成几个小问题分别进行专题讨论。

③ 专家会议法。专家会议法是把某一专业领域的专家组织在一起，针对未来的某个事件或过程发表各自的意见和看法，做出预测，在众多专家的集中讨论中，达到集思广益的效果。用专家会议法进行信息预测时，应注意以下几个方面。

- 预测结果的有效性受到社会心理压力的影响,不同专家的社会地位、威望、性格、意见的强度和心理素质皆有所不同,这些都限制着其中某些专家意见的发表。其主要表现为:屈服大多数人的意见而放弃自己本来是正确的意见;屈服于某些威望高、有权威的专家,从而阻碍正确看法的提出;碍于面子而不愿修改自己以前提出的有错误的看法;某些性格固执和能言善辩的专家可能影响会议讨论结果。
- 参加会议的专家通常会把会议的目的看成是一个达成一致意见的过程,因而往往相互妥协,在他们看来,这种做法既能保证会议的顺利进行,又能使与会专家的自尊心不受损害,这就违背了专家会议的本来意愿,从而导致会议不能得到有效的预测结论。
- 由于大多数的与会专家是来自同一专业领域或行业,容易带上专业偏见,具有一定的专业局限性,也会影响到预测的有效性。

4.5 信息用户与服务

在新的数字化信息革命时期,知识被认为是头等生产力,知识、信息同材料和能源一起,构成社会的经济基础。然而,知识情报信息只有通过智力的激活、物化,才能从间接的、潜在的生产力转化为直接的生产力,成为改造自然,服务社会的巨大力量,也就是说信息必须通过用户才能得以体现出它的价值。在信息的整个交流过程中,用户成了极端重要的一个环节,成为信息服务的对象和起点。信息服务的目的就是要满足信息用户的信息需求,用户在信息需求及其满足的过程中往往会表现出一些有规律的行为现象,这些现象也往往左右着用户的信息行为和接受效果。所以,对这些行为规律的研究和掌握,既可以提高信息用户信息活动的有效性,又是信息服务机构做好信息服务工作的前提。

4.5.1 信息用户

4.5.1.1 信息用户的含义与用户信息需求特点

信息用户是指在科研、技术、生产、管理、文艺等各种活动中具有信息需求并利用信息资源的个人和社会团体。信息用户不仅包括了具有信息需求和信息接收行为的社会成员,同时还包括了能够参与社会信息交互过程的社会成员。

并不是社会上的每个人都能成为信息用户,作为用户的个体或社会团体具有三个方面的特征:一是拥有信息需求,即需要接收信息以解决未知问题;二是具备利用信息的能力(包括观察能力、理解能力、概括能力、抽象能力、分析与综合能力、判断与推理能力等),即有能力接收、处理和利用信息;三是具有接受信息服务的行动,即事实上接收和利用信息。只有具备这三方面的特征才能称为真正的信息用户。

从信息用户的身份特征可以将其分为企业用户、科研教学用户、政府用户、普通个人用户;从用户对信息的利用目的可以分为研究型用户、学习型用户、解疑型用户、娱乐型用户;按照用户是否有信息行动,可以将用户分为实际信息用户(即信息用户)和潜在信息用户。根据不同的标准还可将用户分为不同的群体,如根据文化程度、年龄、专业等标准划分,这里就不一一赘述。

用户信息需求是指用户的内在认知与外在环境接触后所感觉到的差异、不足和不确定,试图找寻消除差异和不足,判断此不确定事物的一种要求。通俗地说,就是信息需求者在所处的环境中，基于某种原因，或是为工作需要，或是为解决疑惑，面对信息所产生的渴望和需要。

信息需求是信息用户对信息内容和信息载体的一种期待状态，是激励人们积极开展信息活动的源泉和动力，它对人们的信息活动有着重要的推动作用。随着现代信息技术的进步，用户使用信息的方式与态度发生了改变，信息需求也发生了明显的变化。

信息的数字化从根本上改变了用户的信息环境，改变了用户信息需求的满足方式和信息交流与利用的形态，数字环境下的用户信息需求特点相比以往有了一些新的发展，用户信息需求具有多样性、系统性、目的性、高效性等特点。

(1) 多样性

用户信息需求的多样性源于信息需求主体的多样性、信息需求内容的多样性、信息需求方式的多样性、信息需求结构的多样性。由于人们的年龄、职业、兴趣、爱好各不相同，知识结构、智力水平存在巨大差异，所进行的活动多种多样，人们的信息需求也各不相同。用户不仅希望获得本地的、国内的信息，还希望获得外地的、国际的信息；既希望获得提供现在的、过去的，又希望获得对未来预测的信息；除学术研究方面的信息需求外，还需要政治、经济、教育、医疗卫生、商品营销、文化体育、休闲娱乐等领域的信息。可以说，人们无限的信息需求触及到社会的各个角落，多样性、复杂性是其基本特点。

(2) 系统性

人们在学习、工作、生活中都会遇到诸多问题，无论正确认识问题还是成功地解决问题，都要获取某些方面系统、完整的信息，这样才能全面地看问题，从根本上成功地解决问题。互联网的出现，使人们获取信息更加方便、快捷，为人们系统完整地获取信息提供了可能。通过将计算机技术、远程通信技术和网络有机地结合起来，从根本上改变了信息资源的获取方式，在网络中将各类信息资源进行系统整合，将信息交流、查询、全文阅读和发布实现了集成。

(3) 目的性

在当前信息环境下，随着知识经济的崛起，跨国公司与跨国组织的建立，多边贸易的发展，在经济形势的驱动之下，用户利用信息往往是为了达到某种目的或获取一定的经济利益与心理满足。随着社会信息化水平的不断提高，人们的信息意识逐渐增强，人们不仅要求得到所需的信息，并且希望通过这些信息找到解决问题的方案、策略，人们更需要注重知识内容的、针对性极强的深层次服务。针对性的信息需求远远取代了空洞化的一般性阐述和单纯的理论研究，取而代之的是实用、适用为前提的个性化目标。

(4) 高效性

人们的工作、学习的效率越来越高，生活的节奏也逐渐加快，对信息的需求也体现出高效率的特点。除时效性之外，用户对信息需求的查准率与查全率有了更高追求。而科技的飞速发展，知识更新速度越来越快，过时的信息可能成为信息垃圾，一文不值，信息的新颖性、及时性显得尤为重要。当前，网络信息组织与传递方式的变化使用户适应了利用新技术处理信息和进行信息交流的环境，从而进一步激发了用户对信息需求的高效化要求。

4.5.1.2 用户信息需求的主要类型

对于用户信息需求类型的划分，可以从多种角度进行研究，用户类型、用户需求心理特点、用户需求目的是常见的几个分析维度（表4.1）。

表 4.1 用户信息需求类型分析

分析维度	用户信息需求类型
用户类型	企业用户信息需求、科研教学用户信息需求 政府用户信息需求、普通个人用户信息需求
用户需求心理特点	明确信息需求、模糊信息需求、潜在信息需求
用户需求目的	研究型用户信息需求、学习型用户信息需求 解疑型用户信息需求、娱乐型用户信息需求

(1) 从用户类型角度分类信息需求

从用户类型角度，分为企业用户、科研教学用户、政府用户、普通个人用户等的信息需求。不同类型的用户在信息需求方面表现出较大的差异性，对信息的需求各有特点。

① 企业用户。企业用户来自生产性的公司、集团，在市场经济的浪潮中，企业如何把握市场、占领市场，信息起着至关重要的作用，企业更多地趋向于对市场信息、决策信息、技术信息、竞争信息和产品信息的需求，如市场价格、行情、市场预测、新技术、新工艺、新材料、新设备以及产品的来源、推销渠道等。需求特点是强调时效性、准确性。企业人员对信息的需求是要提高专业素质和业务水平，对有关的管理经验和与本职工作相关的信息需求比较广泛，强调信息的针对性和指导性作用。

② 科研教学用户。科研人员对信息的需求与专业相连，在资料专和深的基础上也注重资料的"新"和"全"，由于是探索未知，他们的需求难以预见、不易表述，因而在查寻过程中可以变化或扩充。教师用户的信息需求目的明确，范围比较确定，一般查阅教学参考资料和与研究课题相关的文献资料以及各种参考工具书，多集中在某一学科的专题文献上，对有关本专业的文献著述、研究成果兴趣较浓，往往自己查找所需资料，强调信息的准确性和可靠性。学生用户不仅关注专业性、知识性的学术性信息，还关心与现代社会相关的热点、焦点信息，对信息的需求呈由浅入深、由广及精的规律和阶段性的特点。

③ 政府用户。政府信息服务是一个很大的社会市场。政府用户需要的信息有：总管工作开展的情况、相关重大社会动态、社情民意、施政措施、相关建议等信息；海外相关工作的动态与经验；媒体、大众对政府一些工作的看法、相关评论、建议等情况。政府用户所需的信息内容新、范围广，涉及各个学科的现状和发展趋势，多以宏观信息为主。它较注重二次、三次文献，以节约时间，获得更多的信息，并需要整体性、政策性、智囊性的综合信息，对信息的阶段性、时效性、准确性要求高。

④ 普通个人用户。一般是出于增长知识、提高文化素养和业余消遣来利用信息的，他们往往对时事评论、文学作品、人物传记、娱乐健身等信息感兴趣。对于网络用户的信息需求，其主要内容包括：了解国内外有关新闻和信息，查询因特网的信息；访问因特网相关网站，阅读网上文学、期刊、报纸；学习因特网技术，掌握有关知识及具体操作；寻求新的学习途径、考研、远程教育、出国深造；了解人才市场信息；应用电子公告板（BBS）或虚拟社区进行聊天或问题探讨；应用 E-mail 邮发信件和贺卡；网上娱乐等。

(2) 从用户需求心理特点分类信息需求

按用户需求心理特点分，可分为明确信息需求、模糊信息需求和潜在信息需求。

① 明确信息需求。用户知道所需信息的存在并知道如何找到它，信息服务主要是根据用户明确表达出来的需求提供其所需信息，只不过服务的层次有所不同，如文献传递服务，

根据用户提问进行文献检索服务等。

② 模糊信息需求。用户知道所需信息的存在但不知如何找到它，感到似乎明白什么，但不能肯定，处于模糊状态，信息服务者需要用所掌握的知识和自己的判断快速查找到信息并传递给用户。

③ 潜在信息需求。它是指用户未曾表达出的信息需求，信息服务者有更多的机会向用户提供他没有意识到也不知在哪里的信息，这需要信息服务者充分利用自己掌握的专业检索技能以及对用户问题所涉及学科领域背景知识的了解，充分理解用户表达出的信息需求，推断出用户尚未意识到的需求，超越用户需求导向，为其提供更有价值的信息产品。

(3) 从用户需求目的分类信息需求

按用户需求目的分，可分为研究型用户信息需求、学习型用户信息需求、解疑型用户信息需求、娱乐型用户信息需求。

① 研究型用户信息需求。研究型用户是较高层次的信息用户群，对信息需求的特点和专业有关，多是围绕研究课题展开的，具有一定的连续性，尤其需要理论性较强的原始文献信息，对信息的查全率、查准率和新颖性要求较高，提供的信息服务主要有定题跟踪服务、信息推送和网上咨询服务等。

② 学习型用户信息需求。该类型用户以学生为主，学习的目的是拓宽知识面，提高专业知识水平，他们对信息的需求体现阶段性、集中性、广泛性和综合性的特点，信息服务主要通过对文献和电子资源的结合使用，为他们提供二次文献信息和使用方法。

③ 解疑型用户信息需求。他们常常带着某一具体问题而来，采用咨询的方式要求提供信息服务，信息服务者可以通过在线参考咨询等方式为他们提供服务。

④ 娱乐型用户信息需求。该类型用户一般没有明确的目的，信息行为呈现很大的随意性，对文献情报源的依赖性不强，需求倾向不稳定，信息服务主要通过信息资源的配置、文献检索方式、排列方式等为他们提供个性化的信息服务。

此外，用户所需的信息类型还可以从信息源类型、信息渠道类型和服务项目类型等多方面加以细分，各种类型的信息对不同的用户重要程度也不同。

4.5.1.3 用户信息需求的决定因素

用户的信息需求是一种客观存在，是多种因素的综合产物。决定用户信息需求的因素可归纳为环境因素、组织因素和个人因素三大类。

(1) 环境因素

环境因素是指信息用户所处的生存环境，包括社会环境因素和自然环境因素。环境因素导致一个国家、一个地区、一个时期内大多数用户的信息需求具有某些共同的特点和规律，是用户信息需求产生和发展变化的外部条件。影响用户信息需求的环境因素主要有：国家的社会制度、政治局势与方针政策、科学技术发展水平、经济发达程度、社会教育水平、民族特点与文化传统、自然资源与地理环境等。这些因素从宏观上反映用户所处的时代背景和社会环境，决定着用户信息需求的内容、新颖程度、量与质的发展趋势等。同时，这些因素还为用户信息需求转化为实际的信息行为提供了条件。

(2) 组织因素

虽然环境因素的影响使得在一定的社会历史时期某一国家或地区团体信息用户的信息需求具有一些共性，但团体信息用户的信息需求还受到社会组织自身因素的影响，这些因素包括组织的性质、规模、结构、运行机制和文化等。组织因素反映用户从属的社会组织的数量及性质。社会组织大致可分为职业组织、业余组织和社区组织等类型。职业组织是建立在社会分工基础上的社会组织，包括政治组织、经济组织和文化组织等，它们以其目标、制度、职位结构、职业活动、物质基础、技术设备和组织规模等因素直接规定着用户信息需求的主体结构，可以说，职业组织及其活动是用户信息需求的最重要的决定因素之一。业余组织是相对于职业组织而言的，其建立在兴趣爱好的基础上，可以说是职业组织的补充，主要以其活动和参加人员等影响用户的信息需求。社区组织是建立在地域基础上的社会组织，以空间特征为标准可分为城市社区和乡村社区，它们以其地域环境以及资源、人口结构、社区文化、社区活动和社区变迁等因素影响用户的信息需求。

(3) 个人因素

在相同的环境因素中，在同一组织机构中，不同的个人信息用户的信息需求也有很大的差别，这是因为个人用户的信息需求还受到个人因素的影响。个人因素反映用户生理的、社会的独特性和多样性，这些个人因素包括用户的职业与任务、知识结构与知识水平、年龄与性别、爱好与专长、信息意识与信息能力等。在这些因素中，有用户与生俱来的先天特征包括性别、年龄、血型、肤色、体质和种族等，这些决定用户信息需求的类型和范围。还有一些因素是用户后天发展的特征，包括兴趣、爱好、家庭、宗教、学历、职称和荣誉称号等，这些决定用户信息需求的性质与数量。

4.5.1.4 用户信息需求的共同规律

用户信息需求的决定因素的研究主要是单个用户的信息需求规律，若扩大范围，研究多用户的信息需求，则可寻找出一些共同的规律，这些规律主要包括用户信息需求的全面性、集中性、叠加性、阶段性和马太效应等。

(1) 用户信息需求的全面性

每一个用户都具有个人的、组织的和社会的多方面特征，而每一特征都能够激发相应的信息需求，如果条件许可，人们会将每一特征所激发的信息需求都转化为实际的信息行为。如果说人的全面发展是全人类的奋斗目标，那么人的信息需求的全面性就是推动人的全面发展的动因。

(2) 用户信息需求的集中性

用户具有多方面的生理、心理和社会特征，但这些特征并非具有同等的重要性。通常，只有当某一特征和某些特征在经常性的人际互动和社会活动中形成相对稳定的社会关系时，才能在用户信息需求方面起到决定性的作用。我们认为，由血缘关系决定的种族、家族、家庭、性别和年龄等特征，由地缘关系决定的地理环境、风俗习惯、价值取向、邻里和乡亲群体等特征，由业缘关系决定的职业目标、职业活动、职业结构、职业变迁和职业文化等特征，以及由这三种关系综合决定的兴趣、爱好和朋友群体等特征，共同构成用户信息需求的最主要的决定因素，这种情况充分体现了用户信息需求的集中性。此外，这种集中性还体现在由时代背景和社会环境所决定的社会制度、科技进步和教育水平等特征的宏观影响方面。

(3) 用户信息需求的叠加性

这是用户信息需求在空间特性方面所展示的规律性。每个用户都生活在特定的空间，其出生和成长的空间称为"故乡"，其求学、服役或工作的空间称为"第二故乡"，其旅游、探亲、参加学术会议和公差所及的空间可称为"缘乡（有缘之乡）"，所有这些空间和与这些空间有关的人物叠加起来，可称为"生命空间"。一个用户的生命空间对其信息需求有重要的影响，例如，人们即使离开故乡也会不由自主地关心和眷恋故乡，在报纸或广播电视中偶然发现来自故乡的报道时，常常会表现得极为关注和异常兴奋，可见这则报道满足了潜藏在他内心深处的信息需求；同样，当他获悉亲人或老友的消息时，也得到信息需求的满足。生命空间也可以理解为人们的经验、知识、观念和思想等的叠加，这些经验、知识等本身是信息需求满足的产物，但作为一种存在，同时又是新的信息需求产生的源泉。

(4) 用户信息需求的阶段性

用户的信息需求在同一时间内有主次之分。一般来说，用户所需的主要的信息内容总是随着时间的推移而呈现出阶段性的变化，这就是用户信息需求的阶段性，也是用户信息需求在时间纬度上所呈现规律性。用户信息需求的阶段性主要是由于其工作、学习、生活的阶段性决定的。人的生命是一个单向的不可逆的过程，该过程呈现着强烈的阶段性。从大的方面讲，该过程可分为幼儿期、儿童期、青年期、壮年期、中年期和老年期等阶段；就青年期而言，又可分为中学阶段、大学阶段、研究生阶段等；就大学阶段而言，又可分为一年级、二年级、三年级、四年级四个阶段；就每个年级而言，又可分为两个学期；每个学期又有开学、期中、期末、放假等阶段划分等。人的生命旅程还可做进一步的细分，这种生命的节律性运动现象也称为"生命周期"，生命周期是影响用户信息需求的又一重要因素。根据社会学理论，人生的每一阶段都是有一个需要解决的主要矛盾或主要问题。每个阶段的主要矛盾必然决定着该阶段用户主要的信息需求，这就是用户信息需求阶段性的意义所在，据此可分析和预测特定用户信息需求的规律性。

(5) 用户信息需求的马太效应

这是指用户信息需求及其积累信息量之间的相关性。由于经历和职业等方面的关系，用户信息需求量不会相等，因而所累积的信息量也不会相等。一般而言，信息需求量大的用户，随着时间的推移，累积的信息量越多，信息需求量也越来越高于平均水平；信息需求量小的用户，随着时间的推移，累积的信息总量呈现停滞的态势，信息需求量则越来越低于平均水平，这就是用户信息需求的马太效应。

4.5.2 信息服务

信息服务是信息管理的主要环节，也是信息管理的重要组成部分，应该说，它是微观信息管理的最终目的与归宿。现代社会，无论是社会的管理与服务，还是各个领域的职业工作，都离不开信息的发布、传递、搜集、处理与利用，都需要有相应的信息服务为其提供信息保障。作为信息管理的重要内容，信息服务就是为了更好、更高效地发挥信息资源的价值，充分利用好信息资源，服务于现代社会的发展与进步。

(1) 信息服务的含义与特性

信息服务是向用户提供信息的过程，这一过程包含了用户与服务的相互作用及其理由和结果。它是以信息资源为基础，利用现代科学技术，对信息进行生产、收集、处理、输送、存储、转播、使用并提供信息产品和服务的总称。

开展信息服务包含四个基本要素：信息服务内容、信息策略与方法、信息服务对象和信息服务者。信息服务者运用一定的信息策略与方法，选择、加工、提供信息产品来满足服务对象的信息需求，成为连接信息服务内容和信息服务对象的桥梁。因此，信息服务的根本目的是帮助服务对象克服信息交流障碍，解决信息生产的广泛性与信息利用的特性之间的矛盾，使信息资源的充分开发与有效利用得到有机的统一，发挥出信息资源的最佳效能。其主要作用是在信息资源与信息服务对象之间充当中间人角色——把某种信息服务内容和产品与需要它的用户有效联系起来。

信息服务是信息产品运动过程中最重要的一个环节，是建立在用户行为研究和信息产品开发的基础之上的。只有全面、准确地了解用户的信息需要和信息行为，信息服务才能做到有的放矢，高效快捷，最终使用户满意；只有做好信息采集、整序和分析等项工作，信息服务才有坚实的资源基础和保障。

信息服务在各行各业中普遍存在，又可以成为相对独立的行业，其主要特征主要有以下几方面。

① 无形性。信息服务是无形的产品。在信息服务过程中，信息用户可以直接观察到和感知到的，如信息资源丰富程度、利用的方便性与可靠性、服务环境的优雅整洁性、服务用户的主动性、解决用户问题的能力等；而有些则是用户不能直接观察和感知到的，如服务产品的采购、相关设备维护、人员管理等方面的工作过程。

② 过程性。信息服务活动是一个过程，不能够进行物理存储。信息服务是一种以满足用户信息需求为目标、以信息资源和信息活动为基础的服务活动，它不像一般产品一样可以存储下来，信息服务是一个过程。人们对信息服务的质量感知具体表现为对服务过程的自身感受和体验。

③ 专业性。信息服务的专业性表现为：一是对服务者的业务素质有专门的要求；二是服务对象和内容有一定的专业基础；三是服务内容具有某学科领域的专业特征；四是服务的策略是针对服务对象和内容专门定制的；五是信息服务已经成为独立的、专门的研究领域和产业，并朝着信息服务学的方向发展。

④ 效用性。效用性是信息服务的结果特征，表明的是信息服务对实际效果的追求，表现为信息的消费、用户需求的满足、用户问题的解决、经济或社会效益的取得等方面。由于信息服务效果的滞后性，信息服务的成果往往无法在近期内得以全部体现。同时，信息服务结果能够对用户和服务者产生长远的效用，因此，效用性还表现为信息服务近期效用与远期效用，直接效用与间接效用的并存。

(2) 信息服务的原则

信息服务的目的是通过信息服务者提供的信息服务来满足信息用户的需求。由于信息服务者面对的用户群体种类繁多、职业各异、需求多变，因此，信息服务者必须认真进行用户研究，针对不同的用户及其信息需要开展多种形式的信息服务。但无论开展何种形式的信息服务，在服务过程中都必须坚持以下基本原则。

① 针对性原则。用户的信息需要是信息服务的出发点和归宿，任何信息都是在特定的时间、场合下对特定用户的特定需要产生效用，无论何种信息服务都必须针对用户的信息需要才能得以存在与发展。信息服务就是要为特定的信息找到确定的用户，使信息发挥最大效用；同时也为特定的用户找到确定的信息，满足用户的特定需要，实现服务内容和服务对象的最优匹配。

② 及时性原则。在信息服务中，信息服务者必须依靠广泛的用户联系渠道，及时了解用户的信息需求，高效地生产出用户所需的信息，并利用便捷的传递渠道将信息及时提供给用户。及时性原则一方面要求信息服务者坚持顾客导向的理念，时刻跟踪用户的需求；另一方面也客观上促使以信息技术、通信技术为代表的现代化信息基础设施成为信息服务的一个基本要素。

③ 精炼性原则。信息服务机构应当在完整性基础上进行认真的筛选加工，做到有分析、有比较、有选择，浓缩度高，使提供的信息简明扼要，精益求精，在质量和数量上都符合用户的需要。精炼并非意味着"专深"或"高级"，而是指根据用户需要把最有用的部分挑选出来。

④ 方便性原则。实践表明，用户利用信息受到可获得性和易用性的影响。在决定是否选择和利用信息时，可获得性和易用性往往超过信息本身的价值。因此，信息服务机构应为用户获取利用信息提供最大的便利条件。

⑤ 效益性原则。信息服务既要讲求社会效益，又要讲求经济效益。虽然信息服务的效益具有潜在性和延迟性，很难做出确定的判断，但不论是对信息服务机构还是用户都需要花费一定的成本（时间成本和资金成本）。因此，信息服务应当确保以最小的花费来获得最大效益的服务，信息服务的提供与利用，不仅要能为供需双方带来经济效益，更要能为社会带来附加价值。

⑥ 竞争性原则。随着计算机技术、网络技术和现代通信技术的发展，信息服务环境已经实现了网络化和数字化，信息服务的市场更加开放，竞争更加激烈。面对激烈的市场竞争，信息服务机构必须强化自身实力，以市场需求为导向，及时灵活地调整自己的组织形式、业务范围和服务方式，增加信息服务的主动性，方能在日趋激烈的信息服务市场竞争中立于不败之地。

(3) 信息服务的主要类型

用户的信息需求是千变万化的。为了有效地满足用户的信息需求，信息服务根据不同的服务视角而划分出多种不同标准的服务类型。例如，根据服务对象的范围，可以把信息服务划分为单项服务和多项服务；根据提供服务的时机，可以分为主动服务和被动服务；根据服务内容的要求，可以划分为定向服务和定题服务；根据服务收费的情况，可以划分为无偿服务和有偿服务。一般来说，按照信息服务工作基础的不同，我们可以把信息服务划分为文献提供服务、报道服务、信息检索服务、咨询服务和网络信息服务几大类型，下面我们重点介绍这几个类型。

① 文献提供服务。文献提供服务是传统信息服务的主要形式，是专门的信息服务机构利用像图书馆、资料室、档案馆等固定的文献保管场所或机构，向用户提供记录在一定载体上的信息的一类信息服务方式。这类信息服务面向广大用户传播各种形式的文献信息，主要运用阅览、外借、复印、参考咨询等多种方式为读者服务。在网络迅速普及的环境下，这些传统的文献提供服务方式也随之发生变化，信息网络等现代技术极大地丰富了文献提供服务的内容与效率。

② 报道服务。报道服务是信息机构将采集到的信息资料经过加工整理和分析综合，以便于使用的各种形式主动、及时地向信息需求者广泛传报，以引导信息产品的有效利用的一项信息服务工作。信息报道的方法和渠道是多种多样的，除面对面的口头报道（如信息发布会、技术市场等）和直观报道（如展览会、演示会等）外，信息服务机构常常利用信息出版物来开展文字报道，即根据用户的需求，有选择地将有价值的文献资料加工整理成系列化的二三次出版物，在不同广度和深度上进行传播报道。由于文字报道具有信息量大、传播面广、便于使用等明显优点，信息出版物成为报道服务的主要方式。

③ 信息检索服务。信息检索服务是根据用户的要求，由专门人员辅助或代替用户查找信息并将结果提供给用户的一种信息服务工作。用户的需求是多种多样的，检索服务也相应地发展出很多种类型。根据用户提问的不同，检索服务可分为：文献检索、数据检索和事实检索；根据检索手段的差别，检索服务又分为手工检索和电脑检索；根据服务方式的需要，检索服务还可以划分为回溯检索和定题服务。开展信息检索服务的一般步骤是：提出分析，制定检索策略，实施检索和检索结果的输出与评价。

④ 咨询服务。咨询服务是咨询受托方（咨询人员或咨询机构）根据委托方（客户）提

出的要求，以专门的知识、信息、技能和经验，运用科学的方法和先进的手段，进行调查、研究、分析、预测，客观地提供最佳的或几种可供选择的方案或建议，帮助委托方解决各种疑难问题的一种高级智能型信息服务。按照咨询对象及其活动的内容范围，可以将咨询服务划分为：政策咨询、管理咨询、工程咨询、技术咨询、专业咨询和涉外咨询等。咨询机构依靠具有专业知识背景、实践经验和创新能力的人才，充分开发利用信息资源，运用现代信息技术和咨询科学方法为客户解决复杂问题。

⑤ 网络信息服务。网络信息服务是指在网络环境下信息机构利用计算机、通信和网络等现代技术从事信息采集、处理、存储、传递和提供利用等的一切活动，其目的是给用户提供所需的网络信息产品和服务。与传统信息服务相比，网络信息服务也呈现出许多新特点：资源服务范围不断扩大，从以前的以纸张型为主发展为数字化资源；服务手段更加现代化，充分利用了大量先进的信息技术；服务方式由被动型向主动型转变；服务领域不断拓宽，由传统信息服务向全新的网络信息服务新领域过渡；服务时间由定时向不受时空限制发展；针对特殊用户的个性化需求，而开展独特的个性化信息服务。同时，由于Internet具有信息传播容量大、形态多样、迅捷方便、全球覆盖、自由与交互等特点，它兼备报刊、广播和电视三大传媒所具有的一切表现形式，改变了以往大众传媒那种信息单向传播、受众被动接收的缺陷，使大众传媒的控制权由传播者向网民手中转移，信息传播由发布向服务过渡。网民通过万维网可以在自己方便的时间主动选择接受和发布信息，提高了信息处理、存储与自由交互的能力，信息服务将更加方便和有效。

(4) 信息服务的效果评价

信息服务评价是指在一定的价值观指导下，用一定的技术和方法收集整个信息服务系统或某个侧面的信息，并基于所获得的信息，以服务目标为依据对服务过程和服务效果做出客观的衡量和价值判断，从而为不断完善自我和服务决策提供依据的过程。评价信息服务质量优劣的标准必须建立在用户认知的基础上，它受到用户期望和满意度的影响，而用户的期望和满意度则受信息服务机构人员、设备、环境等多方面因素的影响。因此，信息服务质量的评价受到多重因素的影响。一般可以从用户满意度、吸引用户率、信息利用率和主观努力度等方面来评价信息服务系统的服务质量（表4.2）。

表 4.2 信息服务主要评价指标

用户满意度	吸引用户率	信息利用率	主观努力度
服务环境 服务人员 信息设备 信息资源	实际用户人数 理想用户人数	信息流通率 信息使用率	用户期望 发挥主观能动性

① 用户满意度。信息用户满意度是信息用户对信息服务质量感知结果的评价。信息用户的评价是检验信息服务水平的一条重要标准。评价内容主要有：服务环境，信息服务场所环境整洁、安静、整齐、舒适；服务人员，信息服务人员应热情、主动、认真，有专业能力和敬业精神；信息设备，信息设施应能满足信息用户的需求；信息资源，提供用户所需的信息资源。一般采用发放读者调查表的方式，让用户对信息服务质量做出评价。

② 吸引用户率。吸引用户率是指在一定时期内，实际用户人数除以理想用户人数的比率。通过吸引用户的比率来评价信息服务机构的信息资源的利用情况和服务质量。不同的信息服务机构应根据自身性质、规模、历史和现实条件等多方面进行综合考虑，得出理想用户

的人数，做出合理的评价。

③ 信息利用率。信息利用率直接体现了信息服务机构中信息资源的利用情况，主要包括两方面的内容：信息流通率，通常情况下，信息资源的流通的次数越多，其利用价值就越大；信息使用率，指在一定时间内用户实际使用的信息产品总数除以信息服务机构拥有信息产品总数的比率。通过信息流通率和信息使用率能够真实地反映出信息服务机构的信息资源利用状况，因此它们是评价信息利用率的两个重要指标。

④ 主观努力度。信息服务机构要充分了解用户的需求期望，从而发挥自身的主观能动性来为用户提供更好的服务体验。受各种因素影响，同样条件的信息服务机构服务质量和产量不同，这与发挥主观能动性有很大的关系。因此，评价努力程度同样是必要的。

在对某一信息服务系统进行综合评价时，可以从用户满意度、吸引用户率、信息利用率、主观努力度等方面综合考虑。根据实际情况对各个评价指标给出具体的比重权数，对服务机构进行科学合理的全方位评价。

本 章 小 结

本章对微观信息管理的全过程各主要环节及要素进行了介绍，包括信息搜集、信息组织、信息存储、信息检索、信息交流、信息分析、信息预测、信息服务等环节以及信息用户等要素，对各个环节工作的流程和方法进行了重点阐述，侧重于操作性的讲解。

通过本章的学习，学生应当掌握信息管理的具体操作方法，懂得如何运用本章的知识开展信息管理工作。

案例 1

红牛巧妙收集消费者数据案例

红牛在全球 130 多个国家和地区都有销售，销售额达几十亿元之多。在欧洲和美国，红牛的广告语为"红牛给你一双翅膀"，纽约男子本杰明·卡瑞瑟斯依据这一广告语向法院提出对红牛的诉讼。差不多同一时间，加利福尼亚州也提出了两次对红牛企业的集体诉讼，这些诉讼者都声称饮用红牛并不能提高自己的体能、注意力和反应速度，这两起诉讼由纽约法院统一审理，红牛企业最终和消费者达成和解，同意赔款。

红牛同意向 2002 年 1 月 1 日至 2014 年 10 月 3 日期间在美国购买过红牛饮料的人支付总计 1300 万美元的赔偿金，每人得到的赔偿金按申请赔偿的总人数计算。申请赔偿的消费者不必出具小票等证明，只需下载申请表填写即可。

不需要任何证明，只需要登录网站填一份申请表，就能得到红牛支付的赔偿。美国人听闻红牛的和解协议后，立即蜂拥而至。自 10 月 8 日起，也就是消息放出来 5 天后，红牛企业负责这项纠纷的网站都被挤得瘫痪了。

据统计，红牛官网在过去数天内有 4600 多万次的访问，最终有 400 多万人填写了申请表，留下了他们包括姓名、性别、银行卡号、年龄、邮箱等各项详细信息。显然，这些人当中并不全部都是购买过红牛的人，但红牛企业并不在乎这一点，因为他们即使没有买过红牛饮料，也是对红牛饮料感兴趣的人，也是红牛饮料的潜在消费者。就这样，红牛企业向每个人支付了 3 美元，就得到了海量的消费者信息，更重要的是，这些信息都是绝对真实可信的。

这些信息的意义主要在于数据分析师可以从中分析出红牛消费者的特征形态和消费

倾向。

资料来源：任昱衡，李倩星，米晓飞. 数据挖掘 你必须知道的32个经典案例［M］. 北京：电子工业出版社，2016，略有删改。

案例2

用户画像应用案例

很多同学可能都听过用户画像，用户画像是对用户各种维度的特征和行为进行综合分析并能够给予用户信息化标签的过程。在这个过程中，搜集信息、组织信息和分析信息以及呈现和应用信息一应俱全。

用户画像在很多领域都有应用，其中最为常见的是应用在电子商务、广告投放、精准营销等场景。用户画像最为核心的部分就是用户标签生成，而要生成这些标签需要对用户的自然属性和社会属性进行描述，例如用户的名字、性别、年龄、职业、工作收入等，除此之外，用户的属性中还要有用户动机和用户心理属性。用户画像中的PERSONA概括了用户画像的7要素：P（Primary）基本性、E（Empathy）同理性、R（Realistic）真实性、S（Singular）独特性、O（Objectives）目标性、N（Number）数量性、A（Applicable）应用性。用户画像示例图如图4.11所示。

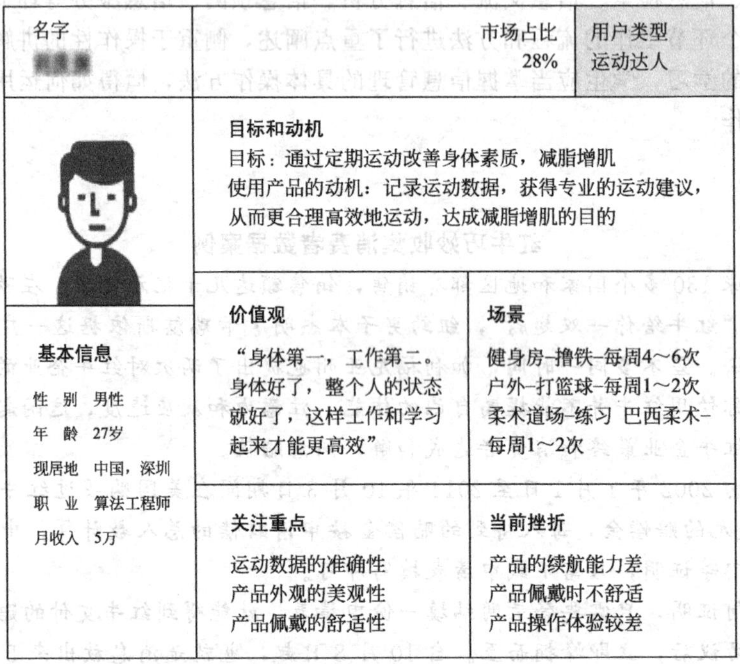

图4.11 用户画像示例图

在构建图4.11所示的用户画像中，我们首先要去搜集到用户的基本信息，这些在一般的网络数据库和电商平台中都非常容易实现。除此之外，我们还要采用调研、访谈、网络数据搜集等方式获取用户的行为、场景等方面的数据，关于用户的数据搜集越全面，刻画的用户越立体，也越精准。接下来，要将搜集的数据进行合并、去重、去噪声以及预测和缺省值等处理，使得多源的数据能够融合，并为下一步进行分析提供基础。再接下来，需要根据数据识别用户的相似特征和关系对用户进行分类、标签生成以及动态的用户多维标签体系构建。

　　同学们在电商平台购物时，会无形中受到系统的推荐导引，有种系统比你更懂你的感觉，原因很大程度上就是在于大数据环境下，用户很多的基本数据、行为数据和地理数据等信息被广泛地收集，并基于算法推算出用户的属性特征，从而达到对你的信息搜集、分析和应用的全信息管理过程实现。

　　资料来源：少宇. 智能硬件产品从0到1的方法与实践 [M]. 北京：机械工业出版社，2021，略有删改。

思 考 题

一、简答题

1. 简述信息搜集的途径与方法。
2. 简述信息存储的主要技术。
3. 简述信息组织的内容与方法。
4. 信息检索的主要方法有哪些？如何判断信息的检索效果？
5. 谈谈信息检索的发展趋势。
6. 信息交流的方式有哪些？各自有什么特点？
7. 画出常见的信息交流模式，并分析它们各自的优点和存在的问题。
8. 分析影响信息交流的因素。
9. 简述信息分析的基本程序和主要方法？
10. 什么是信息预测，它有什么特点？
11. 简述信息预测的步骤和方法。
12. 简述用户信息需求的决定因素及其规律。
13. 什么是信息用户，信息用户的需求有哪些特点？
14. 简述信息服务的主要类型。
15. 如何对信息服务的效果进行评价？

二、实践题

设计调查问卷，对大学生的阅读状况进行调查，并撰写调查报告。

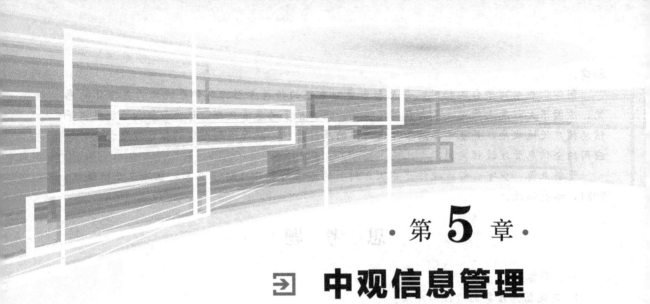

第 5 章 中观信息管理

美国企业家沃尔森认为：把信息和情报放在第一位，金钱就会滚滚而来。在信息化社会和社会信息化程度不断加深的情况下，有效地掌控和利用信息对于个人、组织和国家都是至关重要的，而中观信息管理我们更关注从组织这个角度来进行深入的信息管理研究。

岳剑波将中观层次上的信息管理是界定为广义的信息资源管理，即对涉及信息活动的各种要素：信息、技术、人员、机构等，进行合理的计划、集成、控制，以实现信息资源的充分开发和有效利用，从而有效地满足社会信息需求。这一层次上的信息管理是在狭义信息资源管理的基础上增加了信息系统管理的内容，它是介于微观信息管理和宏观信息管理之间的一种信息管理模式。中观信息管理是对除微观和宏观信息管理对象之外的主体和客体进行信息管理的过程。它是架起微观信息管理和宏观信息管理的桥梁，掌握中观信息管理的内容对于透彻地理解信息管理非常关键。

本章将重点介绍构成中观信息管理的几个重要的因素：信息系统、信息市场和商品的管理。其中，信息系统是现代信息管理的主要载体，现代信息管理主要依赖于信息系统管理而实现；信息市场是以信息产品和信息服务为内容，运用信息劳动价值规律进行交易的场所，是信息劳动价值得以实现的场所。

5.1 信息系统管理

信息系统是支撑组织或机构顺利实施信息管理战略和目标的非常关键的技术要素，是实现信息管理高效运行的重要保障。建立信息系统是现代信息管理的迫切需要和时代先进管理水平的体现。

5.1.1 信息系统管理概述

任何一个系统，要想维持生存和发展，其内部必须伴随着物质、能量和信息的流动，其中以信息流为主导，控制着其他资源的流动，从而使整个系统更加有序地运行。要想使信息系统在时间、经济和效率上达到最佳状态,就必须科学地组织和有效地管理信息流,信息系统的管理对于现代组织的发展具有举足轻重的意义。

信息系统的发展和计算机技术的发展紧密相连,计算机的软硬件设备不断地更新和升级,使得信息系统的收集、传输、处理、存储和输出信息的手段越来越强,从而促进信息系统从简单到复杂,从单一功能到综合功能不断地加强,信息系统的发展大体可以分为三个阶段:事务处理系统、管理信息系统、决策支持系统。

① 事务处理系统(Transaction Processing System,TPS)是早期的信息系统的主要代表,这种信息系统的目的在于降低成本以及提高效率,主要是处理日常的事务,例如处理职工工资表与工资总账的工资系统、顾客账单和库存控制等。这些事务处理系统在许多现代组织中仍然是非常关键的。

② 管理信息系统(Management Information System,MIS)出现在 20 世纪 60 年代,以利用信息系统产生管理的报告为其代表特征。它是一种以人为主导,利用计算机硬件、软件、网络通信设备以及其他办公设备,进行信息的收集、传输、加工、存储、更新和维护,能提供企业管理所需信息,以支持企业的生产经营和决策的人机系统。它是以企业战略竞优、提高效益和效率为目的,支持企业的高层决策、中层控制和基层运作的集成化系统。

③ 决策支持系统(Decision Support System,DSS)是辅助决策者通过数据、模型和知识,以人机交互方式进行半结构化或非结构化决策的计算机应用系统。它是管理信息系统向更高一级发展而产生的先进信息系统,它为决策者提供分析问题、建立模型、模拟决策过程和方案的环境,调用各种信息资源和分析工具,从而帮助决策者提高决策水平和质量。

但是无论信息系统发展到哪个阶段,对于信息系统的管理包含的内容都是类似的,主要是基于信息系统的生命周期观点来对信息系统进行管理。大体上来讲,信息系统的管理包括信息系统的规划、开发和运行与维护这三个阶段,而信息系统的开发又可以细分为系统分析、系统设计和系统实现三个环节。因此,对于信息系统的管理也可以分为信息系统的规划、信息系统的分析、信息系统的设计、信息系统的实施以及信息维护和评价五个阶段。这里我们采用三个阶段划分方法。

5.1.2 信息系统的规划

信息系统规划(Information System Planning,ISP)是一个以组织的目标、战略、目的、处理过程以及信息需求为基础,识别并选择要开发的 IT 系统并确定开发时间的过程。自 20 世纪 60 年代以来,随着信息系统在企业和组织中的应用越来越普遍,很多企业和组织都认识到信息系统规划对提高效率和竞争力的重要作用,一些学者也开始关注信息系统规划的研究,并给出了信息系统的定义。例如,威尔森(Wilson)认为信息系统规划是一个信息系统开发计划,使组织的信息系统朝向未来的愿景发展。欧康纳(K. O'Connor)认为信息系统规划是建立达到某个商业目标的信息系统,同时要识别这些目标所需要的资源和信息系统,建立优先次序、时间表、预算过程以及开发工作管理的过程。莱德罗(A. Lederer)和塞西(Sethi)认为信息系统规划就是确定能够帮助组织实现商业计划和商业目标的计算机应用策略组合的过程。

信息系统规划简单地说就是企业或组织为了建立、开发和应用信息系统所做的规划,但是这个信息系统的规划不同于信息开发过程中的系统规划过程,信息系统规划要求能够从企业的战略、愿景全局角度把影响信息系统运作的各种因素都考虑其中，而不仅仅是从技术角度来设想和计划。

信息系统建设是一个复杂的社会过程，涉及组织的目标、战略、资源、环境等多种错综复杂的因素。在信息系统建设之初，应该对这些因素进行全面、宏观的分析，根据组织发展的战略目标，制定出能够有效为组织目标服务的信息系统总体规划，这就需要进行信息系统的规划。

信息系统规划的任务是通过对组织目标、现状的分析，制定指导信息系统建设的总体规划和信息系统长期发展展望。在制定信息系统规划之前，需要对企业历史、现状进行深入分析。还应该根据企业发展战略，从企业组织管理、业务流程、信息技术的现状与发展、企业面临的挑战与机遇、企业实力、企业发展前景等方面进行深入分析，找出企业存在的问题，以及解决这些问题的思路和方法。

5.1.2.1 信息系统规划的特点

信息系统规划作为信息系统管理的很重要的一环，主要具有以下特点。

① 服务性。信息系统是为企业目标服务的。因此，企业信息系统规划必须以企业总体规划为依据，而且信息系统规划应该成为企业总体规划的有机组成部分。

② 宏观性。信息系统规划立足于企业信息系统的长远建设，必须把握企业信息系统发展的总体脉搏，使其具有宏观指导性。信息系统规划不用像信息系统开发计划那样细致、具体。

③ 动态性。企业所赖以存在的市场环境是不断变化的，因此企业发展战略和总体规划也处在不断的调整的状态，而为企业目标服务的信息系统也必须跟着企业目标的变化而变化，所以企业信息系统规划具有动态性。

5.1.2.2 信息系统规划的内容

信息系统规划是一个非常复杂的过程，涉及很多对象，需要考虑很多因素，它的主要内容包括以下几个方面。

① 企业的战略和目标。信息系统的规划作为企业战略的重要组成部分，在其规划的时候必须充分地考虑到企业的战略目标，企业的发展战略、子目标以及发展战术。在了解企业的战略和目标时，还需要和企业或组织的领导人进行有效的沟通，明确近期和远期的目标，从而使得信息系统的规划能够更加合理，而且也能够明确领导对信息系统的具体设想或者要求，使得信息系统的规划以及后续的开发和实施能够更具效力。

② 确定信息系统的目标。信息系统规划人员应根据企业的具体情况确定信息系统的目标，包括信息系统需要运用的资源、信息系统的架构、信息系统的环境变量、信息系统要实现的商业目标和效果等。

③ 信息系统的技术路线。这包括实施信息系统要涉及的计算机、网络、信息设备、软件、结构、方法等技术因素，以及各种技术在信息系统建设中的作用、技术来源途径和方式。

④ 信息系统实施规划。它包括信息系统建设的整体进度计划，各个子系统开发的时间表以及开发所需的技术、人才、资金、设备、场地等配套要求计划。

⑤ 系统的成本效益评估。考虑信息系统建设的预算，以及建成后的社会效益、经济效益等，从而规划一个成本效益合理的系统，而不是一个不切实际成本大于效益的系统。

5.1.2.3 信息系统规划方法

信息系统规划的方法包括很多,包括:企业系统规划法、战略目标转移法、关键成功因素法、投资战略分析法、联系分析规划法、成本效益比较法、投资回报法、企业信息分析和集成技术等。这里我们主要介绍三种比较常用的方法:企业系统规划法、战略目标转移化法、关键成功因素法。

(1) 企业系统规划法 (Business System Planning,BSP)

企业系统规划是 IBM 公司在 20 世纪 70 年代开始提倡的一套用以定义组织信息需求的信息系统规划方法。由于该方法可操作性强,在信息系统规划中得到了广泛的应用。它提供了由企业整体战略导出信息系统战略,制定科学的系统开发规划的理论和方法。企业系统规划法的基本思想是:信息系统是为企业目标服务的,信息系统应该能够满足企业各个管理层次的信息要求,并向企业提供一致的信息。信息系统由多个互相联系又相对独立的子系统以集成的方式构成,并且应该具有相对稳定的系统结构。图 5.1 是企业信息系统规划方法的基本思路。

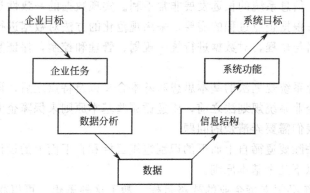

图 5.1 企业信息系统规划方法的基本思路

企业系统规划法通过自上而下地识别系统目标、企业过程和数据,然后对数据进行分析,自下而上地设计信息系统,该信息系统支持企业目标的实现,表达所有管理层次的要求,向企业提供一致性信息,对组织机构变动具有适应性。企业系统规划法摆脱了系统对原组织机构的依赖性,从企业最基本的活动过程出发,进行数据分析,分析决策所需数据,然后自下而上设计系统,以更好地支持系统目标的实现。企业系统规划法主要具有以下几个特点。

① 企业战略目标决定信息系统结构。企业信息系统是企业资源的一个重要组成部分,同其他资源一样是用来支持企业战略目标实现的。一个企业信息系统的整体结构是由企业的经营目标所决定的,不同行业、不同领域的企业,其信息系统结构有着明显的差异,即使同属一个行业的企业,由于每个企业都有自身的战略目标,而且企业的经营方式、组织架构、企业文化、市场路线等都存在着或多或少的差异,因此也会形成不同的系统结构。企业系统规划法强调根据企业总体及各层次的经营目标,确定信息系统的总体结构,明确子系统的构成以及子系统的重要程度。企业系统规划法的实质是将企业战略转化为信息系统战略。

② 用信息技术对企业业务流程进行改造和创新。业务流程是指逻辑上相关的一组活动和决策的集合,是实现企业战略目标和任务的技术基础。所有企业在长期的经营过程中,都会形成一套较为规范、正式执行的业务流程。在信息技术迅猛发展的条件下,信息技术为组

织实现目标提供了更为有效的手段和方式,用信息技术改造原有的业务流程,提高组织的经营效益是企业系统规划法的核心。企业系统规划法要求根据企业目标重新定义企业业务流程。

③ 以企业过程为基础定义信息系统结构,增强信息系统适应环境的能力。企业系统规划法以企业目标作为信息系统规划的出发点,以企业过程定义信息系统结构,这样能够保证信息系统独立于企业的组织结构。企业业务流程是企业活动和决策的集合,与组织职能和具体的管理职责无关,对任何一个企业都可以从逻辑上定义出一系列企业过程,只要企业的经营项目(产品或服务)基本不变,企业过程的改变就远远小于组织的机构变化。因此,即使将来企业的组织机构或管理体制发生变化,信息系统的结构体系也不会受到太大的冲击,从而使信息系统具有对环境的适应性。

④ 从组织整体出发,对数据进行统一规划,保证组织信息的一致性。缺乏统一规划的信息系统会导致信息孤岛,尽管信息系统提供的数据丰富,但是由于数据定义不一致,即使在组织内部也无法实现共享。许多企业为了方便使用,分别建立满足不同应用的数据资源,导致数据冗余对整个信息系统的长远发展非常不利。实现数据的一致性是保证信息共享的前提。企业系统规划法根据企业过程的需要,采用规范化的方法对数据进行统一定义,制定数据使用和安全的策略与规程,对数据进行统一规划、管理和控制,保证数据在组织内部的充分共享。

那么了解了企业系统规划法的基本思想和基本含义以及特点之后,该如何实施企业系统规划法呢?在实施企业系统规划法之前,要遵循哪些基本原则来保障企业系统规划法的顺利实施呢?这些都是我们需要弄清楚的问题。

企业系统规划法除要遵循自上而下的识别组织目标和自下而上的设计原则之外,在实施的过程中还要遵循以下几个基本原则。

① 一个信息系统必须支持企业的战略目标。基于这种思想,可以将企业系统规划看作是一个转化过程,即企业战略目标转化为信息系统规划。

② 一个信息系统规划应当表达出企业各个管理层次的需求。由于不同管理层次的管理活动对信息有着不同的需求,因此,有必要建立一个合理的框架,并以此来定义信息系统。

③ 一个信息系统应该向整个企业提供一致信息。计算机在应用中,各种数据处理所形成的信息存在不一致性,包括信息形式上的不一致、定义上的不一致和时间上的不一致。为了保证信息的一致性,有必要制定关于信息一致性的定义、技术实现以及安全性的策略与规程。

④ 一个信息系统规划应该经得起组织机构和管理体制变化的考验。管理信息系统应具有可变更或对环境的适应性,有能力在组织的变化和发展中经受起各种冲击。为此,企业系统规划法采用了定义企业过程的概念和技术,这种技术是能使信息系统独立,而与组织机构中的各种因素,即具体的组织系统和具体的管理职责无关的一种技术。

⑤ 一个信息系统应是先自上而下识别,再自下而上设计。企业系统规划法对于管理信息系统所采用的基本方法是自上而下地识别系统目标、企业过程、数据和自下而上地分步设计系统的方法,这样既可以解决大型企业管理信息系统难以一次设计完成的困难,又可以避免自下而上分散设计可能出现数据不一致、重新系统化和相互无关的系统设计等问题。

进行企业系统规划工作是一项系统工程性工作,要做好准备工作。准备工作包括接受任务和组织队伍。一般接受任务是由一个委员会承担。这个委员会要明确规划的方向和范围,在委员会下应有一个系统规划组,其组长应全程参与,并要参加具体的规划活动。委员会委员和系统组成成员在思想上要明确:做什么、为什么做、如何做,以及目标是什么。要准备必要的条件:工作控制室、工作计划、采访交谈计划、最终报告的提纲,还有必要的经费。所有这些落实后,还要得到委员会主任认可。具体来讲,主要按以下步骤来实施企业系统规划法。

① 研究项目的确立。企业系统规划的经验说明,除非得到了最高领导和某些高层管理部门参与研究的承诺,否则不要贸然开始企业系统规划方法的研究。因为研究必须反映最高领导关于企业的观点,研究的成果取决于管理部门能否向研究组提供企业的现状,它们对于企业的理解和对信息的需求。研究过程中的基本资料,大部分是直接或间接从这些管理部门得到的。而一旦研究提出的建议得到批准,企业就要在数年内对其数据处理资源的使用沿确定的方向去做,因此在一开始时就要对研究的范围与目标、应交付的成果取得一致意见,避免事后的分歧,这是至关重要的。

② 研究的准备工作。在取得领导赞同以后,最重要的是选择研究组组长,要有一位企业领导用全部时间参加研究工作并指导研究组的活动。要确认参与研究的其他层次领导是否合适,并正确地解释由他们所在部门提供的材料。

对研究组和参与研究的管理人员要有适当的培训和辅导,管理人员能较好地提供材料,使研究组能充分地利用这些材料。要尽快地选好调查对象,并让他们事先准备,安排会面的日程以及向研究组提供信息的要求。准备工作阶段的主要成果应当是研究计划的制定,内容包括:一个研究计划、一个会谈日程表、一个同主持单位一起做复查的时间表、一个研究报告大纲。另外,应包括分析整理有关企业系统规划方法、企业本身和信息系统的有关资料,以供研究工作正式开始时使用。

③ 研究的开始阶段。企业系统规划法研究的首项活动是企业情况介绍,全体研究组成员要参加。其介绍的内容主要有三个方面。

首先由管理部门负责人再次重申研究的目标、期望的成果和研究的远景,以及与企业活动和目标的关系。

其次,由研究组长介绍相关资料,使研究组成员熟悉有关材料,并讨论有关企业的决策过程、组织职能、关键人物、存在问题、开发策略、敏感问题、计划中的活动正在进行着的变化,数据处理部门的形象以及用户对数据处理工作的支持等。研究组长应对有关问题提出自己的评论和看法。

再次,由信息系统负责人员和管理人员,做数据处理部门的情况介绍,介绍数据处理部门的历史与现状、目前的主要活动、计划中的变化和主要存在的问题。

通过上面三方面内容的介绍,加上已经收集到的可以为研究组成员所利用的资料,将加深对研究组成员企业和其目前存在和计划中的数据处理业务的全面理解。

④ 定义企业过程。企业过程是指企业管理中必要且逻辑上相关的、为了完成某种管理功能的一组活动。例如,产品预测、材料库存控制等业务处理活动或决策活动。企业过程将作为信息总体结构、识别数据类以及随后许多工作的基础。在定义企业过程的基础上,找出哪些过程是正确的,哪些过程是低效的,哪些需要在信息技术支持下进行优化、重组处理,还有哪些过程不适合计算机信息处理的特点,应当去掉。

⑤ 定义数据类 数据类是指支持业务过程所必需的逻辑上相关的数据。对数据进行分类是按业务过程进行的,即分别从各项业务过程的角度,将与该业务过程有关的输入数据和输出数据按逻辑相关性进行整理,归纳成数据类,这样有利于企业的数据库的长

期开发。

⑥ 分析现存系统支持。对现行业务过程、数据处理和数据文件进行分析，发现欠缺和冗余部分，对将来的行为提出建议。其主要目的是弄清目前的数据处理是如何支持企业运作的，进而对将来的行动提出建议。

⑦ 确定管理部门对管理信息系统的要求。企业系统规划法本身决定了在整个规划过程中必须考虑管理者对系统的要求，特别是对中长期发展的设想。通过与他们交换看法，明确目标、问题、信息需求和信息的价值，使规划工作人员与管理部门之间建立更密切的联系。

⑧ 提出判断和结论。通过多种形式的调查和对大量数据的分析，明确问题所在，使用问题（过程）矩阵等方法将数据和业务过程关联起来。通过关联分析，不仅为安排项目的优先顺序提供帮助，也有助于解决管理信息系统的改进问题。

⑨ 定义信息总体结构。定义信息总体结构是由对目前情况的研究转向对将来计划的综合的主要步骤。信息总体结构画出将来的信息系统和相应的数据，使系统和它们产生的数据结构化和条理化。由于此项工作是描绘将来信息系统的蓝图，因此全体研究组成员都要加以重视。

⑩ 确定总体结构中的优先顺序。整个的信息总体结构一般都不能同时开发和实施，研究组要确定系统和数据库开发优先顺序。所谓优先顺序就是对信息总体结构中子系统中的项目进行排列，然后根据确定的准则来评定项目的重要性，从而确定开发顺序。

⑪ 评价信息资源管理工作。为了实现更完善的信息体系，使信息总体结构能有效地和高效率地开发，并实施和运行，必须建立一个可控的环境，信息系统的管理需做必要的改变，管理过程必须加以优化，使其不断地随着技术和业务战略的变化而改变。

⑫ 制定建议书和开发计划。开发计划是帮助管理部门对所建议的项目作出决策，这些项目是由总体结构优先顺序和信息管理部门的建议来决定的。开发计划要确定目标的资源、日程和其他项目间的关系，并需估计工作规模，以便管理部门进行调度。

⑬ 成果报告。最后，要向最高决策层提交完整和规范的管理信息系统规划报告。

当然在实际的操作中，企业系统规划法可以根据不同的需求有选择地选取这些步骤当中的一些重要步骤或者根据情况再增加一些步骤。

（2）战略目标转移法（Strategy Set Transformation，SST）

战略目标转移法，也称为战略目标集转移法，是由威廉（K. William）于1978年提出来的一种确定信息系统战略目标的方法。该方法将整个组织的战略目标看成一个信息集合，这个集合由目标、使命、战略和其他战略变量（如重要的环境变量约束、管理习惯、改革的复杂性等）组成。战略目标转移法的主要步骤如下。

首先，要明确组织的战略集合，其中包括：说明企业的各类人员结构，如经理、部门负责人、雇员、供应商、顾客、贷款人和竞争者等；识别各类人员的目标，指出各类人员的使命和战略。

其次，把初步识别的组织战略提交高层管理人员进行审阅和修改，形成一个包括企业目标、战略和战略属性的企业战略集合。

再次，把组织战略集转化为管理信息系统战略计划，管理信息系统战略规划包括系统的目标、约束和设计原则。具体的转化方法是：先从战略集中的每个战略、属性和相关目标中找出一个或多个管理信息系统目标，然后从企业的战略和管理信息系统目标中找出管理信息系统约束，再根据企业的战略属性、管理信息系统目标和管理信息系统约束制定管理信息系统战略的设计原则。

最后，选定一个确切的方案提交给管理层。

战略目标转移法是从另外的角度识别管理目标，它反映了系统中的各层要求，然后转化为管理信息系统的规划。这种方法保证了目标比较全面，疏漏较少，但对于需求的重视不如关键成功因素方法那样突出。

(3) 关键成功因素法（Critical Success Factors，CSF）

关键成功因素法是1970年由哈佛大学萨尼（W. Zani）教授提出来的，1980年麻省理工学院的罗卡特（J. Rochart）教授对该方法进行了完善，确定其为信息系统战略规划的一种方法。

关键成功因素是指对组织成功起关键作用的因素。事实上，每个组织能够取得成功总要受到多种因素的影响，但真正起作用的影响因素并不多，这些少数因素起着至关重要的作用。成功地解决它们，就能够使组织的目标得以较好的实现，这些少数因素就是关键成功因素。关键成功因素总是与那些能确保企业生存和发展的方面和部门相关。在不同的业务活动中，关键成功因素会有很大的不同，即使在同一类型的业务活动中，在不同时期内，其关键成功因素也会不同。另外，在相同行业的不同组织中，也会因为其地理位置、战略方针和其他一些由时间造成的因素的不同，而具有不同的关键成功因素。因此，我们应该集中精力在那些对管理活动确实有帮助的信息，即侧重于"成功因素"。

可以说，关键成功因素方法在组织的目标和完成这些目标所需要的信息之间，起着一种引导和中间桥梁的作用。关键成功因素决定了组织所需的关键信息集合，信息系统必须对它们进行连续的控制和报告。

关键成功因素方法主要包含以下几个步骤。

① 识别目标。确定企业或者管理信息系统的战略目标。

② 识别关键成功因素。识别所有的成功因素，并分析影响战略目标的各种因素和影响这些因素的子因素，从中确定关键的成功因素。

③ 识别性能指标。明确各关键成功因素的性能指标和评估标准。

④ 定义数据。根据前面的分析对数据进行定义。

这几个步骤，可以用一个图表示出来，如图5.2所示。

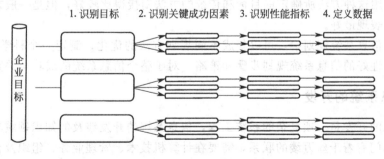

图 5.2　CSF 步骤示意图

关键成功因素法的一个优点是管理者可以自己决定成功的关键因素，并且为这些因素建立良好的评价指标，确定哪些是关键的影响因素，这样可以更加有针对性地去解决关键的因素。但该方法也存在局限性，它只注重特定的管理者的信息需求，而不是整个组织的信息需求。

关键成功因素的重要性置于企业其他所有目标、策略和目的之上，它能寻求管理决策阶层所需的信息层级，并指出管理者应特别注意的范围。若能掌握少数几项重要因素，便能确保相当的竞争力，并保持这种竞争力。如果企业想要持续成长，就必须对这些少数的关键领域加以管理，否则将无法达到预期的目标。关键成功因素主要有四个来源。

① 个别产业的结构。不同产业因产业本身特质及结构不同，而有不同的关键成功因素，此因素决定于产业本身的经营特性，该产业内的每一个公司都必须注意这些因素。

② 竞争策略、产业中的地位及地理位置。企业的产业地位是由过去的历史与现在的竞争所决定的，在产业中每一个公司因其竞争地位的不同，关键成功因素也会有所不同，对于由一或两家大公司主导的产业而言，领导厂商的行为常为产业内小公司带来重大的问题，所以对小公司而言，大公司竞争者的策略，可能就是其生存地竞争的关键成功因素。

③ 环境因素。企业因外在因素或者整个大环境的变动，都会影响每个公司的关键成功因素。比如家电市场，由于网络技术的发展和普遍应用，虽然传统的家电厂商仍坚守自己的市场，但是同时又不得不根据形势的变化对公司的发展策略和战略不断地调整。在市场需求波动大的时候，存货控制可能就会被高阶主管视为关键成功因素之一。

④ 暂时因素。暂时因素大部分是由组织内特殊的理由而来，这些是在某一特定时期对组织的成功产生重大影响的活动领域。

这几种因素都是影响企业决定关键成功因素的很重要的参考指标，但也不局限于此。

从这三种信息系统规划方法来看，每种方法都各有千秋。企业系统规划法虽然强调目标，但是没有明显的目标引出过程。它通过管理人员酝酿过程引出了系统目标，企业目标到系统目标的转换是通过组织（系统）、组织（过程）以及系统（过程）矩阵的分析得到的。这样可以定义出新的系统以支持企业过程，也就把企业的目标转化为系统的目标，所以我们说识别企业过程是企业系统规划方法的战略规划的中心。

战略目标转移法则是从另一个角度识别管理目标，它反映了各种人的要求，而且给出了按这种要求的分层，然后转化为信息系统目标的结构化方法。它能保证目标比较全面，疏漏较少，但是它在突出重点方面不如关键成功因素法。

关键成功因素法能够抓住主要矛盾，依据企业自身的情况要抓主要的因素，使目标的识别突出重点。用这种方法所确定的目标和传统的方法衔接得比较好，但是一般在确定管理目标上这种方法表现最好。

在实际的信息系统规划中，可以集成不同规划方法的优化，制定一个科学的、合理的、可行的、拓展性好的信息系统规划步骤和策略，对于整个信息系统的成功至关重要。

5.1.3 信息系统的开发

信息系统的开发是一项复杂的系统工程，信息系统的开发涉及的知识领域非常广泛，与很多单位、部门有着千丝万缕的联系，需要在计算机技术、管理业务、组织及行为等方面全面把握。信息系统的开发必须以系统工程的观点指导其系统建设，按照信息系统的开发规范进行，避免一些低水平封闭式开发，造成资金、人力、物力的浪费。

5.1.3.1 信息系统开发的方法

信息系统从产生到现在已经发展了许多开发方法，这些开发方法既有区别又有联系，可以根据系统规模选择或组合使用。这里主要介绍几种比较常用的信息系统开发方法。

(1) 结构化系统开发方法

结构化系统开发方法（Structured System Development Methodologies，SSDM），又称为数据流系统开发方法或生命周期系统开发方法，是在20世纪70年代兴起的一种信息系统开发方法，是结构化的程序化设计方法的一个重要补充，后来成为面向商业的信息系统开发的主流方法，广泛应用于企业和政府部门的管理信息系统的建设上。

结构化系统开发方法的基本思想是：用系统工程的思想和工程化的方法，按照用户至上的原则，追求结构化、模块化，遵循自顶向下、从宏观到微观地对系统进行分析与设计，强调开发过程的整体性和全局性。

结构化系统方法希望系统的开发工作标准化，减少随意性，以期达到开发工作的高效、有序和可靠。具体的操作就是要将一个庞大的、复杂的系统开发的过程划分为若干个相对独立的阶段，然后按照各个阶段的工作任务逐一地实施。结构化系统开发方法一般将整个系统开发过程划分为以下几个阶段。

① 系统规划。对信息系统开发的整个过程从全局角度进行总体的考虑。系统规划阶段的工作就是根据用户的系统开发请求和需求，确定系统的目标，提出系统的功能、性能、接口、可靠性和可用性等方面的基本要求，进行系统开发的可行性分析，提出可行性分析报告，制定系统开发的实施计划。

② 系统分析。系统分析主要工作是在详细调查和研究的基础上，对开发信息系统的必要性和可行性做出分析，建立开发信息系统的逻辑模型，写出系统分析报告。

③ 系统设计。系统设计阶段的主要任务是进行应用系统的软件设计和数据库设计。软件设计一般可再分为两个阶段：概要设计和详细设计。概要设计是设计软件系统的总体结构，即模块结构，定义每个模块的主要功能和模块之间的联系；详细设计是进行代码设计、I/O（Input/Output）设计、屏幕设计以及模块设计，详细定义各模块的数据结构、算法、接口等，作为以后编码工作的依据。如果系统中使用了数据库，在软件设计阶段还要进行数据库的逻辑设计和物理设计。在软件设计工作完成时，应提交软件设计说明书，与此同时，还要根据总体设计的要求购置和安装设备，最终给出设计方案。

④ 系统实施。系统实施是在系统规划、设计和分析的基础上，开发出一个可以运行的信息系统，并对这个系统的运行质量进行控制。编码和测试是系统实施过程中两种非常重要的工作。编码工作的主要任务是选择程序设计语言和工具，编写计算机可以接受的软件代码程序，实现系统的各项功能。测试的主要任务是测试软件、排除错误，确保开发出的软件其功能和性能达到预期的要求，保证软件运行得稳定、顺畅。

⑤ 系统运行。系统运行的任务是同时进行系统的日常运行管理、评价和监理审计三部分工作，然后分析运行的结果。如果系统运行结果良好，则可以把系统投入到实际的应用当中。如果系统运行存在问题，则要进行系统修改、维护或者进行局部的调整。如果系统经过长时间的运行之后，出现了不可调和的大问题，也就是系统已经到达了生命的最终阶段，用户就会提出开发新信息系统的要求，这就标志着该信息系统需要被新的系统所替代了，意味着信息系统的使命终结，从而又开启了一个新的信息系统生命周期。

结构化系统开发方法强调开发的整体性，而且对具体问题的理解和分析较为透彻，在开发过程中采用了模块化设计思想，保证了模块内部运行的稳定性和可行性，便于及时发现和解决各种潜在问题。但是越来越复杂的功能需求，使得这种方法变得越来越力不从心。因为系统是围绕着如何实现一定的行为来进行的，当系统行为改变，需要常常修改时，修改就变得极为困难，而且采用这种方法开发出来的系统往往难以维护，自顶向下的功能分解也极大地限制了软件的可重用性和扩展性。这些负面因素都会大大影响软件的开发周期和开发难度以及后续系统的适用性，从而使得开发成本居高不下。

(2) 原型化开发方法

原型法（prototyping）是 20 世纪 80 年代随着计算机软件技术的发展，出现的一种系统开发方法。这种方法根据用户的需求，由开发人员识别和归纳用户要求，根据识别归纳的结果，构造出功能简单的一个原型系统，再通过反复修改来实现信息系统的开发。这种开发方法工作的一般流程如图 5.3 所示。

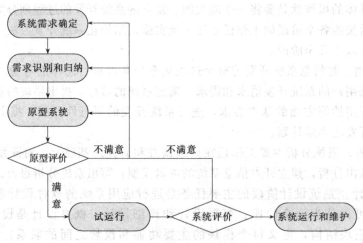

图 5.3 原型法工作流程图

原型法强调用户的参与，系统的开发过程与用户的需求紧密结合，相比结构化系统开发方法而言，它不需要一开始就要做很多的准备工作，能够直接提供一个用户很容易理解的模型，让用户直观地感受到形成的系统的模型是怎么样的，非常符合人们的逻辑思维习惯，因此很容易被用户接受。但这种方法也有其不足，特别是要开发一个非常大的系统，如果一个一个地进行原型修改和扩展，是非常繁琐和复杂的工作，因此这种方法主要适用于中小型信息系统的开发，而在一些大型的信息系统开发中，可以局部地采用这种开发方法，并不适合作为大系统的整体开发方法。同时，这种方法很可能由于开发人员对系统需求的理解偏差，造成原型系统的主功能或主模块的偏离，做出不切题的原型。此外，由于它是根据用户的需求来建立的原型系统，而用户的需求有时是潜在的，或者用户在表达需求时没有表述清楚，就会造成实际开发出来的系统最终不被用户认可。

(3) 面向对象的开发方法

面向对象（object oriented）方法是从 20 世纪 80 年代以来的各种面向对象的程序设计方法中发展而来的。面向对象的信息系统开发方法，是一种更接近人的思维方式的方法，这种开发方法把信息系统看作是为完成某项任务相互作用的许多"对象"的集合。传统的"面向过程"的方法是把世界看成是数据和过程两个部分组成的，这种方法认为数据是静态的，不会自行改变，而需要各种各样的过程来改变数据，其中"数据结构＋算法＝程序"是这种方法的精髓所在。

面向对象的方法认为，客观世界是由各种各样的对象组成的，每种对象都有各自的内部状态和运动规律，不同的对象之间的相互作用和联系就构成了各种不同的系统。当设计和实现一个客观系统时，如能在满足需求的条件下，把系统设计成由一些不可变的（相对固定）

部分组成的最小集合，这个设计就是最好的。它把握了事物的本质，因而不会再被周围环境（物理环境和管理模式）的变化以及用户的需求变化所左右。这些不可变的部分就是所谓的对象。

根据面向对象的方法的一些特性，可将面向对象方法的开发工作过程分为四个阶段。

① 系统调查和需求分析。对系统将要面临的具体管理问题以及用户对系统开发的需求进行调查研究。即先弄清要干什么的问题。

② 分析问题的性质和求解问题。在繁杂的问题域中抽象地识别出对象以及其行为、结构、属性、方法等。这一阶段一般被称为面向对象分析，简称为OOA。

③ 整理问题。即对分析的结果作进一步的抽象、归类、整理，最终以范式的形式将它们确定下来。这一阶段一般被称为面向对象设计，简称为OOD。

④ 程序实现。即用面向对象的程序设计语言将上一步整理的范式直接映射（即直接用程序语言来取代）为应用程序软件。这一阶段一般被称为面向对象的程序，简称为OOP。

5.1.3.2 信息系统的开发方式

信息系统开发的方式主要有：委托开发、自主开发、联合开发、购买软件包二次开发等方式。20世纪80年代中期，我国的信息系统开发主要采用用户自主开发方式以及与大学、科研单位合作开发的方式。进入20世纪90年代以来，由于软件开发公司的兴起和国外软件公司进入中国市场，委托开发、购买现成的软件成为常见的开发方式。

在进行信息系统开发签订合同的时候，就必须确立开发方式。因为不同的开发方式对于合同的细则，如知识产权、开发费用等有直接的影响。上述四种开发方式各有优点和不足，需要根据企业的技术力量、资金情况、外部环境等各种因素进行综合考虑和选择。但是，无论哪种开发方式都需要企业的领导和业务人员的参与，并在信息系统开发的整个过程中培养和锻炼企业的信息技术队伍。

(1) 委托开发

委托开发方式适合于企业信息系统的开发队伍力量较弱但资金较为充足的单位。委托开发方式的优点是省时、省事，开发的系统技术水平较高。缺点是费用高，系统维护需要开发单位的长期支持。此种开发方式需要企业的业务骨干参与系统的论证工作，开发过程中需要开发单位和企业双方及时沟通，进行协调和检查。

(2) 自主开发

自主开发又被称作最终用户开发，适合于有较强的信息技术队伍的企业。独立开发的优点是开发费用少，开发的系统能够适应本单位的需求且满意度较高，便于维护。缺点是由于不是专业开发队伍，容易受业务工作的限制，系统优化不够，开发水平较低，且由于开发人员是临时从所属单位抽调出来进行信息系统的开发工作，这些人员在其原部门还有其他工作，所以精力有限，容易造成系统开发时间长、系统整体优化较弱、开发人员调走后系统维护没有保证的情况。

(3) 联合开发

联合开发适合于有一定的信息技术人员，但可能对信息系统开发规律不太了解，或者整体优化能力较弱，希望通过信息系统的开发完善来提高自己的技术队伍，便于后期的系统维护工作的企业。优点是相对于委托开发方式比较节约资金，可以培养、增强企业的技术力量，便于系统维护工作；缺点是双方在合作中易出现扯皮现象，需要双方及时达成共识进行协调和调查。

(4) 购买现成软件

为了避免重复劳动，提高系统开发的经济效益，也可以购买信息系统的成套软件或开发平台，如财务管理系统、小型企业信息系统、供销存信息系统等。此方式的优点是节省时间与费用、技术水平较高；缺点是通用软件的专用性较差，因此根据用户的要求需要有一定的技术力量进行软件改善或对接口等作二次开发。

无论以何种方式、经由何种途径进行开发，都必须有相关的领导和工作人员参与其中，而且在信息系统的整个开发过程中培养和锻炼企业的信息技术队伍，这对于系统投入正常运行和日后的升级换代有极大好处。此外，吸取其他企业或组织中类似的管理信息系统的开发经验和失败教训，能在本企业系统开发中少走弯路，这是信息系统开发的成功的重要保证。

5.1.3.3 信息系统的开发策略

信息系统的开发要讲求一定的策略，不能漫无目的、随心所欲地进行开发。信息系统的开发要从战略上进行规划，在系统的总目标指导之下，设置各个子系统。开发子系统时，必须弄清楚各个子系统间的关系，也就是弄清某个子系统与其他子系统之间的信息输入、输出关系。

具体的开发策略主要有以下几种。

(1) 自上而下的开发策略

这种开发策略，从企业的高层管理着手。首先考虑企业的总目标，然后确定需要哪些功能去保证目标的完成，从而划分相应的业务子系统，并进行各子系统的具体分析与设计。这种开发策略强调从整体上进行协调和规划，由全面到局部，由长远到近期，从探索合理的信息流出发来设计信息系统。由于该开发策略要求很强的逻辑性，因此难度较大。但是，这种策略是一种很重要的策略，是信息系统的发展走向集成和成熟的要求。

(2) 自下而上的开发策略

自下而上的开发策略是从现行系统的业务状况出发，是实现一个个具体的功能，逐步地由低级向高级来进行系统的扩展和完善。这种策略可以根据较少的资源一边实施一边看效果，容易开发。但由于在具体子系统的实施时不能很好考虑系统总目标和总功能，缺乏整体性和协调性，可能导致功能和数据的重复、冲突。

(3) 综合开发策略

这种开发策略，综合了自下而上和自上而下两种策略的优势。在总体规划阶段，采用自上而下的策略确定系统目标和总体方案，在系统开发的后期阶段后，就可以在上述目标和总体方案指导下，利用自下而上的策略对一个个业务子系统进行分析、设计和实现。

5.1.3.4 信息系统的分析

信息系统分析是应用系统思想和方法，把复杂的对象分解成简单的组成部分，并从中找到这些部分的基本属性以及它们彼此间的关系的过程。系统分析阶段要回答的中心问题是系统"做什么"，即明确系统的功能。

系统分析是系统开发中最重要，也是最困难的阶段。系统分析的核心内容是明确用户需求，在信息系统战略规划指导下，在系统调查的基础上对组织内部的整体管理状况、业务需求、信息处理过程进行分析，详细定义组织内部数据和业务与各管理功能之间的关系及其处理过程，分析数据的流程是否通畅、是否存在信息冗余、是否存在不一致等问题，给出系统开发计划、人员培训计划及效益分析等。

系统分析的主要任务是将在系统详细调查中所得到的文档资料集中到一起，对组织内部整体管理状况和信息处理过程进行分析。它侧重于从业务全过程的角度进行分析。系统分析的主要包括以下几个步骤。

(1) 需求分析

需求分析是系统开发工作中最重要的环节之一，实事求是的全面调查是分析与设计的基础，也就是说这一步工作的质量对于整个开发工作的成败是很关键的。同时，需求分析工作量非常大，涉及的业务、人、数据和信息都非常多，所以如何科学地组织和适当地着手展开这项工作是非常重要的。

需求分析要确定对目标系统的综合要求，并提出这些需求的实现条件，以及需求应达到的标准、系统功能以及系统的最终效果。

(2) 组织结构与功能分析

组织结构和功能分析是整个系统分析工作中最简单的一环，组织结构与功能分析主要有三部分内容：组织结构分析、组织业务关系、业务功能一览表。组织结构分析是通过组织结构图来实现的。组织结构图是一张反映组织内部之间隶属关系的树状结构图，它反映了组织的内部和上下级关系，是对组织结构的直观反映，也是对该组织功能的一种侧面诠释。组织结构图能够反映组织的等级关系，但是对于组织内部各部分之间的联系程度以及他们的业务职能和在业务过程中所承担的工作等却不能反映出来，而组织业务关系分析就可以弥补组织结构分析的不足，通过增设组织业务关系图来反映组织各部分在承担业务时的关系。业务功能一览表则是在组织结构图和组织业务关系图的基础上对业务功能的更详细的描述，把相关的业务功能都能够集中在一起，以免在后续的设计和实施中有所遗漏。

(3) 业务流程分析

业务流程分析则是在业务功能的基础上将其细化，从而得到业务流程图，是一个反映企业业务处理过程中的"流水账"，帮助确定流程工作与合作建模的基本要素，更好地分析理解它们同其他要素的关系。业务流程分析包括对现行业务流程的分析、业务流程的优化、确定新的业务流程、新系统的人机界面等。

对于业务流程主要采用业务流程图来进行描述，绘制业务流程图是分析业务流程的重要步骤。业务流程图是一种用尽可能少、尽可能简单的方法来描述业务处理过程的方法。目前关于业务流程图的画法，尚不太统一，业务流程图的绘制基本上是按照业务的实际处理步骤和过程来绘制的。具体来说，业务流程图的绘制步骤如图 5.4 所示。

(4) 业务流程重组

业务流程重组的观点最早是由美国学者米歇尔·哈默（Michael Hammer）和詹姆斯·钱皮（James Champy）于 1993 年提出的。业务流程重组是对企业过程进行的再思考和再设计，以期企业关键的性能指标能获得巨大的提高，如成本、质量、服务和速度等。

业务流程重组关注的要点是企业的业务流程，并围绕业务流程展开重组工作，业务流程重

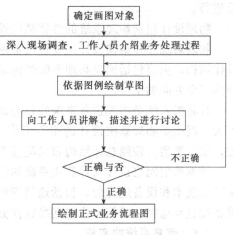

图 5.4　业务流程图绘制步骤

组能够为企业创造优化的业务流程，提升企业的核心竞争力，在业务流程重组过程中的工作要点，就是要消除价值传递链中的非增值活动和调整核心增值活动。

企业流程重组不是对流程的小修补，而是涉及企业的各个方面、各个层次的巨大变化，

包括企业的组织结构、工作定义、评估体系、技能培训，以及对信息技术的应用。

5.1.3.5 信息系统的设计

信息系统设计要回答的中心问题是系统"怎么做"，即如何实现系统分析说明书规定的系统功能。系统设计的任务包括系统总体设计和系统详细设计两部分。

系统总体设计是根据系统分析的要求和组织的实际情况来对系统的总体结构形式和可利用资源进行的大致设计，它是一种宏观、总体上的设计和规划。系统总体结构设计的结果是一系列的系统设计文件，这些文件是物理地实现一个信息系统的重要基础。系统设计的总的原则是保证系统设计目标的实现，使得系统的资源能够达到最大的效用，在总体设计的过程中，要遵循以下几个原则。

① 系统性原则。将系统作为一个有机的整体来思考，使之有统一的信息代码、统一的数据组织方法、统一的设计规范和标准。

② 经济性原则。在满足系统要求的前提下，尽可能减少系统的费用支出，避免盲目的投资。

③ 可靠性原则。设计的系统要求安全可靠，只有如此，才能够使得系统在实际应用中发挥很好的作用。可靠性包括安全保密性、检错及纠错能力、抗病毒能力、系统恢复能力等。

④ 简单性原则。在系统能达到预定目标、完成既定功能的前提下，应尽量简单。

⑤ 灵活性原则。系统对外界应有良好的适应能力，容易修改和维护。

信息系统设计是信息系统开发的一个重要阶段，这个阶段是对新系统的物理设计，即通过前面的系统分析报告对新系统逻辑功能的要求分析从实际出发，进行各种具体设计，确定系统的实施方案，解决系统如何去完成的问题，最终给出详细的设计方案，为下一阶段的实现制定详细计划。

信息系统又称为新系统的物理设计，物理设计包括两个方面：一是硬件系统的设计；二是软件系统的设计。硬件要在总体设计阶段确定，软件中的系统软件也要随硬件同时确定，而应用软件的层次结构通过结构化系统设计完成，程序的编制则放在系统实施阶段进行。

物理设计包括物理系统的总体结构设计、计算机系统设计、数据通信网络设计。

物理系统总体结构设计是物理设备系统的系统级设计工作，目的是要设计出物理系统的总体结构，主要包括确定物理系统的构成、确定物理系统的处理结构、设计物理系统的通信结构三个方面的工作。

计算机系统是物理设备系统的核心设备，也是投资的重点部分，对信息系统的性能影响很大，因此是物理系统设计的重心工作。计算机系统设计目的是要设计出计算机系统的配置，确定机型，按照总体结构布局配置设备。

数据通信网络设计与计算机系统的设计类似，数据通信网络设计是基于通用的以及可购买到的技术和设备进行的，包括通信资源及环境调查、通信需求分析、网络机构设计、通信设备配置与选择、通信协议与网络软件分析等方面。

5.1.3.6 信息系统的实施

信息系统实施是经过系统的详细设计、写出程序模块说明书之后，系统设计阶段完成后进入的下一个系统开发阶段。信息系统的实施包括程序设计、程序调试、系统总调、新旧系统的转换以及系统评价和维护等。

系统实施是开发信息系统的最后一个阶段。这个阶段的任务，是实现系统设计阶段提出的物理模型，按实施方案完成一个可以实际运行的信息系统，交付用户使用。系统设计说明书详细规定了系统的结构，规定了各个模块的功能、输入和输出，规定了数据库的物理结构，这是系统实施的出发点。如果说研制信息系统是盖一幢大楼，那么系统分析与设计就是根据盖楼的要求画出各种蓝图，而系统实施则是调集各种人员、设备、材料，在盖楼的现场，根据图纸按实施方案把大楼盖起来。

与系统分析、系统设计阶段相比，系统实施阶段的特点是工作量大，投入的人力、物力多。因此，这一阶段的组织管理工作也很繁重。对于这样一个多工种、多任务的综合项目，合理的调度安排就十分重要。在我国的信息系统建设中，项目负责人往往身兼多种角色。在系统分析阶段，他是系统分析员；在设计阶段，他又是主要设计师；在实施阶段，他又是组织者。

在系统实施阶段，主要的任务包括以下几个方面。

(1) 系统环境的建立

系统环境建立主要是指按照系统设计方案的要求进行计算机机房的建设、硬件设备、软件及附属设备的购置、安装与调试工作，这是系统实施的前提。

(2) 程序设计

程序设计是指设计、编制、调试程序的方法和过程。程序设计往往以某种程序设计语言为工具，给出这种语言下的程序。程序设计过程应当包括分析、设计、编码、测试、排错等不同阶段。

(3) 数据的录入

它主要是指将准备好的、符合系统需要格式的数据输入到计算机中的工作。

(4) 系统人员的培训

它主要是指对系统实施与运行中所需要的各类人员进行培训的工作。

(5) 系统的调试与转换

它主要是指对系统的各项功能进行单调、分调和统调的工作，以及采用一定方式进行新旧系统的转换工作。

以上几项工作在系统实施过程中是相对独立实现的，但它们之间又是互相联系、互相促进的，必须进行统一协调和配合，以保证系统的开发成功。

5.1.4 信息系统的维护和评价

信息系统开发完毕后，还需要密切注意整个系统的运行情况，对系统进行维护与评价。

(1) 信息系统的维护

信息系统的维护需要制订详细科学的计划，建立系统维护制度来监督和规范维护工作。系统维护的内容包括硬件维护、软件维护和日常维护。

硬件维护主要是硬件系统的更新和故障维修，维护工作一般需要硬件生产厂商配合完成。在进行硬件系统的更新时，需要停止系统的运行，因此会影响到系统的日常使用。

软件维护的内容包括程序的维护、数据文件的维护以及代码的维护等。程序的维护主要是对程序进行修改，发现和改正程序的错误，修补漏洞；数据文件的维护包括数据备份、修改数据库等；代码的维护是根据环境要求制定新代码或修改旧的代码体系。

系统日常维护主要包括正确性维护、适应性维护、完善性维护和预防性维护。正确性维护是在系统运行之后对系统中的错误及时修改；适应性维护是为了适应运行过程中的变化进行的针对应用软件的维护；完善性维护指的是为了改善系统的性能，或扩充应用系统的功能而进行的维护工作;预防性维护是针对系统可能需要作出的调整而进行的维护。

(2) 信息系统的评价

信息系统正常运行一段时间以后,需要对系统进行全面评价,考察和评审新系统是否达到了预期目标,技术性能是否达到设计要求,系统的各种资源是否得到充分利用,经济效益是否理想。系统评价的目的在于能够更好地使用信息系统,使系统更加完善,可以产生更大的经济效益。同时通过评价找出系统目前的不足,为系统今后的改进提供依据。

信息系统评价可分为广义评价和狭义评价两种类型。

① 广义信息系统评价。广义信息系统评价是指从信息系统开发的起始到结束的每一个阶段都需要进行评价。如果按评价的时间与信息系统所处阶段之间的关系划分,则可将广义的信息系统评价分为事前评价、事中评价、事后评价三种类型。

事前评价,又称为立项评价,是指信息系统方案在系统开发之前的预评价,所有又称为预测性评价,它通常与项目的可行性研究结合在一起进行。

对事中评价有两种理解:第一种理解是指项目方案在实施过程中,因外部环境出现重大变化,需要对项目方案重新评价,以决定是否继续执行该方案;第二种理解又称阶段评价,即在信息系统正常开发的设计、实施阶段,对各个子系统和各个对象进行详细评价和统计分析,经汇总后将其作为设计报告的组成部分。

事后评价,又称为结项评价,是指信息系统正式投入运行之后根据系统设计规格说明书的要求,对系统运行的实际效果进行综合的测试、分析和评估。

② 狭义信息系统评价。狭义信息系统评价是指在信息系统建成并投入运行之后所进行的全面综合性评价,故又称信息系统的综合评价。

信息系统综合评价工作主要包括以下几个方面的内容:一是综合评价指标体系及其评价标准的建立;二是采用定性或者定量的方法确定各指标的具体数值;三是各评价值的综合。

5.2 信息市场管理

信息市场管理主要是对信息市场环境、信息商品以及信息市场当中的各种主客观因素进行有效管理的过程。

5.2.1 信息市场概述

(1) 信息市场的含义

信息市场是以提供各种信息来满足用户需要的信息交换场所。它是一种新型的市场形态,是现代市场体系的重要组成部分。信息市场包括狭义的信息市场和广义的信息市场两种。狭义的信息市场是指信息商品交换的场所,受时间和空间条件的限制,可以分为固定场所、流动场所、长期场所、临时场所,也就是实体的信息商品流通的场所。广义的信息市场是指信息商品交换关系的总和。这里所说的信息商品,既包括有形的信息商品,又包括无形的信息商品,还包括各种信息咨询服务;这里所说的交换关系,既包括买卖双方在特定场所的交换关系,也包括不在特定场所的交换关系,特别是计算机、网络等现代信息技术的应用，使得交换活动突破了时间和空间的限制，在信息市场上，没有固定场所的交换活动越来越普遍，尤其是以虚拟经济为代表的虚拟信息市场。

随着社会经济的发展，社会对信息的需求越来越大，导致专门的从事信息的生产、加工、存储、传播等提供信息服务的企事业单位大量涌现，他们将自己的信息服务或产品，以商品的形式提供给社会，信息需求与供给之间交换劳动的关系构成了信息市场，它是整个信息市场体系的一个重要组成部分。

信息市场活动是以知识形态独立存在的信息商品在流通领域内传递、交流所形成的一种特殊流动方式；是信息商品买卖双方进行交易或交流，使信息商品扩散、应用到人们日常生活和生产经营领域的过程。现代社会信息的生产和积累量大面广、交叉重复、混乱无序，给信息资源的开发和利用带来了困难。信息市场的职能就是将信息生产者、经营者和消费者组织在一起，以有偿的形式交换信息，开展信息服务。其作用在于减少信息的无向传递，避免信息的盲目流动，缩短信息传播的时滞，为信息生产、经营、消费者提供信息，使生产者自觉地按信息用户的需求有针对性地提供信息商品。因此，信息市场活动有益于克服信息商品产销脱节的现象，促进信息定向有序地流动，提高信息传播的速度，从而能够提高信息利用的效益，充分实现信息商品的价值和使用价值。信息市场既是满足消费需求的、独立的最终产品市场，是信息商品交换的具体场所，又是能满足信息消费者需要的要素市场，体现着商品的交换关系。因此，在整个市场体系中，信息市场同其他各种市场之间，有着覆盖于各个市场之上，渗透于各个市场之中，又独立于其他要素市场之外的，彼此互相联系、互相依赖的关系。

（2）信息市场的特点

由于信息市场上流通的信息商品不同于一般的物质商品，因此信息市场也具有不同于物质商品市场的特点。认识信息市场的特点，有利于更好地对信息市场进行有效的管理，实现信息商品在信息市场上有效、持续的流通和交换，从而使得信息市场健康有序地发展下去。

信息市场主要具有以下几个特点。

① 信息市场的供求关系具有扩张性。信息资源不同于其他资源，如果说物质资源提供的是材料，能量资源提供的是动力，那么信息资源提供给人类的是知识和智慧。随着信息经济的不断发展，人们对信息商品的需求无论从品种还是数量上都呈扩张之势。同时，信息产业的不断发展，信息商品的供给能力也不断强大。另外，信息经济中，信息产品的互补效应，使得信息商品消费的连带性凸显，增加了信息市场的扩张性。

② 信息市场的市场形态具有多样性。信息商品、信息服务以及信息交易的多样性和复杂性决定了信息市场的市场形态具有多样性的特点。从交换客体来看，信息市场具有有形和无形的信息市场，在实体的和虚拟的信息市场中，信息商品的内容异常丰富，不同的信息商品在交换过程中呈现出不同的个性，这在一定程度上使得信息市场的市场形态也表现出多样性的特征。此外，从交易的形式来看，由于现代技术的发展，使得交换关系可以不在同一时间和空间发生。例如同一个信息商品，可以通过不同的渠道来进行交换，例如传统店铺式服务、邮购式服务、电子商务等。

③ 信息市场的交换关系具有复杂性。信息商品的实质是其载体中承载的内容，包括各种数据、信息、情报、智慧，具有准公共产品的共享性特征，因此信息商品的买卖可能是所有权的全部或部分转让，也可能是使用权的全部或部分转让。另外，信息商品属于经验型商

品，可能交换关系发生在生产过程之前，通过定制生产、投资开发、联系生产等途径提高信息商品的质量。

④ 信息市场的交易具有广域性。信息商品具有非竞争性，即使用价值不随着流通而一次耗尽，也不随着载体的改变而改变，流通的时空限制少。特别是现代信息通信技术的广泛应用，使得信息商品的广泛传播成为必然。

⑤ 信息市场的市场形态具有隐蔽性。信息市场交换关系的复杂性，使得市场形态还表现出隐蔽性的特征。

⑥ 信息市场交换具有多次性。信息商品由于其非竞争性，使得信息交易可能不是让渡的全部的所有权和使用权，因此，同一个信息商品可以一定的时间内多次、反复地出售。

(3) 信息市场的分类

按照信息市场的不同特征或者不同属性，可以将其划分为不同的类别。

① 按照信息流通的方式划分。按照信息流通的方式可以将信息市场划分为五类：一是供需对应型市场，即由单一的信息供求双方就某个问题而进行的信息交换市场；二是网络咨询性市场，即信息生产经营机构或咨询机构同时为许多信息需求者服务的信息市场；三是大众媒介型信息市场，即以大众传播手段传播的信息交换市场；四是科技成果信息市场，即由一种专利机构或科研成果信息所有者直接从事的信息交换市场；五是通信信息市场，即通过电话、电报、电传等现代化手段进行交换的信息交换市场。

② 按照行业性质划分。按照不同的行业性质，可以将信息市场分为四类：一是商情信息市场，即为用户提供各种商业信息资料的交换活动市场；二是科技信息市场，即为用户提供各种科技和管理资料的交换活动市场；三是信息作业服务市场，即利用各种信息作业的物质手段，以信息为媒介为用户提供服务的市场；四是综合信息市场，即兼营各种信息的市场，包括经济、科技、人才、教育等信息在内的信息市场。

(4) 信息市场的经营策略

与传统的市场经营策略相比，信息市场的经营策略有其不同的特点：信息产品作为一种新型产品，在很大程度上取决于市场经营策略的制定与实施。信息市场的经营策略从制定到实施可以分为信息市场的决策策略和信息市场的经营策略两个方面。

① 信息市场的决策策略。信息市场的决策策略首先来源于对信息市场的调查。信息产品作为一种特殊的商品，有其特殊的市场需求。首先，对信息市场的调查，就是针对需要产品的特殊社会群体，了解他们需要什么产品，需要什么质量的产品，需要什么样性价比的产品。只有在此基础上，才能作出科学的市场预测。其次，制定市场目标策略，确定市场目标必须具有以下几个要素：一是较大的消费群体；二是自己的信息产品和信息服务有较强的市场竞争力；三是社会对该信息产品要有较强的需求和支付能力；四是自己有开发这一信息产品的优势。再次，要对市场进行细分。所谓细分市场，就是将市场分类，再将每一类商品市场进一步划分类别。通过市场细分，才能为自己的产品定位，从而确定自己的推销目标是经营信息产品的目标市场。要实现市场细分，必须了解信息市场的需求，了解自己的销售对象或服务对象应该是哪些部门、行业和个人，根据不同用户的不同需求，划分出不同的市场面，以便发现市场机会，为市场定位打下基础。信息产品的市场定位是通过市场细分来确定的，是决定经营方向和目标的依据。在此基础上，要分析不同行业、企业的信息需求意识、特点，决定自己的经营方向。另外要注意考察一些重要的变量，如企业规模、行业分类、产业专业化程度等，对这些情况了解得越清楚，其市场营销工作就会做得越好。在了解市场定

位和信息服务的对象以后，必须在进入信息市场以前对自己的经济活动进行决策。由于信息产品的共享性、生产上的一次性、复制的方便性等特性，决定了进入信息市场的信息产品客体也是有限的。

在信息市场的决策过程中，成本价格始终是其争取用户的重要依据。在首先进入市场收获超额利润的同时，也必须注意其替代产品的价格，只有当自己新一代的产品以同样的价格达到最高的质量和服务的时候，才可能进入市场。为了扩大自己的经营，增加利润和保持企业的持续发展，必须采取灵活的价格策略，对于信息商品的定价策略在后面会提到，这里就不再赘述了。

② 信息市场的经营策略。在信息产品生产出来以后，如何推销产品，是信息产品的生产者、经营者十分关注的问题。信息市场的经营方式主要有：直接销售、广告促销、公共关系促销等多种形式。直接销售是信息商品销售活动中一种最常见的销售方式。由于信息商品生产成本高，工艺较为复杂，直接销售信息商品，有利于打消消费者的购买顾虑，增加信息商品的可信度。

信息产品的经营与一般商品经营的不同点在于它更注重服务。它不仅表现在信息服务业上，同样也表现在信息商品上。由于信息商品的高科技含量，一般的消费者在购买产品的同时，还需要供应商提供与该信息商品相配套的服务，以保证自己所购买的信息商品的使用价值。因此，做好售后服务工作对于信息商品的经营者来说是提高自身竞争力，促进产品销售，增加经营利润的重要条件。

总之，从信息市场的调查研究到信息市场的决策，从信息产品的销售到信息产品的服务，它们是一个完整的体系，必须协调发展才能取得良好的经营效果。

5.2.2 信息商品

信息商品是指用来交换的信息产品，即它是人们通过搜集、加工、传递和存储所形成的，并且用来交换的信息。信息商品是一种特殊的商品，具有一系列不同于一般物质商品的特征，且在生产、分配、流通和消费等再生产各环节具有许多与物质商品不同的特点。

（1）信息商品的特点

信息商品是人类社会经济发展到一定历史阶段的产物和必然趋势。信息商品具有以下几个特点。

① 共享性。信息商品出售后在满足买方信息需求的同时，仍能够满足卖方对它的需求。信息商品在消费过程中，并不会消失，还可能被加工成新的信息产品，因而具有共享性。

② 内容和载体的可分离性。信息商品包含着负载于某种物质载体上的信息内容，但是采用不同的信息载体来承载这些信息内容，其实质并不会发生改变，也就是说信息商品的内容和价值不会因为载体形式的改变而改变。

③ 时效性。信息商品的价值会随着时间的推移逐渐地减少，甚至消失。因为信息商品具有时效性的特点，时效性是决定其价值大小的一个重要因素之一。

④ 不对称性。由于信息商品具有共享性的特点，在信息商品的交换过程中，卖方在出售信息商品之后，不仅能获得等同于该信息商品价值量的价值，而且仍拥有信息商品的使用价值。而买方在得到信息商品的使用价值的同时要支付等同于该信息商品价值量的价值。因此，与普通商品的交换过程不同，信息商品的交换对买卖双方都是不对称

性的。

⑤ 间接性和层次性。信息商品并不能立即独立地给使用者带来直接的利益，其使用价值的实现必须与使用者的智力劳动相结合，有一个再认识、再改造的过程。信息商品的使用价值的实现离不开使用者的智力劳动，所以信息商品使用价值的实现具有间接性。因此，又产生了信息商品使用价值的层次性，也就是说不同的使用主体由于自身智力劳动的差异，会对信息商品的使用价值的开发程度不同，造成了信息商品使用价值层次性的差异。

⑥ 知识性。信息商品是作为商品的信息，是一种知识性、科技性、专业性很强的劳动产品。知识和技术含量极高，在它的生产过程中，以科学技术成果知识为原料，由智力型的劳动者加工处理而成，其实质表现为动态性知识形态。

(2) 信息商品的价值

信息商品虽然有其自身的特性，不同于一般的物质商品，但是它也是一种商品，因此它的价值和一般商品价值的决定因素是一样的，信息商品的价值也是使用价值和价值的矛盾统一体。

① 信息商品的价值。作为一般的商品，马克思认为商品的价值也称为劳动价值，不是由个别劳动时间决定的，而是由社会必要劳动时间决定的，商品的价值就是凝结在商品中的无差别人类劳动。因此，信息商品的价值是凝结在信息商品中的无差别人类劳动。

② 信息商品的使用价值。商品，包括信息商品的使用价值指的是商品能满足人们需求的性能，也就是商品用途的大小。

一般情况下，要对信息商品的价值进行测度，要采用一定的测度方法。目前，对于计算信息载体上的信息量没有统一的测度方法，往往用载体的单位来测度信息量。由于信息一个很重要的作用就是消除不确定性，所以在对信息商品价值测度中，采用信息熵来作为度量指标的方法是最常用的。除采用这个方法之外，还可以采用信息增量以及建立使用价值评价指标，并对这些指标采用相乘，或者相加，或者其他的加权方法来计算信息商品的使用价值。

(3) 信息商品的价格

信息商品的价格是信息商品价值在信息市场中流通的过程中的货币表现，信息商品的价格会因为供求关系的变动而上下浮动，但一般情况下信息商品的价格不会偏离信息商品的价值很远。信息商品的价值有很多的影响因素，例如信息商品的价值、生产的难度与风险、时效性、质量、供求关系、交易方式、转让次数、用户对信息商品的认可度等，都会直接或者间接地影响到信息商品的价格的变化。因此，信息商品的价格的确定很一个比较复杂的问题，一般采用以下几种策略进行定价。

① 差别定价。对同一产品的不同类型采用不同的定价，如车票、比赛门票等有不同的价格。这是一种从产品角度出发的定价策略，这种角度包括信息时滞、系统界面、使用权限、计算速度、服务协议、结构性能、广含性、功能数量等。这种定价策略相对来说比较灵活，可以根据不同的产品特性来进行定价，差别定价在事先了解用户的需求特性的情况下更容易操作。

② 捆绑定价。捆绑定价是将两种或两种以上的相关产品，捆绑打包出售，并制定一个合理的价格。这种销售行为和定价策略在信息商品领域常常出现。例如微软公司将其 Web 浏览器和操作系统捆绑，并以零价格附随出售。

③ 歧视定价。歧视定价是一种常见的定价策略。企业为了实现收益最大化，针对不同用户的支付能力制定了不同的收费价格，从而使各类用户都能购买该商品，这是一种以顾客为核心的定价策略。歧视定价包括两种：基于对象和基于空间。基于对象是根据顾客的身份、收入水平实施歧视定价。基于空间是指根据顾客所属国度或地区实施歧视定价。

歧视定价和差别定价都是一种多重的定价策略，但是歧视定价是从顾客的一些特性出发进行的定价，而差别定价则是从产品的特性出发的一种价格制定策略，在实践中要注意不要混淆这两种定价策略。

④ 拉姆齐价格。拉姆齐价格是一系列高于边际成本的最优定价。它能资助商品和服务的提供，当某一商品或服务的价格提升，所产生的净损失小于运用额外收入所产生的净利益时，经济效益就提高了。拉姆齐价格在商品市场以及其他信息服务机构是相当普遍的，因为它增加了社会福利，是一种有效定价方法。

由于信息商品本身的特性，所以在具体运用这些理论和策略的同时，必须具体分析当时的社会条件、信息环境、目标市场的具体情况以及其他相关条件，从实际需要出发采用合理的价格理论与价格策略。然后根据实际情况，综合运用经济学、市场学、价格学的基本原理，参照目前通行的知识产品和智力服务特点，分别采用不同的定价方法，才能制定合理的价格。

5.2.3 信息市场管理

信息市场管理是指由国家政权机构依靠经济组织、行政组织和法律组织以及消费者，按照客观经济规律的要求，运用科学的方法，对在市场上从事信息交换活动的单位和个人，在商品、价格、合同、税收、利润、场地等各个方面所进行的计划、组织、调节和监督。其目的是维护信息市场的正常秩序，保障供方、需方、中介方的合法权益，使信息市场更加稳定、繁荣。信息市场是一种新型的市场结构，同物质商品市场相比，它的管理要复杂得多，有效的管理将对信息市场的发展起到重大的作用。

信息市场的管理内容非常广泛，其中心内容是：管理信息流转总量和主要信息流转量的供需平衡，管理信息流通渠道，调整信息流通结构，制定信息购销政策，颁布并实施有关市场管理的规章制度和经济法令等。

(1) 信息市场管理的内容

① 信息市场战略管理。信息市场战略管理具体是要确定一个国家或地区信息市场发展方向和目标，制定信息市场发展的长期规划和短期计划，制定信息市场管理政策和法规，并组织信息市场管理政策与法规的实施，组织和引导有关机构和人员开展信息市场理论研究，制定信息市场人才培养与教育规划方案，加强对信息市场人才培养机构的管理，确定信息市场管理机制，协调各种信息市场管理机构之间的关系。

② 信息商品管理。信息商品的管理要规范信息商品交易的内容和范围，保证信息商品的质量，并对信息商品所有权、转让权和使用权进行管理。

③ 信息商品生产经营机构管理。信息商品生产经营机构管理是对生产和经营信息商品的机构的审查与批准，对信息商品生产经营机构的登记管理，对信息商品生产经营机构的日常监督管理。

④ 信息市场价格管理。信息市场价格管理要对信息商品的价格进行拟定以及宏观调控，并对信息商品的价格进行监督和检查。

⑤ 信息市场交易秩序管理。信息市场交易秩序管理要对信息市场竞争环境进行管理，限制垄断，反对不正当竞争，保证信息市场的公平交易，建立一个有序的市场运行和竞争环境。同时，对于信息商品交易行为进行监督，对不道德和违法行为进行制止和制裁，对违反信息商品交易合同的行为进行督导、纠偏和调节。

⑥ 信息市场税收管理。税收管理是一种调节经济的经济杠杆，也是一种法律手段。因为信息商品同属于商品，所以也要采用这种手段对信息市场中的交易征税，以保证市场经济的公平和公正。

（2）信息市场管理的手段

信息市场的管理手段有很多，主要包括经济手段、法律手段、行政手段和教育手段。

① **经济手段**。从广义概念理解，经济手段主要是指按照客观经济规律，运用经济政策、经济法规、经济计划、经济组织、经济杠杆、经济责任和其他经济方法对经济活动进行管理和监督。信息市场中的经济手段，主要是采用经济杠杆并采取经济措施对信息市场进行管理，包括价格、税收、信贷等方法。

② **法律手段**。法律手段是通过信息经济、信息市场和相关方面的立法、执法和司法来调节信息市场上各方面的经济关系，控制信息商品的所有权、使用权和转让权，保证合法的信息市场交易，处理信息市场上的各种矛盾，打击信息市场上的犯罪活动，维护信息市场秩序和良好的信息市场运行环境。

③ **行政手段**。行政手段是指国家按照行政系统和行政层次，通过有关政策、命令、条例、制度、规定等措施，对信息市场进行指导、监督和调控。

④ **教育手段**。教育手段是以党政机构、公安司法部门和新闻宣传机构等为依托，并借助社会力量，通过思想政治工作、普法教育、新闻舆论、社会监督等对信息市场主体进行教育疏导，从而实现信息市场管理的方法。

信息市场管理面对的是一个非常复杂的系统，要使得信息市场能够健康、有序、长期地运行下去，需要把各个管理主体以及各个参与主体，以及各种环境和各种客体有机地整合在一起，建立起来一个有秩序的信息市场运行体系和机制。

本 章 小 结

本章主要介绍了中观层面的信息管理当中的比较典型的对象的管理，包括：信息系统管理和信息市场管理。通过本章的学习，希望学生能够了解信息系统管理基础知识，信息系统管理的主要内容，每个管理环节的特点、主要内容，从而能够从整体上对信息系统管理涉及的要素有大体的了解。掌握信息市场和信息商品的内涵，把握它们的特点，进一步了解信息市场管理的内容和主要采用的管理手段。

案例 1

中南控股集团有限公司信息化建设

中南控股集团有限公司创建于 1988 年，集团目前总资产近 300 亿元，是综合产值近 190 亿元的大型集团化上市企业，集团业务囊括房地产、建筑施工、安装、装潢、设计、监理、机械制造、生物医药和服装加工等行业，其经营网络以长三角经济圈为中心，业务遍布北京、天津、上海、江苏、山东、海南、陕西、广东、四川、浙江等 11 个省 20 多个市，并延伸拓展至美国、澳大利亚、日本、新加坡等许多境外市场。作为大型的、多元化的民营企业，中南控股集团的董事长陈锦石提出：要以现代化的企业管理模式设置信息化要求，要以信息化促进企业管理上水平、上台阶。面对如此庞大而又复杂的系统，中南控股集团的信息化项目的实施的成功与否至关重要，而中南控股集团有今天的成就与其信息化的及时和有效实施密不可分。

中南控股集团从1995年开始进行信息化建设的基础性工作，2004年开始进入信息化建设的快速发展阶段，中南控股集团在信息化建设，尤其是信息系统的规划、开发和实施上已经积累了很多成功的经验，成为很多其他企业进行信息化建设的示范单位。

1. 信息系统规划

信息系统的规划是一个非常复杂的过程，需要考虑的因素非常多。在信息系统规划阶段，首先要确定企业的战略和目标，在规划的时候必须考虑企业中长期战略，根据企业的发展战略、子目标以及企业产品或者服务的特点和需求来制定周全的信息系统规划项目实施计划，确定该信息系统要实现的功能，根据这些功能再采用相应的技术路线和实施方案，以及要实现系统目标所需要配置的资源等因素。

图5.5是该集团信息系统的功能结构图。由图5.5可知，中南控股集团的信息系统要实现的功能非常多，主要包括ERP系统、视频会议系统、远程指挥监控系统、智能IC卡系统、移动办公系统五大模块。

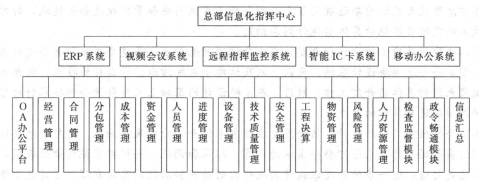

图5.5 中南控股集团信息系统功能结构图

在信息系统规划阶段除了需要确定系统的功能需求和系统的结构以及系统子结构之间如何能够实现融合，以及实现整个信息系统的集约化发展目标，除在硬件上要确定该系统所需要配置的各种硬件资源之外，还需要确定信息系统在将来的开发和实施阶段的人力资源、系统架构、运行机制等软件资源的配置，以实现该系统的效用最大程度的发挥。中南控股集团根据企业的发展战略、业务范围、内部的职能需要以及各地分支机构所需的沟通和协调，最终确定了信息系统的总功能结构图，通过功能结构图的分解来进行信息系统的进一步开发。

2. 信息系统的开发

中南控股集团虽然涉猎的业务内容非常多样，但是系统的开发并不是其强项，而且采用专业的技术开发团队来进行信息系统的开发并不是一个很经济的做法。根据其信息系统规划的目标，中南控股集团采用了外包的方法来进行信息系统的开发。企业经过对合作开发企业的资质、经验、服务等多方位的考虑，最终确定易建公司作为其信息系统开发的战略合作伙伴。易建公司在建设行业有非常丰富的经验，而且拥有功能强大、性能优异的产品，且具备完整的行业解决方案和专业完善的配套服务。

针对中南控股集团有限公司的信息系统设计、功能的需求，易建公司对信息系统的应用范围、各子系统的主机平台、中心数据存储库、下属子公司、分公司、项目部的网络互联互通、远程移动办公的接入等运行环境进行了统一的规划。

在信息系统规划的基础上，易建采用了目前企业广泛使用的J2EE工业标准的企业级分布式技术架构，运用JAVA与XML等开发技术，为中南集团各子系统提供了统一的平台，分布式组件技术、负载均衡等技术的应用，有效地利用了网络带宽、计算资源，确保了系统稳定性、可靠性、扩展性、功能的强大性以及系统的安全性等。

3. 信息系统的实施和维护

在项目的实施上，由易建和中南控股集团总部共同对整个项目进行统筹安排，分步实施、逐步推广。整个项目总共分为两期，历经两年。一期项目实施的内容包括企业信息门户（EIP）、项目管理系统（PM）、数据仓库（DW）、商业智能（BI）、企业办公平台（OA）、人力资源系统（HR）；在第二期项目实施的内容包括供销存物流系统（ERP）、网上商务平台（B2B/B2C）。信息系统的开发总共分为三个阶段进行。

第一个阶段是项目的启动和调研。经过信息系统的规划，企业确定了自己信息系统的功能设置和需求，但是由于其不是专业的IT组织。因此，在功能的描述上与IT公司会存在沟通不畅的问题，也会存在协作不力的问题。在项目的启动和调研阶段，易建公司和中南控股公司把双方的支撑和主要参与团队组织起来，共同为信息系统的开发贡献自己的力量。同时，在信息系统开发的前期还确定了企业的每个子系统实施和管理改进的关键域，针对这些关键域来确定项目实施的具体实施计划和细则。

第二个阶段是项目的设计和开发。在充分调研的基础上，易建公司立即着手进行系统的设计，制定每个子模块设计基调、原则，以及这些子系统该通过什么样的技术、信息系统开发的流程来进行具体的开发工作。然后，在系统设计的基础上采用最适合的技术针对信息系统的功能模块进行具体的开发。

第三个阶段是实施与交付。该阶段是在信息系统开发的成果基础上，进行实际环境的运行。通过实际的操作，来进行整个系统的部署、继承和调试，并根据实施的效果来确认系统的交付还是要进行进一步的开发以最终实现所需的功能和功能的有效发挥。通过这个阶段的实施来发现信息系统当中存在的问题，或者根据当前的信息系统来提出新的需求，实现系统的完善，并最终交与中南控股集团。

除上述三个阶段之外，信息系统在开发、实施的过程中还需要双方不断地进行沟通和协调，使得开发出的系统能够真正地实现供需双方的满意，并根据信息系统实施的情况来对信息系统进行评价，不断地进行信息系统的维护，包括功能的扩展、信息系统的安全性、信息系统内容的容量、信息系统的低成本高效益运行等。

4. 中南控股集团信息系统开发的启示

从中南控股集团的信息系统开发来看，主要可以在以下几个方面给我们带来启示。

（1）信息系统的开发离不开领导的支持。从中南控股集团的实际情况来看，中南控股集团的各级领导都非常重视信息化的建设，而他们的支持是信息系统能够较早且较好地运行的关键之一。

（2）信息系统的开发需要周密的规划。有的放矢、不打无准备之仗是中南控股集团信息系统成功的关键因素之一。在信息系统的规划阶段，中南控股集团根据集团的实际情况，制定了周密、详尽的信息系统规划方案，使得后续信息系统的开发有章可循。

（3）信息系统的开发寻找适合的合作伙伴至关重要。术业有专攻，每个企业都有自己的优势，也有自己的劣势，在信息系统的开发过程中，最忌打肿脸充胖子，企业没有能力或者没有足够的能力来进行信息系统的开发时，就需要有专业的人士或组织能够帮助企业来做一些辅助工作，不仅能够更高效，而且也更经济。

资料来源：http://www.doc88.com/p-59090613659.html。略有删改。

案例 2

优胜企业信息系统规划案例

优胜（化名）公司是国内一家大型企业，企业实施信息化已有多年，每年在信息化建设方面都投入了大量的人力和财力，公司已建立了办公自动化系统、财务系统、人力资源系统等，并已搭建了公司广域网和局域网。由于公司树立了创一流企业的目标，因此希望在信息化建设方面也与国际最先进的企业看齐，并使得信息化建设成为公司实现创国际一流目标的重要推动力。

由于前期优胜公司在信息化建设中是以服务支持软件应用为主，还没有站在战略高度开展信息化工作。因此也没有制定完整的信息化规划，各信息系统的建设以总部的各部门、下面的各公司为主，各自为政，信息及系统没有集成，信息孤岛现象严重；系统中业务流程以及相应的信息流存在断层现象，尤其是在营销、物资、工程、生产和财务等与业务员关联较密切的各环节；管理体制和资产归属不一致，导致各公司的硬件、网络管理各自为政，服务器系统十分分散，没有进行统一的维护管理；机房统一化和灾难恢复的功能也没有引起足够的重视，没有配备专门的网络监管人员，存在较大的安全隐患。

针对上述问题，优胜公司对信息化现状进行了全面的调查和分析，挖掘造成问题的深层次原因，并以业内的最佳实践标杆为参考，从信息系统对业务的支持、系统集成、基础设施与安全管理、信息管理组织架构几个方面提出了解决方案，以企业战略目标实现为指导，集成了系统，统一了架构和数据标准，最终实现建成的系统可以对整个企业的资源进行统一的调配和共享，大大提高了企业运营的效率。

资料来源：周鸿，刘丙午. 管理信息系统IT管理导向的理论与实践［M］. 北京：冶金工业出版社，2013，略有删改。

思 考 题

1. 简述信息系统管理的发展阶段。
2. 简述信息系统管理流程。
3. 简述信息系统规划的内容。
4. 信息系统规划的方法主要有哪些？
5. 结构化系统开发方法的开发阶段。
6. 信息系统设计要遵循什么样的原则？
7. 信息系统实施的主要任务是什么？
8. 简述信息市场的含义及其特点。
9. 简述信息商品的特点。
10. 简述信息商品的主要定价策略。
11. 简述信息市场管理的主要手段。

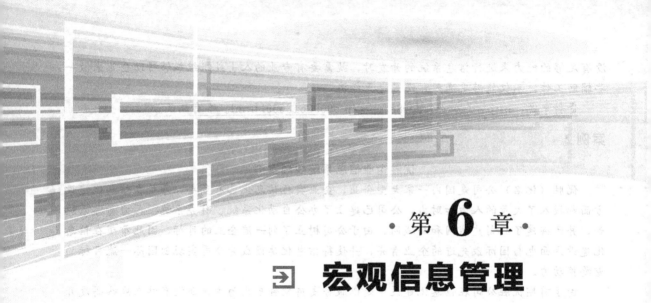

第 6 章 宏观信息管理

当今世界，一场空前的信息化浪潮正在全球范围内兴起，抢占信息领域的制高点已成为各个国家层面上的战略目标，因此从宏观角度研究和分析信息化发展过程中的信息管理问题，对进一步推进和完善社会信息化进程具有重要的现实借鉴意义。在社会信息化进程中，人们通过掌握和利用基于信息技术的智力工具，充分开发信息资源，使社会生产和社会活动高度自动化与智能化，大大提高了生产生活效率。信息化在给人们生产生活带来便利的同时，也产生了一些新问题，如相关的政策法律问题、教育伦理问题等。本章主要从宏观角度来研究信息管理中的信息产业、政策与法律、教育伦理等问题。

6.1 信息产业

一般地，产业既是具有相同属性的生产部门的集合，又是全部经济活动按某一标准划分的组成部分。信息产业是对行业、地区、国家或国际信息活动或信息资源的总称，属于宏观信息管理。它是从事信息技术设备制造及信息产品开发与流通服务的新兴产业群体。信息产业化的发展是从信息经济行为的角度出发，将分散于各领域、各部门的与信息生产、流通、分配、消费直接相关的企事业单位及个人组合起来，把各种各样的信息活动逐步引上产业化的道路，使之微观而言形成一个信息经济活动的产业集合，宏观而言形成一个相对独立的产业部门群。

6.1.1 信息产业概述

自 20 世纪 60 年代信息产业兴起以来，发展速度越来越快，与之相适应的信息市场也在不断发展与完善。到 20 世纪 90 年代，世界不少发达国家的信息产业已经达到高级阶段（阶段划分依据主要有信息产业占 GDP 比重、核心信息技术的掌握与占有情况），一些发展中国家的信息产业也正在从低级阶段向信息产业的中级阶段过渡，不仅形成了具有明显优势的信息产业集群，而且也形成了规模较大、各具特色的信息市场。时至今日，信息产业不但是一个新兴的充满活力的高技术产业，而且是一个内容涵盖十分广泛的产业。

(1) 信息产业概念的提出

信息产业的概念，是在知识产业研究的基础上产生和发展起来的。最早提出与信息产业相类似概念的是美国经济学家普斯顿大学的弗里兹·马克卢普（F. Machlup）教授。他在1962年出版的《美国的知识和分配》一书中，首次提出了完整的知识产业（knowledge industry）的概念，分析了知识生产和分配的经济特征及经济规律，阐明了知识产品对社会经济发展的重要作用。尽管马克卢普没有明确使用信息产业一词，并且在所界定的范围上与现行的信息产业有所出入，但不可否认它基本上反映了信息产业的主要特征。

随后，1977年，美国斯坦福大学的经济学博士马克·波拉特（M. U. Porat），在马克卢普对信息产业研究的基础上，出版了题为《信息经济：定义与测算》（the information economy）的9卷本内部报告，把知识产业引申为信息产业，并首创了四分法，为信息产业结构方面的研究提供了一套可操作的方法。他把社会经济划分为农业、工业、服务业、信息业四大类，并将信息产业划分为所谓的一级信息部门和二级信息部门。

信息产业作为一个新兴的产业部门，其内涵和外延都会随着该产业的不断扩大和成熟而变化。自弗里兹·马克卢普首次提出知识产业的概念以来，各国学者都先后对信息产业的概念和范围等问题进行了广泛的理论探讨。但是由于人们处于不同的研究目的和角度，关于信息产业的概念问题目前仍然是众说纷纭。

(2) 信息产业的定义

对信息产业下定义的尝试很早就开始了，最初人们只是试图区分信息产业与知识产业、数据处理产业的界限。对于信息产业与知识产业的关系，有人认为信息产业是知识产业的一部分，也有人认为知识产业中的出版、报纸和广播等领域可归入信息产业的范畴，二者是交叉关系。这种定义上的争执伴随着经济的发展一直延续着。而对于数据处理服务和数据提供服务，较早已被确定为信息产业的组成要素。

① 国外对于信息产业定义的研究。美国信息产业协会（AIIA）将信息产业定义为"依靠新的信息技术和信息处理的创新手段，制造和提供信息产品和信息服务的生产活动组合"。该定义的优点在于包括了信息产品和信息服务两个方面，但缺点在于对新技术的利用仍做了严格的规定，从而限制了信息产业的范围。

美国商务部则认为，信息产业应该由硬件业、软件与服务业、通信设备制造业以及通信服务业四部分内容组成。

欧洲信息提供者协会（EURIPA）认为信息产业是"提供信息产品和信息服务的电子信息工业"。这一定义与AIIA的定义相似。

在日本理论界，认为信息产业由两个产业群体构成：一是信息技术产业；它是指开发、制造并出售软件的产业，由于这些产业群体是提供信息技术的，故称为信息技术产业；二是信息商品化产业，这个产业群体是指使用信息机器进行信息的收集、加工、分配等，提高信息服务的质量，培养适应高度知识化社会人才的产业，以及提供高度专业信息甚至代理主体行动的产业等。

② 国内关于信息产业定义的研究。我国信息经济学家乌家培教授认为，信息产业是从事信息技术设备制造以及信息的生产、加工、存储、流通与服务的新兴产业部门，由信息设备业（硬件业）和信息服务业（软件）构成。其观点代表目前国内比较倾向的一种认识，即把信息产业划分为两个产业群——信息技术产业群和信息服务产业群，构成完整的信息产业体系。

我国学者左美云认为信息产业是第四产业，并按照信息产业结构演进过程将信息产业分为信息工业（二次产业）、信息服务业（三次产业）和信息开发业（四次产业），认为信息产业结构演进将经历从以信息工业为主导，到信息服务业为主导，再到以信息开发业为主导的过程，并依此分析我国信息产业只是初步形成，信息产业结构、组织还非常不合理。

总之，我国学者对信息产业定义的研究是在适当考虑中国国情基础上对已有研究的总结与发展，其共同特点是比较广义，对信息产业的范畴界定基本上都不仅仅局限于信息技术和信息服务。

综合国内外研究成果，尽管有各种不同的观点，但是概括起来大致有广义、狭义两种不同的观点。广义的观点是在马克卢普和波拉特等提出理论的影响下，认为信息产业是指一切与信息生产、流通、利用有关的产业，包括信息服务和信息技术，以及科研、教育、出版、新闻等部门。狭义的观点是受日本信息产业结构划分的影响，认为信息产业是指从事信息技术研究、开发与应用、信息设备与器件的制造，以及为经济发展和公共社会需求提供信息服务的综合性生产活动和基础机构，并把信息产业结构分为两大部分：一是信息技术和设备制造业；二是信息服务业。还有的学者认为信息产业就是信息服务业，它是由以数据和信息作为生产、处理、传递和服务为内容的活动构成，包括数据处理业、信息提供业、软件业、系统集成业、咨询业和其他等。

总之，可以将信息产业简单地看作是将信息转变为商品的行业，它不但包括软件、数据库、各种无线通信服务和在线信息服务，还包括了传统的报纸、书刊、电影和音像产品的出版，而计算机和通信设备等的生产将不再包括在内，被划为制造业下的一个分支。根据该定义，它包括三个方面：生产和分发信息及文化产品的行业；提供、传递或分发这些产品以及数据或通信方法的行业；处理数据的行业。

通过上述对信息产业定义的介绍与分析，信息产业是社会活动中从事信息资源研究与开发、信息基础设施建设、信息与信息产品的生产、信息传播与知识转移的产业的集合。从信息活动的流程上，它涵盖从信息采集、生产、存储、传递、处理、分配、应用与再生产整个过程。从信息活动的内容上，包括研究与开发产业、信息基础设施产业、信息与信息产品制造业和信息服务业等。

（3）信息产业的构成

在明确信息产业概念的基础上，要对信息产业的范畴与构成进行严格界定。目前较为统一的观点是将信息产业分为信息技术与设备制造业和信息服务业两大部分，具体内容如下：

① 信息技术和设备制造业。信息技术与设备制造业的产品是进行信息的采集、传输、存储、加工的生产资料，是信息产业赖以存在及不断发展的物质基础，主要包括信息设备制造业、软件开发业、系统集成业等。

信息设备制造业主要包括集成电路制造业、计算机制造业、通信与网络设备制造业以及家庭电子信息产品制造业等行业。

软件开发业则是分析用户的需求，设计和开发能满足用户所要求的特定功能的软件，并进行软件维护和用户的人员培训，同时提供软件销售、进出口等市场服务。

系统集成业是根据用户需求，设计、开发计算机集成系统，包括软硬件的配置，并对用户的系统提供必要的人员帮助。

② 信息服务业。信息服务业以开发利用信息资源为基础，利用现代科学技术对信息进

行收集、传输、存储、处理、检索和利用，生产信息产品，为社会提供服务的专门行业的集合，它是将产品的生产和消费有机连接起来的纽带。只有通过信息服务，信息产品的价值才得以实现。

信息服务业根据其提供服务的不同，可以分为信息传输媒介业和信息内容开发业，主要包括邮电通信业、新闻出版业、广播电视产业、数据库业、咨询业等。

信息服务作为一种社会服务活动，源远流长，但作为一个产业被认识，还是近几十年的事，是信息技术迅速发展的结果。从历史发展角度看，可将其分为传统信息服务业和现代信息服务业。

传统的信息服务业，历史悠久，主要是依靠人类大脑进行信息生产加工，依靠印刷媒介记录和传播人类创造和发明的知识和信息。传统信息服务业发展至今已具有了庞大的基础结构，无论从服务内容、服务机构和服务范围都已相当广泛，主要包括印刷出版、新闻报道、文献情报、图书档案等行业。现代信息服务业又称电子信息服务业，是以计算机、多媒体技术和现代通信技术等为主要处理手段的信息服务行业，主要包括邮电通信、广播电视、数据库、电子出版、网络服务（如因特网服务等）等。

现代信息技术的广泛应用使传统信息服务业得到了技术改造，日益与现代信息服务业融为一体。比如随着因特网作为继报刊、广播、电视之后的"第四媒体"的兴起，世界各国的报刊纷纷上网，提供更为方便、快捷的电子信息服务。

信息服务业根据其提供服务的内容不同，可以分为信息传输媒介业和信息内容开发业。信息传输媒介业包括邮电通信、网络数据传输、广播电视传输等。信息内容开发业包括数据库服务、调查咨询服务、电子信息服务、新闻出版、广播电视节目制作等。

信息服务业是信息产业的核心内容，是第三产业（服务业）的一部分。由此可见，信息产业的主题属于传统第三产业的范畴。

对于信息技术和设备制造业是否属于信息产业是争论较多的问题之一。很多人认为信息产业是从第三次产业即服务业中分离出来的，不应包括计算机设备制造业等工业部门，还有人认为信息产业是提供信息服务的企业的集合，信息产业就是信息服务业。但是，从历史发展方向看，最早的信息产业是在计算机设备制造业的基础上发展起来的，无论是美国工业协会，还是全球信息产业协会，都覆盖信息设备制造业这个行业。因此，信息产业应该包括信息技术产业及设备制造业。

信息产业的两大构成部分是紧密相关的，信息技术与设备制造业为信息服务业发展提供了技术基础和手段，而发展信息服务业是信息技术与设备制造业的目的，为信息技术的应用提供了空间。因此，二者的发展是相辅相成的。

在我国，2004年国家统计局根据修订的《国民经济行业分类与代码》将信息产业按照新修订的行业分类进行划归。当时所提出的信息产业分类框架，共包括五部分。

第一部分：电子信息设备制造（电子计算机设备制造、通信设备制造、广播电视设备制造，以及家用视听设备、电子器件、专用电子仪器仪表、通用电子仪器仪表等的制造）。

第二部分：电子信息设备销售租赁（计算机、软件及辅助设备销售，通信设备销售，计算机及通信设备租赁）。

第三部分：电子信息传输服务（电信服务、互联网服务、广播电视传输服务、卫星传输服务）。

第四部分：计算机服务和软件业（计算机服务、软件服务）。

第五部分：其他信息相关服务（广播、电视、电影与音像业、新闻出版业、图书馆和档案馆）。

(4) 信息产业的地位

从信息学的角度来看，信息只有经过科学的组织才能成为资源，而信息资源只有借助产业的力量经过有效的管理、开发和利用才能转化为财富和生产力。因此，在现代社会中，信息首先进入信息产业转化为信息资源，然后再投入非信息产业，或作为信息产业自身的中间投入，甚至作为最终信息产品和信息服务提供给广大消费者。信息产业是社会信息的组织加工者和信息资源的提供者，社会所得到的信息资源的数量与质量直接取决于信息产业发展的状况和水平。

从信息经济学的角度来看，在信息商品、信息市场和信息产业的关系中，信息产业是核心。具体来说，信息商品只是信息产业产出中用来交换的那部分产品或服务，而信息市场也只是用来交换信息产业产出的空间场所或交换关系。信息商品化的发展与信息市场的培育和完善对信息产业的发展有着重要作用，但从经济学角度考虑，它们也必须以信息产业的发展为基础。

信息产业在现代社会中具有举足轻重的作用，它作为一种知识型产业，在国民经济中的产业关联度极高。发展信息产业不仅本身可以创造巨大的社会财富，而且可以渗透到其他产业之中，与其他产业相互融合，并促进其他产业和整个国民经济系统的升级。发展信息产业能够产生一系列直接和间接效益，能对社会经济产生巨大的推动作用。

6.1.2 信息产业的特征及发展演进

随着信息产业的发展，在不同的历史时期，它的内涵和外延在不断变化。与其他传统产业相比，信息产业具有许多新的特征，而信息产业本身也在不断发展，充分认识信息产业的这些特征和不同的发展阶段，不仅是信息产业研究中的重要内容，而且对于信息产业的可持续发展具有积极意义。

(1) 信息产业的特征

信息产业作为一种新兴的产业，与传统产业相比，具有高智力型、高风险与高增值型、高渗透型、低消耗与低污染型等特点。

① 高智力型产业。信息产业是知识、技术、智力密集型的头脑产业。信息产业的主要资源是知识、技术和思维，它依靠脑力劳动及自动化途径进行生产、加工、存储、传递，其产业特点是以科研、开发为先导，更新速度快，其最终产品——各种各样的信息产品，是高知识、高技术和高智力的结晶，人类社会未来发展需要的大多知识都要集中和出自于信息产业。

当前国际 IT 产业中对微软公司最有力的挑战是来自 Linux，它出自一个没有资本没有公司的芬兰大学生 Linos。Linux 的研发就是用无本买卖挑战微软，让比尔·盖茨对全体员工说"我们离破产只有 18 个月"的例子。Linux 的发展历史既不是资本密集也不是劳动力密集，确切地说只有"信息密集""智力密集"。

② 高风险与高增值型产业。由于知识、资本密集，信息产业中的硬件属于高投资型产业。投资于信息设备等基础设置往往需要数十亿美元，有的综合项目长期累计要高达千百亿美元，因此存在高风险。信息产业的高风险和高增值性特征主要是由信息产业的生产基础和生产成果决定的。从生产基础的角度看，要实现信息与信息产品的生产，必须具有高新的信息基础设施，而信息基础设施的投入要比一般的投入大得多。从生产成

果上看，信息与信息产品的介质体系中，由于凝聚了知识、信息等要素，在产品交易、尤其是在产品使用中会产生很大的附加值。因此信息产品的价值要比一般产品的价值大许多，比如一个芯片和一个冰箱，虽然物理空间的体积前者远远小于后者，但前者可能比后者的价值大得多。

③ 高渗透型产业。信息产业一方面以其独立的产业、职业、产出等特点与其他产业相区别，成为一个独立的经济部门；另一方面，由于信息资源来自社会各个部门，因此它又高度渗透到国民经济其他产业的结构和形态中。而信息产业赖以生存的信息技术在渗透到其他产业部门中时，能够促使劳动力要素和劳动资料的机械、物理、化学及其他要素的有机结合，综合发挥科技转化为生产力的最高效能。

④ 低消耗、低污染型产业。信息产业产品能够直接或间接节约物质资源和人力资源，它对资源和环境的影响相对于工业来说几乎是微乎其微，可以说是一个低消耗、低污染的环保型产业。

（2）信息产业的发展演进

信息产业的发展演进主要表现为信息产业结构和信息产业组织的演进，其中信息产业结构的演进表现为信息产业的内部产业结构的合理化与高级化，信息产业组织的演进表现为信息企业的成长与退化。在研究和描述信息产业的发展演进过程中，主要有两种模型：传统的A-U模型和基于信息产业结构与信息产业组织分析的信息产业演变模型。

① 传统的A-U模型。美国哈佛大学的阿伯纳西（N. Abernathy）和麻省理工学院的厄特拜克（Jame M. Utterback）通过考察产品创新、工艺创新和组织结构之间的关系，发现它们三者之间既遵循着不同的发展规律，又存在着有机联系，它们在时间上的动态发展影响着产业的演化。于是他们通过引入主导设计概念，以产品创新为中心，建立了Abernathy-Utterback创新过程模型，简称A-U模型，如图6.1所示。

据A-U模型，流动阶段一般处于产品生命周期的早期，产品原型的创新水平很高，产品变化快，设计具有多样性，创新具有很大的不确定性。此时的最大特征是主导设计尚未确定，其产品在技术和商业上都处在不断"尝试-纠错-尝试"阶段。转换阶段是经过一段技术发展和变动时期，会出现一个将技术资源与市场需求联结起来的代表优秀产品的主导设计的阶段。在主导设计出现后，产品创

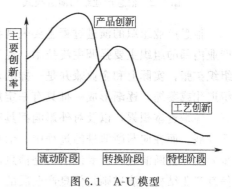

图6.1 A-U模型

新率急剧下降，产品基本稳定，大规模生产成为可能，专用生产设备逐步取代通用生产设备，创新重点从产品创新转移到了工艺创新。而特性阶段主要是由于主导设计的出现，使产品设计、生产程序与生产工艺日渐标准化，市场需求稳定，大规模生产使制造效率大大提高，企业由此享受到大规模生产的好处。这时企业进一步创新的重点是以降低成本和提高质量为目标的渐进性工艺创新，生产过程和企业组织日趋专业化和纵向一体化。特性阶段对应于技术学习曲线上的成熟期，通常也是产品生命周期的中后期。尽管人们不断对A-U模型进行改进，但是至少从该模型中可以看出，以产品主导设计为主线的创新过程是比较符合产品与产业演变升级的基本规律的。

② 信息产业演变模型。就信息产业而言，自诞生、发展，直至目前的状况，也说明信息产业是沿着其生命周期规律在不断发展和成长壮大的。从国内外信息产业发展的历程看，无论是信息产业结构，还是信息产业组织都在不断变化和升级。

首先，从信息产业结构的演进情况看，表明在信息产业内部不断实现信息产业结构的优化，如图 6.2 所示。

众所周知，在信息产业的诞生时期，人们关注的焦点是工业问题，即与之相适应的信息工业或信息设备制造业。随着社会的不断发展，信息服务日益成为社会问题，所以在信息产业内部开始关注信息服务业。到 20 世纪末，发达国家又将注意力转移到知识产业方面来。每一次转换都实现了信息产业的跳跃式发展。

其次，从信息产业组织的情况看，信息产业组织的演变主要是在信息产业内部不同的组织、部门之间的扩张与萎缩，如图 6.3 所示。

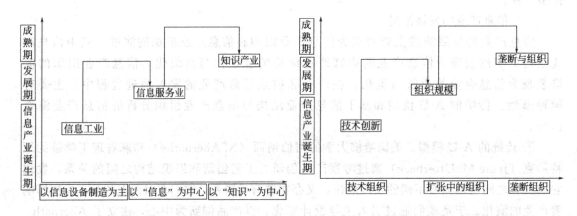

图 6.2　信息产业结构演进模式　　　　图 6.3　信息产业组织演进模式

信息产业组织的演进过程主要表现在三个方面。早期是以强调技术创新为核心的，信息产业内部的组织主要强调主流技术。经过一段时间发展之后，组织以创新技术为基础，进行组织扩张，实际上和企业兼并是一样的。在这个过程中，必然有组织不断壮大，也有一些组织退化或萎缩，逐渐形成一批具有一定规模的信息产业组织。此时，这些组织无论从技术占有、还是资本积累，以及对外影响都具有一定的实力，因此组织将进一步向垄断和竞争的方面发展。而在向垄断演进的过程中，信息产业内部的信息企业往往先向本土垄断演进，再逐步向国际垄断演进。需要说明的是信息产业组织的演进是信息产业量的扩张，而前面所讲的信息产业结构的演进则是信息产业质的飞跃。因此，信息产业的演进过程应该既包括量的积累与扩张，又包括信息产业本质的变化与飞跃。

在信息产业不断演进的过程中，它对社会也必然产生巨大的促进和推动作用。因为在不同的演进阶段，信息产业演进中的各要素必然会对社会产生非常深刻的影响。为了说明该问题，现从信息产业结构演进的要素逐步分析。

在信息产业结构演进的第一阶段，关注点是信息工业，此时信息产业增长的关键要素主要是资本和需求，其竞争力表现在规模和相关的市场份额上。由于这时的信息产业结构体现出刚性的特征，因而效益是递减的。造成效益递减的原因，既有资源运用方面的问题，也有信息产业结构自身的问题，还有信息产业环境的问题。运作模式主要强调工业和技术创新，这或多或少会对其他工业产生影响和促进作用。

在第二阶段，关注点是信息服务业。在这个阶段，促进信息产业发展的关键因素主要包括技术水平（信息处理技术、信息传输技术、信息获取技术等）、无形资产的投入（信息投入、人力资源的信息素养投入、信息技能投入等）。这时信息产业的竞争力主要表现在个性化程度、组织创新的能力和水平等。由于传统的信息产业的封闭发展环境已经不能适应该阶段信息产业发展的要求，因此发展环境从封闭走向开放，其中有大量无形资产的投入，使得信息产业出现了由收益递减逐步向收益递增过渡，而起主要推动作用的是无形资产。

在第三阶段，信息产业集中的焦点是知识产业，而知识产业发展的关键因素是国家或组织的创新系统、知识创新能力，以及知识的运用等，其竞争力主要取决于知识对信息产业发展现实的支持力度与对未来信息产业发展的支撑能力。这时的信息产业结构已经趋于软化，表现出高弹性状态，对外界影响的适应和组织抗风险能力大大增强，同时信息产业的发展空间已经从封闭型-半开放型转向到全球化和全方位的开放状态，因此，信息产业收益递增的特征表现非常突出。

信息产业的不同结构成长阶段及关键要素总结如表 6.1 所示。

表 6.1 信息产业的不同结构成长阶段及关键要素

阶段	产业增长的关键要素	组织形态	竞争力体现	创新模式要求	增长特征	空间
信息工业为主阶段	资金＋需求拉动	等级系统	规模、市场份额	工业创新＋技术创新	收益递减	封闭、孤立
信息服务业为主阶段	技术水准＋无形资产投入	走向蜕变的等级系统＋分散化＋网络化	个性＋变化＋创新	系统创新＋不断满足需求的新产品	收益递减向递增过渡	走向开放
信息开发业为主阶段	知识传播及国家创新系统	自我改造＋宽松＋网络系统	知识及其决定的未来的潜力	持续不断的创新	收益递增	全球性的开放

在信息产业不断演进的过程中，信息产业与国家产业结构体系中的所有产业发生了多方面、全方位的交融与互动，信息产业对社会发展的影响和辐射能力明显增强，从根本上带动了社会信息化的快速发展。

6.1.3 信息产业的分类及测度方法

产业分类是人们对经济结构的认识，是对构成国民经济的各种活动按照一定标准进行分解与组合以形成多层次产业门类的过程。分析研究信息产业的分类与测度方法，探讨信息产业与其他产业之间的关联和相互作用，明确信息产业在国民经济中的地位，是信息产业研究的重要内容，也是进行信息产业管理的重要前提。

(1) 马克卢普的知识产业分类及测度方法

最早对信息经济加以测度的是美国学者马克卢普，他从 20 世纪 50 年代开始研究知识产业，并从五个层次 30 个产业构建了信息经济测度体系。他将知识产业分为五个大类：①教育产业方面，包括家庭教育、职业培训、宗教教育、军事教育、中小学教育、高等教育、商业与职业培训、政府教育项目、公共图书馆、隐含的教育成本，以及免税学校的成本、交通、书籍与衣料等；②研究与开发方面，包括基础研究、应用研究、发展研究等；③通信媒介产业方面，包括印刷与出版、文具等办公用品，及商业印刷、摄影、速记、戏剧、音乐、电影、体育表演、广播、电视、广告、公共关系、电话、电报、邮政服务和会议等；④信息设备产业方面，包括印刷设备、乐器、电影设备、电话电报设备、信号设备、测量观察与控制仪器、打字机、办公设备、计算机设备、办公机器等；⑤信息服务产业方面，包括专业服务、财政金融服务、批发商服务、各种商业服务和政府服务等。

在马克卢普的分类体系中，传统的、在计算机技术出现之前就已经长期发展的旧的人类社会信息部门占了绝大部分的比重，比如教育、通信媒介、信息服务等几个大类，他们都不是以现代计算机技术为基础的，即便是在信息设备方面，计算机技术也仍然只是一个小小的组成部分，大多数依然是传统的产业模式。

基于这一分类体系，马克卢普于1962年在《美国的知识产业生产与分布》中提出了一种用来测算信息部门国内生产总值（GNP）产值的公式，并对美国知识产业的比重进行了测算。马克卢普的信息测度方法是采用"最终需求法"进行知识产业产值计算的，其主要思想是从宏观上测算信息行业在国内生产总值中所占比重、信息部门就业人数的比例以及信息部门的收入占国民总收入比重的大小，来间接描述信息资源的作用与贡献。具体计算公式如下：

$$GNP=C+I+G+(X-M) \tag{6.1}$$

式中，C代表消费量，消费者对最终产品和服务的需求量或消费量；G代表政府采购，政府对最终产品和服务的需求量或消费量；I代表投资量，厂商对最终产品和服务的需求量或消费量，或是企业、组织和政府对固定资产和物资储备的总投资；X代表出口额，即本国产品或服务在国外的销售额；M代表进口额，即从外国购进的产品或服务的销售额，$X-M$是出口净额，产品或服务的出口与进口的差额。

根据这一公式，他具体测算出1958年美国知识产业产值是GNP的28.5%，而且大约有31.6%的劳动力参与了知识部门的工作，信息产业产值的年增长率远远高于工业产值的年增长率。

马克卢普的测算方法为构成信息部门的各个部分提供了一个比较详细的框架，但在使用信息经济测度理论体系对信息产业进行测算时遇到了一些困难，有些数据缺乏，而且缺乏一个计算机模型，需要太多的统计工作，测算起来很烦琐。但马克卢普对信息产业的测度是具有开创性的，而且影响深远。

(2) 马克·波拉特的信息产业分类及测度方法

美国经济学家马克·波拉特以马克卢普的理论为基础，发展了克拉克的三次产业分类法，于1977年提出了第四产业。他把第一、第二、第三产业中的信息与信息活动分离出来构成独立的信息产业，从而将整个经济划分为农业、工业、服务业、信息产业等四大产业，并将信息产业分为一级信息部门和二级信息部门。一级信息部门是指"所有在市场上出售信息产品与信息服务的信息行业"，包括知识生产与发明性质的行业、信息流动与通信产业、风险管理产业、调查与协调性产业、信息处理与传递服务业、信息商品制造业、部分政府活动或信息活动的基础设施业等。二级信息部门是指"政府或非信息企业中为内部消费而创造出的一切信息服务的部门"，包括政府事务管理部门和民间事务管理部门。其分类体系如图6.4所示。从上述的产业划分可以看出，在波拉特的分类中对于信息价值的认识更加深入，并且信息服务业的比重大大升高，这不能不说是与信息技术的发展有关。

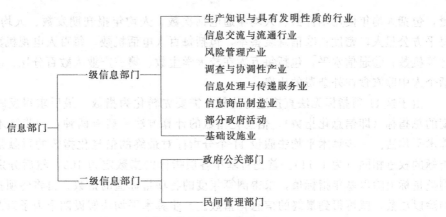

图 6.4 波拉特信息产业分类体系

在这一产业分类的基础上,马克·波拉特比较系统地提出了信息经济的测算方法,并进一步对美国的信息产业进行了定量测算,引起了人们的普遍关注和重视。

马克·波拉特对第一信息部门的测算采用的是增值法,即将所有部门的销售额或营业收入扣除别的部门购买生产资料的支出之后的余额相加后,求得一定时期内社会生产的新增价值总额的一种计算方法。具体计算公式如下:

第一信息部门增加值＝劳动者收入(职工工资＋职工福利基金)＋利润＋税金＋
净利息支出＋固定资产折旧＋其他
＝净资产＋折旧 (6.2)

对于第二信息部门,波拉特认为其产值可由在该部门中信息劳动者的收入和信息资本的折旧构成。具体计算公式如下:

第二信息部门增加值＝第二信息部门的信息劳动者收入＋第二信息部门的固定资产折旧值
＝第二信息部门的信息劳动者人数×(人均工资＋人均固定资产折旧) (6.3)

根据这一测算方法,首先测算出了 1967 年美国信息产业的产值占国内生产总值(GNP)的 46%,信息劳动力占社会总劳动力的 46.4%,信息部门的收入占国民总收入的 53%。波拉特的这一研究成果为定量研究信息及其相关活动提供了一整套可操作的方法,影响着世界各国和地区对信息产业的研究。各国学者纷纷效法,利用波拉特的方法和指标体系对各自国家和地区的信息和信息活动进行了测算,用数量化的图景向人们展示了信息在当代社会经济中的地位和作用。

当然,波拉特的方法有许多需要改进之处。首先,知识信息的概念过于宽泛,几乎无所不包,有的缺乏明确的规定性,还有的存在逻辑矛盾;其次,对产业的划分缺乏一个统一的原则和标准,既使用了新创建的四次产业分类,也未能完全脱离三次产业的框架;第三,测算方法不尽合理,例如,用信息工作者的收入和信息设备的折旧作为第二信息部门产出的近似值就值得推敲。这些不完善之处可能不在方法本身,而是现存的国民经济统计指标和统计方法是面向物质经济的,信息和信息活动的贡献被分散到物质经济的各部门和活动领域,没有独立列项,因而在测算时,不得不迁就现存的数据,从而使该方法对信息、信息活动等数据缺乏科学的、统一的标准。

(3) 日本的信息化指数模型测度方法

1965 年日本经济学家小松崎清介提出了一种名为"信息化指数"的测度算法,用来测度信息化的发展水平。他的测度指标体系包括四个方面共计 11 项指标,具体包括:①信息量,包括人均年使用函件数、人均年通电话次数、人均年报刊期发数、人均年图书出版数、每平方公里人口密度;②信息装备率,包括每百人电话机数、每百人电视机数、每万人电子计算机数;③通信水平,包括每万人在校大学生数、第三产业人数百分比;④信息系数,包括个人中除衣食住外杂费的比率。

由于这11项指标无法直接进行比较,需要先转化为指数,最后求得反映社会信息化程度的总指标(即信息化指数)。信息化指数的计算方法一般有两种:一步算术平均法和二步算术平均法。一步算术平均法假设11个分指标对最终的信息化指数的贡献是等价的,即各指标的权重相同(为1/11)。首先将基年各项指标的指数定为100,然后分别将测算年度的同类指标值除以基年指标值,求得测算年度的各项指标值的指数,再将各项指标值的指数相加除以项数,就可得到最终的信息化指数。二步算术平均法假设四个因子以及每一组的组内变量对最终信息化指数的贡献是等价的,但分属不同组的变量对最终信息化指数的贡献则不等价。该方法测算年度各项指标值指数与一步算术平均法相似,先分别计算出四个组的指数的算数平均值,然后将四个组的指数平均值相加除以4,即得最终的信息化指数。这两种方法并无本质上的不同,计算结果差别也不大。

信息化指数法的优点是参数少,指标统计比较方便,计算也比较简单,具有很好的可操作性和对比性。同时,这种方法将社会信息化发展进程的相对阶段和相对差距用量化的方式反映出来,不仅能间接反映信息及其相关要素的作用和地位,还可以对社会经济信息化程度作出预测。该方法的缺点是选取的信息化指标较少,不够全面,使测算结果难免带有片面性;采用算术平均,未能按实际情况区分出不同指标的权重,准确性不是很强;而且,该方法测算结果是信息化的相对值,仅具有相对意义。

(4) 我国的国家信息化测评指标体系及测算方法

1999年2月,我国信息产业部初步确定了国家信息化指标体系构成方案,2001年7月29日公布了《国家信息化指标构成方案》。该指标体系设置了六个一级指标,即信息资源、国家信息网络、信息技术应用、信息技术与产业、信息化人才、信息化政策法规与标准。在一级指标下又设立20个二级指标,这些指标大部分可从国家或地方的有关统计年鉴中获得。它采用指数方法计算,简单且具有可操作性,也可以进行横向和纵向的比较。该方法也有不足之处,一是测度指标太多,容易造成信息的重复,从而使测度不合理、不准确;二是有些指标目前尚无统计数据,需要进行分离,这样就会造成各个地区测度的不统一。

6.1.4 我国信息产业现状与发展趋势

2021年11月30日,工业和信息化产业部接连发布《"十四五"信息化和工业化深度融合发展规划》《"十四五"软件和信息技术服务业发展规划》《"十四五"大数据产业发展规划》,三个规划引导我国信息产业迈向新征程,为我国信息产业在"十四五"期间的发展绘就了发展蓝图。

(1) 我国信息产业的现状

① 信息化和工业化深度融合的现状。

"十三五"期间,通过政策制定、标准推广、工程实施、试点示范等系列举措,两化深度融合既推动了信息技术在制造业的广泛应用,也带动了信息技术产业的系统创新和蓬勃发展。两化深度融合"十三五"规划主要目标任务全面完成,以两化深度融合为本质特征的中国特色新型工业化道路更加宽广,步伐更加坚定,成效更加显著。

一是融合发展政策体系不断健全。党中央、国务院先后出台《关于深化"互联网+先进制造业"发展工业互联网的指导意见》《关于深化新一代信息技术与制造业融合发展的指导意见》等系列文件，融合发展顶层设计持续加强，推进机制日益完善。

二是两化深度融合对传统产业提升作用显著。两化融合管理体系贯标持续推进，信息技术在制造业研发设计、生产制造、经营管理、运维服务等关键业务环节广泛应用，全国工业企业关键工序数控化率、经营管理数字化普及率和数字化研发设计工具普及率分别达52.1%、68.1%和73.0%，五年内分别增加6.7%、13.2%和11%，制造业数字化转型不断加速。

三是基于工业互联网的融合发展生态加速构建。我国工业互联网发展水平与发达国家基本同步，网络基础设施持续升级，标识解析体系基本建成，注册总量突破94亿次，平台资源配置能力显著增强，设备连接数量超过7000万台，行业赋能效果日益凸显，数字化管理、个性化定制、网络化协同、服务化延伸等融合发展新模式新业态蓬勃发展。

四是融合发展基础设施不断夯实。建成全球规模最大的信息通信网络，开通5G基站超过70万个，5G商用部署初见成效，互联网协议第六版（IPv6）基础设施全面就绪，"蛟龙"下水、大飞机上天、北斗组网、高铁出海，关键领域核心技术、高端装备和重大短板攻关取得新进展。

② 软件和信息技术服务业的现状。

"十三五"期间，党中央、国务院高度重视软件和信息技术服务业发展，持续加强顶层设计，建立健全政策体系。产业规模效益快速增长，综合竞争力实现新的跃升。

一是规模效益快速增长，产业结构持续优化。业务收入从2015年的4.28万亿元增长至2020年的8.16万亿元，年均增长率达13.8%，占信息产业比重从2015年的28%增长到2020年的40%；利润总额从2015年的5766亿元增长到2020年的10676亿元，年均增长率为13.1%，占信息产业比重从2015年的51%增长到2020年的64%。其中，信息技术服务收入占比从2015年的51.2%增长到2020年的61.1%。新兴平台软件、行业应用软件、嵌入式软件快速发展，基础软件和工业软件产品收入持续增长，产业结构进一步优化。

二是创新体系更加完善，创新成果不断涌现。软件和信息技术服务业创新体系基本建立，推动新技术、新产品、新模式、新业态快速发展，促进生活方式、生产方式、社会治理加速变革。操作系统、数据库、中间件、办公软件等基础软件实现突破，取得一系列标志性成果；第五代移动通信（5G）、云计算、人工智能、区块链等新兴平台软件达到国际先进水平；高精度导航、智能电网、智慧物流、小程序等应用软件全球领先。国内首家开源基金会成立，一批具有影响力的开源项目加速孵化。2020年全国软件著作权登记量突破172万件，较2015年增长超5倍。

三是骨干企业实力提升，国际竞争力明显增强。2020年，全国软件和信息技术服务业规模以上企业超4万家，从业人数达704.7万人。百强企业收入占全行业比重超过25%，较2015年提升5个百分点，研发投入占全行业比达27.9%，收入超千亿元的企业达10家，比2015年增加7家，2家企业跻身全球企业市值前十强，中小型企业国内上市步伐加快。5G、云计算、文创软件、平台软件等领域形成一批国际知名的企业和品牌。

四是产业集聚效应凸显，服务体系更加完善。2020年，全国268家软件园区贡献了75%以上的软件业务收入，13家中国软件名城业务收入占比达77.5%，全国4个直辖市和15个副省级中心城市业务收入占全国软件业的比重达85.9%，产业集聚不断加快。

五是融合应用日益深化，赋能作用显著提升。截至2020年底，制造业重点领域企业数字化研发设计工具普及率、关键工序数控化率分别达到73.0%、52.1%，工业互联网平台

（工业互联网操作系统）快速发展，建成具有一定影响力的工业互联网平台近100个，设备连接数量超过7000万台，工业APP数量突破35万个，有力推动制造业转型升级。涌现出一批面向教育、金融、能源、医疗、交通等领域典型应用场景的软件产品和解决方案，企业软件化进程持续加快，上云企业数量超百万家，软件信息服务消费在信息消费中占比超过50%。特别是在新冠肺炎疫情期间，健康码、远程办公、协同研发等软件创新应用，有力支撑疫情防控和复工复产。

与此同时，我国软件和信息技术服务业高质量发展仍面临诸多挑战：一是产业链供应链脆弱，产品处于价值链中低端，产业链供应链存在断裂风险。二是产业基础薄弱，关键核心技术存在短板，原始创新和协同创新能力亟须加强。三是软件与各领域融合应用的广度和深度需进一步深化，企业软件化能力较弱，制约数字化发展进程。四是产业生态国际竞争力亟待提升，企业小散弱，产业结构需进一步优化。五是发展环境仍需完善，"重硬轻软"现象依然严重，软件价值失衡尚未得到根本性扭转，软件人才供需矛盾突出，知识产权保护需要进一步加强。

③ 大数据产业的现状。

"十三五"时期，我国大数据产业快速起步。据测算，产业规模年均复合增长率超过30%，2020年超过1万亿元，发展取得显著成效，逐渐成为支撑我国经济社会发展的优势产业。

一是政策体系逐步完善。党中央、国务院围绕数字经济、数据要素市场、国家一体化大数据中心布局等作出一系列战略部署，建立促进大数据发展部际联席会议制度。有关部委出台了20余份大数据政策文件，各地方出台了300余项相关政策，23个省区市、14个计划单列市和副省级城市设立了大数据管理机构，央地协同、区域联动的大数据发展推进体系逐步形成。

二是产业基础日益巩固。数据资源极大丰富，总量位居全球前列。产业创新日渐活跃，成为全球第二大相关专利受理国，专利受理总数全球占比近20%。基础设施不断夯实，建成全球规模最大的光纤网络和4G网络，5G终端连接数超过2亿，位居世界第一。标准体系逐步完善，33项国家标准立项，24项发布。

三是产业链初步形成。围绕"数据资源、基础硬件、通用软件、行业应用、安全保障"的大数据产品和服务体系初步形成，全国遴选出338个大数据优秀产品和解决方案，以及400个大数据典型试点示范。行业融合逐步深入，大数据应用从互联网、金融、电信等数据资源基础较好的领域逐步向智能制造、数字社会、数字政府等领域拓展，并在疫情防控和复工复产中发挥了关键支撑作用。

四是生态体系持续优化。区域集聚成效显著，建设了8个国家大数据综合试验区和11个大数据领域国家新型工业化产业示范基地。一批大数据龙头企业快速崛起，初步形成了大企业引领、中小企业协同、创新企业不断涌现的发展格局。产业支撑能力不断提升，咨询服务、评估测试等服务保障体系基本建立。数字营商环境持续优化，电子政务在线服务指数跃升至全球第9位，进入世界领先梯队。

但同时仍然存在一些制约因素。一是社会认识不到位，"用数据说话、用数据决策、用数据管理、用数据创新"的大数据思维尚未形成，企业数据管理能力偏弱。二是技术支撑不够强，基础软硬件、开源框架等关键领域与国际先进水平存在一定差距。三是市场体系不健全，数据资源产权、交易流通等基础制度和标准规范有待完善，多源数据尚未打通，数据壁垒突出，碎片化问题严重。四是安全机制不完善，数据安全产业支撑能力不足，敏感数据泄露、违法跨境数据流动等隐患依然存在。

(2) 我国信息产业的发展趋势

① 信息化和工业化深度融合的发展趋势。

到 2025 年,信息化和工业化将在更广范围、更深程度、更高水平上实现融合发展,新一代信息技术向制造业各领域加速渗透,范围显著扩展、程度持续深化、质量大幅提升,制造业数字化转型步伐明显加快,全国两化融合发展指数达到 105。

一是新模式新业态广泛普及。企业经营管理数字化普及率达 80%,企业形态加速向扁平化、平台化、生态化转变。数字化研发设计工具普及率达 85%,平台化设计得到规模化推广。关键工序数控化率达 68%,网络化、智能化、个性化生产方式在重点领域得到深度应用。

二是产业数字化转型成效显著。原材料、装备制造、消费品、电子信息、绿色制造、安全生产等重点行业领域数字化转型步伐加快,数字化、网络化、智能化整体水平持续提高。

三是融合支撑体系持续完善。新型信息基础设施建设提档升级,数字化技术快速进步,工业大数据产业蓬勃发展,工业互联网应用成效进一步显现,两化融合标准体系持续完善,产业基础迈向高级化。

四是企业融合发展活力全面激发。工业互联网平台普及率达 45%,系统解决方案服务能力明显增强,形成平台企业赋能、大中小企业融通发展新格局。

五是融合生态体系繁荣发展。制造业"双创"体系持续完善,产业链供应链数字化水平持续提升,带动产业链、创新链、人才链、价值链加速融合,涌现出一批数字化水平较高的产业集群,融合发展生态快速形成。

② 软件和信息技术服务业的发展趋势。

一是产业基础实现新提升。软件内核、开发框架等基础组件供给取得突破。标准引领作用显著增强,"十四五"期间将制定 125 项重点领域国家标准。知识产权服务、工程化、质量管理、价值保障等能力有效提升,以企业为主体的协同创新体系基本完备,建成一批高水平软硬件适配中心。

二是产业链达到新水平。产业链短板弱项得到有效解决,基础软件、工业软件等关键软件供给能力显著提升,对船舶、电子、机械等制造业数字化转型带动作用凸显。金融、建筑等重点行业应用软件市场竞争力明显增强,形成具有生态影响力的新兴领域软件产品,到 2025 年,工业 APP 将突破 100 万个,长板优势持续巩固,产业链供应链韧性不断提升。

三是生态培育获得新发展。培育一批具有生态主导力和核心竞争力的骨干企业,到 2025 年,主营业务收入达百亿级企业将过百家,千亿级企业将超过 15 家。建设 2~3 个有国际影响力的开源社区,培育超过 10 个优质开源项目。高水平建成 20 家中国软件名园。软件市场化定价机制进一步完善。建成一批国家特色化示范性软件学院。国际交流合作全面深化。

四是产业发展取得新成效。增长潜力有效释放,发展质量明显提升,到 2025 年,规模以上企业软件业务收入将突破 14 万亿元,年均增长 12%以上。产业结构更加优化,基础软件、工业软件、嵌入式软件等产品收入占比明显提升,新兴平台软件、行业应用软件保持较快增长,产业综合实力迈上新台阶。

③ 大数据产业发展趋势。

一是产业保持高速增长。到 2025 年,大数据产业测算规模将突破 3 万亿元,年均复合增长率保持在 25%左右,创新力强、附加值高、自主可控的现代化大数据产业体系基本形成。

二是价值体系初步形成。数据要素价值评估体系初步建立，要素价格市场决定，数据流动自主有序，资源配置高效公平，培育一批较成熟的交易平台，市场机制基本形成。产业基础持续夯实。关键核心技术取得突破，标准引领作用显著增强，形成一批优质大数据开源项目，存储、计算、传输等基础设施达到国际先进水平。

三是产业链稳定高效。数据采集、标注、存储、传输、管理、应用、安全等全生命周期产业体系统筹发展，与创新链、价值链深度融合，新模式新业态不断涌现，形成一批技术领先、应用广泛的大数据产品和服务。

四是产业生态良性发展。社会对大数据认知水平不断提升，企业数据管理能力显著增强，发展环境持续优化，形成具有国际影响力的数字产业集群，国际交流合作全面深化。

6.2　信息政策与信息法律

随着信息技术特别是网络技术的发展，人们越来越深刻地意识到信息共享所带来的好处，信息资源共享得到了各个层面的共识。但从目前来说，信息共享和交换仍然面临着一系列的问题，其中之一就是信息资源共享所引起的政策法规问题。

如今，信息化已成为社会经济、文化和生活领域的重要内容，它对经济发展产生了重大影响。信息化的发展在给人们带来新资源和新推动力的同时，也使得人们在信息交流活动中的经济关系和社会关系日益复杂，这些关系常因人为的不正当作用而产生不良影响。如信息网络与资源安全问题、信息技术的不正当使用、信息侵权、计算机与网络犯罪等，这些问题的解决除需要运用教育、道德约束等方法外，还需要利用政策和法律的手段进行干预。如何有效地处理好信息领域的各种经济社会关系，是信息政策和信息法律所要解决的核心问题。

6.2.1　信息政策与信息法律概述

信息政策与信息法律是用来调整信息在生产、收集、处理、累积、储存、检索、传递和消费活动中发生的各种经济关系和社会关系的规则的总和，它以信息领域的各种经济关系和社会关系为调整对象。

(1) 基本概念

① 信息政策。目前，国内外关于信息政策的含义存在着不同的理解，对信息政策的范围和内容也缺乏统一的认识，在本书中关于信息政策的讨论主要是从主流的国家信息政策的层面展开的。我国学术界对国家信息政策的概念有多种表述，归纳起来主要有以下几种观点：

● 从管理的角度出发，认为信息政策是国家根据需要规定的有关发展与管理信息事业的方针、措施和行动指南；

● 从决策的角度出发，认为信息政策是政府或组织为实现一定的目标，如信息自由流通、信息资源共享而采取的行动准则；

● 从信息活动出发，认为信息政策是调控社会信息活动的规范和准则。

上述观点从不同角度对国家信息政策概念做了不同的解释，但它们在目标和功能上是一致的。我们认为，信息政策是指在为解决信息管理和信息经济发展中出现的、涉及公共权益、安全问题，保障信息活动协调发展而采取的有关信息产品及资源生产、流通、利用、分配以及促进和推动相关信息技术发展的一系列措施、规划、原则或指南。

② 信息法律。信息法律是指对信息活动中的重要问题进行调控的法律措施，这些措施涉及信息系统、处理信息的组织和对信息负有责任的个人等。法律调控是通过制定法律规则，在相互冲突的利益之间寻求平衡点。

关于信息的生产和利用，有三个不同层面的利益集团。

- 信息生产者。包括信息创造者和信息提供者。信息生产者为信息产品的生产付出了成本和劳动，要求获得物质上的收益。
- 一般公众。作为信息使用者的一般公众则希望能免费或以较低的价格获取和利用各种信息。
- 社会层面。由于信息的利用可导致新信息的创造，推动社会经济技术发展，成为社会持续进步的一种主要力量，这种利益又上升到社会层次，即要求社会既能够保证一定的信息产出水平，又能使信息得以尽可能广泛的应用。

三种不同的利益明显地存在着冲突，这就要求通过法律对各方的利益进行平衡。近年来，随着社会信息化程度的提高，这种矛盾和冲突变得更加尖锐化和广泛化。目前，如何调整现有法律制度、确立新的法律规范，以适应信息化对法律制度提出的新的需求和挑战，以解决信息化与业已确立的社会法律制度之间的碰撞和摩擦，尽快建立与信息化相适应的法律环境，已成为世界各国信息化进程中的一个重大课题。

（2）二者的关系

尽管信息政策和信息法律调整的都是信息领域的各种经济和社会关系，但它们却有着不同的调节内容和方向，侧重点并不相同。二者的区别主要表现在以下几个方面。

第一，信息政策运用行政手段，对信息领域的各种活动起到宏观导向作用；而信息法律则采用法律手段，运用法律对具体的信息行为起制约作用。

第二，作为信息活动的指导原则，信息政策会随着社会的发展和实际情况进行灵活调整；而信息法律在制定后相对稳定，有较长的时效性。例如，版权之类的长效问题用信息法律来处理。

第三，在制定过程上，信息政策比较简单，且很多机构都可以根据所在的辖区制定相应的信息政策。在执行时，由于宏观性的特点，解释空间很大，可操作性和强制执行性较差。而信息法律则依据严格的程序，由专门的立法机构制定，由于其调整的是具体的经济社会关系，因此可操作性很好，具有强制执行特性。

第四，在调整范围上，信息政策从信息领域的整体出发，具有很大的调整范围；而信息法并不能对信息领域的所有经济关系和社会关系进行调整，它所调整的对象是在信息活动中对国家、社会造成较大影响的各种事件，也即只有构成法律行为的关系才是信息法律调整的对象。

从以上信息政策与信息法律的区别可以看出，这两种调节手段在一定程度上起到了互相弥补、相辅相成的作用，二者缺一不可。信息政策对整个信息领域起宏观调控作用，对信息法律的制定和执行具有指导作用；而信息法律是信息政策的升华，是信息政策的具体实现，对各种经济社会关系进行实际性的调节。科学合理的信息政策应当受到信息法律的制约与调节，而对于信息政策可能造成的负效应应当得到信息法律的控制，并具体体现在信息法律的有关条文中。

（3）制定原则

在制定信息政策与信息法律过程中，应遵循以下原则。

① 市场驱动，放松规制。以市场为导向，放松规制，通过竞争以促进经济和社会的信

息化发展是推进国家信息化建设的首要方针。世界各国在这一点上已经普遍达成了共识，美国政府对信息产业的发展一贯遵循自由发展的原则，其基本指导思想就是完全依靠市场的力量，而不是依靠行政的或是其他人为的力量推动信息产业的发展。

政府的作用主要是通过制定符合市场规律的市场规则来指导和规范市场公平有效的竞争。政府最重要的职能是制定规则，而不是什么都去管，什么都去审批，否则，最终什么都管不好，因为政府不是万能的。

因此，在制定信息政策与法律时，要始终坚持市场驱动、政府放松规制的原则，发挥市场和政府的双重作用。

② 技术中立。目前，大多数国家在有关的信息政策制定和立法中对待技术问题采取"技术中立"的态度已形成一致的原则。其主要内容有以下两点。

第一，在政策法律体系中包容技术规范。国家信息化就是利用信息技术构建数字化的社会环境，在这个环境里，它的每一个组成部分及其运转都是信息技术的具体应用。国家的信息政策与法律在很大程度上将表现为对信息技术以及由其应用所引发的各种社会关系的调整和规范。

第二，在具体的政策法律制定中排除技术的影响。国家的政策与法律的作用主要是营造有利于市场竞争法则充分发挥作用的环境，规范市场竞争行为，建立企业激励机制，而不是为某一个企业或个人，也不是为某一项技术直接作用或直接服务的。因此，国家信息政策与法律不是干涉具体信息技术的产生和应用，也不是直接作用于具体技术的社会认可，而是排除具体技术对国家信息政策与法律的影响，以保证国家政策法律的公平、公正和效率。

③ 国际化合作。国家的信息经济发展与信息交流存在于开放的世界环境中，因此，一国的信息化发展具有明显的国际化特征。世界各国在制定本国信息政策与法律时，都十分关注与国际规则的接轨。

6.2.2 信息政策及其体系

信息政策属于公共政策的范畴，具有公共政策的共性。它是加以调控信息生产、交流和利用的措施、规范和准则的集合，它涉及信息产品的生产、分配、交换和消费等各个环节。由于信息政策涉及广泛的领域，因此具有信息政策主体多样化、政策价值多元化和政策目标多重化等特征。

(1) 信息政策的体系结构

体系结构是国家信息政策的"躯干"和"骨架"，体系结构问题是国家信息政策研究的基础理论问题。只有将国家信息政策体系的框架结构搭建起来，才能有的放矢地进行国家信息政策体系的建设，明确国家信息政策体系的内容范围。关于信息政策的体系结构，学者们提出了众多观点，其中比较有代表性的有以下几种。

① 罗兰的等级式信息政策体系。罗兰（Ian Rowlands）认为，不存在一个无所不包的信息政策，而是由多个政策构成的信息政策体系去解决各种特定问题，在各种竞争的利益团体之间寻求有效的妥协。信息政策应具有弹性、动态性和对不断变化的环境条件作出反应的能力。

罗兰指出，信息政策不仅能规划信息活动（能动的信息政策），而且能对信息活动做出反应（被动的信息政策），如电子商务在世界范围内的快速发展已导致各国政府采取不同的行动，从全盘参与政策过程，到快速立法、改革税收体制等。能动的信息政策则从科技政策领域可见一斑，各个国家通过确立革新战略，制定长、短期发展目标，明确优先发展的技术领域，形成了一个配套的鼓励机制，确保本国在科技领域的竞争优势。

在此基础上，罗兰提出了等级式信息政策体系，如表 6.2 所示。

表 6.2 罗兰的等级式信息政策体系

基础政策	应用于整个社会，直接或间接影响信息部门
水平信息政策	应用于整个信息部门，直接或间接影响信息部门
垂直信息政策	应用于特定信息部门，适合特定应用领域

● 基础政策。基础政策适用于整个社会，对信息部门有直接或间接的影响，为信息部门活动创造社会、经济环境，如税法、劳动法、教育政策等。基础政策是垂直信息政策和水平信息政策的基础，缺乏基础政策将无法制定和实施垂直信息政策和水平信息政策。

● 水平信息政策。适用于整个信息部门并对这些部门产生直接或间接的影响，如数据保护政策、信息自由政策、隐私政策等。

● 垂直信息政策。适用于某一特定类型的信息部门或某一特定的信息活动领域，如地理信息政策、公共图书馆服务政策等。垂直信息政策是为了解决特定信息部门和领域的问题与需要产生的。

这一等级结构体系的优点在于：将信息政策放在一个更广阔的公共政策的背景中加以考察，从而有助于信息政策功能的发挥。但同时也造成信息政策问题扩大化，既涵盖教育、社会以及产业政策，又包括信息部门政策，如知识产权、信息存取政策等。此外，信息政策的三个层次之间存在着相互影响和作用，有时甚至出现交叉、重叠，从而不利于对信息政策及其构成的理解。

等级式信息政策体系表明与信息政策相关的权力、影响和决策不会集中在政府的某一个部门，而将分散在不同部门之中。因此，为了使信息政策的制定和实施相互协调，具有互补性、连续性，就必须有一套行之有效的政策价值观和总体框架起指导和约束作用。换言之，信息政策体制应能够对新技术的不断发展和变化以及信息时代的特点做出快速反应。

② 莫尔的层面-因素二维信息政策体系。莫尔通过对各国信息政策发展实践的考察，进一步研究了信息政策的体系结构，力图建立一个逻辑性的信息政策体系。莫尔认为，在考虑信息政策的框架体系问题时应注意以下三个发展趋势：信息产业高速发展的趋势；信息资源广泛利用的趋势；社会信息意识加强的趋势。

1993 年，莫尔在"面向 21 世纪的中国的信息政策和战略国际研讨会"上提出了层面-因素二维信息政策体系，用以确定信息政策的主要范围和问题以及不同信息政策之间的联系，勾画了信息政策设计和评价的基本框架，如表 6.3 所示。

表 6.3 莫尔的层面-因素二维信息政策体系

项 目	产 业 层 次	组 织 层 次	社 会 层 次
信息技术			
信息市场			
信息工程			
人力资源			
法律法规			

莫尔的层面-因素信息政策体系包括三个层次（产业层次、组织层次、社会层次）和 5 个信息政策的要素（信息技术、信息市场、信息工程、人力资源、法律法规），认为信息政策在产业、组织和社会三个不同的层面上共同发挥作用。

- 产业政策层次。主要考虑在一国范围内与信息部门的发展相关联的政策问题，研究信息政策如何规范信息服务部门的发展。
- 组织政策层次。把信息作为一种资源加以管理和处理的方法，研究信息政策对机构内信息利用的影响，提高组织内部的效率和竞争力。
- 社会政策层次。考虑个人和社会团体相关联的信息需求与信息供给，研究人们利用信息的方式。

在制定政策的过程中，还应发展一些更具体的目标，如抵制信息垄断、政府的信息公开、保障公民方便与平等地获得信息的权利、发展信息网络以满足社会的信息需求等。而在每一个层次上，都要研究决定信息利用方式的信息技术、信息市场、信息管理、人力资源和法律法规五个方面的因素。

- 信息技术因素包括通信设施、决策支持系统等政策目标。
- 信息市场因素强调信息市场不仅仅局限于商业信息的交换，而应面向所有的信息交换。
- 信息工程因素涵盖了信息的获取、生产、传输、存取直至表达和综合的各个方面，是促进信息管理和利用的所有活动和过程。
- 人力资源因素通过教育和培训，提高公民的信息意识，改进个人获取和处理信息以及利用信息获益的技巧和能力。
- 信息法律法规因素强调立法工具对实现信息政策目标的作用。

莫尔的层面-因素信息政策体系不仅区分了信息政策要素的不同层面，而且还描述了单个因素与层面之间以及各个信息政策层次之间的互动关系，对于信息政策的制定提供了一个很好的框架。同时，莫尔还根据信息流动的自由程度和信息流对社会经济发展的影响程度，区分了所谓的"信息敏感"和"信息隔绝"两类国家，并且认为信息政策的制定在这两类国家都会产生深远的影响。在现实社会经济环境中，信息政策的属性一方面表现为通过发展信息产业和信息市场，作为刺激经济增长的工具；另一方面，如果不对产业组织做大的调整，不改变对信息自由流动和跨国流动的态度，上述目的将无法达到。

莫尔的层面-因素信息政策体系建立起了政策因素与政策层面之间的关系，不但为分析信息政策的各种目的提供了框架，而且有助于确认制定政策目标的合适领域。但该体系缺少一个相关的总体经济、社会、文化框架，因而无法处理全球经济所引发的复杂问题。

③ 曼斯尔和温恩的交叠式信息政策体系。曼斯尔（Mansell）和温恩（When）认为，信息政策体系是由国家一体化信息与通信技术（Information and Communication Technology, ICT）战略和四个特定领域（技术、产业、电信、媒体）的政策相交叠构成的，如图 6.5 所示，其中 ICT 政策居于核心地位。该体系说明，应为 ICT 政策的制定和实施提供整合机制，确保所有相关的政府部门、受 ICT 政策影响的利益集团、对 ICT 政策有影响的利益集团之间建立起高水平的合作关系。该体系的缺陷在于过于强调 ICT 政策的重要性，从而忽视了信息政策的其他

图 6.5 曼斯尔和温恩的交叠式信息政策体系

功能。

(2) 我国的国家信息政策体系

20世纪90年代以来，世界政治经济形势发生了深刻的变化，经济全球化趋势日益明显。发达国家利用信息技术优势，促进了经济的发展，也扩大了信息系统、信息网络的渗透力。面对世界范围的信息化浪潮，我国必须加强和完善国家信息政策，加快国民经济信息化建设的战略部署，推动信息化进程。我国学者马费成等按照政策的五要素——政策主体、政策目标、政策问题、政策内容、政策形式构建了我国的国家信息政策体系。

① 政策主体。国家或政府是信息政策的主体，这是非常抽象的。要全面构建我国的信息政策体系，不仅涉及政治、经济、文化、教育等广泛领域，而且触动社会各阶层、集团、组织的利益。因此，政府的某一个部门没有能力也不应当独揽信息政策的制定权，而应该依据专业化和协调性统一原则，由国务院直接牵头，建立一个有各相关部门参与的国家信息政策协调委员会，确立信息政策的总体构架，制定议程，并向各部门分配相关领域的专门性政策制定任务，然后由国家信息政策协调委员会确定各项政策方案和决策建议书，最终由国务院决策批准颁布。

② 政策目标。信息政策的政策目标是指通过制定信息政策所实现的利益协调和分配关系。当前我国国家信息政策的目标是：信息服务社会化和通用化以实现公平；信息产业市场化以实现效率；信息管理科学化以保证安全。

③ 政策问题。信息政策问题是指能够列入政策制定议程的客观社会问题，即信息政策应该解决的社会矛盾和问题。信息政策问题分为经济问题和法律问题。

● 经济问题。宏观层次上包括有信息产业发展与投资、信息基础设施建设、信息资源管理、信息技术管理、人力资源的投资、信息经济测度标准和信息化指标的制定等；微观层次上包括有IT行业、网络行业（如电信业）的垄断等。

● 法律问题。主要包括两个方面：一是知识产权保护问题，涉及工业产权、专利权保护、版权、著作权保护，商标权、域名保护等；二是信息安全问题，涉及信息公开与信息保护，国际信息合作与国家信息主权的关系，计算机病毒、黑客程度防范与计算机网络安全，电子商务的电子签名和数字认证等。

④ 政策内容。在进行信息政策的内容划分时，要结合国家信息政策所需解决的具体问题与矛盾，依据信息政策制定的原则来确定信息政策内容。国家信息政策内容是具有显著的经济和法律特征的，因此国家信息政策内容也可简化成经济和法律两个层面。

● 经济层面。宏观上主要是产业发展的经济问题。我国应根据经济形势的发展阶段，信息产业层次水平、技术结构的演进采取相应的具有引导、扶植性质的信息政策，以现有的经济实力倾斜发展高新技术开发产业、信息服务业、信息应用技术、教育产业，重视信息资源的合理管理和有效利用，加强信息基础设施的建设，加大信息业的人力资源投资，注重信息人才的培养和信息意识的普及。

微观上主要是信息市场经济问题。对于微观信息市场，应逐渐从规制政策转向竞争政策，这个过程是循序渐进的，具体包括两个方面：第一，规制政策的改进，如通过税制改革减少低效率的税制所带来的经济扭曲；通过有关政府组织改革减少腐败行为，建立有效的均衡机制；通过法律改革建立反垄断法，完善合同法等。第二，竞争政策主导地位的确立。政府应在统一管理、统筹规划、合理配置资源、避免低水平重复建设的前提下，逐步建立市场运作规范、有效竞争政策、有限规制政策，以及充分发挥各方面积极性的信息网络化发展机制。

● 法律层面。首先在知识产权保护方面，应该采取使知识产权的价值达到最大化的原则，而不是最大限度地去保护知识产权。依据这条原则，可以在知识产权与资源共享的关系中实现最大的效率与公平。

其次，在信息自由流通与信息安全方面，应注意在两者之间谋求合理的平衡。信息自由流通是信息得以实现其价值的基本环境和前提。然而，信息流通的无限自由可能会导致侵犯公民隐私权，窃取企业商业秘密以及危害国家信息安全的问题。因此，制定信息流通与信息安全政策应遵循信息流通有限自由与信息流通有限控制原则。根据这一原则，可实行如下政策：第一，公民通信的实时控制和控制主体的保密义务，明确控制主体的范围和权限，不干涉公民的正常通讯自由以及获取信息自由，保护公民信息隐私权；第二，政府有向公民提供信息的义务；第三，证券交易所、上市公司有向公民披露财务信息和必要信息的义务；第四，保护国家、政府及有关组织机构、商业机构、企事业单位的核心秘密和重要秘密；第五，国家应独立自主地开发关键性信息技术、软件，以维护信息主权和国家信息安全；第六，有关计算机犯罪的法规制定；第七，推动信息国际交流。

⑤ 政策形式。政策形式是指政策内容的外在表现形式，是宣传、执行政策的有效工具和合法依据。信息政策的形式是指国家制定并发布执行的有关信息政策内容的文件、指南或规定。例如，我国曾在1990年与1991年分别发布了中国科学技术蓝皮书（第4号）《信息技术发展政策》和中国科学技术蓝皮书（第6号）《国家科学技术情报发展政策》。

(3) 信息政策评估

所谓评估，是指按照一定的价值和技术标准，对一个行为方案或具体行动及其效果做出判断。开展信息政策的评估活动，首先要明确评估的标准，政策评估的通用标准有：①科学标准，包括政策制定的科学性、目标的合理性和政策需求的适应性等；②完备标准，包括政策体系的完整性、内容的完备性等；③技术可行性，这一标准是从技术的角度衡量政策的实施是否达到预期的目的。如金融部门利用国产操作系统软件能否保证信息数据的安全与保密，实名登录系统能否营造诚信的网上交流环境，建立数字图书馆能在多大程度上改善信息资源分散的现状等。

在实际进行信息政策评估的过程中，通常对信息政策的效益进行评价。信息政策的效益评价是在具体的信息政策实施到一定阶段以后，由权威机构通过组织专门的调研与分析研究，对信息政策的实施过程、实施成本及其已产生的效果做出科学判断的过程。具体的评价方法主要有以下几种。

① 信息政策效益。它表示政策效果与政策投入的关系，既可以用除法表示，也可以用减法表示。

除法表示时，$Bd=E/I$；其中，Bd 为用除法表示的政策效益，E 为政策效果，I 为政策投入。

用减法时，政策效益用 Bs 表示，即 $Bs=E-I$；用减法表示的政策效益是由于政策投入而产生的政策效果相对于政策投入的增值。E 和 I 必须具有相同的计量单位，否则要采用统一规定的标准进行折算。

② 信息政策效益率。将信息政策实施后的实际政策效益与政策目标确定的预期政策效益进行比较，就可以反映出政策实施后达到政策目标的程度，可用下列公式表示：

$$R=B/O \qquad (6.4)$$

其中，B 为实际政策效益；O 为预期政策效益；R 为政策效益率。B 和 O 具有相同的量纲，$R=B/O$ 是一个等于或小于 1 的百分数。R 值越大，说明信息政策的实施效果与预期目标越接近。

为了增加分析的合理性和易操作性，可以分成单项进行评估，然后再进行综合。假设某信息政策共有 n 项政策效益率，第 i 项政策效益率为 $R_i=B_i/O_i$，则该政策的综合效益率为：

$$R=(R_1+R_2+\cdots+R_n)/n=\sum_{i=1}^{n}R_i/n \tag{6.5}$$

如果每项效益率有不同的权重，R_i 中各项还应乘上统一规定的各自的权重系数。

通常在进行政策评估后要撰写评估报告和总结。撰写评估报告的目的是将评估结论以书面报告的形式写出来，提交给有关部门，使其能应用于实际的政策过程。评估报告的内容，除对政策本身进行价值判断以外，还包括提出建议以及对评估过程与方法、评估中的一些重要问题的必要说明。其目的是通过总结对本次评估活动进行全面回顾，总结经验教训，为今后的评估活动积累经验。

(4) 国外信息政策概述及其启示意义

无论任何国家或任何地区的信息化状况如何，信息资源管理状态怎样，信息产业的发展进展如何，从根本上说都取决于信息政策的指导和宏观调控，因此有必要对国外信息政策进行研究，吸取其中的经验和教训。

① 美国有关信息政策。美国的信息政策总体目标是继续保持其霸主的地位，因此其信息政策表现出以下明显的特征。

• 大信息政策观。美国政府在信息政策的制定和实施中，历来贯彻大信息政策观的基本思想，无论在宏观信息政策、中观信息政策还是微观信息政策方面，均表现出很强的统一和协调性。如 1993 年美国克林顿政府率先制定并颁发的《美国国家信息基础设施：行动计划（即 NII 计划）》，2000 年美国政府颁布的《网络与信息技术研发计划》等就是以这种大信息政策观的基本思想作为纽带的。这是美国信息政策的特点之一。

• 国家整体创新。美国的信息政策的核心强调的是国家整体创新问题。从 20 世纪的《洛克菲报告》(The Rockefeller Report)、《先进技术发展计划》(ATP)，从《美国国家信息基础设施：行动计划》到 21 世纪初的《网络与信息技术研发计划》(NITRD)、《美国竞争力计划》(ACI) 等，都体现了这个基本思想。如在国家宏观信息政策方面，由中央政府出面组织和协调，但同时又充分发挥社会各方面的力量。所谓创新的多元化，是指政府鼓励、支持所有的创新活动，也就是说无论在任何领域、任何方面的创新活动政府都会给予支持，这是国家创新水平提高的基础；同时，政府在对国家将会产生重大影响的领域又给予正确地引导并加以重点支持，这方面的支持又表现在政策方面。如早在 20 世纪中叶，外国人要进入美国的高技术领域是非常困难的，但随着时间的推移，美国政府逐渐认识到外国人对美国社会的发展和技术的进步会产生巨大的促进作用，所以 20 世纪 70 年代以来政府对外国学者、专家进入其高技术领域的限制大大减少，而且特别注重对优秀国外人才的吸引和招纳。在美国的硅谷，仅印度人就占有相当大的比重，华人这几年在硅谷中的数量也在不断增加。所有这些可以说是国家信息技术创新的铺垫，正是基于上述原因，到 20 世纪 80 年代美国的信息技术创新能力和水平已经远远超过其他发达国家。据有关成果显示，美国的 IT 产业在全部经济中所占的比例平均为 6.61% 左右，其中从 1990 年的 5.80% 到 1999 年的 6.20%，如果从 10 年间的连续数据看，IT 业对美国国民经济的贡献是在不断增长的，而当时世界其他发达国家的情况是平均不到 3%。

② 日本有关信息政策。日本的信息政策一大特点就是政策的连续性。目前世界范围内信息化和信息产业的发展处于领先地位的国家都有一个共同点就是政策引导，知识与技术的大量积淀，最后形成很强的爆发力，日本就是一个典型的例子。二战结束以后，日本可以说是在废墟上建立起来的，但是为什么在短短几十年的时间内一跃成为世界经济强国呢？日本政府的态度和系列政策是至关重要的。

在20世纪50年代，日本首先确定国家科学技术信息中心，接着开始加强对电子工业的关注。在采取了一系列的临时措施之后，日本政府明确提出了10年科学技术发展目标，由于该政策是综合性政策，所以它对日本科学技术的全面发展产生了积极的促进作用。日本在20世纪60年代主要是以推进国家科学技术的全面发展为总目标，经过10年的艰苦努力，到20世纪70年代日本的科学技术水平已经明显提升了一个层次，可以与欧洲的发达国家相抗衡。在这个时期，日本政府又敏锐地预测到了世界未来的发展方向，及时调整了自己国家的重点发展战略，因此在20世纪70年代一开始就提出了一项很重要的政策，即《信息化促进法》，这是日本开始国家信息化建设的标志。如果冷静地思考一下就不难发现，到今天我们国家才真正将国家信息化建设提到很重要的议事日程上来。可见仅仅从政策制定的角度，我国与日本就相差20～30年。

到了20世纪80年代，日本主要是立足于国家信息化建设的基础之上，对国家产业体系中的主导产业——信息产业进行重点培养和支持。另外在日本的信息政策方面需要关注的一个问题就是，日本政府在进行国家信息化建设和信息产业培养的同时，在20世纪70年代就开始对21世纪的主要产业门类和技术支持点进行研究，如20世纪70年代日本曾经提出国家十大产业和七大产业，诸如航天技术产业、海洋资源开发、生物工程、信息产业等。现在看来，这些产业门类确实会对21世纪的社会发展产生巨大的作用。尤其是到1992年，日本政府根据以往的政策和社会发展，提出了支撑21世纪日本未来技术的重点支持要素，充分表明日本政府在20世纪90年代就对21世纪国家长期发展战略提出了具体的战略目标。当人类进入21世纪，日本政府连续推出了国家信息政策，从2000年的政府白皮书中《有关21世纪的信息化政策展望》《信息技术国家基本战略草案》《信息通信产业技术战略》到《e-Japan战略》《e-Japan战略Ⅱ》等，均说明了日本信息政策确实具有很强的连续性和指导性。

③ 欧盟信息政策。欧盟是由欧洲共同体发展而来的，是一个集政治实体和经济实体于一身、在世界上具有重要影响的区域一体化组织。欧盟的宗旨是通过建立无内部边界的空间，加强经济、社会的协调发展和建立最终实行统一货币的经济货币联盟，促进成员国经济和社会的均衡发展，通过实行共同外交和安全政策，在国际舞台上弘扬联盟的个性。因此，欧盟信息政策的制定也是围绕该宗旨进行的。

基于欧盟的基本宗旨，欧盟在信息政策方面也表现出强有力的政策制定规范和政策保障体系。1994年欧盟部长会议批准"达·芬奇计划"，要求各国在五年内实施职业培训计划，支持政策制定和创新运动，增强欧盟各国之间的相互合作。到2000年，"达·芬奇计划"进入第二阶段，项目核心内容是如何建设"知识化欧洲"，包括在全欧洲范围内开展合作培训，支持各成员国的终身培训政策，支持国家间的创新性初始计划等，创新的最终目的是促进"知识、态度和技能"的发展。1999年12月欧盟发表通报《e-Europe——全体公民的信息社会》。这一系列信息政策，为欧盟在21世纪参与世界信息资源竞争奠定了比较坚实的基础。进入21世纪，欧盟同样加快了适应新世纪信息化发展的形势，继续使e-Europe进行延伸，如"e-2010战略计划"提出"将2010年设定为全面完成电子政府体系建设年。

届时，欧盟内部将实现网络普及化，90％的人口使用互联网，保证允许进入所有的政府公共网页。"由此可以看出欧盟信息政策的连续性也很强。需要说明的是，尽管欧盟是一个国际性组织，但是其凝聚力是非常强的，因此在信息政策的执行方面，欧盟的力度也非常大。如在信息社会建设与发展过程中，欧盟采用框架方式的信息政策体系，以确保信息政策能够严格执行。

在欧盟信息政策体系中，值得一提的是德国的信息政策。德国信息政策的制定主要强调实用，而且信息政策的集中化程度很高。所谓集中化程度，是指在实现国家战略的信息政策上，采用集中、连续的体系化模式。

德国的信息政策最大特点就是针对性强、效力持久。从数量上，德国不像其他国家有诸多的信息政策，但是从德国信息政策的效力上看，往往是非常奏效的。仅就"德国21世纪的信息社会行动计划"来说，德国政府为了实现其三个基本目标，又确定了以该基本目标为核心的许多具体目标。为了使这些政策得以具体落实，德国政府采取了一系列行动，诸如对网络的宣传、降低互联网费用、增加了互联网接入的竞争等。同时，从国外吸引信息技术人才，"允许国外信息技术专业人员进入德国就业并持有绿卡"，这一系列具体措施的实施，使德国在欧洲的信息化建设方面处于领先的地位。进入21世纪后，德国针对信息政策涉及的不同领域进行了政策制定，通过细化分类，得到了深化发展。例如，德国为建立基于互联网的高端工业生产技术的主导市场，于2013年4月提出了"工业4.0"战略，将互联网和制造业紧密结合，深入挖掘了产业潜力，构建了较为具体全面的信息政策体系。德国信息政策不仅包含基础建设和经济数据等方向，还包括新兴技术的引进与利用等环节，通过细化分类，照顾到本国涉及的各个领域，从而利用自身的信息资源最大限度地推动本国发展。

2010年后，更多新兴信息技术不断涌现，德国于2010年10月6日启动了"云计算行动计划"，通过该行动计划，德国政府为中小企业提供专门的技术和资金支持，希望政府和企业协同利用云计算等最新信息技术，加强信息资源的利用效率。2010年11月，德国推出了"数字德国2015"战略，旨在深化研究国家信息与通信技术发展，并对其相关产业领域制定发展规划。此外，德国每年都要推出国家信息化发展报告，以帮助政府进一步推进全国的信息政策发展。

④ 国外信息政策对我们的启示。纵观国外信息政策，我们可以得到如下启示。

a. 信息政策的连续性。从以上对国外信息政策的介绍可见，他们有一个共同点，就是信息政策的连续性，尤其是日本的信息政策在时间跨度上连接得非常紧密。日本的信息政策不仅在政策之间体现出很强的连续性，而且在政策内部的每个相关要素上也特别注重关联程度。这一点确实值得我们认真研究和学习。

b. 信息政策的高效性。国外信息政策的另一个重要的特点，就在于国家信息政策具有很强的效度。从美国的信息政策看，制定任何一项大的信息政策，首先考虑的问题是政策的测度与效能，如果某一项信息政策的效度很低的话，宁可暂时不出台。这里所说的信息政策的效度主要包括两个方面的含义：一是指政策的可测定性和可操作性；二是指政策的指导范围与可产生的效能。这一点在日本和美国的信息政策中均有明确体现。

c. 信息政策的求真、求实性。信息政策的求真、求实性与其连续性、高效性是相辅相成的，它是信息政策连续性和高效性的基础。以美国的"信息高速公路计划"为例，美国人的信息高速计划是在美国的计算机产业经过五六代的变革发展之后提出的。到1994年美国的计算机产业在生产、开发和利用方面已经远远领先一般的发达国家；在计算机应用方面美国已经在全国范围内形成了许多大型的局域网络，就在图书馆界也早已形成了以俄亥俄为中心的网络系统;在公共网络系统中美国当时已经建立了一批电信、商业纵向网络系统。可见在当时美国启动信息高速公路计划已经是顺理成章的事情。

目前,我国在一些发达区域,已经开始在政策方面予以关注,这是一个很好的开局。如在全国范围内,在关注高新技术园区的同时,一些区域注意在政策方面对高新园区予以政策扶植、引导,并从可持续发展的角度推动园区的特色化建设。但从整体的情况看,我国的信息政策仍然存在针对性不强、连续性较差、信息政策的执行力度较低和信息政策的影响力较小等问题,这些需要政府高度重视。

6.2.3 信息法律及其体系

同信息政策密切相关的是信息法律,它利用另一种手段对信息活动加以调控。恩格斯指出"在社会发展某个很早的阶段,产生了这样的一种需要:把每天重复着的生产、分配和交换产品的行为用一个公共规则概括起来,设法使个人服从生产和交换的一般条件。这个规则首先表现为习惯,后来便成了法律"。在信息活动领域,社会需求与信息活动实践决定了信息法律建设的必要性。它由国家立法机关批准制定,并由国家执法机关的强制力保证实施的,是调节信息领域经济关系和社会关系的法律规范的总称。

6.2.3.1 信息法律体系结构及其内容

信息法律体系就是由各种信息法律、法规按照一定规则组成的一个有机整体。在我国,法律体系这一用语,通常是指一国的全部现行法律。信息法律体系建设的目的就是建立一整套与社会信息活动息息相关的,连接国内、国外两大法律板块的信息法律体系。

(1) 信息法律体系结构

国家信息法律体系的基本框架和主要内容,分为三个层次。第一层次是信息基本法。它从全局的角度,导向性地规定了整个信息法规体系的立法宗旨、原则、调整对象及范围,涵盖了信息活动的主要问题,对其他信息法规起到了宏观上的指导作用。信息基本法凌驾于各信息法律制度和法律规范之上,是信息立法的基础和准则,它对整个信息法规体系的构造、修改和补充起指导作用。

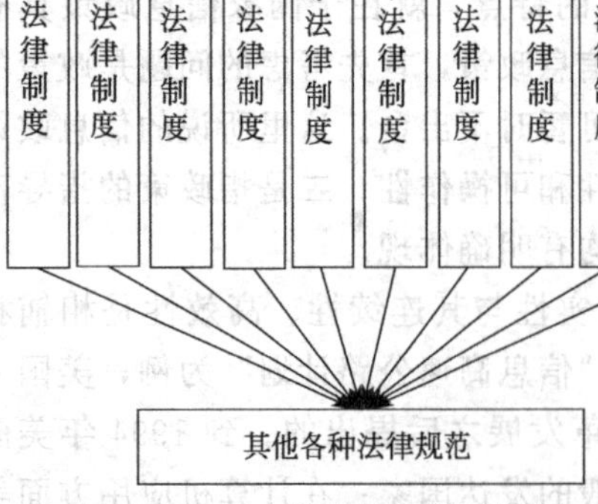

第二层次是涉及产业、组织和社会层次的信息技术、信息人才、信息市场、信息资源等的法律制度,如信息人才法律制度、信息资源法律制度、信息市场法律制度、信息网络法律制度、信息技术法律制度、信息产业法律制度等。

第三层次是各种信息法律规范。它是由法律制度分解出来的调整范围较狭窄、目标较明确的各种信息法规,包括带有法律性质的其他文件,如实施细则、条例和补充规范等。

信息法律体系的基本框架组成如图6.6所示。

图 6.6 信息法律体系框架

(2) 信息法律体系内容

根据信息法律体系的基本框架,信息法律

体系内容主要包括以下几个方面。

① 信息安全法律制度。为了保证信息活动各领域的正常发展，保障信息生产者、信息利用者的合法权益，对信息安全立法进行保护是必不可少的。其范围包括对国家秘密、商业秘密、技术秘密等需要保密的信息进行信息加密、信息保密，保护通信安全、网络安全、计算机系统的安全及隐私权保护等。如《中华人民共和国计算机信息系统安全保护条例》《中华人民共和国计算机信息网络国际联网安全保护管理办法》等都属于该方面。

② 信息标准法律制度。它对信息活动各方面进行标准化的调控，规范信息活动，有利于信息活动的更好发展，其包括一些技术标准、行业标准等方面的信息法规，如《劳务信息工作规范》等。

③ 信息环境法律制度。信息环境是指信息的制作、加工、传递、转换等环节相关的活动环境，包括国家重大信息工程建设、信息法规与政策等方面。它对信息活动存在和发展的环境提供指导性的政策和管理规定，从宏观上调控信息活动的各个领域，保障信息活动的健康发展。如《关于鼓励发展电信新业务的通知》《关于加强发展科技咨询、科技信息和技术服务业的意见》等都属于该方面。

④ 信息资源法律制度。可以分为两个部分：一是调控信息资源本身的政策法规，包括诸如政府信息、市场信息、网络信息、档案、合同、出版物等信息资源的利用进行调整的政策法规，如《中华人民共和国档案法》《新闻出版署关于加强电子出版物管理的通知》等；二是调控对信息资源进行各种信息行为的政策法规，包括对信息活动的各个环节，即信息处理、信息传递、信息公开、信息检索、信息共享等方面进行调整的政策法规，如《航空工业部科学技术情报工作条例》等。

⑤ 信息人才法律制度。它是为了对生产和提供信息产品、服务的人才进行的培养、考核、认证进行调控，以保证信息活动的发展有强大的人力资源支持。调整范围包括从事信息管理与信息系统专业、情报专业、图书馆专业、档案专业、编辑出版专业等行业人员的培养教育、资格认证和考核制度等。如《图书、档案、资料专业干部业务职称暂行规定》《出版专业人员职务试行条例》等都属于该方面。

⑥ 信息技术法律制度。它是为了对涉及信息产品、服务生产和利用的信息技术的应用、发展状况进行调控，包括信息技术的引进与改造、配置与应用、发展战略等问题。调整范围有计算机、信息系统、通信系统、软件、检索系统、数据库系统等领域。如《劳动管理信息系统管理办法》等都属于该方面。

⑦ 知识产权法律制度。由于信息产品、服务具有非物质性、非消耗性、非排他性等特殊属性，使得信息产品易于复制、传播，信息服务易于模仿，导致信息产品生产者的利益容易受到非法复制、非法传播等不法行为的损害。因此，为了保护信息生产者的积极性，保障信息活动的健康发展，有必要对知识产权专门立法进行保护。知识产权法律制度调整范围包括著作权、专利权、商标权、制止不正当竞争权等。另外，个人数据、科学发现、文学艺术创作等也属于信息产权的范畴。如《中华人民共和国专利法》（简称《专利法》）《中华人民共和国著作权法》（简称《著作权法》）等都属于该方面。

⑧ 信息市场法律制度。该制度的目标是对信息产品、服务的提供、流通等市场行为进行调控，对信息市场进行管理，以提高信息市场的效率。调整范围包括电信市场、邮政市场、广播电视市场、电影市场、广告市场、出版市场、发行市场、咨询市场等。

⑨ 信息网络法律制度。网络越来越成为信息传播、信息产品及服务提供的重要途径，有必要对其建设、管理和利用进行调控。调整范围包括互联网、电信网络、通信网络、企业

内部网等信息网络的网络建设、网络管理。如《中华人民共和国计算机信息网络国际联网管理暂行规定》《互联网信息服务管理办法》等都属于该方面。

⑩ 信息产业法律制度。它是为了对属于信息产业的各个行业的生存及发展进行调控，调整信息产品、服务的生产活动，范围包括电信业、邮政业、广播电视业、电影业、编辑出版业、发行业、咨询业、广告业、软件业、信息报道业等行业。如《中华人民共和国广告法》《中华人民共和国电信条例》等都属于该方面。

6.2.3.2 信息法律的实施与评估

信息法律的实施是指国家的信息法律在社会生活和工作中的具体运用和实现。制定法律的最终目的是在于通过实施产生法律作用，以维护国家和大众的最大利益。

(1) 信息法律的实施

信息法律实施涉及面很广，需要通过多种方式和途径。它有三层含义：一是指国家行政机关、司法机关及其公职人员严格地将普遍有效的法律规范适用于具体的人和事，保证法律的实现；二是指仲裁机构和人民调解组织等司法机构运用法律规范解决具体的商事和民事纠纷；三是指社会主体对法律的接受。信息法（包括法规、条例、规章等）的实施对于规范信息领域的经济关系和社会关系，维护信息活动的安全和信息劳动者的利益，保持社会的稳定和协调发展，具有十分重要的意义。

法律实施是法律在社会实际生活中的具体运用和实现。在法律实施中的一个重要问题是法律适用。其中，信息法律的适用主体具有如下特征。

① 信息法律适用主体分布很广，包括国家机关及其工作人员以及事实上的国家授权单位。例如，《中华人民共和国保守国家秘密法》适用主体为国有机关及其工作人员；《中华人民共和国专利法》的授权单位国家知识产权局。

② 信息法律适用主体的权限明确。信息法律适用主体适用法律时，必须在一定的专业范围内和法定权限内进行，不得越权。

③ 信息法律适用主体适用法律与其业务工作直接关联。由于信息法律适用主体适用法律在于依次开展业务工作（如知识产权保护），因此适用法律必须制作法律文书（如专利登记证、许可证等）。

④ 国家审判机关、检察机关和公安机关在信息法律适用中起着重要作用。信息法律适用授权单位不能单独解决的问题，最终通过审判、检察、公安机关解决。

我国信息法律适用的基本要求是，以法律为根据组织社会化的信息工作和产业，管理各种信息业务及活动，维护国家和人民的最大利益。为此，国家对司法机关及其工作人员适用信息法律的基本要求是"正确、合法、及时"，即正确地执法、合理地处理、及时地办案。

信息法是信息政策法律化的结果，因此，信息政策的实施手段原则上可以适用于信息法领域。但信息法毕竟是由国家专门的立法机关依照法律程序制定或认可的，具有实施的强制性和不可抗拒性，因此，信息法更侧重于运用法律手段限制和约束社会信息行为；而信息政策则强调其导向作用，更习惯于运用行政手段鼓励和支持社会信息活动。

(2) 信息法律评估

信息法律评估是实施中的一项重要工作，通过评估，不但可能发现法律本身的问题，为修订法律、完善法律提供依据，而且可能发现法律执行中的问题，为解决这些问题打下基础。同时，评估是监督法律实施的工作，作为法律活动的一个方面是必不可少的。

法律评估是以法律实效为实证基础，而对法律制定后的效力期待与法律实效的关系比例所作的分析和评判。开展信息法律评估活动，首先要明确评估的标准，信息法律评估的通用标准有公平性标准、强制性标准、权益保护标准等。

① 公平性评估标准。它反映的是信息法律的制定是否遵循公平的原则，"法律面前，人人平等"，无论是哪个领域，其进行法律法规制定和建设的重要宗旨都在于维护社会稳定，而维护社会稳定的基础在于保证社会成员在社会运作中的平等地位，公平对待每个社会成员。

② 强制性评估标准。法律的实施由国家强制力保证，如果没有国家强制力作后盾，那么法律在许多方面就变得毫无意义，违反法律的行为得不到惩罚，法律所体现的意志也就得不到贯彻和保障。国家强制力是法律与其他社会规范的重要区别。

③ 权益保护标准。信息、知识被认为是人类共同创造的财富，但是当知识以特定的形式表现出来，特别是成为商品以后，其所有权就只能属于创造者，共享就不能是无条件的；同时，作为一种生产性资源，其引发的占有知识产权的竞争难以避免。就知识产权领域而言，相关立法和司法必须保证信息资源的优化配置，保证精神产品效益的最大化。因此，信息法律的实施对权益保护发挥了至关重要的作用，理应成为信息法律评估的重要标准。

6.2.3.3 我国信息法律概述

信息法律是调整信息活动中产生的社会关系的法律规范。这里的社会关系主要涉及利益、权益与安全问题。信息法律的主要内容包括知识产权法（专利法、著作权法、商标法等）、信息安全法、信息公开法、新闻出版与传播法、电信法、电子商务法（电子签名与数字认证法等）、有关计算机犯罪的法律等。

(1) 我国信息法律的类型

我国在信息化发展的进程中非常重视相应的法治建设，近几年来不断地颁布了一些关于信息化建设的法律法规，开始构筑起我国关于信息活动的法律法规体系。这些法律法规主要可分为三种类型：

第一，在现有的国家信息法律中做相应的修改和补充，使其适应信息化发展的需要；

第二，在我国现有法律法规的基础上另行制定专门的法规；

第三，我国还颁布实施了一些有关的政策性文件和政府规章，对已经发生的但是由于种种原因目前暂时没有通过立法来调整的现实问题予以规范。

(2) 我国信息法律的形式

信息法律与其他法律一样，具有一定的形式，不同形式的法律依其制定的机关不同而具有不同的效力。我国信息法律形式有宪法中涉及信息行为的条款、专门法律（包括专门的信息法律和与信息行为相关的其他法律）、行政性法规（涉及信息行为的条款）、信息法规、信息条例以及有关的规范性文件等。这些法律的制定可以做如下区分。

① 根本法律。宪法是我国的根本大法，是包括信息法在内的一切法律的依据，由国家最高权力机关全国人民代表大会制定。它以国家的经济制度、政治制度、公民基本权利义务、国家机构的组织和活动原则等根本问题为内容，具有最高的法律地位和效力，各种形式的信息法律都渊源于它。

② 专门法律。专门的信息法可以分为基本法律和非基本法律，前者如《中华人民共和国经济合同法》由全国人民代表大会制定，后者如《中华人民共和国专利法》由全国人民代表大会常务委员会制定。全国人民代表大会及其常务委员会所做出的决议、决定，凡具有规范性者，也属于我国法律形式之列。

③ 信息法规和其他规范性文件。信息法规和其他规范性文件（包括条例、命令、决定等具有规范性的法律文件）由国务院及其各部、委制定。属于这类法律的如1993年4月22日国务院证券委员会发布的《股票发行与管理暂行条例》以及1993年6月10日公布的《公开发行股票公司信息披露实施细则（试行）》。

④ 地方国家机关的地方性法规和其他规范性文件。地方性法规和法律规范文件由地方各级人民代表大会及常务委员会、地方人民政府制定。

(3) 我国信息法律的特点

目前，我国已制定的信息法律、法规文件有如下四个特点。

① 国家级立法较少，而部门、行业的行政规定较多。即使已经出台的法律、法规，也大多是分散于各行政部门里。

② 针对信息产业某个领域、某个现象的法律法规较多，而从宏观上对信息产业的全局性进行把握的法律法规较少。目前的立法主要集中在信息产业与信息技术的立法、知识产权立法以及涉及加强电话计费监控、电信管制等热点问题的立法。

③ 有形规则与无形规则共存。在实际中，有形的、成文的信息法律法规较少，而无形的、非成文的信息规则较多。许多信息规则是通过会议或新闻发布会的形式发布的。

④ 信息技术的应用与发展程度为信息法律法规的立法空间设置了特定的边界条件。

(4) 信息法律的立法模式

世界各国在其国家和社会信息化发展的进程中对于法律环境的建设，归纳起来，主要应用了以下几种模式。

① 修改适用模式。许多信息技术相对落后、信息化程度相对欠发达的发展中国家都主要应用这种立法模式，他们基本上只对已经存在的相对完整且普遍适用的传统法律部门中的主干法律作出补充性修改，一般不另外专门单独立法。

② 专门立法模式。国际上那些信息技术发达、信息化程度先进的发达国家，以及一些在信息化发展中某些方面卓有成效的国家，如新加坡、印度、阿根廷等往往较多地采用这种立法模式，它们比其他国家在信息化的某些方面认识更深、实践更多，获得更多的经验教训，因而更有可能进行某些方面的专门立法。

③ 谨慎暂缓模式。由于国家的信息化发展整体上正处在迅速发展的过程中，有许多具体问题还需要研究、探索和试验，其法律性质、由此所产生的法律关系、法律规范作用点、相关法律价值取向和具体构架等一系列问题都还需要进一步认识，现在就要通过立法建立规范调整机制，显然条件并不成熟。许多国家目前主要采取谨慎的态度，暂缓立法，而主要依靠政府的政策导向推动国家信息化的自由发展。

世界各国，尤其是欧美诸国在其国家立法的过程中，基本上都遵循着为促进信息化发展排除障碍的基本思路，实行的是一条"政策导向、行业自律、立法规制、逐步统一"的发展道路。

各国政府在信息化发展之初以各种计划、行动纲要的形式制定了一系列基本政策，为国家的信息化发展指明了方向和目标，为今后的实施奠定了基础，起到了政策导向作用。随着国家信息化的进一步发展，相应的社会环境初步建立起来，行业自律型的规范机制也在不断地完善，其中最显著的标志是政府加强管理，包括以某种形式的引导和参与，赋予行业协会组织更多的管理职能，使其更具功能性和权威性，以此形成政府引导下的行业自律提升。政府在鼓励行业自律的同时，在有关政策的基础上，针对信息化发展进程中的实际情况，吸取行业自律过程中所获得的经验教训，通过对已有政策规范和行业自律规范的升华，废除现行法律中不利于信息化发展的政策与法规，制定新的法律条款协调和保障国家信息化的推进，以此建立起国家信息法律规制体系。在国家信息化建设的发展时期内，将逐步形成行业自律和法律规制双轨并行、共同作用的局面，并且在以后一个相对长的时期内持续发挥作用。

6.2.4 我国国家信息政策、法律建设现状分析

这一部分将以国家信息政策法规数据库中收录的中国国家信息政策、法律数据及其相关背景知识为基础，从我国国家信息政策、法律制定、执行与监督机制，我国国家信息政策、法律建设取得的成就及不足三个方面，对我国国家信息政策、法律建设现状进行全面分析。

6.2.4.1 我国国家信息政策、法律的制定、执行及监督机制

规范合理的政策、法律法规的制定、执行和监督机制，是国家信息政策、法律建设健康发展的前提条件和必要保障。下面分别介绍我国信息政策法律的制定、执行与监督机制。

(1) 制定机制

不同类型的信息政策、法规，由于功能、时效、作用大小、影响范围等方面的不同，相应的制定主体和制定程序也存在差异。下面分别介绍我国信息法律与信息政策的制定机制。

① 我国信息法律的制定机制。我国于2000年3月15日通过了《中华人民共和国立法法》（简称《立法法》）。它对我国信息法律制定机关的立法权限、立法程序等问题作了严格规定。根据《立法法》的规定，全国人民代表大会及其常务委员会行使国家立法权。全国人民代表大会制定和修改刑事、民事、国家机构和其他的基本法律，而全国人民代表大会常务委员会则负责制定和修改除应当由全国人民代表大会制定的法律以外的其他法律。信息法律的制定也遵循这一原则。"中外国家信息政策法规数据库"的资料表明，全国人民代表大会常务委员会自1982年颁布《中华人民共和国商标法》以来，先后制定颁布了《专利法》《中华人民共和国邮政法》《中华人民共和国档案法》《中华人民共和国反不正当竞争法》《著作权法》《中华人民共和国广告法》等10余部信息法律，并根据我国信息化、信息产业发展的实际需要，分别对《专利法》《中华人民共和国商标法》《著作权法》等重要的信息法律做了多次修改。我国信息法律的制定、修改和颁布过程同样必须遵循《立法法》的有关规定，即包括信息法律议案阶段、审议信息法律草案阶段、表决通过信息法律草案阶段以及公布信息法律阶段。

② 我国国家信息政策的制定。与信息法律、信息行政法规等国家信息法具有严格的法定制定机制相比，国家信息政策的制定显得非常灵活。从我国现行的国家信息政策来看，既有中共中央、国务院等就国家信息化整体发展战略制定的宏观指导方针，也有中国互联网协会、中国音乐著作权协会等国家行政机关以外的社会组织制定的用于行业自律的公约章程，还有大量的由国务院下属行政机关根据本部门涉及领域的信息化发展实际需要，按照本部门政策程序惯例制定的相关信息政策。例如原中华人民共和国国家科学技术委员会（现为中华人民共和国科学技术部）制定的有关国家科技情报发展、科技成果保密、科学技术知识产权保护等方面的信息政策；原国家经济贸易委员会、中华人民共和国国家计划委员会多次拟定国家重点扶持的产业及技术目录，并制定有关信息产业、信息技术发展的激励政策；中华人民共和国信息产业部重点关注邮政、电信等信息产业发展政策的制定等。

我国信息政策制定主体多样，制定程序没有统一的规定，这种灵活的信息政策制定机制，一方面有利于我国信息政策随着信息环境的变化不断修正、补充和完善；但另一方面，

由于国家对信息政策的制定缺乏统一规划指导，对信息政策制定主体间的权利责任划分不清，而且信息政策制定者之间也缺乏有力的沟通协调机制，从而导致目前我国国家信息政策良莠不齐，存在着大量内容重复、交叉、冲突的现象。

(2) 执行与监督机制

我国国家信息政策法律制定颁布以后，是由国家有关行政机关依照法定职权和程序，通过行政监督检查、组织管理、裁决等行政手段和活动予以贯彻实施的。根据国家宪法和有关组织法的规定，我国国家信息政策法律法规的执行与监督主体主要有三类。

① 国务院及国务院的职能部门。国务院是最高国家行政机关，享有管理全国行政事务的职权，它既是信息行政法律法规和有关信息政策的制定者，也是国家信息政策法律法规的最高执行机构。而国务院各职能部门包括国务院各部、委、行、署、局和直属机构，在依法制定本部门信息规章的同时，也拥有执行国家信息政策法律法规，对本部门行政事务进行管理监督的权力与职责。

② 地方各级人民政府及其职能部门。我国省、市、县、乡各级人民政府及其职能部门是国务院统一领导下的国家行政机关，有权在其管辖行政区域内行使信息执法权，负责组织和管理该领域内与信息活动有关的各项行政事务，确保国家信息政策法律法规在其管辖区域内的顺利贯彻实施。

③ 行政机关授权和委托的社会组织。除国家行政机关以外的其他社会组织，如果获得有关部门的授权和委托，也将在相应的授权委托范围内，享有相关信息政策法规的执行和监督权力。例如2001年5月经中华人民共和国信息产业部批准，中华人民共和国民政部核准注册的"中国互联网络协会"，在其协会章程中就明确指出该协会的主要任务包括承担政府主管部门委托的事项，负责制定并实施互联网行业的规范和自律公约，协调会员间的关系，促进会员间的沟通与协作，充分发挥信息网络行业自律作用，以维护行业的整体利益和用户利益，保障国家信息安全。

6.2.4.2 我国国家信息政策、法律建设取得的成就

我国国家信息法律建设起步较晚，20世纪80年代初才真正起步，但近年来发展较快，已经取得了一定的成就。信息政策、法律建设成果主要分布在科技信息、信息保密、信息产业与信息市场、信息网络、知识产权、信息安全几个领域，而信息人才、信息标准和信息机构领域的国家政策、法律数量则相对较少。

(1) 科技信息方面

20世纪80年代初，我国的科技信息事业得到迅速发展，国家出台了一系列科技信息政策、法律法规，内容涉及图书、档案、科技情报工作的各个环节，包括机构的设置，人才的培养，各行业科技情报的保密、交流，科技情报刊物的出版管理等。进入20世纪90年代以后，特别是1991年《国家科学技术情报发展政策》的出台，标志着我国科技信息政策、法律法规的研究和制定步入了一个新的发展阶段。1992年国家科委以"科技信息"取代"科技情报"，从而进一步拓宽了国家信息政策、法律法规的研究和制定范畴，使其更加适应社会主义市场经济发展的需要。事实上，科技信息领域一直是我国国家信息政策、法律法规建设的重点，我国已经建立起了完整的科技信息政策、法律法规体系。

(2) 信息保密方面

和科技信息领域相似，我国信息保密方面的信息政策、法律法规建设起步较早。1982年，信息产业部颁布了《电信通信保密暂行规定》，旨在对我国电信通信工作中的国家秘密

保护加以规范，是我们收录的第一部信息保密方面的信息法规。此后，国家中药管理局、中国地震局、中国气象局等国务院下属机构纷纷针对管辖范围内的科技信息工作制定了保密条例或规定。1988年，全国人大颁布了《中华人民共和国保守国家秘密法》(2010年进行了再次修订)，对国家秘密的概念、范围、密级、加密和解密等做出了系统的规定。根据该法的有关精神，1988年后，几乎所有的国务院下属机构都制定了与国家保密法相应的实施细则，从而推动了我国信息保密方面的政策、法律法规的健全和完善同时我国于2018年开始实施了《中华人民共和国国家情报法》。

(3) 信息产业与信息市场方面

在信息产业与信息市场的政策与法律法规建设中，首先，我国发布了一系列有关信息产业发展的宏观政策，确立了信息产业在国民经济发展中的重要地位。如1992年出台的《关于加快发展第三产业的决定》，2000年修订的《当前国家重点鼓励发展的产业、产品和技术目录》中，信息产业的鼓励项目增至64项，远远高于其他行业，充分体现了国家对信息产业发展的高度重视。

其次，我国分别对电信产业与市场、邮政产业与市场、出版业与市场、电子工业与电子产品市场、计算机软件业与市场、集成电路业、信息服务业与市场、广告业与市场、广播电视业与市场等，制定了相应的数量众多的信息规章和政策，内容涉及产业税收政策、体制改革、市场管理条例、资费管理规范、产品质量监督等。这些信息政策和法律法规的制定对规范和繁荣我国电信、邮政、计算机软件、集成电路、科技咨询、科技信息和技术服务等信息市场，促进相应信息产业的发展起到了积极的推动作用。

(4) 信息网络方面

1993年3—6月，我国政府高层领导人相继提出和部署了"金桥"、"金卡"和"金关"工程，并在之后的经济信息化联席会议上研究了上述"三金"工程的组织实施问题。1994年6月，我国颁布了《90年代国家产业政策纲要》，提出我国通信业要以高速、高质、大规模为基点，有重点、分层次地大力推进信息高速网络建设。

1996年3月，我国八届人大四次会议批准了《国民经济和社会发展"九五"计划和2010年远景目标纲要》，将信息化的发展、信息基础设施的建设提到了应有高度，并确立了我国于2010年初步建立以宽带综合业务数字技术为支撑的国家信息基础设施的远景目标。

近年来随着国家信息基础设施的不断完善，网上信息资源的日益丰富，电子商务、电子政务等信息网络应用问题逐渐成为政府和学术界关注的热点。

1996年以来，我国信息网络立法建设也取得了突飞猛进的发展，颁布了100多部与信息网络相关的信息法规，如2018年开始实施的《中华人民共和国电子商务法》、2021年开始实施的《中华人民共和国网络安全法》等。这些信息网络法规的内容涉及计算机信息网络管理、国际互联网络域名管理、计算机网络安全管理、网络信息服务等多个方面，已经形成了相对完整的体系。

(5) 知识产权方面

我国知识产权领域政策、法律法规建设取得的成就突出表现在国家知识产权法律保护体系的建设上。根据我国信息立法的实际需求，加之借鉴发达国家的立法经验，在我国的法律体系中，知识产权法一直作为一部相对独立的法律存在，这就为知识产权法的建设和完善提供了更加广阔的空间。我国改革开放后颁布了一系列重要的知识产权法律法规，如《中华人民共和国著作权法》《中华人民共和国反不正当竞争法》《中华人民共和国专利法》《中华人民共和国商标法》《中华人民共和国植物新品种保护条例》《集成电路布图设计保护条例》《计算机软件保护条例》等。

从法律规范的内容看，我国现行知识产权法律法规的调整范围已经覆盖了包括专利、著作权、商标、植物新品种、集成电路、计算机软件、网络域名等在内的知识产权子部门。从法律法规类型上分析，目前我国的知识产权法律规范已经形成了由法律、行政法规、部门规章、司法解释构成的多层次法律体系。目前，我国已经建立了比较完善的国家知识产权法律保护体系。

（6）信息安全方面

在信息安全的政策、法律建设方面，除了规范信息保密方面的政策、法律，面对计算机和网络技术推广应用过程中出现的计算机病毒、网络黑客攻击等新的信息社会矛盾和问题，我国近年来也开始制定相应的政策、法规予以调控和规范。例如，1994年国务院颁布的《中华人民共和国计算机信息系统安全保护条例》、2000年公安部发布的《计算机病毒防治管理办法》、2017年开始实施的《中华人民共和国网络安全法》、2021年开始实施的《中华人民共和国个人信息保护法》《中华人民共和国数据安全法》。

总之，我国国家信息政策、法律法规建设经过20多年的努力已经取得了令人瞩目的成就。现行国家信息政策、法律法规不仅数量上形成了一定规模，而且涉及内容广泛，为我国信息产业、信息化的健康快速发展提供了有力保障。

6.2.4.3 我国国家信息政策、法律建设存在的不足

在我国国家信息政策、法律建设中，虽然取得了一定的成就，但还存在许多不足，急需加以改进。

具体表现在以下几个方面。

（1）我国国家信息政策、法律法规数量庞大，但无体系可言

据统计，我国现行有效的国家信息政策、法规已达1170余条，仅从数量上看已形成一定规模，但如果从现行国家信息政策、法律法规的类型、发布时间、发布机构以及具体内容联系起来比较分析，就不难看出我国国家信息政策、法律法规建设还非常零乱分散，没有形成体系。具体表现在：不同类型的国家信息政策、法律法规发展失衡，信息法规层次不高，对信息社会关系调整乏力；国家信息立法缺乏总体规划，目前是"头痛医头，脚痛医脚"，缺乏连续性和稳定性；国家信息政策、法律法规间缺乏支持、映射和关联。

（2）我国国家信息政策、法律法规总体质量欠佳

我国现行国家信息政策、法律法规中普遍存在着内容宽泛粗糙，条文不精细，可操作性较差的现象，总体质量欠佳。

具体表现在以下几方面。

① 国家信息政策、法律法规条文详细程度不够。例如在现行信息网络政策法规中，很难找寻有关"接入单位对其管辖范围内用户提供的信息或侵权行为是否负有责任；互联网服务提供商（ISP）的法律权利与义务；信息监控作用与能力"等问题的详细阐述，给信息政策法规的实施、执行造成了障碍。

② 国家信息政策、法律法规完整性不足。对某个具体领域或问题的调整往往分散在许多不同的规定、条例、办法之中，而就其中任一条政策法规而言，其系统性、完整性都无从

谈起，给国家信息政策、法律法规的宣传、执行带来了极大不便。

③ 国家信息法律法规对信息权利与义务的规定失衡。现行的国家信息法规对义务规定多，对权利保护少，无法实现权利与义务的对等与平衡，必然导致二者在功能上难以互补互促。

④ 国家信息法律法规的法律效力低。我国现行信息法律法规对有关宏观调控作用的描述较多，而对微观行为的描述却相对不足，缺乏对具体问题的阐述。

从管理措施和行为规范角度看，我国国家信息政策、法律法规还存在制裁手段少、处罚力度小的缺陷，这些都将直接影响国家信息政策、法律法规效力的体现。

(3) 我国国家信息政策、法律法规的制定严重滞后

在我国现行信息政策、法律法规内容交叉重复的同时，它还存在不少薄弱甚至空白的领域，亟待加强和填补，如隐私权保护、政府信息公开、电子商务等领域。这些政策、法规制定严重滞后的原因主要有两个方面：一是受经济基础、经济实力及社会发展进程等的限制；二是政策、法规建设缺乏整体规划和科学的理论指导，导致其制定无法保证必要的前瞻性。

(4) 我国国家信息政策、法律法规与国际衔接不够，缺乏兼容性

我国现行的国家信息政策、法律法规大多数是在未完全市场化的经济背景和未加入世贸组织时的"隔离"状态下制定出来的，一定程度上适应了具有中国特色的经济环境，但未能全面反映世界范围内普遍的市场经济规律的全面要求，与国际衔接不够，兼容性亟待加强。因此有必要加强国家信息政策、法律法规建设，尽快与国际规则接轨。

6.3 信息教育与信息伦理

随着信息化社会的发展和网络的普及与应用，信息在人们日常生活中显得越来越重要，信息教育也成为教育体系中的一项重要内容；同时，互联网的快速发展产生了信息泛滥、信息污染等信息伦理失范现象，使信息伦理与道德问题严重，如何通过信息教育提高全民信息素养、建立信息伦理与道德体系是现代信息社会面临的重要课题。

6.3.1 信息教育

目前，信息教育更多地表现为一种信息素质教育，旨在根据社会信息环境，培养和提高个体的信息意识、信息道德、信息能力等的一种新的教育模式。信息教育的最终目的是提高个体的信息素质，即个体能意识到信息需要并有效地定位、获取、评价和利用所需信息的一系列能力的总和。

(1) 信息教育的内容

信息教育的内容主要包括三个方面。

① 信息意识教育。它是指人们对信息需求的自我感悟，即人们对信息的捕捉、分析、判断和吸收的自觉程度。

② 信息能力的培养。它包括信息获取能力、信息加工处理能力、消化吸收和创造新信息的能力。

③ 信息观念与道德教育。信息观念指人们对信息的看法，对信息的态度以及对信息本

质特征和价值的认识。信息道德指在整个信息活动中调节信息创造者、信息服务者、信息使用者之间相互关系的行为规范的总和。

(2) 信息素质的标准

1998年，全美图书馆协会和美国教育传播与技术协会从三个方面制定了九大信息素质标准。

① 信息素养。其包括三个方面：能够有效地和高效地获取信息，能够熟练地、批判性地评价信息，能够精确地、创造性地使用信息。

② 独立学习。它包括能探求与个人兴趣有关的信息，能欣赏作品和其他对信息进行创造性表达的内容，能力争在信息查询和知识创新中做得最好。

③ 社会责任。它包括能认识信息对民主化社会的重要性，能履行与信息和信息技术相关的符合伦理道德的行为规范，能积极参与小组的活动来探求和创建信息。

总之，信息教育是整个教育体系中全面素质教育的一个重要组成部分，应落实在学校教学计划中并开展相应的课程。目前大部分高校已经分层次开展了相应的课程，如大学新生的"图书馆利用"课，本科生的"信息检索与网络应用"课程，研究生的"情报检索与利用"课程等。

(3) 国内外信息教育概况

美国是信息素养教育起步较早的国家之一。当前，无论是中小学还是大学和公民层次的信息素养教育与研究，都走在世界前列，取得了丰富的经验与成果。美国信息素养的概念由图书检索发展而来，自美国信息产业协会主席保罗·泽考斯基在1974年提出这一概念后，到20世纪80年代，信息素养教育在美国逐步取代了图书馆的用户教育，学校已开始开设信息素养教育课程。信息素养教育的发展，使其得到了更多的大学、教育机构和企业的重视，越来越多的大学开设了信息素养教育课程；信息素养教育的层次不断扩展，教育对象从原来主要针对高校学生向中小学生和在职人员扩展；公民信息素养教育不仅由研究人员所倡导，而且得到了普通公民的接受与支持。

为全面提高学生的信息和交流技术能力，英国在新的国家课程中将以前的"信息技术"改为"信息和交流技术"，这门课程旨在为学生有能力适应快速变化的世界生活作准备，使学生可以运用信息工具创造性地发现、探索、分析、交换、提供信息，学会如何使用信息工具迅速地从社会、文化中获得思想和经验。

日本在1998年6月公布的新的课程方案中，将"信息科"作为高中普通科的必修科目，以适应计算机、网络的普及带来的信息社会的变化，以提高学生的信息素养。

韩国开设了信息素养的相关课程，并实施信息素养认证考试，以此来加强学生的信息素养。

我国港台地区也非常重视信息素养教育。如香港中文大学的信息素养认证考试内容由五项内容组成：面向图书馆的教育、数据库搜索方法与技巧、专业（经济、教育、工程、物理等）相关电子资源、网络免费电子信息资源的获取、有关香港地区或其他的有影响的重大事件。

我国高等学校的信息素养教育可以追溯到1984年，中华人民共和国教育部（以下简称教育部）规定在全国有条件的高校广泛开展文献检索与利用课程的教育，目的是提高大学生的情报意识和文献检索技能。2002年，教育部首次将文献检索课教学改革成信息素质教育，表明文献检索课已经进入新的阶段，发生了质的变化。在高等教育领域，目前只有北京地区高校信息素质能力示范性框架研究和台湾地区"资讯素养协会"制定了信息素养能力的指标体系。国内至今没有建立一个完整的标准，其研究明显滞后，有待进一步发展。

6.3.2 信息伦理

在信息教育中，信息伦理是其中的重要组成部分。在信息时代，建立良好的信息伦理道德规范是社会信息化快速、稳定、持续发展的保证，也是目前信息社会的重要任务之一。随着信息技术在人们生活与工作中渗透得越来越深，在提高效率与质量的同时也产生了较大的负面影响。面对人们在信息活动中遇到的这样那样的问题，信息伦理已经成为规范现代信息技术条件下人们信息行为的途径，是信息政策与信息法律的有力补充。它一般采用非强制性手段，对信息活动加以指导，其重要意义与作用已经引起了人们的高度重视。

(1) 信息伦理研究的发展

第二次世界大战以后，信息技术在各个方面的应用得到迅速发展，其所带来的伦理方面的问题也就越来越突出。在20世纪的70年代末期到20世纪80年代初期，西方学术界对信息伦理的研究开始起步。目前，国内外不少学者认为，信息伦理学的研究起源于对信息技术的社会人文方面的研究，特别是起源于对计算机伦理学的研究。

20世纪70年代，美国教授W.曼纳首先发明并使用了"计算机伦理学"这个术语。曼纳教授认为，应该将伦理学理论应用到由于使用计算机技术而出现的伦理问题。从此开拓了一个新的研究领域——计算机伦理学。他认为，计算机伦理学是指在生产、传递和使用计算机技术时所出现的伦理问题，是伦理学理论的应用。如果没有计算机技术就没有计算机伦理学，计算机伦理学有其特殊的伦理现象和伦理问题。

从20世纪80年代中期开始，大量信息伦理学论文和专著涌现出来，信息伦理学的研究取得了突破性的发展。1985年，德国的信息科学家拉斐尔·卡普罗教授发表题为《信息科学的道德问题》的论文，研究了电子形式下信息的生产、存储、传播和使用问题。他在论文中提出了"信息科学伦理学""交流伦理学"等概念。他从宏观和微观两个角度探讨了信息伦理学的问题，包括信息研究、信息科学教育、信息工作领域中的伦理问题等。

1986年，美国管理信息科学专家R.O.梅森提出信息时代有四个主要的伦理议题：信息隐私权、信息准确性、信息产权及信息资源存取权。这四个伦理议题通常被称为PAPA。信息隐私权是指个人拥有隐私之权利及防止侵犯别人的隐私；信息准确性是指人们享有拥有准确信息的权利及确保信息提供者有义务提供准确的信息；信息产权是指信息生产者享有对自己所生产和开发的信息产品的产权；信息资源存取权是指人们享有获取所应该获取的信息的权利，包括对信息技术、信息设备及信息本身的获取。

到了20世纪90年代，信息伦理学的研究发生了深刻的变化。它冲破了计算机伦理学的束缚，将研究的对象更加明确地确定为信息领域的伦理问题，直接使用了"信息伦理学"这个术语。1996年，英国学者R.西蒙和美国学者W.B.特立尔共同发表题为《信息伦理学：第二代》的文章。他们认为，计算机伦理学是第一代信息伦理学，其所研究的范围有限，研究的深度不够，只是对计算机现象的解释，缺乏全面的伦理学理论，对与信息技术和信息系统有关的伦理问题和社会问题，以及解决这些问题的方法缺乏深层次的研究和认识。这种认识正是新的或者说是第二代信息伦理学形成的真正的和直接的原因。在这一时期，信息伦理学所研究的范围已不再仅仅限于信息技术所产生的伦理问题，而是越来越多地关注整个信息社会的伦理问题，从而将信息伦理学提高到一个新的理论发展水平，开创了信息伦理学研究的新局面。

进入21世纪后，信息伦理学继续用伦理学的观点审视现代飞速发展的信息技术在信息社会中产生的伦理问题，除了继续关注计算机伦理、网络伦理，还广泛研究信息社会中诸如信息开发、信息传播、信息管理和应用等方面的伦理准则和规范，涉及信息犯罪、信息滥用、个人隐私、知识产权保护、信息传播及国家信息安全等多方面的问题。现代信息伦理学以信息技术和信息社会为依托，已发展成为一门由信息学、计算机科学、哲学、社会学、传播学和伦理学等学科相互交叉融合的新兴应用伦理学科。

(2) 信息伦理的定义及特征

伦理是指通过社会舆论、个人内心信念和价值观以及必要的行政手段，调节人与自然、个人与他人、个人与社会关系的行为准则和规范的总和，同时也是个人自我完善的一种手段、一种目标。

信息伦理指在信息开发、信息传播、信息加工分析、信息管理和利用等方面的伦理要求、伦理准则、伦理规范，以及在此基础上形成的新型的伦理关系，它贯穿于整个信息活动过程。信息伦理是信息技术的价值指导，它为信息技术的运用设定完善的价值坐标。

对信息伦理本质的探究可以从起源、应用、目的三个方面入手。从信息伦理的起源上看，信息伦理是人类交往活动的现实需要和规律反映；从信息伦理的应用上看，信息伦理调节着人们在信息交往活动中的功利实现；从信息伦理的目的上看，信息伦理追求人类社会在信息时代的和谐与进步。

信息伦理是一种全新的伦理思潮和价值观念，是人们在信息技术发展之下寻找新型人际关系的一种道德新知。它最早起源于计算机伦理研究，主要研究信息技术对社会伦理问题产生的影响。20世纪90年代以来，与信息领域有关的伦理研究范围不断扩大，从计算机伦理、网络伦理、媒体伦理直至范围更加广泛的信息开发利用活动的伦理学研究，即信息伦理。

信息伦理作为应用伦理学研究的一个方面，既具有应用伦理的一般性特征，也具有与其他应用伦理学领域所不同的特点，主要体现在伦理总体的辩证性、伦理主体的实践性、道德规范的普遍性、道德机制的自律性等方面。

① 行为约束的自律性。他律与自律是人们道德行为的两种机制。他律在形式上是规范的要求，实质上体现了道德的起源和目的；自律在形式上是人们内心的自我要求，实质上是对道德规范内省的结果。道德自律是人们对照社会伦理秩序进行行为上的自我选择和自我节制，是自我修养不断积累的结果，标志着个体道德人格的完善。在现实社会，他律是伦理的规范的直接作用。在网络世界，由于是人机交流，人与人之间的交往往往借助数字符号中介，人与人之间形成了一种新的互动模式，现有法律和公开的舆论对个体行为的监管已不像原来那么容易，故个体的内心信念和道德自律是信息伦理的主要特性。

② 评判标准的模糊性。面对新的信息传播方式时，由于缺乏应有的传统上的价值参照体系，再加上不少网络行为主体采用的是匿名方式，道德舆论的承受对象变得极为模糊，这种非现实的虚拟空间的多元化伦理方式导致了人们心中的道德模糊感。

③ 道德主体的自由性。网络环境是一个自由的信息获取与发送的空间，由于政府和法律的约束不足，再加上采用的匿名方式，因此道德主体出现了前所未有的自由度。

④ 承受对象的全球性。信息无国界，人们不知道信息发自什么地方，将会送往何地，在这个地球村中，任何人都可能是信息的发布者和接受者。网络已经成为全球共享资源的载体，信息伦理的主体自然具备了全球性的特征。

⑤ 伦理主体的实践性。信息伦理作为应用伦理学研究的一个方面，是在信息交往规律认识的基础上形成的，是用于指导人们的信息实践活动的学科。它既是在人们信息交往活动

基础上的理论提升过程,也是通过信息实践活动对信息伦理理论的检验过程。

⑥ 道德规范的普遍性。信息伦理对所有社会成员的道德规范要求是普遍的。在信息交往自由的同时,每个人都必须承担同等的道德责任,共同维护信息伦理秩序。尽管在不同技术和设施条件下,实现信息道德规范普遍性要求的程度有差异,但这种差异性不是信息道德规范自身的差异,因为信息道德规范的普遍性是对信息交往中的传播行为而言的,不是对信息内容的普遍性的要求。

(3) 信息伦理失范现象及原因分析

在信息技术与信息网络快速发展的今天,信息伦理失范现象异常严重。其主要表现在:① 信息泛滥,网络信息已经远远超出了人们的信息处理能力,并对人类产生了巨大的冲击,成为一种严重的社会负担;② 信息污染,主要指虚假、错误、色情、暴力、恐怖、迷信等类的信息,其原因是网络信息发布的自由性和无控制性,它对人类文明的发展构成了严重的威胁;③ 侵犯个人隐私,网络的开放性和信息的数字化对个人隐私的保护提出了挑战,由于个人信息具有商业价值,有些人就搜集个人隐私出售,信息网络便成了侵犯隐私最适合的温床;④ 知识产权危机,信息技术使得知识和信息产品容易被复制,且很难进行监控和约束,目前由知识产权保护而引发的法律和道德问题越来越复杂,且知识产权的保护界线处于较模糊的状态;⑤ 信息垄断,由于西方发达国家在资金和技术上的优势,他们在信息方面已经占有信息垄断地位,且不断实现对其他国家的文化扩张,将其社会价值观和意识形态传递给其他国家;⑥ 信息安全,黑客和计算机病毒是信息安全的巨大隐患,他们使信息安全极端脆弱,并产生程度不等的安全失范,如何进行信息安全防范已成为信息伦理急需解决的问题。

造成信息伦理问题出现的原因主要有以下三个方面。

① 数字分离。它是信息社会发展过程中所产生的大多数伦理问题的根源所在。数字分离是人内部与外部之间的一种新的分离。信息圈不是一个地理、政治、社会或语言意义上的空间,它是一种精神生活空间。各个地区、不同领域、不同职业的人们都可能居住于这个信息圈,形成一个所谓的"虚拟"社区,而经济和社会文化也会导致数字分离距离的扩大。

② 虚拟网络环境。网络是虚拟世界,目前尚未有一个部门能够对网络社会进行完全的控制。由于人是通过他人的反馈来不断调整自己的行为,使自己的行为符合社会规范、符合自己的社会角色的,而网络却没有这种作用,其结果是直接导致伦理问题的出现。

③ 权利与义务的脱节。网络采用的是匿名机制和没有权威的控制,网络的无主权性和身份匿名的机制使得社会控制更加困难。当一方拒绝承担诚信、公平等一系列社会责任的时候,权利受损的是与其进行交往的另一方或其他方,却没有任何的措施来对逃脱责任方进行惩罚,其结果是权利与义务的脱节。

(4) 信息伦理建设的措施

要建设我国的信息伦理规范,可从以下几个方面着手。

① 加强信息道德教育,不断提高个体自律水平。信息伦理是依靠个体的内心信念来进行制约的,为此,首先应从提高公民的伦理意识入手来树立正确的信息伦理观。对此,可通过各类媒体的宣传,如在职业场所、公共场所、家庭、学校等各个领域,通过讲授、传媒等方式对个体施加影响,加强对普通公民的信息伦理观念的引导,特别是培养青少年树立正确的信息伦理价值观。

② 制定信息伦理准则,约束个体行为。在我国,新闻界为了保护网上的信息产权和知识产权,联合抵制侵权行为,由新华社等国内 23 家新闻网络媒体共同制定了《中国新闻界

网络媒体公约》，实际上是中国的行业伦理准则。为贯彻该公约的实施，已成立了专门的组织来实施监督，使网络信息得到正常合理的使用，防止非法、有害信息的传播和渗透，防止对信息产权和知识产权造成破坏。

③ 制定信息立法，与信息伦理互补。信息伦理只是一种软性的社会控制手段，它的实施依赖于人们的自主性和自觉性，因此在针对各类性质严重的信息犯罪时，信息伦理规范将显得软弱无力。信息立法尽管已经超出了信息伦理的研究范畴，但相关的法律条文可以在一定程度上划出一条底线，为信息环境下的伦理决策提供有力的依据。

总之，加强信息教育、建立规范的信息伦理体系是目前信息时代亟须完成的任务。只有这样，才能促进信息资源的有效共享和充分利用，才能保证信息化社会的健康发展。

本 章 小 结

本章通过对信息产业、信息政策与信息法律、信息教育与信息伦理三个方面的论述，从宏观角度对信息管理进行了研究，其目的是保证信息资源的有效开发利用、信息技术的快速推广应用、信息系统和信息网络的系统化建设，为进一步规范信息产业和信息市场，充分发挥信息资源的战略价值和经济潜能提供指导作用。

案例 1

缺乏信息意识，损失惨重

国内某研究所申请了 4000 万元的专项资金，经过四年攻关，研究成功一项颇有市场前景的环保技术。但在研制成功之后准备申请专利时才想起来要进行专利检索，检索的结果让所有人倍感沮丧：该专利早被他人申请，4000 万元科研投入基本化为泡影。该案例中的主体由于缺乏信息意识，缺乏知识产权意识，造成了非常重大的损失，浪费了大量时间、金钱、人力和物力。

资料来源：黄秀文．传承服务创新［M］．北京：北京图书馆出版社，2007，略有删改。

案例 2

美国凯瑟琳吉布斯学校的信息素养教育

美国凯瑟琳吉布斯学校是一所高等职业学校，它的信息素养教育也是高校教育的重要组成部分。凯瑟琳吉布斯学校成功地将信息素养和职业教育整合在一起。在该校中，信息素养教育是作为一门必修基础课来实施的。整个课程占 3 学分，由图书馆负责教学，全职信息素养专业馆员或兼职教授担任授课老师。在课程内容设计上，由信息素养专业馆员与专业任课教师合作编制教学内容，根据专业知识能力的培养与训练要求合理设置信息素养课程内容，尽最大可能将信息素养课程内容融于专业技能，便于学生利用所学信息素养技能解决专业技能学习问题。在信息素养课程模型设计上，该校把信息素养技能和思想分解成可操作的基本内容。课程首先讲授背景知识，然后指导学生根据检索课题与学科之间的关系，缩小检索范围。在此基础上，探讨信息获取的问题，包括获取工具、资源位置、相关的检索工具和检索技巧等。同时，在对学生的信息素养评价上，该课程设置了考查学生信息处理能力的测试，学生通过完成检索实例来完成考核。

资料来源：张春红，张久珍，王波．图书馆新生培训手册［M］．北京：海洋出版社，2016，略有删改。

思 考 题

1. 信息产业的构成包括哪些部分？它们有什么特征？
2. 信息产业的发展演进模型有哪几种？请分别论述。
3. 对比马克卢普和马克·波拉特的信息产业测度方法，他们有何异同？
4. 简述信息政策与信息法律二者的区别。
5. 简述几种有代表性的信息政策结构体系。
6. 我国国家信息政策的主要内容包括哪些方面？
7. 如何使用信息政策效益和信息政策效益率来评价信息政策的优劣？
8. 我国信息法律的形式及其立法模式有哪些？
9. 信息法律体系内容主要包括哪几个方面？
10. 信息法律的评估标准有哪些？请分别说明。
11. 什么是信息教育？它包括哪些内容？
12. 什么是信息伦理？它具有哪些特征？
13. 如何建立我国的信息伦理规范？

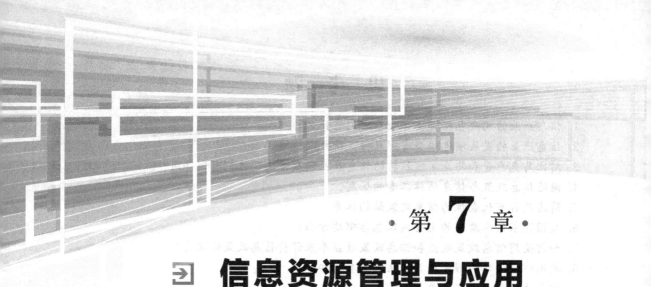

第 7 章 信息资源管理与应用

信息、能源和物质构成了人类社会的三大资源，随着信息技术的快速发展，信息资源在社会发展中居于战略主导地位，成为社会发展的重要基础。在我们生活的地球上，材料和能源是有限的、不可再生的，终究会有一天枯竭，资源短缺是全球经济发展必须面对的一个重大问题。而信息是无限的、再生的、取之不竭、反复使用的，显然，信息的重要程度已经超过能源和物质。社会信息化进程的推进，信息资源的重要性日益突出，信息资源管理与应用已成为推动社会发展的基本要素。要保持我国经济持续快速健康发展，必须把信息资源管理与应用摆在重要战略位置。

7.1 信息资源管理概述

有的学者认为信息资源管理就是信息管理，或者是信息管理的高级阶段，因此，和信息管理一样，信息资源管理涉及的因素非常的多，这里主要介绍狭义信息资源管理的一些相关的知识。

7.1.1 信息资源管理的概念

对于信息资源管理的起源，学术界比较认可的说法是：它是 20 世纪 70 年代末、20 世纪 80 年代初在美国首先发展起来的，然后逐渐在全球传播开来的一种应用理论。霍顿（F. W. Horton）在 1979 年率先提出了信息资源管理的概念，认为信息资源管理属于资源管理，是把资源管理的概念拓展应用于数据、信息和知识的管理上的结果。同年，美国学者迪博尔德（J. Diebold）发表了题为《信息资源管理——新的挑战》和《信息资源管理：管理中的新方向》的两篇论文，明确提出了信息资源管理这一新领域，探讨了信息资源管理的发展方向及所面临的挑战，自此该术语和该研究主题便一直受到学者们的关注，他们试图从各种不同的角度对信息资源的含义进行定义。国内外学者对于信息资源管理的含义有不同的理解，出现了很多有关信息资源管理含义的研究成果。

(1) 国外学者关于信息资源管理含义的主要观点

除前面提到的霍顿给出的关于信息管理的含义之外，梅迪克（W. D. Maedke）在

1981年从企业角度,提出信息资源管理是企业中管理各种相互联系的技术群,使信息资源获得最大利用的艺术和科学。这种观点认为信息资源管理是以技术为手段,来实现资源的效用最大化。

怀特(M. S. White)认为信息资源管理是有效地确定、获取、综合和利用各种信息资源,以满足当前和未来信息需求的过程。这种观点和梅迪克的观点不同,梅迪克的观点主要是从信息资源管理客体的利用或者效用最大化为出发点,而怀特则是从信息资源管理的主体角度来考虑,使得信息资源管理的最终目的是为满足主体的信息需求。

里克斯(B. R. Ricks)和高(K. F. Gow)认为信息资源管理是为了有效地利用信息资源这一重要的组织资源而实施规划、组织、用人、指挥、控制的系统方法。他们提出信息资源管理是一种系统方法,而且还强调了信息资源是一种组织资源的观点。他们的观点和梅迪克的观点类似,但是与梅迪克的观点相比,更强调了从组织管理的视角来进行信息资源的管理。

齐乔克从战略管理的角度提出了他的观点,他认为信息资源管理就是运用信息资源来实现或达到战略目标。

总的来说,国外学者对于信息资源管理的含义的主要有以下几种观点。

① 效用观。这种观点认为信息资源管理是利用各种技术或者组织管理手段来实现各种信息资源的最大化利用,使得信息资源的效用能够最大程度地发挥。

② 需求观。这种观点认为信息资源管理是为了满足各种不同的信息资源需求主体的信息需求,是以需求为中心,需求驱动的管理活动。

③ 企业观。这种观点认为信息资源管理等同于企业的信息资源管理,这种观点是一种微观的信息资源观。

(2) 国内学者关于信息资源管理含义的主要观点

20世纪90年代初期,我国学者也逐步地开始关注信息资源管理的研究。1992年,孟广均提出了信息管理的内涵,认为机构在实现其目标的时候,除要考虑人力、物力和财力资源之外,还必须计划、管理和控制信息资源,对职能不同但目标都是为了满足机构信息需求的活动进行协调和统合。概括起来说,他认为信息资源管理就是对实现机构目标的各种信息需求活动进行管理控制的过程。

孟广均在其《信息资源管理导论》一书中提出:信息资源管理是现代信息技术在管理领域的应用所激发的一种新的信息理论。信息资源管理是为了确保信息资源的有效利用,采用现代的信息技术,对信息资源实施计划、预算、组织指挥、控制、协调的一种人类管理活动。也就是说信息资源管理是信息技术作为管理手段对各种信息管理对象的集成管理,目标是为了实现信息资源的有效利用。

卢泰宏在其所著的《国家信息政策》中提到:信息资源管理是信息管理的一个重要阶段。他认为信息资源管理是信息管理的一个发展的高级阶段,是对信息管理的对象,包括人、机器、技术、资金、信息等各种资源的集约化管理,是信息的技术管理、信息的经济管理和信息的人文管理这三种管理模式的集约化。

总的来说,国内的信息资源管理的观点大多数都属于效用观,认为信息资源管理是通过一定的方式,无论是技术上的还是管理上的,对信息管理的各种对象进行集成管理,最终实现信息资源的有效利用。当然,不同的学者对于信息资源管理认识并没有完全的一致和统一起来,只是在大体上形成了一种共识。

本书认为信息资源管理是利用信息技术手段,对各种类型的信息资源进行有效的控制和协调，确保信息资源在不同的环境和应用中能够发挥其最大效用的一个管理过程。

7.1.2 信息资源的类型和特点

从信息资源管理的概念，我们知道信息资源管理的对象种类非常繁多，根据对信息资源的不同认识和理解，从不同的角度可以将信息资源划分成不同的类型。这些不同认识和理解，就构成了不同的分类依据。利用这些分类标准对信息资源进行分类，有利于我们了解信息资源的结构，明确不同信息资源的特点，从而更好地进行信息资源的开发和利用。

目前对于信息资源的分类没有一个绝对的标准，本书主要从以下几个角度对信息资源进行分类。

(1) 按照信息资源的范围分类

按照信息资源的范围把信息资源分为广义的信息资源和狭义的信息资源两类。

① 广义信息资源。从信息资源的组成与内在关系来划分，广义信息资源又可分为元信息资源、本信息资源和表信息资源。元信息资源是指信息生产者或者信息产生者的集合，它是信息产生的源泉，是信息资源的基础。信息的生产者是指产生信息的人或者人的集合，而信息的产生者则是指物理信息资源，是无生命世界的信息资源，例如天气变化、地形信息、矿产资源信息等。本信息资源是指信息内容本身，指信息的集合。表信息资源是指为信息的收集、存储、加工、处理、传递、使用、开发而运用的一切技术和设备的集合，它是非物质形态存在的信息得以显现与表面化、实用化的基础，也是信息得以充分开发利用的必要条件。表信息资源包括以计算机和通信技术为核心的信息技术，还包括网络技术、计算机与通信设备、纸张、磁性介质等，此外还包括人的大脑。

从信息资源的有形和无形来划分，可以将广义信息资源分为有形的信息资源与无形的信息资源。有形的信息资源包括信息的生产者、利用者、开发者等主体的人，也包括信息的存储介质，还可以包括自然信息的生产与存储者即物理信息资源。无形的信息资源包括信息内容本身、信息技术软件、网络技术软件等，也包括信息系统、信息机构的运行机制。

按照信息资源所处的空间范围，又可以将广义信息资源分为世界信息资源、国家信息资源、地区信息资源、单位信息资源以及个体信息资源。

② 狭义信息资源。狭义的信息资源主要是指记录在载体上的信息内容，它构成了信息资源的核心，是信息资源管理的主要对象，但是相对广义的信息资源，狭义信息资源的关注对象相对比较单一。

(2) 按照载体和存储方式分类

按照信息资源的载体和存储方式可以将信息资源分为记录型信息资源、实物型信息资源、智力型信息资源和零次信息资源。

记录型信息资源是采用不同的载体，记录和存储下来的知识信息，如书籍、期刊、数据库、网络等，存储在传统的载体和各种磁性介质之上的信息资源。

实物型信息资源是指以人造物质产品为载体的信息资源，通过实物来存储和管理的知识信息。这种实物型信息资源，既有物质成分，又有信息成分，人们既可以利用其物质属性也可以利用其信息属性。这种信息资源具有直观形象、真实可靠、不易失真的特点，但是传递和保存不便。

智力型信息资源主要表现为人脑存储的知识信息，包括人们掌握的诀窍、技能和经验，是以人脑为载体的信息资源。人的大脑具有记忆和思维功能，因此，人脑既是信息资源的载体，也是信息资源的"加工厂"。但是由于人的记忆容易产生遗漏和失真现象，人们为了避免这一点，也为了便于信息的传播和交流，会把这种隐藏在人脑中的"隐性知识"记录下来，转换为记录型资源。但是也有很多智力型信息资源的内容只可意会，不可言传，因此这样的信息传播和管理起来就有相当大的难度。

零次信息资源，是指各种渠道中由人的口头传播的信息，是人们通过直接交流获得的信息，是信息主体内容直接作用于人的感觉（听觉、视觉、嗅觉、味觉、触觉）的结果，而不像一次、二次、三次信息和实物型信息那样通过某种物质载体的记录形式发生作用，因此具有直接性、及时性、新颖性、随机性等特征。

（3）按照不同的内容性质分类

按照不同的内容性质，可以将信息资源划分为政治、法律、科技、经济、管理等信息资源。

政治信息资源主要由法律、法规、立法、司法等信息构成。科技信息资源是与科学、技术的研发、推广和利用等相关的信息。经济信息资源是经济活动中的各种要素，是共同来推动经济发展的各种经济要素形成的信息资源形式。管理信息资源是在各行业管理与决策活动中形成的并对管理过程、效果等进行反馈的信息。

除可以按照以上的标准对信息资源进行分类之外，还可以采用许多不同的分类依据来对信息资源进行划分。例如按照信息资源开发的程度，可以将其分为原始信息资源、一次、二次、三次信息资源等。按照作用层次可以将其分为战略信息资源和战术信息资源。按照不同的发生领域可以将其划分为自然信息资源、社会信息资源和机器信息资源等。

7.1.3 信息资源管理的手段

信息资源管理是一个对各种信息对象和物质对象以及人的集成管理过程，对于信息资源管理的手段有很多，这里主要介绍四种信息资源管理方法。

（1）信息资源管理的技术手段

很多学者在对信息资源管理研究的时候，都提到了信息技术对于信息资源管理的重要作用。信息资源管理的技术手段是指以计算机和通信技术为基础的，现代信息系统和信息网络以及与此相适应的加工方法。其主要包括信息资源的采集技术、信息资源的压缩技术、信息资源存储技术、信息资源共享技术等。

信息资源采集技术是根据信息用户的需要，寻找和选择相关信息并加以整合和集中的过程。信息资源的压缩技术是为了能够既保持信息资源的本原，又能够减少存储空间，提高信息资源管理效率而采用的技术，主要考虑采用比较流行的、高保真度、压缩效率高这样的方法来对信息资源实施压缩。信息资源存储技术包括纸张存储技术、缩微存储技术、声像存储技术、磁存储技术、光存储设备等，主要是用于对各种类型的信息资源进行存储的相关技术。信息资源共享技术，主要是指与网络相关的技术手段。

现代信息资源管理实质上是通过信息系统和信息网络来实现的，作为基本技术手段的信息系统和信息网络是现代信息资源管理特别关注的重要领域。

（2）信息资源管理的经济手段

信息资源管理的经济手段是指运用各种经济杠杆的利益诱导作用，促使信息资源开发利用机构从经济利益上关注自己的活动，是一种间接组织和协调信息资源开发利用活动的手段。在信息资源管理活动中，运用经济手段有利于增强信息资源开发利用机构的微观经济活力，有利于发挥市场机制的作用。信息资源管理的经济手段主要是用于调节信息资源开发主体之间以及开发环节之间的关系，并协调国家、集体和个人之间的利益关系，经济管理手段是在市场参数不能有效发挥作用，或者市场参数与国家控制目标相差较大的情况下的一种有效补充管理形式。

(3) 信息资源管理的法律手段

信息资源管理的法律手段是指用以协调信息资源开发利用活动的各种有关的法律规范的总称。信息资源管理法律规范的具体运用是通过经济立法和司法机构，运用经济法规调整信息资源开发利用各个机构之间、各个环节之间复杂的经济关系，处理经济矛盾、解决经济纠纷、惩办经济犯罪，维护信息资源开发利用的正常秩序。它具有普遍的约束性、严格的强制性、相对的稳定性和明确的规定性等特点。但是，目前我国尚未形成比较完备的信息资源管理法律规范体系，还不能达到有效管理信息资源、实现信息资源管理目标的目的。

(4) 信息资源管理的行政手段

信息资源管理的行政手段是指凭借一定的权威，采取命令、指示等形式来直接控制和管理信息资源及其相关活动的手段。在信息资源管理的过程中，有时采用其他的管理手段无法使得信息资源管理高效或者正常运作的时候，需要采用一定的行政手段来进行干预。但是行政手段的使用不能泛滥和过度，只能作为信息资源管理的辅助手段。在信息资源管理的过程中，要明确行政手段的使用范围和条件，使得行政手段真正适用、有效，又要不破坏和阻碍市场机制发挥作用。同时，在运用行政手段前，应认真地研究如何建立合理的决策程序、决策责任制和决策审批制度，研究如何使决策活动在较高的水平上进行。此外，在采用行政管理手段的时候，要避免"多头管理"现象的发生，避免使信息资源的管理机构无所适从。

7.1.4 信息资源管理的目标和任务

(1) 信息资源管理的目标

信息资源管理的目标是要确定信息资源管理的结果和效果，期望或者指导信息资源管理活动达到什么样的预期结果，对信息资源管理活动有导向作用。信息资源管理目标的确定，要受到经济发展水平以及信息产业发展水平的制约。科学的信息资源管理目标，必须与经济发展水平相适应，并能反映信息产业发展的要求。

信息资源管理目标一般可分为总目标和分目标两个层次。总目标是信息资源管理要达到的最终目的和最根本的行动纲领，也是信息资源管理的主体系统与被管理的课题系统相互作用的最后结果。除总目标之外，在实现总目标的过程中，还要将其分解为信息资源管理系统中各个子系统的具体目标，即分目标。

我国学者马费成认为，信息资源管理的总目标可以确定为：保证信息资源的开发利用在有领导、有组织的统一规划和管理下，协调一致、有条不紊地进行，使各类信息资源以更高的效率、效能和更低的成本在国家社会进步、经济发展、人们物质文化生活的提高中充分发挥应有的作用。他还把这个总目标进一步分为三个分目标：一是信息资源开发的分目标，主要是根据社会发展的需要来合理组织、规划信息资源的开发，确保相关的潜在信息资源能及时、经济地转化为现实的信息资源；二是信息资源目标，主要是按照社会化、专业化和产业化地合理组织信息资源的分配，确保信息资源能得到充分有效的利用；三是信息资源管理机制分目标，主要是遵循客观经济规律，建立健全科学、合理的信息资源管理机制，完善信息资源开发利用的保障体系。

在国外，关于信息资源管理的目标，最具代表性的是狄保尔德所领导的一个管理咨询研究小组从一个公司范围内所列举的信息资源管理目标。该目标包括七个方面：

① 建立起一种环境，只允许相关的信息进入公司的决策活动中。

② 实施一系列措施，使生产、搜集信息的费用能够与利用信息后应获得的效果相比较。
③ 改变观念和政策，使信息在企业的商业活动和管理活动中能被视为一种重要的财产。
④ 在利用信息技术之前，应首先对需求进行分析，而不是与此相反。
⑤ 使信息管理者的地位合法化。
⑥ 为所有的管理者及职员提供培训、教育和升职的机会，使他们能掌握有关信息资源管理的技能。
⑦ 吸收用户参与与系统的设计有关的决策，使之能对信息生产活动及人员、设备等资源负责。

(2) 信息资源管理的任务

信息资源管理的任务是围绕着信息资源管理的目标来制定的任务，因此信息资源管理的任务分为两个层次：宏观层次和微观层次。

宏观层次的信息资源管理是一种战略管理，一般由国家有关部门运用经济、法律和必要的行政手段加以实施，其主要是宏观层次上通过国家有关政策、法规、管理条例来组织、协调信息的生产和开发利用活动，使信息按照国家宏观调控的目标，在不影响国家信息主权和信息安全的前提下得到合理的开发和最有效的利用。

宏观层次的信息资源管理的任务包括以下几个方面：

① 制定信息开发战略、策略、规划、方针和政策，使信息的开发活动在国家统一指导和管理下有条不紊地进行，使信息的开发不仅成本低、价格廉，而且能很好地满足国民经济和社会发展的总体需要。
② 制定信息资源管理的法律、规章和条例，建立信息资源管理的监督和保障体系，使信息资源管理真正有法可依、有章可循，使生产和开发的信息能得到充分、及时和有效的利用。
③ 综合运用经济、法律和行政手段协调各部门、各地区和各组织之间的关系，明确各级信息开发利用机构的权责，使信息的开发利用在平等互利的基础上最大限度实现资源共享。
④ 加强国家信息基础设施和网络建设，使信息的生产、开发、利用和管理具有良好的硬件环境支持。

微观层次的信息资源管理的任务则是从实现信息资源管理的子目标角度来制定的任务，一般由各级政府部门、信息机构和企业等基层组织负责实施。其主要包含以下几个方面：

① 调查和了解组织或机构内部各类人员信息需求，制定一个满足不同需求的方案，以最大限度地满足不同的信息需求。
② 搞清组织或机构内外信息来源和信息获取渠道，以便在需要时获取所需的信息或向外输出信息。
③ 选择适用信息技术，建设组织或机构内部信息系统和网络，确定信息加工处理、存贮、检索和传递方法，建立组织或机构内部的高效信息保障体系。
④ 对信息资源管理的绩效进行评价，为改善信息资源管理提供依据。

7.1.5 信息资源管理的过程

信息资源管理的过程包括信息资源的收集、传输、加工、存储、维护以及使用等。

(1) 信息资源的收集

信息资源收集的重点在于信息的识别，由于信息的不完整性，得到客观情况的全部信息是不可能的，因此信息识别是信息搜集的关键，也是后续的信息采集工作的前提。

(2) 信息资源的传输

信息资源的传输一般遵循香农模型，即信息传输从信源开始，经过编码器、信道、译码器，最后达到信息接收端的过程。

(3) 信息资源的加工

信息资源的加工过程即是将数据转化为信息的过程，按照加工顺序可分为一次信息、二次信息等，而按处理功能分为业务处理和决策处理。

(4) 信息资源的存储

信息资源的存储是通过计算机存储器将业务信息、控制信息和外部信息保存起来，以备日后应用的过程。目前，虽然存储设备的容量不断地增大，成本和价格在不断下降，但存储技术的发展仍然无法满足信息爆炸式增长的存储要求。因此，唯一的方法是信息的合理取舍和存储，从而在海量信息和存储容量之间做出折中。

(5) 信息资源的维护

信息资源的维护是信息系统中的全部数据管理工作，包括保证信息的准确性、及时性、安全性和保密性。

(6) 信息资源的使用

信息资源的使用包括数据处理、业务控制、决策预测三个应用层次。数据处理阶段即是计算机代替手工作业的初步使用阶段。业务控制阶段是指管理者初步实现了信息价值的转化，信息作为生产要素参与生产，提高劳动生产率，并实现内部控制的信息化。决策预测阶段是说决策者能够正确地收集信息，并从深层次上对信息进行加工处理，实现科学的预测和决策分析。

7.1.6 信息资源管理的功能

信息资源在人类社会中的各个领域都发挥着重要的作用，它的功能主要包括以下几个方面。

(1) 科学功能

科学是系统化的知识，而知识是经过人脑加工过的信息。自然界和人类社会中普遍存在的信息现象是科学研究的原料，是人类知识产生和发展的前提。人们只有掌握一定的科学知识才能从事科学劳动，而且人类的科学实践活动，无不是在前人劳动成果的基础上取得的新发现和发明。因此作为创造性劳动成果的信息资源，具有非常显著的科学功能，既是科学研究的原料，同时又是科学研究的成果。

(2) 信息资源的教育功能

信息资源的教育功能是指信息作为知识体系在人类的智力发展和道德意识形成过程中所起的作用。信息资源的教育功能主要体现在开发智力资源、培养思想品德、铸就专业人才、引导教育发展几个方面。

开发智力资源是因为信息资源作为知识体系，在智力开发中占据着中心位置，知识的不断增长、更新，使得人们要不断地进行知识的学习，这些信息资源就是智力资源的集合体，起着非常重要的教育作用。

在人类的知识体系中，道德知识对于人类社会伦理、个人思想品德的形成和发展起着极其重要的作用。道德知识植根于广阔的科学知识之上，人们的知识越多、智力生活越充实、兴趣越广泛，内在的精神世界就越丰富，道德意识也就越发展。

一个人的成长进步离不开信息资源，可以说没有信息资源的存在，一个人将永远是无知的，永远在蒙昧中摸索，所以信息资源在一定程度上起着非常重要的铸就专业人才的作用。

通过各种信息资源，可以让教育找到自己在世界经济市场的地位及努力的方向，也可以为教育的改革及人才需求的多样性、复杂性提供方法上的指导，并在拥有充分信息资源的前提下，产生一种可发展的优越感，看到前进的正确目标。

(3) 信息资源的经济功能

信息资源作为重要的经济资源，其本身就具有经济功能，在经济活动中发挥着重要的作用。信息资源的经济功能体现在对传统资源的替代作用、提高生产力和增强企业竞争力三个方面。

信息资源作为社会生产活动中重要的经济因素之一，具有其他任何资源无法替代的优势。信息资源的经济功能突出地表现在它对传统资源的替代上，也就是最大限度地利用信息资源所具有的共享性，借鉴世界先进的科学知识和经验，以最少的传统资源投入和最快的发展速度，合理地发展生产和科学技术，提高劳动生产的经济效益。

信息要素的注入有助于提高生产力系统中劳动者的素质，缩短劳动主体对客体的认识及熟练过程，使各生产要素能更快地进入生产运行体系，使生产过程更具有时效性从而提高生产力。

信息资源能够增强企业的竞争力，是因为企业竞争归根结底是以信息竞争为前提的竞争，是信息能力的竞争。信息能力反映了企业对所需信息的敏锐程度，是企业信息素养集中而具体的表现形式。企业要以敏锐的信息意识开发和利用信息的价值，在经营活动中作出正确的决策与选择，以确保在激烈的竞争中立于不败之地。

(4) 信息资源的管理功能

信息资源的管理功能是指信息在管理活动中所起的促使管理目的得以实现的作用。信息资源的管理功能主要是人、财、物、设备和管理方法的协调和控制。信息资源是科学决策的基础、合理计划的依据、有序组织的保证，同时也是有效控制各种对象的手段。

7.1.7 信息资源的配置

按照信息资源管理的目标和任务来看，信息资源的管理是一个非常复杂的过程，需要协调很多因素，才能够使信息资源得以充分开发，使信息资源发挥其最大效用，从而满足信息资源管理最终目标。这里主要针对信息资源管理客体的优化配置来进行阐述。

信息和物质以及能量作为构成世界的三大要素，和物质、能量一样，既是一种资源，同时又是一种稀缺资源，而且是一种无形的、抽象的资源。传统的经济学的基本矛盾是人类不断变化和不断增长的需求与有限的、稀缺的物质资源之间的矛盾，从现代经济学的角度来看，经济社会的一切管理问题，几乎都可以归结为资源的合理配置问题。因此，无论从传统经济学还是现代经济学角度来说，对于资源配置（包括信息资源配置）的研究都是其关注的重点。信息资源既然是一种资源，就必然同物质和能源资源一样，有一个配置问题。由于信息资源具有不同于物质资源和能源资源的特殊性，这使得信息资源的配置比其他资源的配置显得更加复杂和困难。

(1) 信息资源配置的含义

学术界对信息资源配置的含义有很多种不同的理解，比较有代表性的观点有以下三种。

第一种观点认为信息资源配置相当于信息资源的分配，它同其他资源一样有时间、空间和数量三个方面的配置问题，信息资源配置后的结果是形成各种各样的信息资源结构。

第二种观点认为信息资源配置是以人们的信息资源需求为依据，以信息资源配置的效率和效果为指针，调整当前的信息资源分布和分配预期的过程。

第三种观点认为信息资源配置是根据社会信息资源需求的变化和要求，以信息资源分配利用的社会公平和信息资源配置效益的提高为目标，以政策与法规机制、利益与市场机制和网络技术保障机制的使用为手段，调整当前信息资源分布和分配预期的过程。这一定义主要包括三层基本含义。

① 信息资源配置的基本依据是社会信息资源需求的变化和要求。社会的信息资源需求与变化可以分为两类：一类是个人或团体用户的信息资源消费需求，这主要是出于提高信息资源利用率的考虑；另一类是增强国家信息资源保障的需要，为了国家信息安全，增强我国在国际竞争中的信息优势，在信息资源配置中必须从国家和民族的长远发展出发，努力提高我国国家信息资源保障率。

② 信息资源配置的基本目标或称之为信息资源配置的理想状态是信息资源分配利用的社会公平和信息资源配置效率的提高。只有兼顾效益（主要是指经济效益，当然也包括社会效益）与公平的配置才是合理的、理想状态的信息资源配置。

③ 信息资源理想配置状态的实现必须综合运用政策与法规机制、利益与市场机制和网络技术保障机制三大手段。由于社会信息资源需求和信息资源分布状态也在发生经常性变化，因此在综合运用多种机制与手段的条件下，信息资源配置的理想状态只能相对实现，或者说，在信息资源配置中，其配置状态只有"更优"而没有"最优"。而且，某一具体信息资源配置过程的展开，不可能是某一手段的孤立运用，它必须综合发挥上述三种机制的作用。在不同时期、对不同配置对象而言，信息资源配置所采用的主要配置手段可能会有所区别。

对于信息资源配置的内涵的界定，还有一种说法，认为信息资源包括两层含义：一是广义的信息资源配置，指将有用的信息及与信息活动有关的信息设施、信息人员、信息系统、信息网络等资源在数量、时间、空间范围内进行匹配、流动和重组；二是狭义的信息资源配置，指将有用的信息在不同时间、不同地区、不同行业、不同部门进行分配、流动和重组。习惯上，信息资源的配置有时指广义，有时指狭义，有时混合使用，并没有进行严格的区分。但我们认为，广义的信息资源配置仅适合于信息产业内部，在信息产业之外，信息设施、信息人员等的配置属于一般性的资源配置。狭义的信息资源配置，既适合于信息产业，也适应于其他产业。

综上所述，可以将信息资源配置界定为利用不同的手段对信息资源在时间、空间和数量上进行有效分配或者调配的一种科学活动，是贯穿于信息管理活动中的一种重要行为和过程。

(2) 信息资源配置的必要性

信息资源作为一种特殊的稀缺资源，虽然其数量非常丰富，但是却存在着信息需求者和信息之间的极大不对称和不平衡。信息化是当今社会发展的潮流和趋势，信息化程度标志着一个国家的生产力发展水平，也决定着 21 世纪其发展的实力和机会，作为一种重要的战略资源，对其进行优化和合理的配置显得尤为重要和必要。

瑞典互联网检测机构 Pingdom 发布了全球 20 大互联网国家排行，从其给出的排名来看，全球互联网用户数量已经达到了 18 亿，几乎占据了全球总人口的 1/3，其中中国互联网用户数量为 4.2 亿，处于绝对的领先地位。面对丰富多彩的网络环境，信息流通无论在时间还是空间上都几乎是畅通无阻的，但与此同时，信息资源的开发和利用也就显得尤为重要。如何最大限度地满足不同用户的信息需求是信息资源的有效配置所重点关注的研究问题。

信息资源和物质资源、能量资源一样是一种稀缺性资源，但信息资源没有固定不变的总效用，这是由信息资源的可共享特性所决定的，也就是说人们可以通过信息共享获得尽可能多的效用。然而，信息具有严格的时效性和针对性，其价值随着时间的流逝会逐渐地衰减，也会对不同的用户表现出不同的价值量值。因此，要如何最佳地发挥信息资源的效用，让所需的人及时得到所需的适合的信息资源是一个很棘手的问题。

从福利经济学的角度而言，信息作为人类的财富只有不断地交流和利用，惠及更多的人，才能更好实现其价值和效益。信息资源的配置不均必然会导致"信息富裕"和"信息贫穷"两极分化现象，这样不利于全社会经济福利最大化，相反会使贫困加剧、社会分配不公平等问题尖锐化，信息资源也不能得到合理利用。因此，对信息资源进行有效和合理、科学的配置，至关重要。

(3) 信息资源配置的内容

按照信息资源配置的含义，信息资源配置的主要内容包括信息资源的选择标准、信息资源配置的原则以及信息资源配置的类型、信息资源配置的方式等。

① 信息资源的选择标准。信息资源的选择标准不具有唯一性，需要根据不同的情况选择不同的标准和依据，这里主要介绍几种比较常用的选择标准。

a. 信息质量。由于信息来源极为广泛，发布自由又没有一个标准的筛选系统，信息质量一直都不尽如人意。信息质量差不仅使信息垃圾增多、信息传输速度减慢、信息环境污浊和杂乱，而且也为使用者查找到自己真正所需的信息增加了复杂度和时间成本。因此，我们在进行信息资源的配置时，信息质量是不可忽视的。只有建立一套较为合理的规则和方法，让相对较为有效的信息传输到网上，才能使信息质量得到保障，同时也使信息资源更有效地被利用，实现高度的信息资源共享。

b. 易用性。对于使用者而言，要从浩如烟海的信息资源中找到自己所需的信息，一方面对使用者的知识水平提出了一定的要求；另一方面检查了信息的易用性程度。用户千千万万，每个人的水平也是千差万别，要最大限度地满足各个层次用户的需求就必须优化信息，使信息使用者得以方便、及时地获取自己所需的信息。

c. 来源的稳定性和连续性。对于用户而言，要从大量的信息中找到自己所需要的信息，任意地搜索显然既没有效率也不太现实。信息源的稳定性和连续性无论是对信息源本身、对用户还是对网络的建设都具有重要的意义。

d. 信息的广度和深度。如今信息资源量大、内容丰富，然而，重复性也较大，一条信息在不同的信息源中都可以找到，但不同的信息源所提供的信息就其广度和深度而言却千差万别。能否为用户提供高质量、高效用的信息成为评价信息源优劣的重要指标。因此，有必要针对不同的用户提供不同层次、不同角度的信息，以最大限度地满足多个用户的个性需求。

② 信息资源的配置原则。信息资源的配置是一个极其复杂的过程，既要满足用户的不同层次的信息需求，同时又要追求资源效益的最大化为目标。因此，信息资源的配置必须遵循一定的原则，按照一定的规则、规范和标准来进行操作，才有利于信息资源的配置优化和达成配置的目标。

a. 需求导向原则。需求导向原则是指根据各种个体、团体和国家整体的信息需求规律，调整信息资源配置状态的一种指导原则。信息资源的配置必须符合社会的信息需求状况，只有这样才能实现信息商品的生产目的，用户对信息的需求和利用是信息资源配置的最基本的依据。从多方面、多角度考虑信息资源的有效配置，其最终的目的就是为了最大限度地满足用户的各种信息需求，只有尽可能满足用户需求，才有可能达到社会福利最大化。用户数目繁多，特性各异，要最大限度地满足他们的信息需求，就要使得信息资源能够根据他们的需求特征进行转移和渗透，实现资源的动态平衡。在以需求为导向进行信息资源配置的时候，要兼顾到不同的用户、群体的需求规律，使得信息资源配置能够与用户真正的信息需求相契合。

信息资源优化配置的程度越高，满足社会信息需求的程度就越高。反之，优化配置的程度越低，满足社会信息需求的程度就越低。如果社会信息需求仅仅表现为追求数量上的满足，信息资源有效配置就是要提供尽可能丰富的信息商品与信息服务以满足需要；如果社会信息需求同时或主要表现为追求信息商品的质量，信息资源的有效配置就应当是信息商品与信息服务质量的提高并将其当作一个主要的方向。

信息资源不论在时间、空间上的配置，还是品种、数量上的配置，其依据都是用户对信息资源的需求性。因此，合理配置信息资源，使之最大限度地满足社会各阶层的不同信息需求，是有效配置信息资源的出发点和归宿。

b. 社会经济福利最大化原则。信息资源有效和优化配置强调的是整个社会经济福利的最大化。根据"帕累托最优"或者"帕累托有效"原理，在给定资源的条件下，如果没有哪种替代的资源配置方案能在不减少其他人福利的前提下，使得一部人比原有配置得到更多的福利，则原有的资源配置即为帕累托有效配置。依据这个原则，要使信息资源配置最为有效，就必然涉及经济利益主体之间以及信息资源系统和系统环境之间的经济利益分配关系。

社会经济福利最大化原则具体体现在以下几个方面：一是从福利经济学观点出发，信息作为人类创造的财富，应当不受任何限制地流通，从而最大地实现其价值和效益，所以在信息资源配置中应当运用多种机制，并创造各种条件推动信息快速有效地流动；二是从信息产权的角度出发，信息的无限制流动又可能损害某些信息生产者或信息所有者的利益，使他们可能出于保护自己信息产权的需要而人为地限制信息的流动，从而影响信息"福利"在用户中的分配，所以要通过制定信息产权保护等法律手段，制定有关信息共享协议等，调整信息资源配置中涉及的各种主体之间的利益分配关系；三是从用户信息消费权的取得与保护出发，用户信息消费权的取得是实现信息资源配置社会经济福利最大化目标的必要前提，用户的信息消费过程就是直接产生信息资源配置效益的过程。

c. 公平原则。信息资源在地区、国家间发展不平衡，资源配置模式的不同对满足用户要求都有很大的影响，因而在此有必要强调公平原则。公平是指在资源配置时，是否能公平地对待不同的国家与地区、不同的组织、不同的行业与领域以及不同的用户，是否能合理地均衡分配资源，真正满足每一位用户的需要，实现社会经济福利最大化。当然，以公平为原则也要兼顾效率。目前，我国由于地区经济的差异，造成了信息资源的配置还存在一定程度不均衡和偏失，我国政府也出台一些倾斜政策来力图保持地区间资源配置的均衡，当然这个配置和优化的过程不是一蹴而就的，而是一个不断调整的漫长过程。

d. 成本效益原则。信息资源的配置也要考虑到配置的成本和效益问题，不能采用过高的配置来达到很小的效益，应尽可能在降低配置成本的基础上，提高配置的效率和效益。信息资源配置成本是指信息资源配置中的资源消耗，即信息资源所需付出的代价。信息资源配置的目的是创造更多财富，配置成本高就必然会降低信息资源配置的效率。因此，尽可能减少信息资源配置成本是信息资源配置的基本要求。信息资源的特性决定了信息资源配置成本不能再用固定成本和可变成本来衡量，而应分为信息资源的存量成本和增量成本。信息资源存量配置成本是指已完成配置过程的信息资源体系分布所耗费的社会财富，以及保持现有信息资源结构所耗费的社会财富之和；信息资源增量配置成本是指增加信息资源配置时所耗费的社会财富之和，显而易见，社会拥有的信息基础设施，包括通信网络、计算机网络和信息网络，以及拥有的实用型商业数据或公众数据库的数目影响着信息资源配置时增量配置的成本大小。

e. 市场主导和政府辅助原则。市场是资源配置的主要调节手段，价格变化反映了市场信息资源的供求变化，也引导市场信息资源配置变化。尽管市场是资源配置调节的有效手段，但市场不是万能的，因此市场的运作过程离不开政府的宏观调控。政府手段是为了规范高速信息网络的社会行为，最终实现社会经济福利最大化。

f. 合作与协调共享观。以前我国的信息资源配置中普遍存在着"大而全""小而全"的思想，信息主管部门过于看重信息的拥有权。传统思想观念的束缚以及条块分割、各自为政的管理体制的制约，限制了信息资源共享和信息资源配置的分工协作。信息技术的发展为信息的远距离传递、大范围协调共享提供了条件。目前急需解决的主要问题就是改革信息管理体制，转变思想观念，建立全国统一的信息行政管理体系，克服条块分割、各自为政的现象，对信息资源的配置进行宏观调控，实现全国范围内信息资源的协调和共享。

③ 信息资源配置的类型。信息资源配置的形式有很多，可以从不同的角度来考虑，这里将信息资源配置分为时间配置、空间配置和数量配置三种类型。

a. 信息资源的时间配置。信息资源种类繁多，各类信息资源自身的特点决定了其时效性差别较大，而不同的使用者对信息资源的时间要求又各有不同。比如历史研究的学者就关注史料信息资源，要求越古老、越久远就越有参考价值，而商业信息则要求很强的时效性。因此，在考虑信息资源的时间配置的时候也不能一味地强调时效性，要具体问题具体分析。信息资源的时间配置是指在过去、现在和将来三种时态上的配置，既对不同阶段上的信息进行贮存，又满足用户对不同时段上的信息需求。不同类型的信息时效性差别较大，一般来说，科学技术信息相对稳定，其效用随着时间推移逐渐过时，表现为文献的老化和信息的老化，而有些类型的信息时效性则很强，及时获取这样的信息可能价值连城。因此，在不同的时态上对不同种类的信息资源进行配置是保证信息资源结构具有合理时效分布的重要指标，也是满足用户信息需求的前提。

b. 信息资源的空间配置。信息资源的空间配置是指信息资源在不同地区、不同行业部门之间的分布，实质上是在不同使用方向上的分配。信息资源的地域分配存在着严重的不均衡性，各地域、各行业并不能依靠信息需求和使用方向合理使用信息资源。这主要是因为信息资源在不同行业、不同地理区域的信息量分布和信息基础结构存在着很大的差距。信息资源的空间配置就是试图解决这种资源在空间上分布和分配的不均衡问题，使新资源能在不同方向上合理分配，实现信息资源在全球范围内的最大经济福利。

要使得信息资源在空间上有效配置，其主要任务就是找出一种较为合理的排列组合方式。它取决于许多因素，如信息源的自身质量、用户的个人素质以及收入、行业的信息效用、市场成熟程度等，这都会在很大程度上影响信息资源的开发和利用。只有在基础设施和上层建筑上双管齐下，使信息资源结构合理化、用户整体水平提高，才能有助于信息资源确立最佳的空间配置模式，按需求和使用方向合理配置信息资源。

c. 信息资源的数量配置。信息资源的数量配置包括信息的存量配置与增量配置、总量配置与个量配置。信息资源存贮量应当达到一定的规模才能满足需求，同时要根据新信息的数量增长和信息需求的不断变化，及时组织贮存新的信息。无论是存量还是增量，都要保证信息资源的足够种类。种类也非越多越好，而是以满足不同类型信息需求为依据，这需要研究总量和个量的关系。一般来说，信息资源无论是实现存量配置还是增量配置，总量配置还是个量配置，都有相当大的难度，这是因为任何个人或机构都可能既是信息的利用者也是信息的生产者，这容易导致所需要的信息千差万别，无所不包。

无论从时间上、空间上还是从数量上，信息资源的配置都是以已有的资源条件为基础的。无论是"硬"资源，还是"软"资源，相对于一定时期内信息用户的需要和国家信息系统的目标而言，都是有数量与质量上的相对盈余和相对亏负这两个特点。这就要求通过信息资源配置过程，将信息资源的相对盈余和相对亏负进行合理调节和利用。

④ 信息资源配置的方式。信息资源是战略性社会资源，其有效配置受社会信息结构的约束，并且通过信息的分散和集中来实现对信息资源的配置。信息资源配置的方式有市场配置、计划配置和市场与计划双重配置三种。

a. 信息资源的市场配置。信息资源的市场配置是由信息资源供需双方以市场价格和市场供求变化等分散信息为主要依据，自由做出选择。从某种意义上来说，市场就是一种价值规律自行调节的经济制度和经济运作方式，与计划或国家调节相对应。

信息资源的市场配置是基于信息不完全和非对称的市场条件的，市场配置信息资源是通过经济信息或市场信号来消除或减少信息市场活动中的不确定性，从而实现信息资源的配置。一方面，由于市场信息本身的特性、市场分割、信息传播系统和人类的有限性等因素的限制，市场活动的参加者所需的信息资源并不能全部无偿地获得；另一方面，市场活动的参加者中总有某些个人掌握着其他市场参加者不了解但需要的信息资源，这些信息在某些情况下可能被掌握者所垄断而不能得到传播。但在某些情况下，掌握信息的市场活动的参加者却希望自身掌握的信息能够有效地提供给其他社会成员。然而，掌握信息的个人不愿无偿地向其他未获得信息的个人提供信息，与此相反，在某些情况下提供信息还需要掌握信息的个人付出成本。对于供求双方而言，通过市场价格信息可以实现自动调节供求关系，完成信息资源的买卖交易，从而围绕价格机制、供求机制和竞争机制等市场机制，以价格信息、供求信息、竞争信息等市场机制要素信息的交互作用来实现信息资源的市场配置最优。实践证明，市场机制能根据近期信息资源消费者的需求来开发和分配信息资源，通过市场价格信息和市场供求信息的变化，直接约束信息资源的流向和流速，从而有利于缓解用有限的、相对稀缺的信息资源满足无限多样化的需求这对矛盾，对信息资源的短期有效配置起着良好的引导作用。

b. 信息资源的计划配置。信息资源无限丰富，但是相对人们对信息资源的现实需求和专业需求，信息资源的供给显得明显不足，信息资源的供给并不能完全按照供求比例的变化调整其价格。而且，现实生活中信息系统并不健全，信息资源的供需双方，在市场上并不能及时得到自己所需要的有用信息。即市场调节过程是在信息不完全的情况下进行的。市场机制的作用是有限的，因此，信息资源的配置完全有必要寻求一种新的配置方式。计划配置信息资源就能克服市场配置的弱点，发挥其优势。

信息资源的计划配置主要是指政府运用经济、法律、行政、劝导等手段，按照信息经济发展总体目标分配现有信息资源和信息资源获取权限、信息资源开发与使用权限等。信息资源的计划配置必然要求国家有一个诸如信息资源管理委员会之类的权力机构，规范信息分类，规定信息交互渠道，保护信息资源的正常开发、使用等。

政府对信息资源的计划配置主要依靠三个工具：一是财政工具，通过对教育、科研和信息基础设施建设的直接投入，推动信息产业的发展，从而带动整个国民经济的增长；二是税收工具，对技术创新活动和高新技术企业减免税收以鼓励创新活动；三是产业政策工具，政府可以通过产业政策引导和促进产业结构升级，刺激和推动知识密集型产业的发展。通过这些工具，政府能够在宏观上把握、调节整个社会的信息资源的合理分配和利用。

c. 信息资源的双重配置。纯粹的计划经济或者纯粹地以市场作为调节手段在现实的信息资源配置中都存在一些问题。各国经济发展的实践证明，在大多数时候，市场能够以更低的成本配置资源，但同时市场如果失灵也要求政府必须进行适时和适度的干预，即采用市场和计划相结合的方式来配置信息资源。

市场配置和计划配置之间存在着对立统一的辩证关系，二者的结合在功能上具有互补性，在效应上具有协调性。因此，采用市场与计划混合配置信息资源，既可以避免在信息不完全的现实经济环境中，特别是在具有不利选择和败德行为的条件下，市场配置效率的低下，也可以避免在信息不完全的条件下，计划配置资源出现更多、更严重的信息贫乏问题。事实上，如果充分考虑信息资源配置中的各种信息问题，那么很容易得出结论：无论是以市场为主导还是以计划为主导的双重配置方式，其资源配置效率均高于单纯的市场配置或单纯的计划配置。至于以市场配置为主还是以计划配置为主，则应视具体的经济环境和信息资源配置的具体要求而定。

7.2 社会信息化

随着科学技术的迅猛发展，特别是网络进入人类社会以来，信息化席卷全球和社会。人类社会已从原始社会、农业社会、工业社会走向了信息社会，信息化社会已经不是梦想。

信息化的思想最早是由日本社会学家梅棹忠夫于1963年在《信息产业论》中提出的。西方国家也是在20世纪70年代才开始普遍使用信息化的概念，而今信息化已家喻户晓。然而真正意义上的信息化是一个过程，是一个逐步由企业信息化、经济信息化、政府信息化、农业信息化、国家信息化、家庭信息化，走向社会信息化的过程。社会信息化是信息化的最高层次和追求的最高目标，通过社会信息化实现信息化社会。

社会信息化不是从来就有的，而是人类社会政治、经济、文化、生活发展到一定历史阶段以后的必然产物。人类社会从原始时代、工业文明时代走向了信息时代。而今的社会信息化是指社会系统的信息化，是指全社会包括政治、经济、文化、生产、生活等各个方面广泛应用现代信息技术，有效开发和利用信息资源，促进经济发展和社会进步的过程。社会信息化使由于利用了信息资源而创造的劳动价值在国内生产总值中的比重逐步上升直至占主导地位，使社会的所有成员都能通过现代信息技术的应用而享受到信息交流、人际交流、日常生产、生活和工作的现代化，使人们从繁重的体力劳动，甚至脑力劳动中解放出来，实现真正的自动化。

7.2.1 社会信息化的层次

从宏观的内涵角度看，社会信息化是一个循序渐进的发展过程，可以分为劳动工具信息化、国民经济信息化和社会信息化三个层次。这三个层次并不是截然分开的而是相互交叉、相互联系，共同构成信息化的有机体。

① 劳动工具信息化。劳动工具是一个时期内，生产力水平的有力体现。工业化工程中，人们注重利用的是劳动工具的物理、化学、和机械化属性；信息化过程中，人们改为重视劳动工具的信息属性，即劳动工具的自动化和智能化。劳动工具的信息化带动了企业生产的信息化和产业信息化，是信息化的基本单元和核心层次。

② 国民经济信息化。国民经济信息化是信息化核心层和最高层的过渡层，是指国民经济利用信息技术创造智能型的社会生产力，改造、更新和装备国民经济的各个部门，加快农业的工业化和工业的信息化。通过高速、低耗、有效的信息传递，提高国民经济活动中信息化所占的比重。国民经济信息化提高了管理、决策中运用信息的层次，加快知识、技术、人才和资金的流动，缩短时间和空间，建立国民经济的稳定有序状态，加强了国民经济的国际竞争力。

③ 社会信息化。社会信息化是信息化的最高层次和最高目标，是使信息网络、信息技术逐渐进入人类的生产、生活、管理、流通、教育、医疗、科研和娱乐等各种社会经济活动中的一个过程。随着信息系统的改革，社会信息化是以大量的信息人才为主体条件，以信息科学的惊人发展为理论条件，以信息技术的不断创新为技术条件，以社会生产力的提高为经济条件，以各行各业对信息的普遍需求为社会条件。社会信息化是一个必然的结果，成为衡量一个国家或地区现代化程度的重要指标。

图 7.1　社会信息化三层次

这三个层次组成了半径由小到大的三个同心圆，如图 7.1 所示。社会信息化的进程就是一个由内圆到外圆逐步渗透扩散、发展的过程。

7.2.2　社会信息化的构成要素及发展过程

社会信息化涉及社会各个领域，是一个外延很广的概念，其构成要素揭示了社会信息化的内涵和本质特征。社会信息化是一个社会发展过程，不同的发展阶段，其社会表象和特征不尽相同。

(1) 社会信息化的构成要素

研究社会信息化就必须了解社会信息化的构成要素，具体来讲，社会信息化由信息资源、信息网络、信息技术、信息产业、信息化人才以及信息化政策、法规和标准六要素构成。

① 信息资源。它是信息化体系的核心，是信息化取得实效的关键。没有信息资源信息化将成为空中楼阁，无从谈起。

② 信息网络。它包括信息网络技术和人际信息网络，是信息化的平台。信息资源要以其为依托，靠网络进行信息的采集、传输、交换和共享。没有信息网络信息化将成为一潭死水，毫无利用价值。

③ 信息技术。它是信息化的推进器，是开发、采集、组织、处理、存储调用和综合应用的工程技术；是在计算机技术、通信技术、电子控制技术基础上发展起来的新技术。信息技术使信息化如虎添翼，迅猛发展。

④ 信息产业。它包括信息设备制造业和信息服务业，是信息化的基础。

⑤ 信息化人才。它是信息化的支撑，只有一支高素质、高技能的研究、开发、生产及应用的队伍，才能适应信息化建设的需要，推动信息化建设的发展。

⑥ 信息化政策、法规和标准。它是信息化建设的保障。信息化分为政府主导型和市场主导型，无论哪种类型的信息化，都需要政策、法规和标准来保障信息化的快速、有序、健康发展。

（2）社会信息化发展过程

从社会信息化在发达国家的发展情况来看，大体经历如下四个阶段。

① 普及信息工业阶段。美国建立了世界上最大的电子工业基地"硅谷"，以及美国电报电话公司、CNET科技资讯网等很多信息工业巨头。其中仅美国电报电话公司1981年的销售额就达到580亿美元，远远超过世界上许多国家同期的国内生产总值。日本政府也于1957年开始颁布了《电子工业振兴临时措施法》、《特定机械信息产业振兴措施法》等一系列振兴法，使日本信息工业在较短的时间内得到了迅速的发展，一跃成为仅次于美国的世界第二的水平。

② 建立和发展先进的通讯系统阶段。信息工业的发展，使得美国、日本都在高级通讯方面采取了重大措施，继卫星通信、光纤电缆、可视电话等先进技术之后，又联合研制出把电话、电视、传真等终端设备联为一体，具有看、听、读、写、传真、转发等多种功能的"综合业务数字通信网"（Integrated Services Digital Network，ISDN）。

③ 企业信息化阶段。现代社会发展节奏快、竞争激烈，企业要想在当今社会立于不败之地就必须准确掌握并运用信息。企业大规模的现代化生产使得企业的经营管理工作日益复杂，企业的信息化管理系统、自动化生产、智能机器人等高端信息技术显得越来越重要。例如，美国一家拥有职工32000人的制造服装的公司，就拥有PC机和计算机工作站1万台、网络节点98个、卫星接收站36个。这些都是一个公司在竞争激烈的市场经济中处于不败之地的重要因素。

④ 社会生活的全面信息化。它包括人类工作的办公自动化、生活的消费信息化、教育信息化、家庭信息化、娱乐信息化等。这是一个人在较短的时间创造较高的价值的信息时代。

目前发达国家基本实现了第四个阶段，新兴工业国也正处于第三阶段的快速建设，发展中国家也在积极发展信息化建设。但这四个阶段并不是必需的，往往是多种发展阶段并存的，很多发展中国家会将其中的阶段合而为一或者跳跃式发展的。

7.3 企业信息资源管理

企业信息化是实现企业信息资源管理的必要条件，企业信息资源管理又是企业信息化发展到一定阶段的必然产物。企业信息化是社会信息化发展最早和最成熟的一部分，企业信息资源管理必然是信息资源管理领域的领头羊和最具生命力的应用领域之一。在企业竞争不断加剧，信息资源成为企业核心竞争力战略资源的情况下，企业信息资源管理活动已经成为企业活动的核心和灵魂。

7.3.1 企业信息化

企业信息化就是企业利用现代信息技术，通过信息资源的深入开发和广泛利用，实现企业生产过程的自动化、管理方式的网络化、决策支持的智能化和商务运营的电子化，不断提高生产、经营、管理、决策的效率和水平，进而提高企业经济效益和企业竞争力的过程。企业信息化建设由硬件建设和应用工程建设两部分组成。硬件是基础，应用是目的。借助于企业信息化，企业可以形成一个相对稳定的组织结构和功能结构，使信息流顺畅地在企业内部流动。通过整合市场的各类信息，可以提高企业的产、供、销及售后服务的流水化作业能力。企业可通过信息共享获得大量的新技术研发信息，及时确定自己的产品技术创新方向，从而提高生产、经营、管理、决策的效率和水平，进而提高经济效益、提高竞争力。

信息化建设是实现国家现代化的基础，企业信息化是国家信息化的重点，而企业信息系统则是企业信息化建设的核心。近年来，我国企业信息化建设有了很大的发展，建起了企业的网络设施，开发了多种应用系统。但是，当前我国企业信息系统建设的现状并不令人乐观，问题主要来自企业基础管理、企业信息技术应用和企业战略规划与资源优化集成三个方面。

20世纪90年代以来，随着现代企业管理制度的推进和信息技术的发展，企业管理模式发生了质的变化。很多企业充分运用"现代管理思想＋先进信息技术"，逐步从高端到低端引入了各种管理方法和管理系统，如管理信息系统（Management Information System，MIS）、决策支持系统（Decision Support System，DSS）、企业资源计划（Enterprise Resource Planning，ERP）、供应链管理（Supply Chain Management，SCM）和客户关系管理（Customer Relationship Management，CRM）等。在21世纪的知识经济环境下，企业更认识到最宝贵的资产和资源是知识，认识到知识是推动经济增长的动力，故知识管理（Knowledge Management，KM）被纳入企业管理之中，运用集体的智慧提高应变能力和创新能力。现代企业管理信息系统将以网络为中心，以数据、信息所提炼和组织的知识为主要处理内容，为实现企业的整体目标，对管理信息进行系统地、综合地处理，扶助各级管理决策者进行事务处理、业务处理、决策支持。

7.3.2 企业信息资源管理的内容和组织结构

企业信息资源管理是为了实现企业目标，用先进的信息技术对企业经营过程中的各种信息资源进行采集、整理、加工、传递、共享、存储和应用的过程，是信息技术由局部到整体，由战术层到战略层向企业各个层次逐渐渗透，达到使企业做出正确的决策，增进企业的运行效率，提高企业综合竞争力的目的。

企业信息资源管理是一种把信息作为待发资源，把信息和信息活动作为企业的财富和核心的最具生命力的信息资源管理形式。完善的企业信息资源管理的内涵至少包括企业信息基础设施的建设管理、企业信息化及其管理、企业信息资源生命周期的管理、企业信息资源管理文化与环境的建设及管理、企业竞争情报管理和企业知识创新与知识管理六个方面的内容。企业信息基础设施是维持企业信息资源管理活动的物质基础，是企业进行信息资源管理的必备品。如企业网络、管理信息系统（MIS）等。企业信息化及其管理即企业信息资源管理，是指将传统管理中企业的物流、资金流、价值流等全部运用信息技术及信息产品转变成各种"信息流"并入信息资源管理中。如信息系统的开发与维护，信息化项目的规划、实施与管理。开发与利用信息资源是企业信息资源管理活动的核心内容和灵魂，企业信息资源管理的目的就是正确运用信息资源，把握机会作出正确的决策，最终提高企业的竞争力。企业信息资源管理是一个对信息资源的采集、整理、分析、传递、利用、存储的过程，也构成了信息资源的生命周期，对周期进行有效管理，可以提高信息资源的利用深度与精度起到事半功倍的作用。企业文化往往是一个企业的象征，对企业信息资源管理顺利实施提供有力保障。如企业知识管理文化、企业信息资源管理制度、信息公开与保密制度等。竞争情报被认为是最具价值的企业信息资源，是与竞争对手展开竞争保证企业核心竞争力的关键。企业竞争情报管理也显得日趋重要，是目前企业信息资源管理的发展重点。企业知识创新与知识管理是企业保持自身旺盛生命力的关键，能提高企业的外显知识与内隐知识的转化率与质量，是当今企业重视的焦点。

(1) 企业信息资源管理的内容

企业信息资源管理内容包括：企业信息化建设、企业信息开放与保护、企业信息开发与利用。企业信息化建设是企业实现信息资源管理的必要条件，其任务包括信息基础设施建设，如企业计算机设备的普及、企业内部网（Intranet）/企业外部网（Extranet）的建立与因特网的连接等；生产制造管理系统的信息化，如计算机辅助设计（Computer Aided Design，CAD）、计算机辅助制造（Computer Aided Manufacturing，CAM）等的运用；企业内部管理业务的信息化，如管理信息系统（MIS）、决策支持系统（DSS）、企业资源计划管理（ERP）、客户关系管理（CRM）、供应链管理（SCM）、知识管理（KM）等。

企业信息开放与保护，信息开放有两层含义，即信息公开和信息共享。信息公开包括向上级主管公开信息、向监督部门公开信息、向社会公开信息、向上下游企业公开信息、向消费者公开信息、向投资者公开信息等。企业信息按照一定的使用权限在企业内部部门之间、员工之间和与之合作伙伴之间进行资源共享。企业信息保护的手段很多，如专利保护、商标保护、知识产权保护、合同保护、公平竞争保护等。

企业信息的开发与利用，从信息资源类型出发，企业信息资源有记录型信息资源、实物型信息资源和智力型信息资源之分。智力型信息资源是一类存储在人脑中的信息、知识和经验，这类信息需要人们不断开发加以利用。企业信息开发与利用的内容，包括市场信息、科技信息、生产信息、销售信息、政策信息、金融信息和法律信息等开发与利用，涵盖企业内外信息、资源的利用、企业信息化人才队伍培训、企业信息化标准、企业规范及规章制度的建立等诸多内容。

(2) 企业信息资源管理的组织结构

按照工作类型企业的组织结构可以分为三个层次：决策层、管理层和业务层。三个层次有不同的业务活动与信息需求，层次模型如图7.2所示。

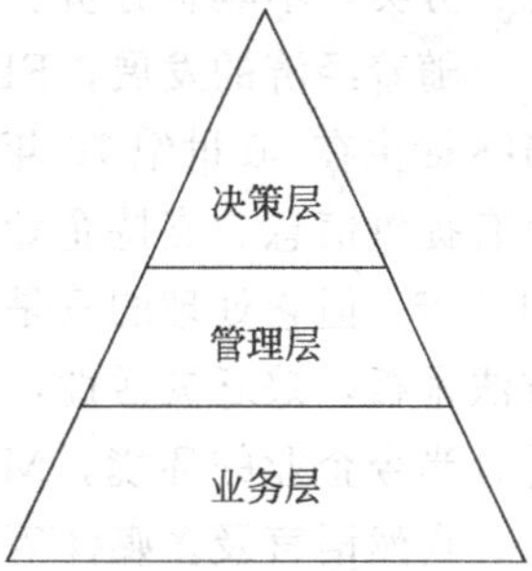

图7.2 企业组织结构图

不同层次的工作内容不同，需要不同的信息做支持，二者关系如下。

① 决策层又称战略层是企业信息资源管理的中心。一般设置信息化委员会，由企业最高领导人负责整个企业经营活动中的决策问题，制定信息资源管理工作的大政方针，指明企业的发展方向与目标，确定企业的信息战略，为企业总体战略的实现而服务。该委员会负责任命企业的首席信息官（Chief Information Officer，CIO），并根据不同的企业情况建立不同的CIO体系。其业务活动包括：企业战略的制定，重大投资决策，其他重大事项的评估、

选择、决策和监督执行；信息需求，包括国家政策、行业信息、产品信息、市场状况、决策执行信息；信息来源，其更多地依赖外部信息；需求重点，指外部信息资源建设，内部信息资源的充分利用。

② 管理层又称战术层，其企业信息资源管理组织主要设在各职能部门中，具体落实企业信息化委员会的既定目标和任务，协同各职能部门之间的工作，使各个部门能够及时掌握信息更好地做出决策。

③ 业务层又称作业层，企业信息资源管理组织建在基层，由战术层的组织分配信息工作，责任到人，具体地开展工作。作业层的信息资源管理组织最重要的是技术部门，技术部门是企业各个层次组织工作顺利实施的基础保障。其业务活动主要是订单处理，更多地与业务数据打交道；信息需求，指订单、会计记录、生产记录等；信息来源，指以内部信息为主；需求重点，包括信息处理过程的规范化、内部信息的及时沟通和业务信息的分析。

信息已成为当今企业的重要资源之一，要想有序、高效地利用企业信息资源，必须建立、健全企业信息资源管理组织结构来保证管理工作的顺利进行。企业信息资源管理组织一般从三个层次进行设置。

7.3.3 企业信息资源管理系统及其技术

企业信息资源管理系统不是单一的传统企业管理系统的计算机化，而是要首先借助于企业重组理论对现行管理模式和组织机构进行改革，使企业的组织结构由金字塔式的树形结构转变成为平面网状结构体系，以提高系统的反应速度。

(1) 企业信息资源管理系统的发展

20 世纪五六十年代，计算机技术的发展，计算机也从单一的数学计算扩展到数据，新的企业信息资源管理系统也应运而生，最典型的是电子数据处理系统（Electronic Data Processing Systems，EDPS），如美国航空公司的预售票系统（SABRE）。然而 EDPS 属于作业层的信息资源管理系统，主要应用于单纯的数据处理工作，用于日常工作的纪录、汇总、分类，不具备分析、规划、调节、控制等功能。

随着经济的发展，EDPS 已不能满足企业的信息资源管理需求。在 20 世纪 60 年代中期 MIS 诞生在 20 世纪 70 年代并迅速发展起来。初期受计算机技术和信息技术的局限，MIS 只有提供信息、支持企业和组织的运行、管理与决策功能。与 EDPS 相比，MIS 已有很大的进步，但它处理的只是内部业务信息，对外部信息资源无能为力，而且处理信息的流程和方法呆板，缺乏灵活性，不利于信息资源的深度开发和广泛利用，容易形成信息孤岛。为了符合当今企业的环境，MIS 正朝着与协同计算机技术、通信技术、软件工程、面向对象技术、自然语言及多媒体等相结合的方向发展。20 世纪 90 年代后，MIS 发展引入了 Internet 技术构建了企业内联网，开创了电子商务的商务活动模式。

为了克服 MIS 不适用于高层领导决策等不足，20 世纪 70 年代推出了决策支持系统（DSS）和办公自动化系统（Office Automation System，OAS）。随着信息资源管理思想的发展，计算机及网络计算机的进步、数据仓库、联机分析技术水平的不断提高，而出现了以信息系统为主导的与企业信息资源管理最密切的现代技术系统，主要有 ERP、SCM 和 CRM 系统。

(2) 企业信息资源管理的主要技术

信息技术为企业提供了巨大的可持续发展空间，特别是 20 世纪 90 年代以来计算机网络技术为代表的信息技术在企业经营生产、管理中得到了广泛的应用，提高了企业的综合竞争力。企业信息资源管理技术保证信息在企业内外准确、快速传递，为决策者做出科学正确的决策提供了依据。

企业信息资源管理的主要技术包括：后台技术、前台技术和虚拟技术。

后台技术是指连接企业内部所有业务环节，使各业务的信息实现集成与共享的信息资源管理系统软件。以 ERP 系统为代表，其包括财务管理、库存管理、生产管理、人力资源管理、项目管理等。

ERP 于 20 世纪 90 年代在国外的企业兴起，后迅速推广，尤其是网络技术的发展对 ERP 的广泛应用产生了积极的影响。ERP 的主要思想是将企业内部业务单元划分成若干相互协同作业的系统，将业务流程看作一个紧密连接的供应链，对供应链的所有环节有效地进行管理。比如订单、采购、库存、计划、生产制造、财务管理、决策管理、人力资源管理等。ERP 为企业提供了丰富的管理功能和工具，企业实现了更大程度的信息集成与共享，实现了信息的价值。科学技术的进步使得 ERP 产品繁多，但是它采用的技术仍大致相同，主要技术手段有捆绑式的应用程序接口（Application Programming Interface，API）策略和模块式 ERP 结构。

新型的技术手段是 ERP 产品发展的推动力。这些技术主要包括：①浏览器/服务器（browser/server）结构，大部分的 ERP 系统采用浏览器/服务器结构，浏览器和 Web 服务器已成为 ERP 的重要组成部分，使 ERP 的使用更加方便，区域更加广阔；②超文本标记语言（Java Script 和 HTML）技术，这是 ERP 的基础技术，是浏览器描述的主要手段；③安全保密技术，人类步入信息时代，信息数量众多，信息的安全保密也显得日益重要，已成为 ERP 系统关注的重点，现在一般使用的安全保密技术有：防火墙技术、安全认证技术、数字加密、数字签名技术等；④电子数据交换（Electronic Data Interchange，EDI）技术，EDI 技术是电子商务活动中的重要工具，这也是 ERP 的重要组成部分。

API 策略是 ERP 系统采用的基本方法，分为核心级的 API 和终端级的 API 两种。核心级的 API 策略通常以某种服务器的形式出现，用于保证用户存取不同类型的数据库系统。终端级 API 通常以桌面为基础，面向具体应用，它是根据不同用户的需求进行的不同 ERP 开发，这种类型的 ERP 系统升级和维护费用较高，但是系统针对性强，更加便于使用。

模块式的 ERP 机构已成为当今 ERP 系统的主流，其结构灵活、便于安装、安全可靠、版本升级简便，同时具有各种 API，可以根据用户的个别需求进行灵活配置，而且可以终端级进行定制。

前台技术主要有 CRM 技术。CRM 是企业为了留住老客户，吸引新客户，面对客户的跟踪服务和管理的方法。CRM 不是产品和服务，而是一种以留住客户为目的的商业策略，是以客户为中心的商业模式。一个企业的 CRM 系统一般由市场管理、销售管理、客户服务和技术支持四部分组成。

虚拟制造技术（Virtual Manufacturing，VM）。随着计算机技术和网络技术的迅速发展，企业面对着更加复杂的市场环境和消费者需求，传统的企业组织结构和管理模式已难以适应。所以虚拟企业应运而生，能够模拟生产出数字化的产品，实现产品设计、性能分析、工艺决策、制造装配和质量检验等整个企业的运营过程，保证产品开发的效率和质量，提高了企业的快速响应和市场开拓能力。虚拟制造技术作为一种新型技术具有节约制造成本，缩短产品开发周期；及时发现问题，及时反馈并更正，提高速度竞争优势；更重视产品背后的解决问题的方案；并以软件模拟形式进行产品开发，节省人力、物力、财力；而且具有强大的学习能力等优点。

7.3.4 中小企业信息资源管理

经济的迅猛发展，信息化取得了前所未有的成就，企业信息化步入了一个崭新的时代，中小企业作为我国经济的重要主体之一，其信息化的成败影响着我国社会信息化的进程。中小企业信息资源管理是信息化的重要组成部分，也是实现中小企业信息化的关键，加强中小企业信息资源管理对中小企业发展具有非常重要的作用。

（1）中小企业信息化概述

中小企业企业信息化是指中小企业结合自身业务的特点，在企业生产、设计、经营、管理、决策等各个层次、各个环节和各个方面，充分利用计算机、互联网、通信及数据库等现代信息技术和设备，充分开发、广泛利用企业内外信息资源，实现企业信息流、资金流、物流、工作流的有效集成和综合管理。达到优化配置企业各种资源，不断提高企业管理的效率和水平，进而提高企业经济效益和竞争能力的一个动态化的过程。

首先，要正确认识企业信息化的含义。中小企业信息化并不是信息技术在企业中的简单应用，为信息化而信息化，而是根据本企业产品、工艺、流程、客户和服务等特点，运用合适的现代信息技术，实现提高经济效益和企业竞争力的目的。所以，中小企业信息化必须以自身的业务作为根基，把具体业务与信息技术的应用结合起来，扎扎实实地进行信息化建设。否则，脱离了企业具体的业务开展信息化建设必然会成为"无本之木"，从而导致失败。

其次，以提高效率为出发点，以改善企业管理为着眼点。管理粗放、效率低下是广大中小企业在市场竞争中处于劣势的重要原因。一方面是因为中小企业自身管理基础薄弱，管理水平较差；另一方面是因为不少中小企业缺乏对企业信息化的认识，特别是没有充分认识到企业信息化在提高企业经营管理的效率、改善企业管理中的显著作用。所以，中小企业信息化必须把提高企业生产经营管理的效率，改善和提高企业的管理水平作为基本的出发点和着眼点。没有效率的提高和管理水平的改善，中小企业信息化就会成为华而不实的"花架子工程"，这是广大中小企业需要竭力避免的。

再者，以理顺业务流程为基础。以优化企业资源为方向，利用现代信息技术实现企业信息流、资金流、物流、工作流的有效集成和综合管理，既可以有效提高企业经营管理的效率，降低经营管理的成本，又可以对市场变化迅速做出反应，对更好地争取、保有和服务客户无疑会起到积极的作用。利用现代信息技术优化企业资源的配置同样有很多文章可做，比如，应用计算机和互联网，使企业的信息资源得到充分共享，人力资源得到合理配置，客户资源得到有效开发与利用。这些对企业的发展都会起到极为重要的作用。

最后，以增加效益为驱动，以提高竞争力为根本目标。企业信息化建设必然需要有一定数量的人、财、物资源的投入，而且很难在短时间内取得显著的效益。应该认识到中小企业信息化必须以增加效益为驱动，没有效益的信息化不是真正的信息化，是没有生命力的。

（2）我国中小企业信息资源管理现状分析

在我国经济构成中，中小企业一向占有十分重要的地位，他们构成国内生产总值的60%以上。中小企业最大的优势是市场反应速度快、投产快、转产快。因此，在快和变为特点的信息社会里，中小企业更能把握和捕捉新经济所带来的商机。然而，所有这些机会都是以企业网络化、信息化为基础的。信息化系统完备的企业可以充分利用IT工具提高自身的运营效率、优化内部程序、构建更科学有效的管理模式，并通过与供应商和合作伙伴保持高效的双向沟通，使所有的内部、周边资源被充分利用，同时新的市场也能不断被拓展。特别是加入世界贸易组织（WTO）以后，企业将更直接地面对国际竞争的挑战，在全球知识经济和信息化高速发展的今天，信息化是决定企业成败的关键因素，也是企业实现跨地区、跨行业、跨国经营的重要前提。为了加快中小企业网络化、信息化的进程，国家启动了中小企业上网工程。各IT厂商针对中小企业的解决方案也纷纷出台，许多中小企业也增加了信息化和网络化的投入，一时间出现了中小企业信息化的热潮。但是目前，我国中小企业信息化管理普及率还不到10％（不包括办公自动化），远远低于国外70％的平均标准。4000多万中小企业中，近90％的中小企业还未建立或租用网站，而利用互联网进行网上交易的公司仅占总数的8％，在使用了互联网的企业中有80％仅将其应用局限于企业形象展示和信息查询，有74％的中小企业信息化投入占销售收入的比重低于1％，而国外的中小企业这个比例通常在2％～3％之间。从对实施信息化的满意程度看，只有30.5％的中小企业对实施信息化的成果表示满意。

中小企业在信息化技术运用方面主要是办公自动化和会计电算化。实现办公自动化的企业约占95％，只有5％的企业尚未涉及办公自动化。但在调查中也发现企业办公自动化的应用范围太窄，大多数企业仅局限于文件编辑、打印等工作，而在内部的信息资源管理方面如内部邮件、电子文件传递等尚未得到应用。实现部分会计电算化的企业占被调查企业的67％，已经实现全面电算化的只占8％。调查中还发现：有一些中小企业有电子商务事务，但真正开展电子商务的企业不多，大部分企业的应用还处于企业宣传、获取信息的层面上。这与被调查企业建设网络的目的有关。78％的企业上网是为了获取信息，38％的企业是为了宣传企业形象，只有28％的企业上网是为了发展电子商务，这表明目前中小企业的电子商务建设目的还不明确。电子商务的目的应是利用互联网为企业发展业务，与供应商、客户进行双向的信息沟通，而不仅仅是信息查询和广告宣传。

7.3.5 以数据驱动的企业信息管理

（1）以数据驱动的企业信息管理的特点

① 以信息投放为基础，提升企业管理效率。在企业信息管理中，技术改造与升级缩短了企业数据共享与信息投放的工作流程。企业利用大数据、人工智能等新技术，可以在信息资源获取、客户需求挖掘、定价评估等方面保证企业信息在投放过程中得到充分的使用，保证信息的有效传递，为企业精准营销与管理控制奠定基础，解决产品从生产到流通领域信息不透明的问题，最终提升企业管理效率。

② 以企业价值为目标，合理配置信息系统结构。在企业信息管理中，以价值为核心进行管理，利益相关者均能获得应有的回报，但信息不对称客观上制约了企业价值的提升。因此运用技术手段实现本企业及行业经济业务数据共享，打通信息传递渠道，促进治理机制协调发展，最终实现企业价值最大化。

③ 以企业管理为中心，保证企业长远发展。企业管理会受到外部与内部环境的影响，从客户需求、数据流动等问题切入，形成在线化、网络化、共享化、智能化、动态化的企业组织结构，其核心是加强信息管理系统的建设。信息管理系统必须适应企业的长远发展与技术进步，其规划具有一定的灵活性与可持续性，为后期的技术改造预留空间。

（2）以数据驱动的企业信息管理的优势

① 突破了信息投放不充分对运营管理效率的制约。在信息处理过程中由于存在主观性强、非标准化、时间滞后等问题，最终导致决策效率与准确性不足等。在数据驱动背景下，企业通过信息管理，运用大数据、人工智能技术为传统的信息投放提供高效率、标准化的智能管理手段，进而提升企业运营管理效率。

② 突破了信息投放不对称对企业价值提升的制约。经营权与所有权的分离，导致企业股东、管理者、员工等利益相关者之间存在着信息不对称问题。在各类经济主体各自利益的

驱动下，企业价值最大化目标难以达成。在数据驱动背景下，企业信息管理运用人工智能技术收集外部与内部环境数据信息，设计智能投资方案，合理配置企业相关资源，并权衡股东、管理者、员工等利益相关者的利益。

③ 突破了信息投放与企业价值之间信息不对称对企业发展的阻碍。企业发展要求在适应未来未知环境的基础上保证企业持续运行，但各个部门之间存在信息壁垒，使得资源难以得到合理的配置。在数据驱动背景下，企业信息管理系统借助人工智能手段对企业各个环节进行数据反馈，通过信息传递稳定供应链，并且制定合理的分配方案，实现信息的有效传递，权衡股东与管理者之间的利益关系，最终实现企业价值最大化。

（3）以数据驱动的企业信息管理实施的要点

① 运用技术手段实现信息资源的有效配置。运用技术手段实现信息资源的有效配置是传统企业新旧动能转化中最重要的管理模式，大数据、人工智能技术能够弥补传统企业资源配置的短板，促进整个供应链体系资本运营效率的提升。销售环节的信息反馈是整个供应链环节的重中之重，决策者应依据每一期的销售信息，确定各项信息投放比例，将人工智能终端决策结果与相关企业的共享信息作为主要参考依据，合理配置信息资源，保证企业每一环节的资金运营实现最优。

② 通过信息技术的改造与升级打通信息投放与企业价值提升的渠道。首先，通过数据信息反馈得到消费群体偏好、覆盖区域、消费倾向等方面的信息；其次，将信息投放到人工智能终端并进行机器学习与信息处理，进一步为企业提供相关财务信息，并为信息投放比例配置提供决策依据；再次，将决策信息投放到企业筹资、投资、营运、分配等各项财务环节及生产管理环节中，为下一步的销售提供有效的决策支持；最后，通过人工智能算法，以企业价值最大化为目标导向，通过信息的有效传递合理配置资金。

③ 以企业发展为目标，构建信息投放与企业价值提升的最佳平衡点。企业的发展离不开客户资源，而客户资源的挖掘离不开信息资源。在数据驱动背景下，5G与云端技术被植入企业、行业、消费群体中，更加快捷地实现了信息的有效传递，各类数据匹配到算法技术形成了各项服务递推。首先，可以在利用人脸识别与感知技术的基础上，结合各类群体的偏好，对消费者的各项消费行为数据进行有效分析并递推给企业，根据企业的生产行为与决策时间实现行业信息共享，将信息有效地传递给上下游企业，形成整个供应链体系的决策与执行过程；其次，人工智能、数字经济能够带动信息的有效投放，并在精准营销的过程中提高资金周转效率；最后，各行业之间在信息的精准投放与反馈过程中，能够通过信息的有效筛选为企业管理决策提供技术支持。

7.3.6 企业知识管理战略

市场竞争随着知识经济的逐步深入，知识管理战略将成为企业信息资源管理活动的重要领域。企业竞争的优势逐渐由企业的有形资产转变为企业进入或创造与知识有关的市场，并将这些知识快速融入产品和服务中提供给用户的能力。知识和信息已成为一个企业发展的战略资源，企业管理的重心已从资源管理转向了知识管理。

（1）企业知识管理的特点

企业知识管理的基础是企业信息资源管理，只有企业信息资源管理发展到一定的阶段才能实现知识管理，但企业知识管理并不是企业信息资源管理的简单延伸。企业信息资源管理主要针对企业内外的信息资源，一切问题都是围绕信息的组织控制和利用展开，其目的是降低成本、提高效益、满足信息需求。而企业知识管理是一种综合的管理方法，其核心是强调知识创新，目的是解决企业如何实现 $1+1+1>3$ 的问题，即是组织如何利用个人潜在能力以达到提高组织学习、应变、创新的能力，一旦此能力被开发出来将为企业带来巨大的能量和成果。

知识管理战略是企业商业战略的核心。从国内外的知识管理战略发展和应用实践来看，企业的知识战略管理应该集中在下述六个领域。

① 企业知识管理战略是商业战略的核心。此标准适用于以销售知识为主的企业，如咨询、软件、金融投资等。对于这类企业来说，知识资本是企业竞争力的核心，是企业产品和服务的基础，因此，企业的知识管理水平对企业产生决定性的影响。在这类企业中，企业知识管理战略的目的是推动知识的流动和共享，提高企业的生产率，降低生产和再利用的成本，缩短知识产出的时间。

② 知识成为企业核心。资产充分发挥企业拥有的专有知识的潜在价值和优势，使企业的无形资产价值最大化。通过对这些资源的持续投资、组合、保护和更新，使其成为企业利润的增长点，并借此保持企业的竞争优势。

③ 利用网络平台传播和共享知识。对于大部分企业来说，在生产、制造以及销售等企业活动中都面临着知识的再利用问题。它既包括对以前积累的知识的再利用，也包括一些成功经验的再利用。企业要想在短期和长期的运作中取得成功，取决于它是否能快速地获得所需知识。因此，企业应该有意识、有目的、有系统地积累、组织、存储和重组企业的知识，建立共享和开发知识的激励机制。

④ 整合和转移知识资源。企业为了打破知识孤岛、知识囤积和知识流失以及无法有效利用的状况，利用网络和群件技术，将企业运作的所有环节连在一起，打破原有的上下级之间、部门之间的交流壁垒，使整个企业实现快速的实时通信和沟通。

⑤ 以客户为中心的知识管理战略。对信息密集型企业来说（如销售业、服务业、金融证券业等），客户是企业生存的基础。当企业面临下述情况时就应该采用这一战略：订单迅速增加、销售人员积累了大量的实践经验或企业要在与以往相似的市场中满足消费者的需求。以客户为中心的企业知识战略管理的主要目标是提高客户满意度、增强客户的忠诚度或者通过利用以往的经验达到降低销售成本、拓展市场并提供个性化服务的目的。

⑥ 以知识创新为中心的知识管理战略。为了提高研发及应变能力，企业除要建立良好的知识跟踪和分析系统外，还要有一种"激励创新，包容失败"的企业文化，给创新人员提供宽松的创造空间。同时，企业还要形成以项目或目标为核心的创新团队运作机制，使企业专有知识的创造过程有众人参与，这种方法既有利于培养人才、传播创新火种，又可以避免由于少数人垄断专有知识而给企业带来损失。

(2) 企业知识管理的实施

企业要实施知识管理，首先要建立 CKO (Chief Knowledge Officer)、学习型组织、知识创新的激励机制和构建知识库等基础工作。

CKO 即信息主管，又称信息总监、学习主管或智力资本主管，是知识经济时代的知识管理人，企业高级行政管理官员。20 世纪 90 年代，经济全球化一体化以及信息技术的发展，在欧美一些对知识敏感的企业率先设立了高级行政长官——CKO，其中著名的微软公司、麦肯锡公司、安达信公司、安永会计师事务所等都较早设置了 CKO。CKO 把分散的、隔离的知识和信息进行重新整合，并制定统一的政策来约束组织的知识管理活动，使企业组织里的知识流有序的流动，把企业的潜在的知识挖掘出来，从而有效地实现隐性知识的转化，并在转化过程中实现知识的共享和创新。

知识经济时代，企业的学习型组织显得愈发重要。学习型组织是在企业内部形成一种积极主动的学习观念，员工都全心投入、不断学习，为企业在未来的竞争提供更大的优势。学习型组织要求员工自我学习、自我发展、自我控制，有较强的适应能力和团队合作精神、勇于知识创新和知识共享。

建立企业知识管理应着重知识共享，知识共享的目的在于，以增进知识所有者的知识沟通，激励员工去思考、去研究，发现新问题、找出新方法，促进知识创新。企业要激励知识创新，打破投资不足，补偿知识创新成本、补贴知识创新员工，根据创新对企业的效益给员工奖励，提高员工知识创新的积极性。

企业知识管理要以构建知识库为基础。企业的知识库包括与企业有关的信息和知识，并将其有序化，为组织提供信息和知识服务，有利于实现组织的协作和沟通，更有利于企业知识的长期有效利用。

知识管理的实施规划，其实就是实施知识管理时应遵循的步骤。考虑到知识管理对企业的生产效率、企业的快速反应能力、企业的创新能力乃至最重要的企业核心竞争力的巨大作用，所以应该以一种"开阔"的视野来看待知识管理的实施。在制定企业知识管理方案之前，必须依次明确"3个W"，即Why、Where、What。而且在实施过程中要进行阶段性的评估，保障实施过程中不偏离知识管理的总体目标。具体来说，可以分为以下几个步骤。

① 确定知识管理的总体目标（Why）。这一步实质上是回答Why这个问题，即企业要不要推行知识管理，如果需要推行的话，要明确是为什么。企业实施知识管理不能是随波逐流、人云亦云，必须依据企业的总体战略目标来制定知识管理的总体目标，只有这样知识管理才能不偏离企业的既定战略目标。

② 确定知识管理的重点领域（Where）。这一步实质上是回答Where这个问题。由于知识管理耗资巨大，如果全面铺开，稍有障碍，难免会打击投资者的信心，从而给知识管理的进一步实施带来困难。所以实施知识管理适合采用以点带面的方针，先从企业的重要业务领域着手，一步一个脚印。这里需要说明的是，企业的重要业务领域是指企业的高成本区，或者高潜在收益区。

③ 明确企业的知识资源（What）。这一步实质上是回答What这个问题。明确企业的知识资源就是要弄清楚企业拥有哪些显性知识，哪些隐性知识？这些知识又是存储在什么地方或者说谁知道这些知识？最好是能形成一份企业的知识图，包括企业内部和企业外部的知识资源。

④ 制定知识管理方案。制定知识管理方案，就是要落实企业推行知识管理的工具、技术和措施，并把知识管理方案作为一种项目，严格按照项目的实施时间与步骤来推行企业知识管理。

⑤ 实施知识管理方案。这个阶段要深刻考虑如何使企业的组织结构更有利于知识的共享与交流？如何在企业内形成一种不断学习、积极创新的文化氛围？可以采取哪些措施促进知识的螺旋式上升？如何评估员工对企业知识库的贡献，并加以激励等。

⑥ 阶段性验收和评估。知识管理的推行是一个以点带面的过程，所以必须进行阶段性的验收与评估，以便更好地总结经验、汲取教训。这个评估要结合知识管理的目标，看看有哪些目标已经实现，哪些没有实现，或者说没有完全实现。

企业知识管理已成为当今企业发展的关键，企业要在知识经济时代立于不败之地就必须有效地实施知识管理，企业知识管理有待更好的发展。

7.4 政府信息资源管理

政府信息资源管理是信息资源管理实践活动的重要应用领域之一，内容相当丰富。政府职能的履行无不依赖于适时、准确的信息，信息的公开、发布、传递和服务又是政府职能有效实施的重要手段，高效的政府管理需要现代化的信息资源管理。由于政府部门不同于一般的社会组织和企业，政府信息资源不同于一般的信息资源，其管理和开发利用有自己的特点。随着信息技术的发展，各国都把电子政务作为实现政府信息化的主要模式和目标。电子政务造就了新型的电子政府，开辟了信息资源管理的新领域，政府信息化、电子政务、电子政府成为政府信息资源管理的重要内容。因此，研究政府信息资源管理，是推动政府信息化和电子政务的基础。

7.4.1 政府信息化

政府信息化是政府建设中一项具有战略意义的任务，已成为当今时代的潮流。政府信息化改变了政府的工作、决策和行为方式，为政府与人民沟通提供了机会，改善了政府与民众的联系，使政府信息更加公开、透明。只有政府信息化才能领导和建设一个现代化的国家。

政府信息化的含义是随着时代变化而变化的。20世纪70—80年代，办公自动化成为政府信息化的初期表述，即利用计算机来处理办公室的内部业务、文件的资料制作和存储。

20世纪80年代以后，数据库技术的发展使决策支持系统在政府中开始发展应用。决策支持系统为政府管理决策者提供信息依据，即为彼时的政府信息化。20世纪90年代以来，随着Internet技术的广泛应用，政府信息化又由电子政务、电子政府所指代。其含义是政府在办公自动化的基础上，运用信息技术手段改造传统的政府管理和公共服务，从而大大提升政府管理的有效性，满足社会及公众对政府公共管理和公共服务的期望，促进社会经济发展的过程。政府信息化是国家信息化的龙头。政府作为国家组成及其信息流的"中心节点"，其信息和网络系统将成为未来政府的"神经系统"。政府治理的过程将成为信息处理过程。同时，信息化的核心是开发、利用信息资源。政府作为国家信息资源的最大拥有者，掌握着全社会80%以上的信息资源，既是信息市场中极其重要的供给方，也是一个最重要的信息需求部门；既是国家信息化的一个主要方面，又是推动国家信息化进程的主导力量，对推动国家信息化进程负有不可推卸的责任，发挥着无可替代的推动、引导和示范作用。只有公共信息开放，才能丰富社会信息资源、活跃信息市场，使信息发挥应有的社会效益和经济效益，为信息化奠定基础，带动整个国家信息化的发展，才能使公众广泛参与民主政治生活，行使自己的民主权利（尤其是信息自由权）和参政、议政权利，使公共管理科学化、民主化、现代化和法治化有望实现。

政府信息化是企业信息化的基础。企业信息化是国民经济信息化和社会信息化的重要基础。例如，中国的电子商务由于大量克隆美国模式，表现为明显的"孤岛型"经济，"数字鸿沟"将网络经济与实物经济部门完全隔离，因而使国民经济缺乏前向与后向的关联。从实际结果来看，我国的电子商务既没有实现企业的信息化，也没有引导家庭上网工程的发展。导致网络经济泡沫破灭的一个关键原因，就在于目前网络技术的不完善与现实管理体制的不适应。更为重要的是，缺乏政府的参与和主导作用，使得电子商务几乎是在一种没有监管的环境中进行着各种传统条件下的经济交易，因为支付手段的落后以及社会信用问题的突出，使得网络交易几乎寸步难行。正如有些专家所指出的，没有政府信息化，就没有全面的企业信息化；没有电子政务，就没有真正的电子商务。电子政务不仅为电子商务和企业信息化的健康发展提供了良好的支持环境和对接方式，而且也使政府成为电子商务的服务对象和客户。电子政务能拉动 IT 行业需求，带来巨大商机。从这个意义上，电子政务建设将成为社会信息化水平的重要标志和国内信息产业与服务业发展的关键动力。随着企业信息化进程的延伸和加速，政府机构在与企业相关的运作和服务方面，也必定要实现数据交换和服务模式的对接。同时，政府还要担负起引导、规范、监管和服务责任，制定好宏观政策、法律法规、技术标准和各种规范，为企业信息化创造良好的外部环境。

此外，政府信息化向公众展示高新技术的应用，让社会更大程度享受到了信息网络的便利，这将有助于切实推进社会信息化过程。政府先行有明确的任务指向，要求政府信息化建设要与政府职能转变相结合，提高办事效率和管理水平，促进政务公开和廉政建设，特别要针对群众最关心的问题应用信息技术，增强为民办事的透明度和公正性。政府的信息化建设要从中央政府抓起。

政府信息化一般是指政府的管理方式、内容和手段的数字化、网络化和现代化，是将信息技术最前沿的成果广泛应用于政府信息资源管理领域的一种创新和变革，是办公自动化的进一步延伸、扩展和升华，是国家现代化的前提和基础，是政府管理改革、创新、发展的必然趋势，是由电子政务向电子政府发展的必由之路。

7.4.2 电子政务与政府信息资源管理

电子政务是政府信息化的重要内容，也是政府信息化的最高层次。电子政务的有效开展，必须以丰富充足的政府信息资源作为支撑。政府信息资源管理又是电子政务的重要内容和基础保障。正确认识和处理电子政务与信息资源的关系，对于做好电子政务信息资源管理与开发利用工作，具有十分重要的意义。

(1) 电子政务

电子政务是随着信息网络技术在政府工作中的广泛应用而在 20 世纪 90 年代出现的一个概念，目前，国内外对电子政务提法有多种，如电子政府、政府信息化、政府上网、网络政府、数字政府、计算机化政府等，尽管这些词的字面不尽一致，但都从某个角度反映了电子政务的内涵与特征，揭示了政府工作对信息网络技术的开发利用程度。目前比较公认一致的看法是：所谓电子政务是指应用现代信息和通信技术，将管理和服务通过网络技术进行集成，在互联网上实现组织结构和工作流程的优化重组，超越时间和空间及部门之间的分隔限制，向社会提供优质和全方位的、规范而透明的、符合国际水准的管理与服务。

电子政务相对于传统政务是现代政府工作与信息网络技术相结合的产物，是传统政府工作适应经济全球化和快速变化的网络信息社会的发展需要而进行改革的结果，并且随着社会的进一步发展，还将被赋予更丰富的内涵。因此，电子政务实质上是把工业化模型的大政府转变为新型的管理体系，以适应虚拟的、全球性的、以知识为基础的数字经济，同时也适应社会的根本转变。

(2) 政府信息资源管理的含义

政府信息资源管理是指对政府内外的信息内容资源、信息技术资源和人力资源的管理。

一般包含两个含义：一是政府信息内容的管理，即对政府信息的采集、加工、处理、存储、传递、反馈和利用的过程管理；二是对设计政府信息活动的各种信息资源要素的管理，如公务人员、行政组织及其开发与利用支撑技术等结合起来进行管理，从而满足政府部门行政管理需求的全过程。政府信息资源管理将成为一门新的科学，正从信息资源管理学和行政管理学中逐步分离出来，成为一门独立的学科。

管理学中的四大管理职能分别是计划、组织、领导、控制，政府信息资源管理的职能与之相似，包括计划管理、组织协调、指导工作和监督控制。各项职能并不是独立存在的，它们是相互联系、相互作用，从而达到管理目的的。政府信息资源管理的职能关系到政府职能的转变、办公效率的提高，关系到信息安全有效有序的流通和使用，关系到政府信息化的可持续发展，从而树立政府形象，实现政府为公众服务的目标。

① 计划管理职能。计划是管理的首要职能，没有计划职能，工作将杂乱无章、无从做起。同样，计划管理职能也显得相当重要。政府人员研究信息化发展战略，制定长期、中期、短期计划，这些将成为政府信息化建设中机构建立、人员配备、指导工作、实施保障措施以及工作控制的标准。计划工作必须要和政府现状相结合，制定符合实际的工作计划，切忌异想天开，毫无依据地妄想。事实上，政府信息资源管理的过程便是计划工作执行的过程。

② 组织协调职能。政府信息资源管理涉及政治经济和社会生活的方方面面，必须要有一个高度集中、协调有序、政令畅通的信息管理机构来负责，政府信息资源管理的组织协调功能就显得尤为重要。信息化管理过程的组织协调工作包括组织实施和监督检查信息化政策法规，组织协调各种信息化工作的标准和规范，组织协调各政府部门之间的信息传递沟通，组织协调网络基础设施建设等。组织协调功能是政府信息资源管理工作顺利进行的有力保障。

③ 指导工作职能。政府信息资源管理的指导工作职能，是指能利用国家法律、法规，以及各种理论基础等作为标准来指导各级政府信息化建设，最终形成上下级一致为实现目标而工作的局面。一般，中央政府从宏观上指导工作，掌握国家的发展方向，各地方政府保持与中央一致，指导基层政府工作，最终形成从中央到地方上下一致、高效、统一的一体化政府管理体制。

④ 监督控制职能。政府信息资源管理的监督控制职能主要是强化信息资源管理使其与信息化的发展相适应，是指利用各种信息化政策法规、标准规划把信息化建设纳入法治化、规范化建设的轨道。监督控制职能通过信息反馈、考察调研对信息化建设规划及实施进行必要的监督，实现信息资源优化配置、政府业务流程重组，使其始终与政府信息化总体目标相一致。

(3) 政府信息资源管理的特点

由于政府信息资源不同于一般的信息资源，其管理具有一定的特征，认识和研究这些特征，对于搞好政务信息资源管理具有重要意义。

① 政治性。由于电子政务信息资源管理主要是为政府机构服务的，而政府是国家统治集团利益的代表，不同国家的政府代表了不同阶级的利益，所以为电子政务信息资源管理带有一定的政治性，其管理应该注意方向性和政策性。

② 层次性。由于政府体制有鲜明的层次性，处于不同层次的政府机构和领导，其担负的职能和职责也不一样，这决定了他们在开展电子政务时所需要的信息的层次也不同，所以电子政务信息资源管理工作必须为各级政府提供不同层次的信息服务。

③ 广泛性。这主要表现在四个方面：一是电子政务信息内容的广泛性，其涉及国民经济和百姓生活的方方面面；二是涉及单位的广泛性，如我国上至中央政府，下到乡镇政府的各个部门，有成千上万个单位；三是管理模式的灵活性，在不同的政府部门，其必须根据本部门的职能特点和信息资源特征来管理；四是管理手段的多样性，在管理电子政务信息资源时，单一的管理手段很难发挥效用，通常是法律、行政、技术、经济等多种手段同时并用。

④ 技术性。计算机和网络技术是电子政务信息资源管理的核心技术，电子政务信息资源的采集、加工、处理、存储、传递等各个环节都离不开现代信息技术的支持。

⑤ 整合性。电子政务打破了地域、部门、层级的限制，使各个政府部门组织和职能得到有机的整合，在统一的网络政务平台上办公和提供服务，因此各个政府部门的信息资源也必须得到有效整合，才能实现电子政务信息资源的互通和共享。

⑥ 服务性。电子政务发展的主要目标之一就是向社会提供高效的信息服务和管理服务，电子政务信息资源管理只有牢牢树立服务的理念，才能为电子政务做好后勤保障工作。

⑦ 公开性。在信息社会，公众享有政府信息的知情权。在法律允许的范围内，最大限度开放政府信息已是世界性的潮流，而电子政务为公众知晓和获取政府信息提供了便捷的渠道。

⑧ 知识性。电子政务信息资源管理不仅仅着眼于现有信息资源的管理，更重要的是必须运用知识管理的理论，深度挖掘政府机构工作人员头脑中的隐性知识，综合内部知识和外部知识资源，形成新的知识，才能为政府的决策提供服务。

⑨ 互动性。政府内部信息是电子政务信息资源管理的主要内容，但电子政务通过网络实现了政府与社会公众双向互动，公众通过网络可以表达自己的信息需求、对政府与社会的观点意见，因此电子政务信息资源管理也必须把这一部分互动性信息纳入管理范畴，为政府工作提供更科学的依据。

⑩ 安全性。在电子政务信息资源管理中，应做好两方面的安全工作：一是做好机密信息的保密工作，严格限制扩散范围；二是做好信息系统的安全管理工作，既要防止病毒、黑客、犯罪分子的侵入，又要搞好信息数据的安全备份工作。

(4) 政府信息资源管理的目标

政府信息资源管理不同于其他信息资源管理活动，它具有特殊的信息资源、特殊的服务对象，从而使政府信息资源管理具有管理目标的多样性、管理模式的灵活性和管理手段的多维性。

政府是一个服务社会公众的行政机构，其信息资源广泛丰富。据统计，目前各级政府部门大约集聚了全社会信息资源总量的80％。信息资源众多、服务面广，使得政府信息资源管理的目标不像企业以盈利为目的那样单一。其目标一般包括：为政策、决策提供依据；实现办公自动化，提高工作效率；树立政府形象，提升政府对社会的影响力；宣传发布各种政治、军事、科技、经济或文化思想，提高国民总体素质。

(5) 政府信息资源管理的模式和手段

政府信息资源管理要根据不同政府部门所处的地理、文化环境及其他各种信息技术水平，因地制宜，具有针对性地实施。不能将不同部门、不同等级、不同时代的管理模式生搬硬套至其他政府部门，这样将阻碍政府信息资源管理水平的提高。

政府信息资源管理的管理手段具有多维性，针对不同形式、不同密级的信息资源应采用不同的管理手段。对于高密级的信息，像国家军事机密等要采用行政手段和法律手段；对于中低密级的信息资源，可以采用市场手段或者伦理道德手段进行管理；对于最新技术成果应用于政府信息资源管理的过程又要采用技术手段。管理手段的多维性符合政府所处环境的多样性、处理信息的复杂性。

7.4.3 政府信息资源的开发与利用

政务信息资源的开发与利用是电子政务建设的核心内容，是一个国家信息化水平的重要标志。认识政府信息资源开发与利用的内在规律，有效开发与利用政府信息资源，是关系到政府信息化成败的战略问题。

(1) 政府信息资源的类型

政府信息资源是政府部门为履行职责而产生、获取、利用、传播、保存和负责处置的信息，它们是人们全面考察社会情况，从事政治、经济、科技、军事和文化活动所必不可少的国家资源，又是电子政务发展和建设最关键、最基础的保障。其范围和内容广泛、丰富，几乎涵盖社会的方方面面。从电子政务信息发挥功能角度来考虑，其主要有以下类型。

① 政府决策信息。它包括政府的各种法规、政策、政令、规划、计划等方面的信息，这类信息对社会活动有指导规范作用。

② 社会服务信息。它是指政府为社会提供各种服务的信息，如教育、就业、居民登记、证件发放、医疗、保险、天气、环境、社区、市场、经济运行、信用、住房、投资、交通、旅游、社情民意、新闻、税收征管等。

③ 政府公务信息。它包括政府内部的办公信息和政府间交换的信息，如公文流动信息、档案管理信息、内部通信信息、会议信息、记录数据、总结报告、政务管理等。

④ 政府内情信息。它包括政府机构信息、办事流程、人事信息、电子采购信息、政府电子招标信息等。这类信息可以使社会更好地了解政府，参与政府事务。

⑤ 地区资源信息。其包括一个地区或城市的地理信息、自然资源信息、人力资源信息、企事业单位信息等。如电子地图数据库、地理空间数据库等。

⑥ 地区城建信息。其主要是指一个地区或城市的建设、行政历史沿革等方面的信息。如城市地下网、管、道、线的分布与结构，城市道路的变化等。

⑦ 突发事件预警信息。其主要是指对自然灾害、社会突发事件、重大案件等发生的过程信息、分析信息、总结信息，设计应对这类突发事件的对策和预案等。

⑧ 社会反馈信息。其包括社会公众对电子政务的态度、看法、意见等。政府网站设有的电子邮箱、BBS论坛等都是接受反馈信息的良好渠道。

(2) 政府信息资源开发与利用的措施

政府信息资源管理的主要任务是政府信息资源开发与利用，为使政府信息资源开发与利用有序、健康开展，需要实施以下措施。

① 建立全国性的信息资源管理机构。政府信息资源开发与利用是具有综合性、复杂性、系统性的政府工作，涉及党、政一系列的跨部门、跨地区行政机构，牵涉到社会方方面面，需要有统一的、强有力的领导。建立全国性的政府信息资源管理机构，例如在全国人大设立信息资源委员会，明确政府信息资源管理的专门机关和设立首席信息官（CIO），可以避免和解决信息资源建设中出现各自为政、条块分割、政出多门、各行其是、资源垄断等弊端，合理配置资源，实现信息共享，促进信息资源开发与

利用。

② 加强信息资源开发与利用标准化建设。标准化工作是信息资源开发与利用中的一项基础性的系统工程，没有标准化，信息资源管理工作就会缺乏统一的信息规范与信息标准，产生数据信息的不一致，出现信息孤岛、互不兼容的现象，导致不同信息系统之间难以进行信息交流和信息共享，严重制约了信息资源的有效开发与利用。因此，政府信息资源开发与利用必须有标准化的支持，通过标准的协调与优化功能，保证信息资源的一致性和统一性。

③ 开辟社会信息渠道。传统的政府信息的收集、处理和提供，主要是通过各级政府机构的信息渠道和政府信息部门，随着电子政务的发展和政府职能的转变，政府需要掌握大量社会外部的信息，因此，在加强巩固现有信息工作的基础上，必须开辟社会信息渠道，建立扩散型的政府信息工作方式，广泛吸收各行业、各部门、各层次的机构和人员参加，使政府信息工作与社会信息力量形成优势互补。

④ 建立政府知识管理体系。知识作为知识经济社会中重要的一种资源，已经成为决定社会经济发展的核心因素。作为社会管理组织机构的政府，必须重视知识的价值，把知识管理的理论运用到政府管理活动中，以增强政府的活力、创新力、管理能力，提高行政效率。因此，建立政府知识管理体系、实施政府知识管理，不仅顺应了知识经济社会的发展潮流，还有利于实现政府内外部知识信息的共享，促使政府运用集体的智慧提高政府信息加工能力、应变能力和工作能力，提升政府的服务质量。

⑤ 完善政府信息资源体系。随着社会信息资源的网络化和数字化，政府职能由传统的管理型向服务管理型转变，政府对社会的直接控制职能日趋弱化，政府功能逐渐转为通过信息引导实现对社会的间接管理，并把为社会公众提供满意的信息服务放在首要位置，政府信息服务质量日益受到重视。因此，政府信息资源开发与利用归根结底是以向政府和社会提供信息服务为宗旨的，这要求政府信息资源不能仅限于政府范围内，而应该是开放型、大范围的，是以整个社会信息资源为基础，建立并完善政府信息资源体系，提高全社会信息资源的利用效率。

⑥ 建立政府信息资源共享机制。长期以来，由于体制、部门利益等多种因素的影响，没有有效形成共享机制，存在着部门垄断信息资源问题，政府信息资源的共享率非常低。要提高政府信息资源开发与利用率，需要从思想观念到实际工作都引入信息资源共享机制。

7.4.4 政府信息公开

为了保障公民、法人和其他组织依法获取政府信息，提高政府工作的透明度，促进依法行政，充分发挥政府信息对人民群众生产、生活和经济社会活动的服务作用，国务院于2008年5月1日起颁布实施了《中华人民共和国政府信息公开条例》（以下简称《政府信息公开条例》，2019年进行了修订），将信息公开变成政府的法定义务。这对于保障公民的知情权，进一步促进参与权、表达权、监督权的行使具有重要作用。政府的权力是人民赋予的，政府部门有责任、有义务为社会提供有用的信息资源，竭力维护公民的切身利益。

（1）政府信息公开的意义

随着经济全球化和国民经济与社会发展信息化的飞速发展，信息在经济发展和社会管理中的作用越来越突出。作为最重要信息资源的政府信息资源涵盖全社会信息资源的80%，它既是公众了解政府行为的直接途径，也是公众监督政府行为的重要依据。因此，政府信息公开对公众的生产与生活、社会经济和政治都具有重大意义。

① 政府信息公开有助于发挥政府信息对群众生产、生活的服务作用。进入 21 世纪后，信息资源日益成为重要生产要素、无形资产和社会财富。在政府部门手中控制的 80% 的信息中，包含着众多行政管理信息、市场信息、服务信息、宏观决策信息等。公开以上信息，对于企业和个人考察社会、分析市场，进而科学地安排生产、生活，合理配置资源都具有重要的参考、指导作用。

② 政府信息公开有利于提高政府工作的透明度。政府工作透明是世界贸易组织的一个基本原则，我国已承诺履行世贸组织关于透明度的规定，这对我国政府提出了更高的要求。为了实现高效、廉洁、公开、透明的服务型政府和阳光政府的目标，转变执政理念，将行政机关办事制度与办事程序公开，是提高党的执政能力和政府行政能力的重要内容，是深化行政体制改革的必然选择。推进政府信息公开，将政府行使权利的过程置于人民群众的公开监督之下，对于疏通人民群众对政府权力的监督渠道，发挥人民群众当家做主的积极性，保障民主权利的实现起到积极作用。

③ 政府信息公开有利于展现社会主义政治生命力。政府应及时公布立法信息、决策信息、重要政务信息和重要数据信息。通过公开信息，政府可以告知公众，政府和有关公共机构为维护公共利益做了哪些工作，还存在哪些问题，需要公众从哪些方面配合。凡是公共部门实施的与公共权益有关的活动，公民都有权参与。如果没有信息公开就不会有公民参与，什么事情都有可能暗箱操作。美国前司法部部长克拉克说过：没有什么东西比秘密更能伤害民主，公民没有知情权，所谓自治、所谓公民最大限度地参与国家事务只是一句空话。政府信息公开有助于民主信任的发展，有助于促进公民参与政府管理和科学决策。

(2) 政府信息公开的含义

在法律上，政府信息公开是指国家行政机关和法律、法规以及规章授权和委托的组织，在行使国家行政管理职权的过程中，通过法定形式和程序，主动将政府信息向社会公众或依申请而向特定的个人或组织公开的制度。

政府信息公开还可以从广义与狭义两个方面来理解。广义上的政府信息公开主要包括两个方面的内容：一是政务公开，二是信息公开；狭义上的政府信息公开主要指政务公开。政务公开主要是指行政机关公开其行政事务，强调的是行政机关要公开其执法依据、执法程序和执法结果，属于办事制度层面的公开。广义上的政府信息公开的内涵和外延要比政务公开广阔得多，它不仅要求政府事务公开，而且要求政府公开其所掌握的其他信息。

(3) 主动公开政府信息的种类

《政府信息公开条例》规定，行政机关对符合下列基本要求之一的政府信息应当主动公开。

① 涉及公民、法人或者其他组织切身利益的信息。政府信息公开的实质是利益的共享，政府部门不能把自己掌握的信息资源当成私有财产而不与其他部门、人员共享。对于老百姓最关心的问题，涉及公民、法人或者其他组织切身利益的必须及时、主动公开。

② 需要社会公众广泛知晓或者参与的信息。政府是最主要的信息生产者、控制者、使用者和发布者，政府掌握着主要信息传播渠道和信息来源，公民很大程度上获得的是经过

滤的信息。现代社会突发事件频繁发生，如地震、洪水、矿难、甲型H1N1流感危机等威胁着人类的生命和财产安全。对突发事件的处理能力和效果将直接考验政府的管理水平和社会公信度，而政府信息的公开程度将直接影响突发事件的发展。由此可见，政府信息尤其是需要公众广泛知晓或者参与的信息，公开是非常重要的。

③ 反映本行政机关机构设置、职能、办事程序等情况的信息。主动公开这些信息可在一定程度上制约权力的滥用。如果把政府权力的行使由个别人、少数知情变为多数人知情，发挥公众的监督作用，就能规范行政行为、减少腐败。比如政府部门的用人机制，人才的选拔流程，应该形成明确的条文公示于众，使选拔干部公开化，体现公平公正，减少暗箱操作。主动公开这些信息还可避免各部门职责不清、相互扯皮、办事效率低下，损害群众利益，也损害政府声誉。通过主动公开这些信息，使政府机关真正做到"权为民所用，情为民所系，利为民所谋"，充分发挥政府的服务职能。

④ 依照法律、法规和国家有关规定应当主动公开的信息。由法律、法规和国家有关规定应当主动公开的信息，各级政府必须无条件，及时予以公布。

(4) 政府信息公开的方式

政府信息公开应遵循依法公开、真实公正、注重实效、有利监督的原则，不断提高政务公开工作水平，广泛利用各种途径和方法有效开展工作，有目的、有步骤地施行信息公开。

① 利用政府服务大厅进行信息公开。充分发挥政府机构服务大厅窗口服务平台的作用，通过设立窗口显示屏、公告板以及发放办事程序指南，各项新政宣传单等多种方式，公开公民的各项权利与义务，明确该政府部门的职责范围。利用自身资源充分发挥舆论先导作用，大力宣传政府信息公开的意义和目的，提高政府工作的透明度和公信度。

② 利用新闻媒体进行政府信息公开。充分发挥新闻媒体作用，利用报纸、电视等媒体，及时公开社会关注的政策和信息，广泛宣传政府政策，宣传各项民生工程建设，积极反馈热点、焦点问题努力营造和谐的干群关系。可以开展政府工作到基层，政府部门可组织宣传小组深入基层、社区和企业，主动公开各项政策，为公众生产、生活提供有用的信息资源，并通过电台或报纸定期开展政府工作报告，向公民公开政府工作的计划、政策和各项制度。

③ 利用网站进行政府信息公开。政府网站是各级政府机关履行职能、面向社会提供服务的官方网站，是政府机关实现政务信息公开、服务企业与社会公众、互动交流的重要渠道。政府机构作为拥有社会信息的最大生产者和使用者，应利用网络这一传播速度高、传播信息量大、传播范围广的新型信息发布平台，实现政府信息高效、及时地公开。现在大多数政府机构都有门户网站，设置有政府职能介绍、人事任免、工作动态、政策公告等多个综合板块，还可以通过网站的留言板功能，征集群众意见和建议，实现群众与政府的互动交流。这将有力推动政府信息公开化，鼓励民众对政府工作开展建言献策。

④ 利用国家档案馆、公共图书馆信息。在国家档案馆、公共图书馆设置政府信息查阅场所，并配备相应的设施、设备，为公民、法人或者其他组织获取政府信息提供便利。行政机关应当及时向国家档案馆、公共图书馆提供需要公开的政府信息。

7.5 信息资源质量管理

7.5.1 信息质量

(1) 信息质量定义

早期对信息质量定义的研究主要集中于数据的精确性维度,将其分为正确和错误的两种。随后,巴卢(Ballou)等提出信息质量是一个全面的概念,并采用质量管理专家朱兰(Juran)对质量的定义——"适合于使用"(Fitness for use)。这一定义体现了质量的本质特性,从使用者角度说明信息质量主要是信息使用中的相关性,突破了信息质量即为信息准确性的传统理解。但由于相关性取决于用户的主观判断,且信息具有多种使用方式,导致这一定义难以量化和评价。之后,许多学者试图进一步研究信息质量定义,描述其维度,但由于用户对信息质量要求不一致,导致定义难以统一。而且,提高信息质量某一维度会导致另一维度的下降,如提高数据的及时性就会降低其准确度。Strong D M 等人分别基于信息生产与信息使用提出两种信息质量的定义。

① 信息质量表示信息要"符合规范"(Conforming to Specifications)。这一定义可以实现对质量的评估,得到信息生产者和信息管理者的认同。在信息生产与管理中,建立成熟的规范体系可以确保信息质量,"适合于使用"可以通过满足具体的规范要求实现可操作化。

② 满足用户期望或超出用户期望(Meeting or Exceeding Consumer Expectations)。这一定义是对上一定义的补充,表示信息必须能够满足用户期望或超出用户期望。即信息对于某一任务的信息用户,必须是有用和增值性的。信息用户和信息产品的设计者、销售者倾向于这一定义,它抓住了"适合于使用"的本质,但由于用户期望的动态变化性使该定义难以测量。从两个角度、两个方面对信息质量进行定义,较为全面,并抓住了其本质特征,该定义在信息生产与评价中可实现操作化,具有一定的实践意义。

根据 ISO 9000 标准,"质量"定义是"产品、过程或体系中与要求有关的固有特性"。把信息看作是一种产品,则信息质量包括以下特性。

① 技术性质量特性,包括信息组织程度、信息深加工程度、信息检索有效性等;

② 时间性质量特性,强调信息产品的及时性、新颖性;

③ 安全性质量特性,强调信息产品获取与使用的安全性、可靠性;

④ 经济性质量特性,即某一信息带来的经济效益与投入的生产成本之比;

⑤ 心理性质量特性,反映用户的主观心理感知。信息产品个性化可满足用户的"适用性"要求,提高用户对信息产品质量的感知,信息产品易用性可提高用户的信息产品体验。

(2) 信息质量维度

国外对信息质量维度的研究早于国内。巴卢(Ballou)等最早提出信息质量是一个全面的概念,基于信息多种属性将信息质量划分为四个维度,即准确性(与事实完全相符)、完整性(包含所有相关数据)、一致性(数据形式上的一致)和及时性(数据在有效期内)。这一划分突出了信息质量的内容特征和本质特性,但缺乏普遍性。Wang R Y 等认为信息质量是一个多维的层次结构,从用户使用信息的过程将信息质量维度划分为:可存取性(适于用户的途径和适当的访问权)、可理解性(包括语法和语义两个层次)、有用性(可用于支持用户决策)、可信性(用户愿意使用来支持决策),这 4 个维度可进一步细分,如图 7.3 所示。

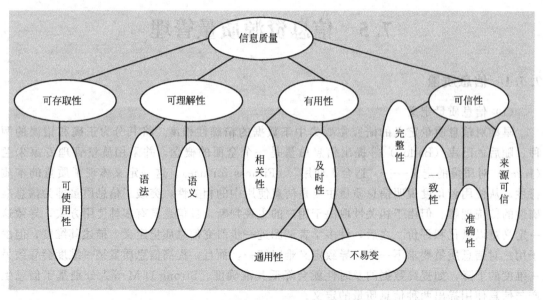

图 7.3 信息质量维度的层次结构

Wang R Y 和 Strong D M 从用户角度提出信息质量可分为四种类别：内在信息质量（Intrinsic IQ）、情境信息质量（Contextual IQ）、可存取性信息质量（Accessibility IQ）和形式信息质量（Representational IQ）。每一种信息质量类别又细分为 15 个维度，具体如下：①内在信息质量：强调信息本身具有的质量特性，更多地从信息内容角度考察信息质量。它的维度包括信息的准确度、客观性、可信度、权威性 4 个。②情景信息质量：它强调面向某一任务或特定情景中的信息质量，从应用角度来考察其价值，包括相关性、增值性、及时性、完整性、数据量 5 个维度。③可存取性信息质量：它描述了信息在用户获取方面的质量，表示用户存取信息的难易程度，包括可存取性、安全性 2 个维度。④形式信息质量：它表示信息在外在形式上的质量，即信息的表达是否很好地反映了信息的内容，包括交互性、易于理解性（通俗性）、表达的精确性和一致性 4 个维度。对于后两种信息质量类型，其质量高低主要取决于所采用的信息系统，说明了信息系统对于信息质量的重要影响。这种划分方法较为全面地概括了信息质量的内涵，表明信息质量的多维性。这一划分得到认可，并广泛应用于信息质量评价研究。Beverly 等在前人研究的基础上，将信息具体分为信息产品和信息服务，提出 PSP/IQ 模型，即信息产品与服务质量模型。该模型从信息质量角度将信息分为四种类型：健全性信息（Sound Information）、可信赖性信息（Dependable Information）、有用性信息（Useful Information）和可用性信息（Usable Information），并通过对 45 位专家的调研，得出每种类型信息的质量维度。PSP/IQ 模型如表 7.1 所示，这种将信息维度的划分与信息类型相结合，更具有针对性与实际价值。

表 7.1 标记信息质量维度的 PSP/IQ 模型

项目	符合规范	满足用户期望
信息产品质量	健全性信息：包括无错误、表达准确性、完整性、表达一致性 4 个维度	有用性信息：包括信息适量、相关性、可理解性 3 个维度
信息服务质量	可信赖性信息：包括及时性、安全性 2 个维度	可用性信息：包括可信任性、可存取性、易于操作性、权威性、增值性 5 个维度

Yang W Lee 等对信息质量定义与维度的各种观点进行了归纳与总结，将其分为学者研

究与实践者研究。①学者观点。通过对比各学者对信息质量维度划分的不同，发现主要存在两大分歧：一是是否应考虑用户信息需求，二是信息质量维度的分类难以统一。②实践者观点。这些实践者多是大型企业管理者，他们是基于各自企业特定的情境提出的，体现了信息质量在不同企业应用中对各质量维度的侧重。如 IRI 公司更强调信息质量和传递质量，AT&T 公司较少考虑用户因素，而各个公司都较为侧重于信息的可存取性质量，特别是其中的易于操作方面。这一分析说明了信息所处的情境影响信息质量维度的选择。Angelica Caro 等针对互联网中的门户网站定义其信息质量维度，并基于用户角度构建了门户网站信息质量模型（PDQM）。该模型有三个重要部分：Web 信息质量维度（基于文献调研获取）、用户期望的信息质量和门户网站提供给用户的功能。该模型将网站功能与用户期望的信息质量维度对应起来，确定每一功能模块所达到的用户期望目标。该研究先通过文献调研，全面地概括广义上的信息质量维度，再通过问卷调研进行修改与补充，这一过程需对用户进行分类；针对某一领域或某一类信息资源，最终确定信息质量维度框架，并实现定量化描述，最终形成门户网站信息质量模型。这一研究具有实际意义，为网络信息资源质量的评估与改进奠定了基础。

在国内信息质量维度研究中，周毅提出信息质量可以从信息属性、信息含量和信息活性 3 个方面来衡量，信息属性指待选资源的信息性质和特征，信息含量指待选资源的学术水平和知识深浅程度，信息活性则是考虑待选资源的学术水平状态。查先进等从质量评估的指标体系角度提出将信息资源质量划分为信息资源内容质量、信息资源表达形式质量、信息资源系统质量和信息资源效用质量四个方面，包括信息资源的正确性、完整性、相关性、新颖性等 16 个指标维度，这一划分较为具体全面。李莉等在用户调研和专家访谈的基础上将科技文献数据库网站的信息资源质量分为信息资源质量和信息系统质量两大部分，其中信息资源质量包括可信赖性、文献种类跨度、时间跨度和新颖性 4 个维度，信息系统质量包括检索方式多样性、易理解识别性、易操作性、咨询服务等 11 个维度。

不同的信息质量维度之间存在相互影响关系，如信息的准确性与及时性之间此消彼长的逆向关系，在信息检索领域常见的查全率与查准率之间的逆向关系等。研究信息质量维度之间的关系有助于平衡信息质量各维度，尤其是从经济价值角度，寻求信息质量改进的价值收益最大化。Ballou 等探讨了信息质量完整性与一致性之间的均衡问题，引入了表示完整性与一致性相对重要程度的变量"相对重要性"，并从经济学角度入手，分两种情况——特定预算和可变预算下分别讨论了提高信息质量的成本与收益比。

7.5.2 信息资源质量管理的内容

信息资源质量管理是将信息资源看作一种产品，从质量管理的视角研究信息产品质量的管理与控制。融合了用户视角与过程管理方法，为提高信息质量提供保障。目前，不同学者从不同角度、不同情境研究信息资源质量管理，涉及内容包括基于过程管理的 TDQM/TIQM（全面数据/信息质量管理）方法、信息产品质量管理、信息质量改进方法等。

（1）基于过程管理的 TDQM/TIQM 方法

Richard Y Wang 首先提出将信息生产过程看作是信息处理系统对源数据加工处理后生产信息产品的过程，并引入工程管理中的全面质量管理方法进行改进，提出全面数据质量管理（TDQM）方法。该方法以向信息用户提供高质量信息产品为目标，包括下面四个步骤。

① 信息产品定义，包括产品特征定义、用户需求定义和信息生产系统定义。

② 信息产品评估，核心是建立信息质量度量体系。从数据库用户角度，信息产品评估

标准大多包括错误率、最近数据情况、数据丢失率、记录一致性等。组织可结合用户需求建立一套基于信息生产的质量指标。

③ 信息产品分析，目的是通过信息产品质量问题分析找出根源所在，可采取传统的质量控制方法如统计过程控制、模式识别、帕累托图标分析等进行问题分析。

④ 信息产品改进，根据问题根源实施具体改进措施。在改进过程中，一是使信息流和工作流与对应的信息生产系统保持一致；二是保持信息产品的关键属性与企业需求一致。

Krol 等将信息质量管理框架应用于数据地图的构建，研究了如何使用有限的数据来构建数据地图。基于用户观点、以过程控制为中心，针对地理数据建立特有的数据质量维度体系。在此基础上，遵循 TDQM 的四阶段，建立数据地图生产的信息质量管理框架。Cinzia Cappiello 等提出用于信息质量监视、评估与改进的综合信息质量管理 HIQM（Hybrid Information Quality Management）方法，用于解决信息系统运行期间出现的数据质量问题。HIQM 是对 TDQM 的扩充与完善，它增加了预警机制。预警管理是通过一个内部系统对运行阶段的数据与过程进行持续监控，并根据接收到的内外反馈识别数据质量问题，同时识别出解决问题的最合适的修复行为，进行数据错误修复。该研究是建立在 TDQM 的基础上，但其研究重点是解决信息系统中的数据错误问题，实现数据质量管理与控制。

(2) 信息产品质量管理

Donald Ballou 等将传统的产品质量控制理论应用到信息质量管理中，建立信息生产模型以确定信息产品的及时性、质量、成本和价值。他所构建的数据生产地图包括数据源模块、处理模块、存储模块、质量模块和用户模块五个模块，该方法使整个信息生产过程易于实现可视化，帮助生产者识别关键阶段以提高信息质量。Ganesan Shankaranarayan 等人提出 IP-MAP 模型，在上述模型的基础上增加三个模块类型——决策模块、组织界限模块和信息系统界限模块，且将数据质量维度融入每一个模块，并添加元数据说明。该成果基于动态决策环境从信息产品角度提出实现信息质量管理可视化的框架，针对企业决策者无法控制决策信息来源问题，提出一种信息产品方法，即建立一种管理机制，系统展现信息产品生产各阶段，评估每一阶段的信息质量。当发现信息质量问题时，跟踪问题找出产生根源、产生阶段进行改进，系统展现信息生产过程的结构模型即 IP-MAP。它将信息产品生产流程及数据流实现可视化，使决策者了解信息产品的来源、处理过程、生产系统、处理单元和涉及的组织与部门等信息。IP-MAP 与描述数据质量的元数据、功能描述相结合，共同构成信息质量管理框架。Beverly K Kahn 等发现，信息质量很大程度上取决于技术部门。技术部门可对用户建立使用说明，明确数据存储位置、显示方式、达到的精确度和完整度等信息。在数据可用性方面，技术部门通过提供易于使用的信息存取工具实现。技术部门需要选择和提供数据库管理系统、终端用户界面和相关性工具，便于用户获取和利用数据。技术部门有责任建立信息用户与信息生产者、信息管理者之间稳定的关系。国内学者李振寰基于 Web 2.0 环境探讨信息质量管理，根据信息的自然属性和社会属性特征，指出信息在自然属性上的质量缺陷较易判断，而社会属性上的质量问题难以确定，若将信息看成产品则容易使质量管理过于关注信息的自然属性而忽视社会属性，信息质量控制应注重差错预防而非事后检查。

(3) 信息质量改进方法

在提高与改进信息质量研究中，Redman 提出两种提高信息质量的方法即过程管理和数据清洗，从两种方法应用效果看，过程管理在长期应用中以较低成本消耗产生更好的改进效果，该方法优于数据清洗方法。Hongwei Zhu 等认为，由于信息质量的多维性和层次结构，信息质量的改进不能脱离信息生产过程，也不能脱离信息使用的情境。因此，单纯采用技术手段是不充分的。Yang W Lee 提出用于高层次改进信息质量方法，包括主观与客观的数据质量评价、对比评价结果、识别差异及根源所在三个步骤。Richard Y Wang 认为，数据质量策略包括 6 个要素：数据情境、存储问题、数据流、工作流、管理人员和持续的监视。

国内学者宋立荣针对共享系统中的信息质量水平进行了研究，提出了信息质量约束理论。他认为信息质量约束的根本在于对劣质信息的过滤，而不是增加优质信息的合格率，强调了一种信息过滤观念。在信息质量改进过程中，会有这样一种情况——努力提高信息质量的某一方面时，却恶化了另一方面的信息质量。因此，研究信息质量维度之间的关系有助于平衡信息质量各维度，尤其是从经济价值角度，寻求信息质量改进的价值收益最大化。

案例

政府信息资源公开

2004 年 8 月 16 日，上海市民董铭状告上海市徐汇区房地局信息部公开案，在上海市徐汇区法庭公开审理。原告董铭所提出的主要诉讼请求是：判令被告向原告提供本市岳阳路 200 弄 14 号在 1947 年 9 月 1 日到 1968 年 7 月 16 日期间，原告之父董克昌购买产权及后来被政府接管的相关档案信息。

董铭提出诉讼请求的法律依据是由上海市政府制定并于 2004 年 5 月 1 日正式实施的《上海市政府信息资源公开规定》。该规定的第十条明确列举了国家机密、商业秘密、个人隐私等五种情形以及法律或法规规定免于公开的其他情形可以不公开之外，其他政府信息资源都必须公开。在此背景下，公民主动要求政府公开信息的请求，成为行使知情权的合法行为。在庭审中，徐汇区房地局负责人说："在铸造公共政府、透明政府的过程中，需要公民主动地参与进来"。庭审一结束，这位领导立即被记者包围。他表示，这次庭审的意义完全是积极的，有利于政府在行使职权时的透明化和规范化。此案的出现，无疑成为中国政府信息资源公开制度建设的一个新视点。

资料来源：李靖平，罗宇龙，刘洋．信息资源管理 [M]．长春：吉林出版集团股份有限公司，2018，略有删改。

本 章 小 结

本章介绍了社会信息化层次和构成要素，从信息化角度出发，介绍了企业信息资源管理的内容、规划、组织结构、管理系统以及企业知识管理战略；从电子政务角度出发，介绍了政府信息资源管理的含义、特点、目标、模式、手段以及政府信息资源的类型与开发利用的措施，并解读了政府信息公开条例；从 E-learning 角度出发，介绍了个人信息管理理论、个人信息管理系统等；最后介绍了信息资源质量管理方面的内容。

思 考 题

1. 社会信息化有哪些层次？
2. 试述社会信息化的意义？
3. 社会信息化有哪些构成要素？

4. 试述企业信息资源管理的作用?
5. 企业信息资源管理的规划方法有哪些?
6. 试述政府信息资源管理的作用?
7. 试述政府信息资源管理的特点?
8. 社会信息化的发展过程分为哪些阶段?
9. 试述电子政务的含义?
10. 简述政府信息公开条例的基本内容。
11. 简述信息质量的定义及维度。
12. 比较分析基于过程管理的全面信息质量管理与信息产品质量管理两种方法的异同。

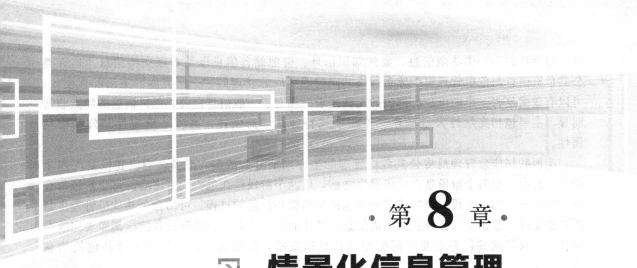

第 8 章 情景化信息管理

自信息管理学诞生以来,以计算机技术和通信技术为核心的信息技术极大地推动了信息管理研究与实践的发展。简言之,信息技术是信息管理的支柱和技术基础,信息技术的发展推动着信息管理理论和实践向前发展。在此背景下,以往关于信息管理的研究大多结合信息技术环境展开。然而,随着信息管理学向纵深发展,技术视角下的信息管理研究已难以满足实践需求,人们开始结合特定情境研究信息管理活动,试图更精准地发挥信息管理支撑人类活动的特点和优势。本章结合公共危机、医疗健康和求职就业等代表性情境,探讨了特定情景下的信息管理。

8.1 公共危机信息管理

公共危机事件是指一种危及全体社会公众的整体生活和共同利益的突发性和灾难性事件,主要包括自然灾害(包括火灾、风暴、地震、洪水)、公共安全突发事故、恶性刑事案件、恐怖事件、疾病传播(即公共卫生事件)、自然环境恶化等六类。公共危机管理作为一门学科兴起于 20 世纪 60 年代,信息和信息管理是公共危机管理的基础。公共危机信息管理兴起于 20 世纪 80 年代,90 年代以来受到广泛关注,是公共危机管理与数据信息管理交叉而成的一个新的研究领域,主要探讨公共危机中的数据信息管理问题和基于数据信息的公共危机管理问题。

进入 21 世纪以来,"9·11"事件、"非典"、禽流感、汶川大地震、次贷危机、甲流、新冠肺炎疫情等公共危机事件产生了极大的负面影响。随着世界范围内风险社会特征的日益明显、重大突发公共危机事件的频发以及新一代数字信息技术的迅速发展和在公共危机管理中的应用,目前公共危机信息管理已成为一个具有重要学术影响力和社会影响力的新的学科交叉研究领域。

8.1.1 公共危机信息管理概述

(1)公共危机信息

公共危机信息是指在危机生命周期全过程中的信息集合,包括危机相关消息、数据、知识和情报等。从公共危机管理的现实需求出发,公共危机信息可分为五大类:危机事件信息、应急预案和法律法规信息、案例知识信息、资源储备信息以及专家支持信息。这五类公共危机信息与危机管理组织体系网络共同构成了应急管理的"一网五库"主流配置模式，可以有效满足省、市两级政府部门的实践需求。相对于一般信息，公共危机信息的特点非常明显，主要包括突发性大量产生、传播模式特殊、供需倒挂、高度不确定性、公共物品属性。

美国联邦应急管理局将公共危机管理的生命周期分为减缓、准备、响应和恢复等四个阶段，其中，前两个阶段是在危机发生之前，后两个阶段是在危机发生之后。每个阶段都有其主要任务，四个阶段共同构成了公共危机管理循环往复的过程。可结合公共危机管理生命周期模型进一步识别与分析公共危机信息，具体而言，公共危机管理的各阶段都需要完成不同任务，执行这些任务需要不同类型的信息的支持，这些信息共同构成了公共危机信息体系。

(2) 公共危机信息管理的内涵

公共危机信息管理是一个快速发展的新兴领域，国外相关概念包括：危机信息学（Crisis Informatics），致力于结合公共危机全生命周期，从技术、社会和信息等方面对公共危机进行综合研究；灾害信息学（Disaster Informatics），主要研究信息和技术如何应用于公共危机事件的减缓、准备、响应和恢复等阶段。公共危机信息管理的概念也体现在应急准备信息、信息准备、数据准备、备灾等公共危机管理相关概念中，还应用于美国国家安全信息网络、国家危机管理信息系统和社区灾害信息系统等危机管理信息系统的概念中。来自美国、比利时和荷兰的三位学者发起了"危机响应与管理信息系统"协会，该协会是由政策制定者、研究与实践人员共同加盟的国际组织，旨在设计、开发、部署、应用与评估公共危机响应与管理信息系统。该组织从2004年开始，每年定期举办以其组织名称命名的国际会议，并在2009年创办《应急响应与管理信息系统国际学刊》。我国兰州大学管理学院组建了公共危机信息管理研究团队，从2006年开始关注公共危机信息管理这一前沿性、重要性的学科交叉研究领域。

沙勇忠认为公共危机信息管理就是应用信息技术和信息管理的原理和方法，结合公共危机领域的特殊性，对公共危机管理全过程中的信息资源进行搜集、组织、规划、分析和利用，以满足公共卫生危机管理的信息需求的活动。公共危机信息管理的核心概念和研究领域包括信息、信息架构、信息系统、信息网络和信息平台，且它们之间在逻辑上是相互递进关系。他还认为公共危机信息管理是公共危机管理与信息管理交叉而成的一个新领域，公共危机管理的生命周期由减缓、准备、响应和恢复四个阶段构成，信息管理的生命周期由信息生产、信息组织、信息传播和信息利用四个阶段构成，二者的结合构成公共危机信息管理的双生命周期理论模型。

黄微认为公共危机信息管理的根本目的是支持政府危机决策，在整个公共危机生命周期中的信息管理是公共危机信息的输入、输出和反馈的不断反复和循环的过程。他分析了公共危机信息搜集机制、处理机制、沟通机制和反馈机制，构建了面向政府危机决策的三阶段公共危机信息管理模式，即分别针对公共危机预警阶段、应对阶段和恢复阶段提出了专门的信息管理模式。

陈美认为公共危机信息管理就是指以政府为核心的社会主体，以网络和信息技术为基础，通过组织多元力量，对潜在的或者正在发生的公共危机的信息进行收集、分析、处理，从而及时避免和消除各种危机的活动。他还认为，随着信息通信技术的发展，现代基础设施之间的关联性和依赖性日益加强，加之现代信息获取与传播的超时空性，导致了公共危机信息跨区域性传播。针对这个公共问题，可采用跨域治理理论来指导公共危机信息治理。

王伟提出公共危机是信息驱动的，公共危机的影响过程是一个公共危机信息活动与演化的过程，信息缺失、沟通断裂、决策失误是导致公共危机产生的重要原因，公共危机管理的核心就是对危机信息的管理，信息管理应支持危机管理的全过程，通过提高信息管理水平可提升危机管理水平。公共危机信息管理的研究框架包括公共危机信息资源管理、公共危机传播管理、公共危机信息系统建设等三个维度。

8.1.2 公共危机信息管理研究的 EPFMS 框架

公共危机信息管理的核心研究内容是公共危机中的数据信息问题和基于数据信息的公共危机管理问题。作为一个高速发展中的新兴领域，国内外公共危机信息管理研究成果为数众多，且仍在较快增长。但整体而言，研究成果比较分散，问题域的设置也不够严谨。为了系统地理解公共危机信息管理，沙勇忠提出了公共危机信息管理研究的 EPFMS 框架，认为该领域有 5 个核心问题域或研究范畴，即公共危机信息管理要素论（Element）、公共危机信息管理过程论（Process）、公共危机信息管理功能论（Function）、公共危机信息管理方法论（Methodology）和公共危机信息管理系统论（System）（表 8.1）。

表 8.1 公共危机信息管理的 EPFMS 框架

"过程论" 危机生命周期	"要素论" 产生的相关信息	"方法论" 运用的技术方法	"功能论" 危机信息的功能	"系统论" 危机信息系统
减缓	基础资源信息、应急保障信息、社会信息、地理信息、经济信息等	联合需求调查法、网络采集、历史类比法、专家调查法、灰色系统预测等	需求分析、信息采集、危机预测	安全信息采集系统、危机预警系统
准备	报警信息、图像信息、空间信息、保障资源信息、其他辅助信息	危机状态评估法、环境因素优序图法、头脑风暴法、案例分析法、内容分析法等	危机监测、环境分析、深度研究	动态数据监测系统、反跟踪监测系统
响应	应急处置信息、应急决策信息、指挥调度信息、现场反馈信息、通信信息等	决策树、交叉决策领域分析、不确定情况决策模型法、动态博弈分析等	应急决断、执行控制	决策支持系统、人员及应急设备调度系统、危机公关系统、专家库系统
恢复	评估信息、调查信息、善后信息、其他信息	平衡分析法、实际预期比较法、模糊评价法、层次分析法等	灾害评估、危机善后	财产损害评估系统、综合理赔系统、环境污染评测系统

表 8.1 中 5 个问题域或研究范畴都有其核心科学问题和研究重点，共同构成了公共危机信息管理的主要研究内容。

(1) 公共危机信息管理要素论

要素论主要研究公共危机信息管理的构成要素以及要素间的关系，通过揭示各要素的内涵和理论问题，分析常态和危机情境下各要素之间的联系方式和作用机制，从而建立对于公共危机信息管理结构要素的基本认知。

从广义的角度,可把公共危机信息管理的构成要素概括为主体要素(包括政府、媒介、公众、企业、非政府组织等)、客体要素(信息)以及环境要素(政策法规、经济、技术、文化等)。

要素论研究的主要内容有：①公共危机信息管理构成要素及其相关理论问题；②公共危机信息管理主体间的信息关系及相互作用问题,如政府和媒体、政府和公众、媒体和公众、政府和企业、政府和非政府组织等之间的信息传递与信息沟通；③公共危机信息管理主体、客体与环境之间的相互作用及信息关系问题,如信息流程、信息共享、信息反馈、信息架构以及信息伦理、信息政策、信息成本控制等。

(2) 公共危机信息管理过程论

在公共危机信息管理的四个阶段中,减缓是指减少影响人类生命、财产安全的自然或人为危险要素,如实施建筑标准、推行灾害保险、颁布安全法规等；准备是指发展应对各种突发事件的能力,如制订应急计划、建立预警系统、成立应急运行中心、进行灾害救援培训与演练等；响应是指灾害发生的事前、事中与事后采取行动以挽救生命、减少损失,如激活应急计划、启动应急系统、提供应急医疗援助、组织疏散与搜救等；恢复是指按照最低运行标准将重要生存支持系统复原的短期行为,也指推动社会生活恢复常态的长期活动,如清理废墟、控制污染、提供灾害失业救助、提供临时住房等。

过程论从公共危机管理生命周期的四个阶段出发,结合各阶段的核心任务,研究每一阶段的信息管理和信息保障问题。公共危机管理的四个阶段都涉及信息的收集、处理、存储、传播和使用,但各个阶段的信息管理内容有所侧重和不同。"减缓"阶段主要内容包括风险信息收集、风险地图绘制、危机预测、风险评估等；"准备"阶段主要内容包括信息监测、信息分析、预案研发、预警系统等；"响应"阶段主要内容包括信息公开、信息传播、信息资源配置、决策信息支持；"恢复"阶段主要内容包括灾害评估、危机善后、灾后重建等。

(3) 公共危机信息管理功能论

功能论主要研究公共危机信息管理在公共危机管理中的功能和作用,探析公共危机信息管理最基本、最普遍的功能及其作用机理与方式,这些功能既可以概括公共危机信息管理的各种具体工作目标,又是相互不可替代的,表征了公共危机信息管理的价值和作用。

按照不同层次、不同类型的公共危机信息管理所提出的各种工作任务,结合公共危机管理对公共危机信息管理工作的需求,将公共危机信息管理的功能划分为基础功能和核心功能两部分。基础功能包括对公共危机信息的收集、处理(组织)、存储、传播和使用；核心功能包括利用公共危机信息进行预测、预警、决策、执行(指挥、调度)和评估。

基础功能是一般信息管理都有的功能,核心功能是在基础功能的基础上,公共危机信息管理支持公共危机管理的最基本、最普遍的功能。公共危机信息管理的基础功能和核心功能都贯穿于整个公共危机管理活动中,基础功能是前提和基础,核心功能是本质和中心。任何一个核心功能的实现都离不开基础功能,同样,基础功能要想体现其价值和作用,又要通过核心功能来实现。

(4) 公共危机信息管理方法论

信息管理方法研究在危机管理领域虽然取得了一定的发展,但还没有形成系统的成果。公共危机信息管理有其自身的特点,所运用的方法侧重于应用性与可操作性,必须与实际情况相适应,这就决定了公共危机信息管理的方法体系与传统的信息管理方法体系有所不同。

对公共危机信息管理方法体系的建构来说,一方面,方法是实现公共危机信息管理各项具体工作目标或任务的工具，因此，方法的结构应该从总体上保证公共危机信息管理各种功能的实现，即符合功能-结构的对应原则。另一方面，由于公共危机信息管理方法的来源是多方面的，方法的类别和数量是众多的，方法的性质是多元的，因此，应构建一个尽可能全面的、有机的方法框架，既能明确反映各种具体方法的"位置"、方法之间的联系和区别，又是可以扩充和发展的，为新方法的并入提供余地。

根据公共危机管理的四阶段模型，从支持公共危机管理流程的主要功能出发，公共危机信息管理方法体系由需求分析方法、信息采集方法、危机预测方法、危机监测方法、环境分析方法、深度研究方法、应急决断方法、执行控制方法和综合评价方法这九大类方法构成，每一类方法又包括各种具体方法。

(5) 公共危机信息管理系统论

系统论主要研究支持公共危机管理的各种应用信息系统、信息架构和信息技术。危机管理信息系统是基于不同层次、不同功能和技术的多维整合。

从技术维的角度，各种公共危机管理应用信息系统和信息平台的建设需要广泛采用各种信息技术。除计算机硬件、软件、存储技术、通信和网络技术等最基本的技术之外，还需要利用遥感技术、GPS技术和分布式数据库技术，有效地集合分散的信息资源；采用网格技术、GMS技术、数据仓库等，建立完整、动态的危机管理综合数据库；采用GIS技术、信息可视化技术、XML技术和决策模型，建立相互关联的决策支持子系统；采用地理空间信息技术，建立协作式危机管理系统；采用网络舆情监测技术，实现对网络群体性突发事件危机信息传播动态的实时监测；采用仿真技术，实现对危机事件的发生、演化机理分析，加深人们对危机治理的理解和认知。

从层次维的角度，地方危机管理信息系统支持地方政府的公共危机管理，各应用信息系统一般由政府专门部门建设，通常系统可操作性强，但可集成性、可扩展性差。国家危机管理信息系统支持国家层面的公共危机管理，是地方危机管理信息系统的集成，建设中主要解决不同系统间的数据融合、共享和扩展问题。全球战略与区域应对信息管理系统支持国际层面的公共危机管理，在全球风险社会背景下，是支持跨国危机管理和全球危机管理的信息基础设施。在上述三个层次的危机信息系统中，国家危机管理信息系统居于核心地位。以美国国家突发事件管理系统（National Incident Management System，NIMS）为例，美国国土安全部成立后，NIMS将美国积累的最佳经验整合为一个统一的、适用于各级政府和职能部门应对各种灾难的国家突发事件管理方案，使联邦、州、各级地方政府与私人团体能够有效、高效、协调一致地对国内突发事件做出准备、反应以及从突发事件中恢复。

从功能维的角度，公共危机管理信息系统按照功能可以划分为安全信息采集系统、动态数据监测系统、危机预测预警系统、应急预案系统、应急演练系统、应急仿真系统、应急决策系统、应急指挥系统、应急资源配置与调度系统、环境污染评测系统、灾害综合理赔系统、财产损害评估系统、医疗救助系统等。这些应用信息系统通过统一的应急信息平台进行集成，支持公共危机管理各项功能的实现。

8.1.3　公共危机信息管理的学科基础

(1) 信息科学基础

信息科学以信息为研究对象，以信息的运动规律和应用方法为主要研究内容，以计算机等信息技术为研究工具，是一门以扩展人类的信息功能为目标的综合性学科。信息科学的相关理论与方法同样适用于公共危机信息管理，主要在体现在信息需求分析、信息管理、知识表示与知识推理、信息系统开发和信息技术应用等方面。

信息需求分析涉及信息需求的分类、分析流程和分析方法，在此基础上，结合公共危机管理的特点，以及新理论及新成果，可构建危机信息需求分析框架。信息管理过程中的信息规划对公共危机信息管理具有全局性的意义，包括数据规划、信息资源规划、信息系统规划和信息资源网络规划等，均需结合公共危机的特点进行全局谋划。信息科学中的知识表示与知识推理技术方法，可用于为公共危机管理挖掘蕴含在各种事实、数据、案例中的知识和经验，从而在人工智能和语义层面辅助公共危机决策。信息科学中的信息系统开发理论与实践可为构建多功能的公共危机管理信息系统提供帮助，从而实现对危机信息的自动检测、及时预警、快速搜集、高速传输、智慧分析、互联互通和精准决策。信息技术在公共危机管理中应用的潜力巨大，可帮助人们清晰地认识公共危机并快速地做出应对决策，还能用于对公共危机管理各阶段复杂的细节进行检测和留痕。公共危机管理的信息技术战略、投资决策、价值评估、集成管理和项目管理等方面，都是公共危机信息管理的重要主题。

（2）公共管理基础

公共管理是公共行政学的一个分支学科，以经济学、管理学为主导，融合了多学科相关知识和方法，是研究以政府行政组织为核心的各种公共组织管理公共事务的活动及其技术、方法的学问。公共管理可为公共危机信息管理提供理论和实践支持。

在公共管理视域下，公共危机信息具有非排他性和非竞争性特点，属于准公共物品。这意味着政府和公共组织对公共危机信息的提供和管理负有责任，也决定了公共危机管理要坚持信息公开原则，使公众及其他利益相关者了解危机事件真相，并按照政府统一发布的信息以应对危机。鉴于公共危机信息具有不对称、不完全和非均衡等特点，公共决策的理论知识有助于在信息不确定条件下保证危机决策能够快速、准确和有效地实施。公共危机管理过程中的协调联动体现在不同层级政府之间、政府部门之间、政府和社会组织之间形成治理网络，通过有效地沟通和信息交流，整合资源、共同行动，有规律地协同处理公共危机。要有效发挥信息沟通的基础作用，要求不同的公共危机类型、危机管理的不同阶段，以及危机管理组织结构等方面做出相应的变革，这就需要公共组织理论和网络治理理论作为学术支持。如何依托电子（数字）政府，建设公共危机管理平台，并与其进行有效地衔接，需要电子（数字）政府相关理论和实践作为重要参考。

（3）复杂科学基础

复杂科学以复杂适应系统为研究对象，以超越还原论为方法论特征，以揭示和解释复杂系统运行规律为主要任务，以提高人们认识世界、探究世界和改造世界的能力为主要目标的一门"学科互涉"的新兴科学研究形态。从哲学视角看，复杂适应系统理论揭示的"适应性造就复杂性"以及"主体是活的实体"的观点拓展了事物辩证法中有关运动的思想，因此具有重要的方法论意义。

复杂适应系统理论可用于理解公共危机信息管理的复杂性，主要体现在五个方面：公共危机信息本身的复杂性、公共危机中公众心理变化的复杂性、公共危机信息管理流程的复杂性、公共危机信息传播交流的复杂性和公共危机信息系统建设的复杂性。

（4）人工社会基础

人工社会是用于社会分析中计算机模拟的基于特定主体的计算模型，主要涉及复杂系统、涌现、蒙特卡洛方法、计算社会学、多主体系统和演化编程等主题概念，基于代理的建模、模拟和分析方法是其核心方法。人工社会的应用非常广泛，特别是在传染病研究、战争模拟、环境承载力和人口学研究等方面。

人工社会相关理论和方法对公共危机信息管理有重要意义。具体表现为，通过构建公共危机管理的人工社会，可以对涉及范围广，具有罕见性、突然性、多变性等特征，且拥有信息匮乏、环境极端、资源紧张等特殊边界条件的非常规危机事件进行仿真模拟，为危机决策、预案评估、指挥控制、研究成果检验、心理培训等任务提供支持，从而使通过实验方法研究公共危机管理和揭示公共危机信息管理相关规律成为可能。

8.1.4 公共危机信息管理的核心内容

公共危机信息管理涉及一系列针对公共危机信息的管理流程，结合危机管理与信息管理思想，公共危机信息管理的核心内容包括公共危机信息需求分析、公共危机信息准备、公共危机信息检测与预警、公共危机信息分析、公共危机信息传播与利用、公共危机知识管理、公共危机信息管理技术、公共危机信息管理平台与系统构建、公共危机信息灾备等方面。

(1) 公共危机信息需求分析

公共危机信息需求分析是公共危机信息管理的基础，也是开展其他任何公共危机信息管理实践的前提，直接影响公共危机管理效率。可采用问卷与访谈、日记研究、观察法、关键成功因素法等方法，结合危机生命周期、不同类型危机事件、不同利益主体，从多维视角开展公共危机信息需求分析。

(2) 公共危机信息准备

公共危机信息准备是指在危机发生前，为了保护公众生命、财产及环境安全，抵御危机可能带来的冲击，而从事的各种信息资源管理和信息能力建设活动。通过公共危机信息准备，能够确保危机响应和恢复阶段所需要的各类基础信息资源和基础设施的有效配置与动员，从而为高效开展危机响应与危机恢复提供支持。各种危机信息准备措施可帮助政府、社区和公众减少危机带来的后果，最大限度地保护生命、财产、基础设施与环境安全。

(3) 公共危机信息监测与预警

公共危机信息监测与预警，是指在公共危机事件发生前、发生时和发生后的整个生命周期过程中，对相关数据、信息和情报等内容进行收集、分析、处理和利用。运用逻辑推理和科学预测方法，对某些公共危机现象的约束性条件，未来发展趋势和演变规律等做出估计与判断。并面向社会发出确切的危机警示信息，使政府和公众能够提前了解公共危机发展的状况，以便于及时采取针对性的措施和策略，防止或消除公共危机造成的不利后果的一系列活动。

(4) 公共危机信息分析

公共危机信息分析是指对收集、监测到的公共危机相关的数据和信息进行分析，将其转化为行动和决策所需要的知识或情报，是公共危机管理体系的重要组成部分，也是公共危机信息管理的重要环节。公共危机信息分析的代表性内容包括风险信息分析与评估、舆情信息分析和应急决策信息分析等。

(5) 公共危机信息传播与利用

公共危机信息传播与利用是危机管理的直接任务。对公共危机信息管理来说，公共危机信息从产生到传播有其内在规律，特别是在新媒体环境下，公共危机信息的传播呈现出许多新特征，需要重新认识。政府作为公共危机管理的主体和主导力量，其在危机状态下的信息公开至关重要，政府、媒体、公众等利益相关者之间的良好的信息沟通，是有效应对危机的重要保障。探寻公共危机信息传播与利用的机制与规律，有助于实现有效的危机沟通与资源整合，进而基于决策信息的指引成功管控公共危机。

(6) 公共危机知识管理

公共危机知识管理是公共危机信息管理的高级阶段，是指将得到的各种来源的公共危机相关信息转化为知识，并将知识与危机利益相关者联系起来的过程，是对危机知识的正式管理，以便于知识的产生、获取和重用。公共危机知识管理涉及危机知识分类、知识表示、知识存储、知识检索、知识分享、知识更新和知识推理等问题。

(7) 公共危机信息管理技术

公共危机信息管理技术来源于信息技术和信息管理技术，但由于公共危机对信息与信息管理需求的特殊性，公共危机信息管理技术在规划、实施和应用方面有其自身的特点。公共危机信息管理技术包括信息搜集技术、信息处理技术、信息传播技术和信息利用技术。

公共危机信息搜集技术主要包括 Web 主题信息搜集、图像数据获取、GIS 数据挖掘、传感器技术和遥感感测技术等。公共危机信息处理技术主要包括数据库、Web 主题信息分析、数据挖掘和专家系统等技术。公共危机信息传播技术主要侧重于传播渠道，目前最流行的传播方式是网络技术和无线通信技术。公共危机信息利用技术主要指信息可视化技术，如风险地图、信息可视化、视频展示技术等。

(8) 公共危机信息管理平台与系统构建

公共危机信息管理平台涵盖了信息技术和网络技术平台的组件，依据主干网络对所有的信息流完成无缝整合，通过标准化的活动减少危机生命周期的成本。公共危机信息管理平台的特征包括：系统和服务的集成化、完善的通信网络、先进 IT 的应用、达成共识的标准、开放的系统标准。公共危机管理平台的内容包括基础支撑系统、应急管理数据库、综合应用系统等。其中，基础支撑系统主要有应急通信系统、计算机网络系统、视频会议系统、图像接入系统、有线通信系统、无线通信系统。应急管理数据库主要存储和管理包括地理信息的空间与属性数据、社会经济数据、卫生统计数据、遥感数据、地震数据、水利数据以及其他与应急相关的各种类型数据。综合应用系统主要包括综合业务管理系统、预测预警系统、监测监控系统、模拟演练系统、指挥调度系统和应急评估系统等。

(9) 公共危机信息灾备

公共危机信息灾备是指利用有关技术手段和管理手段，在公共危机发生前（公共危机演化为灾难前）、发生过程中（公共危机正在演化为灾难）以及发生后（公共危机已成为灾难事件），对危机相关数据、数据处理系统、网络系统、基础设施、专业技术支持能力和运行管理能力采用全面风险管理、全过程管理和全参与管理。事前进行风险分析、信息备份，事中进行响应救援，事后恢复保障，达到业务连续管理的目的。

可见，公共危机信息灾备面向公共危机，信息灾备的对象是公共危机事件。公共危机管理与灾备管理密不可分。公共危机信息灾备包括信息、信息人员、信息技术、信息基础设施等各种关键信息要素的备份与恢复。

8.2 健康信息管理

健康是指一个人身体没有疾病，而且也不存在任何可能导致疾病的心理、社会和其他方面的问题。随着社会的发展，人们收入的增长，生活水平的提高，公众和社会对健康的关注度大大提高。健康信息是记录、反映个人健康状况的重要信息资源，随着大数据、物联网、5G 等新技术的迅速发展，健康信息呈现来源广、规模大、更新快、价值高、结构多样、共享难等特点。健康信息管理有利于整合卫生资源、节约医疗成本；提高健康服务水平、增强患者满意度；转变医疗服务模式、发展健康管理服务。随着人们总体健康意识的提高，以及全球范围内突发公共卫生事件的频发，健康信息管理已成为备受关注的研究领域。

8.2.1 健康信息管理概述

（1）健康信息管理的内涵

健康信息管理是一个快速发展的新兴研究领域。

郭清认为健康信息管理是健康管理实践活动以及开展健康管理研究的重要组成部分，它是指对健康管理工作中的信息活动的各要素进行合理的计划、组织、协调与控制，以及为实现健康信息资源的充分开发和有效利用所进行的综合管理过程。健康信息管理是围绕健康管理全过程的针对健康管理对象健康信息的从信息采集、存储、传输、分析到利用的一系列活动，是支持健康监测、评估、提供健康咨询和指导以及对健康风险因素进行干预的全面过程的新管理活动。现代健康信息管理通常需要在健康信息技术的支持下，结合健康管理的理念，利用各类综合手段来实现健康信息的合理采集和有效利用。

梅挺认为健康信息管理与信息管理一样，也有广义和狭义之分。狭义的健康信息管理只是对健康信息的管理，广义的则是对健康信息资源的管理。健康信息资源是指人类在医疗健康活动中所积累的与健康相关的信息为核心的各类信息活动要素的集合，不仅仅指健康信息或数据，还包括各种各样的健康信息系统和平台，甚至包括健康信息生产者和管理人员、设备设施和资金等。健康信息管理包括个人健康信息管理、公共健康信息管理和医疗保障信息管理三个方面。健康大数据、智慧医疗、智慧养老是健康信息管理中出现的新技术与新理念。

（2）健康信息源

健康信息源可分为个人信息源、实物信息源、文献信息源、数据库信息源和组织机构信息源。

个人信息源是大量从事医疗健康工作的个人信息即有关各种事物的发展动态信息。如一些医疗健康权威任务，包括行政领导或业务专家等。因为他们的位置、工作性质及个人能力，往往成为健康知识的重要生产者和管理者，所以成为重要的健康信息源。

医疗健康信息采集工作中常用的实物信息源有病例体征、人体组织标本、细胞、血液样品、生物样品、用于科学研究的实验室、医疗健康设备等。实物型健康信息源给人们提供了深入认识事物的物质基础，其主要特点是直观、真实，但也具有一定的隐蔽性，其中可能存在一些潜在的有价值信息，但必须经过深入剖析才能开发出来。

文献信息源是实际中使用最多和最广泛的重要信息源泉，包括各类医疗健康类图书、期刊、索引、学位论文、会议文献、专利文献等。医疗健康研究所需要的信息主要来自文献信息源，可通过图书馆、科技信息中心和档案馆等文献信息部门获取。

数据库信息源是指按照一定方式和结构组织起来的大量医疗健康数据的集合，数据是信息的数字化表现形式，包括数字、文字、声音、图像或多媒体，利用计算机设备对它们进行存储与管理。如存放在区域卫生信息平台数据库中的各类信息源。

组织机构信息源主要指组织机构中的内部信息源。内部组织机构信息源产生组织内部信息，包括各部门在工作中形成的大量有用信息，供相关工作人员分析并应用于决策。如存放于各级各类医疗卫生机构以及健康管理机构内的以卫生信息系统方式存在的病例信息、健康档案信息等。

(3) 健康信息资源管理

健康信息资源是指人类在医疗卫生社会活动中所积累的以与健康相关的信息为核心的各类信息活动要素的集合，主要包括健康信息或数据、健康信息生产者（健康或医学研究者、医务人员、数据收集与处理人员等）、设备与设施（医疗器械、计算机软硬件和网络通信设备等）。健康信息资源是医学科学研究的基础、是临床医疗诊断的依据、是全民健康的保障、是卫生事业管理的支柱。

健康信息资源管理的主要任务是建立健康信息的基础设施，建立健康信息资源管理标准，制定健康信息资源管理的法律、法规和管理条例，健全人口健康信息化重大项目投资管理制度，培养高素质、复合型卫生信息管理人才队伍。健康信息资源管理的重要意义表现在为提高医疗卫生机构和健康体检机构管理绩效提供了新思路，有助于解决卫生部门数据收集存在的无效和混乱问题，有助于解决各卫生部门数据利用率差的问题，为确立信息资源在卫生医疗行业中的战略地位提供了新思路，已成为知识经济时代医疗健康组织文化建设的重要组成部分。

(4) 健康信息管理技术

健康信息管理技术是用于支持健康信息的采集、存储和交换的软硬件和基础设施的产品和系统，并构成规范化、自动化和智能化的支撑平台的信息技术应用的总称，旨在提升健康信息管理质量、减少差错和提高效率，进而为改善人类健康的医学服务提供支持。健康信息管理技术涵盖信息技术在医疗健康领域应用的所有内容，包括医疗卫生信息管理系统、各种医疗和促进健康的仪器设备、各种评估、诊断、治疗和促进的软硬件技术。

目前，常用的健康信息管理技术包括计算机信息系统技术、软件开发技术、互联网与移动互联网技术、物联网技术、"互联网＋"技术、数据库与数据挖掘技术、大数据与云计算技术和区块链技术等。

8.2.2 健康信息管理流程

(1) 健康信息采集

健康信息采集的基本内容包括医疗、公共卫生等层面，涉及内部和外部两大系统，涵盖了开展预防、医疗、保健、康复、健康教育及卫生技术指导等卫生服务活动的各过程产生的主要信息。外部信息主要包括居民健康状况、健康行为、环境状况等方面内容。内部信息主要包括卫生资源、卫生服务、卫生产出和卫生管理等方面的内容。

健康信息采集的内部途径包括管理部门、专业部门和内部信息网络，外部途径包括文献部门、外部信息网络、大众传播媒介、社团组织及学术会议、政府部门、人际交往、健康管理服务对象。健康信息采集方法分为常规方法和非常规方法两种。常规数据采集方法是指通过与医疗保健对象进行接触，由卫生医疗单位负责收集数据，可以在卫生单位内进行，也可通过巡诊、社区、人口登记等方式实现，但这种方式收集到的数据的质量一般不高。非常规数据采集方法是指为某种特殊目的，采用试验或调查的方法获得数据，它既可以是前瞻性的，也可以是回顾性的。例如，对某种药物或保健食品的研究，通过比较干预组与对照组的试验结果，确定预防或诊疗措施的效果与价值。

健康信息采集方式主要分为问卷采集、健康档案录入和电子病历提取三种方式。

问卷调查分为单因素问卷和多因素问卷。单因素问卷是调查单个因素对健康的影响，如肥胖与糖尿病问卷、性行为与艾滋病问卷。多因素问卷为综合问卷，调查整体健康状况或健康的多影响因素，如生活方式与健康。健康问卷是全面、准确、快速进行个人健康风险评估的重要依据。健康问卷的设计应特别关注真实性、私密性和个性化等内容。健康档案录入是指将规范化、标准化处理后的居民健康信息录入到健康档案管理信息系统，是一种重要的健康信息采集方式。电子病历提取是指采用一定的方法、装置和设备，从电子病历中识别、抽取有用的健康信息的过程。

(2) 健康信息存储

现代信息技术环境下，健康信息大多存储在数据库中。数据库是按照数据结构来组织存储和管理数据的仓库。随着信息技术和市场的发展，特别是20世纪90年代以后，数据管理不再仅仅是存储和管理数据，而转变成用户需要的各种数据管理的方式。数据库有很多种类型，从最简单的存储各种数据的表格到能够进行海量数据存储的大型数据库系统都在各个方面得到了广泛地应用。

为了便于健康数据信息的传输和利用。我国针对部分健康信息的存储形成了标准化结构，我国2009年公布了《电子健康档案相关卫生服务基本数据集标准》（共32个数据集，2252个数据元）和《电子病历基本架构与数据标准（试行）》两个标准，便于健康信息存储的进一步规范和完善。

(3) 健康信息核查、整理与更新

无论是人工录入还是机器录入，在健康数据录入后，首先必须对录入的健康数据进行核查，以保证数据的质量。核查数据要重点保证两个方面：数据的精确性和有效性。数据的精确性是数据可用、有用的前提，如果健康信息中出现数据有误，如将患者姓名写错，或药物剂量写错，那结果可能是致命的。数据的有效性也能确保数据的有用性，有效性与数据的取值范围得一致，如人体的体温值不可能为100℃，性别字段中不可能出现"李某"。在信息系统中，可通过指令核查特殊字段的有效性并及时通报异常情况。

健康信息整理是将所获取的健康信息资料分门别类地加以归纳，变成能说明事物的过程或整体。一般分为三步：第一步是根据健康信息资料的性质、内容或特征进行分类；第二步是资料汇编；第三步是资料分析。

健康管理活动具有连续性，因此健康信息需要不断地进行更新。健康信息更新的本质就是将存储于各类卫生服务记录中的有关健康信息加以累积并进行分析。

(4) 健康信息利用

健康信息利用应贯穿健康管理活动的始终，可用于服务人群健康状态的评价、健康风险的评估、疾病的预期诊断与预后判断、健康教育等健康管理服务。健康信息的利用可分为个体和群体层面。

在个体层面，对个人健康信息的收集结果可用来分析、评价其健康状况和健康危险因素，据此，制订有针对性的个人健康管理计划，提出具体的健康改善目标和健康管理指导方案，并针对健康危险因素的发展趋势进行相应的生活行为方式干预指导。还可用来进行健康管理效果的评价，如高血压、糖尿病等慢性病管理有效程度的量化评价。

在群体层面，群体健康信息亦可提供基础数据和结果数据，评价人群健康管理效果，如行为因素流行率、KAB改变率、患病率、生理生化指标达标和未达标比例等，从而促进健康管理工作的完善和发展。作为健康管理者，应学会充分利用个体和群体健康信息，做好准确的健康教育指导和适宜的健康干预工作。

8.2.3 健康信息管理平台

健康信息管理平台可对个体或社会群体实行健康指导干预和综合性健康分析，从而降低疾病风险，减轻个体及社会医疗负担，带来经济效益。同时，通过健康信息管理平台的使用，可对人群大量数据的累积、效果跟踪、统计分析，可服务于科学研究，带来较大的社会效益。

(1) 健康信息管理平台构成

健康信息管理平台由三大功能平台构成，即客户健康管理自主服务、医生健康管理工作互动指导和机构数据分析处理业务工作平台。

客户健康管理自主服务平台可包含健康档案、健康评估、膳食管理、运动管理、压力管理、生活方式管理、健康监测、健康工具、健康资讯、账户管理等模块，客户可以通过这些模块进行注册登录，接入并使用这些模块提供的功能。在医生指导下，降低疾病风险，实现有效的自我健康管理。

医生健康管理工作互动指导平台主要由健康管理档案、健康评估管理、健康干预管理、健康咨询管理、站内消息管理、手机消息管理等功能模块构成，医生可以通过这些模块进行档案编辑、风险疾病评估分析、膳食及运动管理评估、健康监测等，通过制定个性化健康管理方案，实现对客户综合性健康指导和干预。

机构数据分析处理业务工作平台由会员管理、客户管理、数据分析、接口管理、系统管理等功能模块构成，将个体及群体的体检数据与相关信息在后台进行数据分析整理处理，进行科学的疾病风险评估，从而量化健康风险因素、量化健康危险因素，并提供个性化的健康风险管理方案。

(2) 健康信息管理平台服务内容与功能模块

健康信息管理平台服务内容与功能模块主要包括问卷、档案、评估、管理、计划、监测与跟踪、营养与运动处方、效果评价等。

问卷是健康管理过程中用户采集客户健康信息的重要工具，其设计主要结合健康信息管理平台数据分析需要。

健康信息管理平台通过问卷采集、客户上传等方式建立个人健康档案，通过建立数据模型分析个人健康档案，从而形成疾病风险评估和制定健康管理干预方案。

健康信息管理平台的评估模块是基于循证医学研究成果，通过数学建模，进一步开发而成的计算模型，其服务内容主要包括生活方式疾病风险评估、生活方式与心理健康评价、健康管理干预手段评估等。

管理体现在健康信息管理平台通过计算机网络技术与通信技术的智能化结合，对客户进行有效健康管理和干预，最终达到预防和控制慢性疾病的发生和发展，改善个人健康状况的目的。

计划体现在健康信息管理平台为客户制订合理科学、个性化的健康管理计划，主要包括运动、饮食和心理等方面的管理计划和慢性病干预以及就医指导计划等。

监测与跟踪体现在健康信息管理平台对客户资料进行量化处理分析，形成直观发展趋势图，识别引发健康风险的主要因素，然后有针对性地监测跟踪引起疾病风险的指标，如血压、血脂、胆固醇、血糖、甘油三酯等，以及因生活习惯引致的危险指标，如体重、腰围、食物和运动方式等。

营养与运动处方体现在健康信息管理平台根据相关指南和研究成果，利用膳食处方系统和运动处方系统进行分析、调整，为客户制定个性化的膳食处方和运动处方。

效果评价体现在利用健康平台数据化分析，从而得出科学、综合性的健康效果评价，包括膳食习惯总体评价、运动方式总体评价，以及通过管理后的客户健康状况评价，干预前后疾病危险因素对比评价，生活方式评价、疾病发病风险评价等。

(3) 健康信息管理平台实施与管理

健康信息管理平台的实施流程包括客户填写问卷、健康管理师协助客户建立个人完整的健康管理档案、对客户进行专业化和综合性健康评估、为客户制订健康管理计划、健康管理师对客户实施健康干预、对客户阶段性健康管理效果进行综合评价。

健康信息管理平台的管理内容包括质量管理、人员组织管理、资料管理。其中质量管理包括对平台相关软硬件方面的完善，以及根据网络架构、工作任务、性质和有关规定科学编制工作人员，从设施和人员组织上保证健康信息管理平台的服务质量。人员组织管理是为了保障能够利用平台开展健康管理服务，需要配备具有较高医疗水平的医护人员，以及熟悉医疗相关工作且掌握计算机软硬件技术、管理相关知识的综合管理人员。资料管理一方面是对资料的收集、整理、登记、备份等加强管理、合理保管，将客户健康管理资料纳入标准的档案管理工作中。另一方面是对客户资料的保密管理。

8.2.4 健康信息管理的核心内容

(1) 医疗信息管理

医疗信息管理主要是对病历和电子病历的管理，现阶段大多采用电子病历系统和医院信息系统实施电子化管理，可极大地提高医疗信息管理效率，进而提高医护人员工作效率、实现科学化决策、优化就医流程、优化医疗质量。

国家卫计委发布的《电子病历应用管理规范（试行）》提出，电子病历系统是指医疗机构内部支持电子病历信息采集、存储、访问和在线帮助，并围绕提高治疗质量、保障医疗安全、提高医疗效率而提供信息处理和智能化服务的计算机信息系统。根据使用对象和目的的不同，电子病历系统可分为医生电子病历和护理电子病历。

医院信息系统是指利用计算机软硬件技术和网络通信技术等现代化手段，对医院及其所属各部门的人流、物流、资金流和业务流进行综合管理，对在医疗活动各阶段产生的数据进行采集、存储、处理、提取、传输、汇总，加工形成各种信息，从而为医院的整体运行提供全面的自动化管理及各种服务的信息系统。医院信息系统是现代化医院建设中不可或缺的基础设施与支持环境。

(2) 居民健康档案管理

我国卫生部印发的《关于规范城乡居民健康档案管理的指导意见》对健康档案的概念进行了界定，健康档案是医疗卫生机构为城乡居民提供医疗卫生服务过程中的规范记录，是以居民个人健康为核心、贯穿整个生命周期、涵盖各种健康相关因素的系统化文件记录。

1986年，美国学者Weed等人提出了以问题为导向的健康档案记录方式，要求医生在医疗服务中采用以个体健康问题为导向的记录方式，该方式已成为许多国家和地区建立居民健康档案的基本方法。

居民健康档案的内容包括家庭基本信息和个人基本信息、个人生活行为习惯及预防接种情况表、周期性健康体检表、健康评价及处理意见、服务记录和健康问题目录。居民健康档案管理是一项基础性的服务，其目的在于通过连续地更新居民的健康资料后，充分掌握居民健康状况以及变化趋势，为后续实施健康状况的评估和危险因素的干预奠定基础。科学、规范地进行居民健康档案管理主要包括健康档案的建立、保管和使用三个方面。

目前，居民健康档案管理正朝着电子化、系统化方向发展。2016年发布的《"健康中国2030"规划纲要》提出"2030年人人拥有规范化电子健康档案"。电子健康档案系统、健康管理系统已成为重要的居民健康档案管理工具。

(3) 公共健康信息管理

公共健康信息是指公共健康领域中各类疾病预防、职业健康保健、疾病监测的数据采集、登记、存储、统计分析与检索及其管理资料，是指能够被卫生行政管理部门利用的信息。相对而言，这类信息不会具体到某个人，而是反映一个群体的健康状况的信息，卫生管理部门根据这些信息做出相应的行政决策。

公共健康信息管理的主要对象是监测信息和响应信息，监测信息包括疾病监测信息和卫生监测信息，响应信息主要针对医疗救治和政府的指挥决策。公共健康信息管理的具体任务包括公共健康信息的采集、传输、分析、利用和发布等环节。

在公共健康信息管理领域，广泛应用了各类公共健康信息系统，常见的包括疾病预防控制管理信息系统、公共卫生监测信息系统、突发公共卫生事件应急系统、卫生监督信息系统、医疗救治信息系统、社区卫生服务系统等。

在我国，国家健康信息网络在公共健康信息管理中发挥着重要作用。狭义的国家健康信息网络是指在国家层面联通各类医疗卫生服务和管理机构信息系统的物理网络和协议标准；广义的国家健康信息网络是以实现全国健康信息的共享与系统间业务协同为目标，遵循统一的信息标准与功能规范，联通各省、区域健康信息网络的一整套国家健康信息基础设施和在其基础上建立的健康信息系统应用。

(4) 大众健康信息管理

大众健康信息指以保护和促进大众健康为目的而开发、处理、存储传播及利用的各种信息，包括疾病预防诊疗信息、药品信息、医疗资源信息、大众健康政策信息等。大众健康信息通常从大众对医学知识掌握的一般现状出发，用通俗易懂的语言对日常生活中涉及的健康知识予以描述，以便更好地普及健康知识、促进大众健康。

按照大众健康信息的存在形式，常见的可分为大众健康纸介信息、大众健康声像信息、大众健康网络信息、大众健康思维信息。

进行大众健康信息管理，需要了解大众健康信息源及其类型、掌握大众健康信息传播特征与传播模式、识别影响大众健康信息传播效果的因素、有效评价网络大众健康信息质量、提升用户健康信息管理意识与能力。

利用互联网、移动互联网开展网络大众健康信息服务，是满足大众学习健康知识的需求，帮助用户更好地了解自身疾病状况并做出有效医疗决策的重要手段。网络大众健康信息服务主要包括健康信息查询与获取、电子健康信息档案查看与获取、远程医疗信息咨询服务、健康信息监测与预警服务等。

8.3 求职就业信息管理

近年来，逆全球化、国际竞争、突发事件使得就业环境日趋恶化，以高校毕业生为代表的各类求职者在求职就业过程中面临前所未有的挑战。对国家而言，就业是最大的民生工程、民心工程，高校毕业生等求职者能否顺利就业，已经成为全社会普遍关注的焦点问题。大数据时代为求职者搭建了机遇与挑战并存的求职就业信息环境。其中，机遇表现为求职就业相关信息广泛存在于互联网中，只要求职者有求职就业信息需求，总能得到满足；挑战在于求职就业相关信息已充分融入大数据环境，成为巨量数据的一部分，求职者难以快速有效地获取、辨别和筛选有价值的求职就业信息。在此背景下，求职就业信息管理成为重要的信息管理活动。

8.3.1 求职就业信息管理概述

(1) 求职就业信息管理的内涵

结合信息管理的内涵，本书认为求职就业信息管理就是利益相关者应用信息技术和信息管理的原理与方法，结合求职就业活动的特点，对求职就业领域涉及的各类信息资源进行搜集、组织、处理、分析和利用，以满足利益相关者在求职就业活动中的信息需求的活动。

(2) 求职就业信息管理利益相关者

求职就业活动中的利益相关者主要包括求职者、人才培养单位、用人单位、国家及相关政府部门、第三方求职就业服务机构等。对于不同利益相关者，其求职就业信息管理的方式、方法和内容存在差异。

求职者是就业信息的核心用户群，其求职就业信息管理活动主要包括信息搜集、筛选、分析、评价、分享和利用等。大数据时代需要求职者具备较高的求职就业信息素养。人才培养单位最关注其培养的人才能否顺利就业，其求职就业信息管理的首要任务是向本单位求职者分享其收集、整理后的高质量就业信息，同时对求职者在求职就业全过程中产生的各类信息实行组织、规划和控制等职能。用人单位的求职就业信息管理活动主要表现为产生、发布、传播职位信息和用工需求信息，处理求职者应聘信息。国家及相关政府部门将促进就业作为一项重要工程，其在求职就业信息管理活动中起到服务、指导、指挥、监督和领导等作用。第三方求职就业服务机构的主营业务是人力资源服务，其求职就业信息管理活动包括面向社会发布招聘信息、建立求职者与用人单位之间的信息沟通渠道、向求职者提供求职就业培训内容以及其他增值信息服务。

尽管利益相关者从事的信息管理活动各不相同，但最终目的都围绕求职者与工作岗位的便捷、合理和精准匹配，促进高质量就业。

8.3.2 就业信息管理系统

就业信息管理系统是一类服务于求职就业活动的管理信息系统，核心功能是进行求职就业信息的收集、传输、加工、存储、更新、拓展和维护。在实际应用中，不同利益相关者创建和使用不同的就业信息管理系统，大体可分为以下三种。

(1) 人才培养单位就业信息管理系统

在社会信息化高度发达的当下，信息管理系统已成为各类企事业单位的重要基础设施。为了管理求职就业信息，各类人才培养单位纷纷搭建就业信息管理系统。

人才培养单位就业信息管理系统种类较多，也最为常见。例如，以高等学校为代表的人才培养单位高度重视就业指导工作，建设了学生就业信息管理系统、就业信息网（平台）、就业管理服务系统、大学生职业规划系统等，这些系统能够有效链接社会资源与高校信息平台，便于向毕业生、学院和用人单位提供就业信息服务，降低求职就业难度和求职成本。这些系统的功能包括但不限于校园数字化平台的数据共享、就业信息发布与查询、学生毕业去向信息网上登记与管理、就业中心各部门和各学院之间协同工作等。

(2) 国家和地方政府就业信息管理系统

就业是民生之本，是国家发展的基石，也是各级政府的硬任务。近年来，国家和地方政府在稳就业、促就业、保就业方面全力以赴，实行了一系列有效举措。其中，一个重要举措就是搭建就业信息管理系统。

① 国家级就业信息管理系统——就业在线。

2020年7月，我国人力资源社会保障部组织建设了"就业在线"这一国家级招聘求职服务平台。旨在打造全国性一站式就业服务平台，成为汇聚各地、各类人力资源服务机构的"旗舰店"，发挥公共就业人力资源服务机构和经营性人力资源服务机构的作用。就业在线平台具有四大特点：

一是信息全面，汇聚跨地域跨平台的招聘信息。汇聚全国人力资源服务机构信息，形成招聘求职服务总门户、总枢纽。

随着互联网的发展，各地公共性与市场化线上招聘平台遍地开花，在提升就业便捷性的同时，也让求职者与招聘方不得不在多个网站与应用上注册。据有关数据，84.6%的用户使用至少2个招聘APP，17.6%的本科以上用户使用4个及以上招聘APP。这就导致招聘求职需要重复编辑并发布信息，效率大幅降低。"就业在线"平台的推出能够有效解决这一痛点问题，平台汇聚全国各类人力资源服务机构信息，形成招聘求职服务总门户、总枢纽，各类供需信息让用户在一个平台就可以满足需求，降低多地域、多平台招聘求职的成本。

二是国家级就业服务平台，官方推荐机构更权威。采用"平台＋旗舰店"的运营模式，实现对各类招聘求职信息资源的全面汇聚。

"就业在线"采取"平台＋旗舰店"的运营模式，在不改变现有招聘求职平台经营模式的基础上，实现对各类招聘求职信息资源的全面汇聚。更重要的是，入驻平台的服务机构以地方人力资源和社会保障局官方推荐为主，可信程度更高，也保证了发布信息的真实有效。

三是信用加持，打造真实可信的招聘求职环境。利用大数据优势，降低市场供求信息不对称、不透明产生的成本。

由于部分平台对于海量信息的真伪缺乏审核手段，招聘求职市场虚假信息问题一直困扰着招聘求职各方，给各方增加了筛选的难度，增大了信用风险。针对这一问题，"就业在线"平台借助地方人力资源和社会保障局大数据和地方人力资源和社会保障局信用体系优势，对用人单位和求职者进行信用核验，降低市场供求信息不对称、不透明产生的成本，打造真实可信的招聘求职环境，形成阳光透明的招聘求职生态圈。

四是全国性一站式就业服务。整合全国招聘平台，一次注册，即享受一站式全流程服务，招聘求职服务更便捷。

在基本的招聘求职功能之外，开展集约化建设、提供全流程服务，对线上就业平台的发展也具有重要作用。在这一方面，"就业在线"平台整合全国招聘求职平台，一次注册，即可完成岗位发布、简历投递、信息核验、信息推送、入职反馈、服务评价等全流程服务，全面提升平台招聘求职服务便利化水平。

② 国家级就业信息管理系统——国家24365大学生就业服务平台。

2022年3月，国家24365大学生就业服务平台上线，该平台是由教育部主管、教育部学生服务与素质发展中心（原全国高等学校学生信息咨询与就业指导中心）运营，服务于高校毕业生及用人单位的公共就业服务平台。平台通过打造24小时、365天"全时化、智能化"平台，为毕业生和用人单位提供更优质的"互联网＋就业"服务，完善高校毕业生市场化社会化就业机制，促进毕业生更加充分更高质量就业。

平台是教育系统及有关部门开展高校毕业生就业服务、就业指导与就业管理的综合性平台。平台有PC端和手机端，主要提供以下服务内容：

一是面向高校毕业生。高校毕业生是平台的主要服务对象。围绕毕业生在求职就业过程中的所需所求，平台主要提供求职服务、就业指导、重点引导等服务。求职服务方面，毕业生可在线进行就业意愿登记、简历填写、职位检索等，获取职位推荐、专场招聘、网上签约等服务。就业指导方面，平台为毕业生提供生涯规划课程、学业与职业指南、师兄师姐去哪儿查询、就业培训、职业测评等，帮助毕业生明确目标、树立信心，提升求职技能和就业能力。重点引导方面，毕业生可根据自己的职业规划和求职意愿，获取基层项目、重点领域就业等多方面的信息服务。

二是面向用人单位。用人单位在平台注册后，可便捷地参加招聘活动，发布岗位信息、筛选简历，与毕业生线上互动，达成意向后可直接网上签约；也可通过平台查询生源信息，了解意向学校和专业的毕业生总体情况。

三是面向就业战线。地方教育部门和高校通过平台可动态监测就业进展，调查和分析就业形势。全国6万余名毕业班辅导员和2万余名就业工作人员，全部在平台注册，教育部和省级教育行政部门的工作部署可一键直达，实现扁平化管理。

四是面向公众及所有用户。平台提供大量政策资讯、工作动态、高校就业质量报告等信息，用户也可通过平台链接到各地和高校的就业网站以及主要的社会招聘平台。

③ 地方政府就业信息管理系统。

除了国家级就业信息管理系统，地方政府部门也积极建设就业信息管理系统。

2020年10月，上海市上线了高校就业综合服务和管理平台，旨在提供求职招聘、就业见习、职业指导、政策归集等多元化就业信息服务，促进高校毕业生和用人单位高效对接。该平台的特色和亮点有以下5个：一是精选岗位信息，平台依托上海市人力资源和社会保障局官网"上海公共招聘"栏目的招聘岗位，开设"岗位速递"专区，汇集面向高校毕业生的优质招聘信息；二是特色专场招聘活动，推出热门行业招聘专场，精准对接各专业大学生求职需求；三是就业见习，归集面向高校毕业生见习岗位，发布上海市见习服务经办机构清单供求职者查询；四是职业指导，精选由上海市首席和职业指导师精心录制的职业指导线上微课，课程内容聚焦面试技巧、简历制作、职业探索、求知心理等方面的内容，帮助在校学生和初入职场的求职者切实提升求职技巧；五是政策归集，设立政策专栏，汇集近年出台、面向高校毕业生的就业创业政策文件，方便政策索引，提高办事效率。

为了加强毕业生就业信息化建设，推动就业统计规范化、标准化，有效整合就业资源，优化工作流程，提高工作效率，陕西省于2019年全面启用陕西省大学生就业管理服务系统，该系统基于学生信息库、高校信息库、招聘单位库，集成就业、招聘信息并通过对接各在线应用，给学生、用人单位、高校及社会公众提供信息共享、交流、统计分析及业务服务的综合网络信息平台。

2021年，海南省人力资源和社会保障厅联合中国联通大数据团队开发了海南省智慧就业全口径动态信息监测系统，为广大求职者提供"精准导航"。打开海南智慧就业全口径动态信息监测系统，海南全省的就业人口信息、就业分布区域、园区就业、农民工、高校毕业生和灵活就业的多项数据都有具体的显示。该系统不仅能对全省就业的规模及对比变化情况开展监测分析，还能通过对城乡就业人口、务农人口等群体的规模统计和对比分析；对重点园区就业规模、就业饱和度等量化对比分析；对农民工、高校毕业生等重点群体流动迁徙、来源地等数据监测分析，合理有序推动重点群体就业。此外，该系统还开发了灵活就业板块，实现网约车司机、外卖小哥、快递员等为代表的灵活就业人群就业规模跟踪监测。

(3) 第三方就业信息服务平台

在用人单位与求职者双方市场需求的加持下，特别是在高校毕业生人数屡创新高的背景下，第三方就业信息服务平台的应用越来越普遍，迎来了重要发展机遇。国内知名第三方就业信息服务平台有智联招聘、前程无忧、BOSS直聘网、猎聘网、58同城和赶集网等。

第三方就业信息服务平台以提供职位信息为核心业务，兼顾其他求职就业增值信息服务。如前程无忧的服务项目包括职位信息库、个性化职位搜索、个人简历管理、职位招聘信息订阅、职场信息订阅、应聘筛选及信件自动回复、招聘流程管理和简历库查询等。智联招聘为求职者提供三类产品，分别是测评，即构建人才测评数据库，旨在让求职者了解自己；网络招聘，即提供职位信息，旨在告诉求职者他们能干什么；教育培训，即为广大求职者提供培训课程，旨在指导求职者提升自身能力。

然而，第三方就业信息服务平台的粗放式发展也暴露出了一些突出问题，如简历泄露、虚假职位信息、虚假待遇信息、招聘诈骗和反馈速度慢等。求职者在使用第三方就业信息服务平台时，应当具备信息甄别力、信息安全意识和反诈骗意识，并时刻保持警惕。

8.3.3 求职就业信息行为

求职就业信息行为是求职者从事信息管理活动的具体表现，目前学术界主要关注求职就业信息搜寻行为、获取行为和采纳行为。

(1) 求职就业信息搜寻行为

求职就业信息搜寻是信息搜寻的重要应用领域，贯穿了求职者的整个求职过程，高效的求职就业信息搜寻对于求职就业的顺利完成具有关键作用。求职就业信息搜寻行为受到学者关注。Shuva 考察了加拿大孟加拉国移民的就业信息搜寻行为，发现孟加拉国移民利用各种信息源在加拿大就业，包括朋友和同事、在线搜索和移民机构。尽管孟加拉国移民利用大量信息源满足其与就业信息需求，但许多采访参与者强调，他们获得就业相关福利是因为他们能接触到加拿大的朋友和同事。调查结果与采访结果一致，"加拿大朋友和同事"这一信息来源的使用与移民的职业状况存在显著正向关联。

李月琳和闫希敏探讨了大学生的就业信息搜寻行为，重点探讨他们在搜寻就业信息时使用的信息源、使用特点及选择原因。研究发现，大学毕业生使用的就业信息搜寻渠道包括两大类，第一类是网络信息源，如学校就业指导中心网站、校园BBS、招聘网站、用人单位官网、社交网络等；第二类是线下信息源，包括校园宣讲会和校园招聘会、社会实践和实习、社会关系等。大学生在选择不同的就业信息源时主要从信息质量、信息数量、时间因素、反馈效率、成本、外部推力等维度考虑，并基于一定的标准。大学毕业生使用单一信息渠道的比例较低，综合使用多个搜寻渠道以互补是主要的就业信息获取方式。他们还发现搜寻渠道、工作初衷（主动/被动/其他）、工作预期、社会资本、家庭影响、男/女朋友影响等六个因素显著影响大学毕业生的就业信息搜寻成本。

范哲探索了不同求职情境下信息搜寻行为的影响因素，研究发现在求职预备期，求职者首要考虑信息感知有用性和信源真实性，同时，求职渠道有用性在搜寻行为发生中具有必要性，大多数求职者选择了官方的求职渠道，如官方求职招聘平台、企业招聘和线下招聘；在求职行动期，求职渠道有用性仍然是搜寻行为发生的必要条件，因而求职者的渠道选择比例分布与预备期相似，搜寻渠道仍以线上官方或企业招聘、线下招聘为主；在求职受挫情境下，求职者重视平台搜寻效能，即希望通过各渠道信息及时满足自身的就业需求，从渠道选择分布中发现，官方渠道与社交媒体使用比例差距不大。

(2) 求职就业信息获取行为

在求职者求职就业过程中，求职就业信息获取是开始环节，同时也是关键的环节，求职就业信息获取渠道的选择，以及获取到的信息的质量对求职者顺利就业有重要影响。张世虎和顾海英考察了信息渠道变革引致乡村居民多样化高质量就业的逻辑，发现与报纸、期刊等传统信息获取渠道相比，互联网的使用可以显著提升乡村居民选择非农就业的概率。文章还发现控制了就业类型后，互联网的使用与乡村居民就业收入与就业满意度之间显著正相关。互联网的普及应用通过提升乡村居民的就业信息获取能力，有效扭转了存在于乡村居民群体中的风险厌恶意识，使之内生出主动求变的思想自觉，引致了内因驱动的多样化就业，而这种内生的就业选择其就业质量也更高。

Mowbray 和 Hall 发现年轻人在求职过程中从人际关系网络中获取不同类型的就业信息，频繁的人际交互与积极的求职结果相关。在与家人、熟人和雇主交往时尤其如此。然而，由于存在缺乏信心或意识等问题，很少有年轻人在求职时充分利用他们的社交关系。

郭宝付和商应美调查了 2014 届大学毕业生的求职行为，发现求职信息的质量和准确性是大学生在获取就业信息时的核心关注因素。学校组织的招聘会和发布的就业信息、专业化的招聘求职网站是大学毕业生成功求职的最主要信息获取渠道。其中，半数以上的大学生是通过学校组织的招聘会和发布的就业信息、其他高校的招聘会和招聘信息、校方直接推荐在内的信息渠道求职成功的，这表明高校建立的求职就业主渠道作用显著。专科大学生除利用学校资源落实工作外，还会更多地利用家庭资源或其他社会关系，而普通本科院校大学生通过实习的渠道来落实工作岗位的情况显著高于其他层次院校。同时，半数以上的大学生在获取就业信息时重点关注信息质量和信息准确性，而就业信息更新频率的高低、获取难易程度以及信息数量的多少，则不是关键影响因素。

刘济群等在安徽省东至县开展田野调查，研究了新生代农民工就业信息获取行为中的内部社会资本现象。他们发现新生代农民工在初次获取就业信息时，更倾向于借助亲戚和朋友等强联系带来的社会资本，即内部社会资本；家庭中社会网络的密集程度、内部社会资本的存量显著地影响新生代农民工就业信息获取渠道的选择；直系亲属都是农民的家庭和具有非农职业的家庭，其家中的新生代农民工在就业信息渠道的选择、就业类型、职业待遇和自由度方面也有差别，后者在各个方面都优于前者。其中，存在村委会干部、零售业、承包商等职业的家庭，其丰富的内部社会资本明显优化了家中新生代农民工获取就业信息的社会资本条件；由于家庭中有效内部社会资本的缺乏，部分新生代农民工在农村中尝试了通过手机网络和电脑网络获取就业信息，并成功实现了就业；村委会在提供就业信息时，也是依赖于村委会成员私人关系、村委会联系同乡关系等方式来间接地引入就业信息，而不是像网络那样，作为弱化内部社会资本作用的公共就业信息服务平台而存在。由职业特征不同而产生社会网络密度、社会交际圈，以至于内部社会资本上的差距，在一定程度上是不可避免的，但如果没有有效的公共就业信息平台，这种内部社会资本的差距就会被复制到新生代农民工的就业信息获取过程中，甚至会被复制到农民信息获取的方方面面。

（3）求职就业信息采纳行为

求职就业信息采纳与传统信息搜索活动中的信息采纳机理存在差异，在求职过程中，需要求职者基于获得的信息与自身求职需求建立连接，判断信息采纳与否，并将采纳的有效、有用信息用于指导求职活动，进而不断修正、调整求职就业信息搜寻策略。

范哲等考察了高校学生求职搜寻中信息的采纳行为，发现高校学生对于信息采纳的自我认知和渠道认知水平中等。表现为大四、大五学生对求职的迫切程度和信息需求情况相对较高，对搜寻渠道和功能的使用频次、主动查找信息的意识也相对高于其他年级，说明对信息的需求迫切程度一定程度上促进了高校学生主动进行信息搜寻活动，从而提升了其关于求职的认知。就信息采纳自我认知而言，多数高校学生具备主动去查找信息的意识并具有熟练使用搜索引擎等工具的信息技能和评估利用信息的能力,但在明确表达自己所需的信息方面相对较弱。从信息采纳渠道认知角度看,高校学生主要集中于通过校内招聘会等线下渠道获取求职信息,对于大街网等交互式的招聘网站熟悉度和使用程度都比较低,使用求职搜寻渠道的搜索浏览交互等功能进行求职搜寻的意识也相对较弱。研究还发现高校学生就业信息采纳的态度形成与搜寻目的相关,检验评价标准多元;采纳的具体行为集中,采纳类型因搜寻情境呈现多样化。

本 章 小 结

本章结合公共危机、医疗健康、求职就业等典型情境,研究了对应情境下的信息管理问题,其目的是进一步拓展信息管理理论的研究深度,发挥信息和信息管理在公共危机管理、医疗健康管理、求职就业等重要活动或事项中的作用,助力减少公共危机带来的危害、提升医疗健康管理水平和求职就业效率。

思 考 题

1. 公共危机信息管理的内涵是什么?
2. 简述公共危机信息管理的 EPFMS 框架。
3. 公共危机信息管理借鉴了哪些学科的理论?
4. 公共危机信息监测与预警的作用是什么?
5. 什么是健康信息管理?
6. 健康信息管理的流程是什么?
7. 居民健康档案包括哪些内容?
8. 求职就业信息管理的内涵是什么?
9. 就业管理信息系统的作用是什么?
10. 常见的求职就业信息行为有哪些?

参 考 文 献

[1] 郭秋萍,赵静,任红娟.信息管理学[M].2版.北京:化学工业出版社,2017.
[2] 钟义信.信息科学原理[M].5版.北京:北京邮电大学出版社,2013.
[3] 中国社会科学院语言研究所词典编辑室.现代汉语词典[M].北京:商务印书馆,1996.
[4] 钟义信.高等人工智能原理[M].北京:科学出版社,2013.
[5] 张广钦.信息管理教程[M].北京:清华大学出版社,2005.
[6] 岳剑波.信息管理概论[M].北京:清华大学出版社,1999.
[7] 孟广均.信息资源管理导论[M].北京:科学出版社,2003.
[8] 严怡民.情报学概论[M].武汉:武汉大学出版社,1996.
[9] 杨善林.信息管理学[M].北京:高等教育出版社,2003.
[10] 孙建军.信息资源管理概论[M].南京:东南大学出版社,2003.
[11] 肖明.信息资源管理[M].北京:电子工业出版社,2002.
[12] 马费成等.信息资源管理[M].武汉:武汉大学出版社,2001.
[13] 马费成等.信息管理学基础[M].武汉:武汉大学出版社,2004.
[14] 马费成等.信息资源管理[M].武汉:武汉大学出版社,2004.
[15] 谭祥金,党跃武.信息管理导论[M].北京:高等教育出版社,2000.
[16] 卢泰宏,沙勇忠.信息资源管理[M].兰州:兰州大学出版社,1998.
[17] 谢阳群.信息资源管理[M].合肥:安徽大学出版社,1999.
[18] 宋克振,张凯.信息管理导论[M].北京:清华大学出版社,2005.
[19] 胡昌平.信息管理科学导论[M].北京:高等教育出版社,2001.
[20] 娄策群.信息管理学基础[M].北京:科学出版社,2009.
[21] 柯平.信息管理概论[M].北京:科学出版社,2005.
[22] 柯平.信息管理概论[M].2版.北京:科学出版社,2007.
[23] Jiawei Han, Micheline Kamber著.数据挖掘概念和方法[M].范明,孟小峰译.北京:机械工业出版社,2004.
[24] 刘鹏.云计算[M].北京:中国工信出版集团,2016.
[25] 张玉宏.品味大数据[M].北京:北京大学出版社,2016.
[26] 李衍达等.信息科学技术概论[M].北京:清华大学出版社,2005.
[27] 陈述彭.地球信息科学[M].北京:高等教育出版社,2007.
[28] 高文,刘峰,黄铁军.数字图书馆原理与技术实现[M].北京:清华大学出版社,2000.
[29] 谈宁.智慧用人[M].北京:中国城市出版社,2000.
[30] 克里斯·安德森.长尾理论[M].乔江涛,石晓燕译.北京:中信出版社,2006.
[31] 邱均平.信息计量学[M].武汉:武汉大学出版社,2007.
[32] 王明明.信息管理学概论[M].北京:首都经济贸易大学出版社,2007.
[33] 杜栋.信息管理学教程[M].2版.北京:清华大学出版社,2004.
[34] 周宁.信息组织[M].2版.武汉:武汉大学出版社,2004.
[35] 胡昌平,乔欢.信息服务与用户[M].武汉:武汉大学出版社,2001.
[36] 张晓林.信息管理学研究方法[M].成都:四川大学出版社,2004.
[37] 滕佳东.信息管理学教程[M].大连:东北财经大学出版社,2005.
[38] 陈庄等.信息资源组织与管理[M].北京:清华大学出版社,2005.
[39] 马张华.信息组织[M].北京:清华大学出版社,2008.
[40] 冷伏海.信息组织概论[M].北京:科学出版社,2003.
[41] 周宁等.信息组织[M].武汉:武汉大学出版社,2004.
[42] 卢小宾,李景峰.信息检索[M].北京:科学出版社,2003.
[43] 卢小宾.信息分析[M].北京:科学技术文献出版社,2008.
[44] 冯慧玲,王立清.信息检索教程[M].北京:中国人民大学出版社,2004.
[45] 戴维民.信息组织[M].北京:高等教育出版社,2004.
[46] 孙更新.文献信息编目[M].武汉:武汉大学出版社,2006.
[47] 党跃武等.信息管理导论[M].北京:高等教育出版社,2006.
[48] 游春山,狄九凤.信息资源管理[M].北京:中央文献出版社,2004.
[49] 张凯,宋克振,周朴雄.信息资源管理[M].北京:清华大学出版社,2005.
[50] 陈庄,刘加伶,成卫.信息资源组织与管理[M].北京:清华大学出版社,2005.

[51]　查先进. 信息分析与预测 [M]. 武汉：武汉大学出版社，2008.
[52]　常广庶，盛吉虎. 信息系统规划与企业电子商务 [M]. 西安：西北工业大学出版社，2006.
[53]　易荣华. 管理信息系统 [M]. 北京：高等教育出版社，2001.
[54]　吴齐林. 管理信息系统新编 [M]. 西安：西北工业大学出版社，2007.
[55]　李代平. 信息系统分析与设计 [M]. 北京：冶金工业出版社，2006.
[56]　王超湘. 现代图书馆与信息资源共建共享导论 [M]. 北京：北京燕山出版社，2004.
[57]　靖继鹏. 信息经济学 [M]. 北京：清华大学出版社，2004.
[58]　马费成. 信息经济学 [M]. 武汉：武汉大学出版社，1999.
[59]　罗曼. 信息政策 [M]. 北京：科学出版社，2005.
[60]　张凯等. 信息资源管理 [M]. 北京：清华大学出版社，2005.
[61]　裴成发. 信息资源管理 [M]. 北京：科学出版社，2008.
[62]　赵泉. 信息管理基础 [M]. 北京：机械工业出版社，2003.
[63]　杜佳. 国家信息政策法规体系研究 [M]. 北京：北京图书馆出版社，2005.
[64]　孟广均等. 信息资源管理导论 [M]. 北京：科学出版社，2004.
[65]　胡昌平等. 信息资源管理原理 [M]. 武汉：武汉大学出版社，2008.
[66]　杨志芳. 信息管理基础 [M]. 西安：西安交通大学出版社，2008.
[67]　宋克振等. 信息管理导论 [M]. 北京：清华大学出版社，2006.
[68]　金朝崇. 信息管理概论 [M]. 天津：天津大学出版社，2009.
[69]　司有和. 信息管理学通论 [M]. 北京：机械工业出版社，2009.
[70]　卡尔·斯威比. 知识型企业的管理 [M]. 梁立新译. 北京：海洋出版社，2002：1-72.
[71]　阿尔文·托夫勒. 第三次浪潮 [M]. 黄明坚译. 北京：中信出版社，2006：126.
[72]　马谦杰，于奉海. 信息资源评价理论与方法 [M]. 北京：经济科学出版社，2002；177.
[73]　彼得 F 德鲁克. 知识管理 [M]. 杨开峰译. 北京：中国人民大学出版社，1999：1-17.
[74]　野中郁次郎. 知识管理 [M]. 杨开峰译. 北京：中国人民大学出版社，1999：18-39.
[75]　托马斯 H 达文波特. 信息管理 [M]. 吕传俊等译. 北京：中国社会科学出版社，2002：160-164.
[76]　野中郁茨郎. 知识创新型企业，哈佛商业评论—知识管理 [M]. 北京：中国人民大学出版社，1999：18-39.
[77]　金吾伦. 知识管理—知识社会的新管理模式 [M]. 昆明：云南人民出版社，2000：4-10.
[78]　许国志. 系统科学与工程研究 [M]. 上海：上海科技教育出版社，2000：381-393.
[79]　蒋录全. 信息生态与社会和持续发展 [M]. 北京：北京图书馆出版社，2003：18.
[80]　钱俊生，余谋昌. 生态哲学 [M]. 北京：中共中央党校出版社，2004：2.
[81]　刘亚峰. 电子商务概论 [M]. 北京：机械工业出版社，2007.
[82]　曹彩杰，高彩霞. 电子商务案例分析 [M]. 大连：大连理工大学出版社，2007.
[83]　刘焕成. 电子政务信息资源管理 [M]. 香港：香港天马图书有限公司，2003.
[84]　刘廷元. 信息科学和信息学：历史与发展、区别与统一 [J]. 中国基础科学，2005，(6).
[85]　梁战平. 情报学若干问题辨析 [J]. 情报理论与实践，2003，(3).
[86]　刘旭晖. 从"信息≠信息资源"看信息素养培育 [J]. 图书馆学刊，2007，(4).
[87]　姜放放. 浅谈信息管理与管理学的关系 [J]. 中国科教博览，2004，(10).
[88]　涂承胜. Web 挖掘研究综述 [J]. 计算机工程与应用，2003，(10).
[89]　张勤. 情报学理论研究视野及模式 [J]. 探讨图书情报知识，2004，(2)：7-11.
[90]　马费成. 情报学的进展与深化 [J]. 情报学报，1996，(5).
[91]　符福桓. 论情报学体系结构的形成、演化与发展研究 [J]. 情报科学，2003，(12)：1233-1239.
[92]　李伟超，王兰敬. 知识资源共享的相关技术及检索 [J]. 图书馆学、信息科学、资料工作，2003，(11)：143-147.
[93]　杜也力. 我国关于知识组织的研究述评 [J]. 中国图书馆学报，2002，(5)：66-69.
[94]　蒋永福. 论知识组织 [J]. 图书情报工作，2000，(6).
[95]　邱均平等. 论数字图书馆的知识管理 [J]. 情报资料工作，2001，(5).
[96]　司莉等. 网络信息资源组织与目录学的创新和发展 [J]. 图书情报工作，2001，(9).
[97]　柳晓春，左少凝. 知识组织与网络资源分类的现状与展望 [J]. 高校图书馆工作，2001，(4).
[98]　叶鹰. 试论情报学的三大重点研究领域 [J]. 图书情报知识，2003，(6)：2-5.
[99]　吴柏林. 信息技术及其应用 [M]. 上海：复旦大学出版社，2004.
[100]　雷春明，焦玉英. Web 页面信息检索智能代理模式研究 [J]. 现代图书情报技术，2001，(3)：30-32.
[101]　张晓林. 基于 XML 的信息组织与处理：应用技术 [J]. 情报科学，2001，(9)：964-971，983.
[102]　李国杰. "十五"期间信息产业几个可能的增长点 [J]. 计算机学报，2002，25 (2).

[103] 刘伟成，焦玉英. 网络信息过滤的方法与相关技术研究［J］. 现代图书情报技术，2002，(3)：48-50.
[104] 邱均平，黄晓斌. 网络用户使用纪录的计量分析［J］. 现代图书情报技术，2002，(5)：50-55.
[105] 梁秋春. 知识管理在信息分析中的应用探讨［J］. 现代情报，2010，(30)：23-24.
[106] 王成云. 谈谈德尔菲法在信息预测中的应用［J］. 松辽学刊：社会科学版，1994，(3)：110-111.
[107] 严亚兰. 因特网上信息分析与数据挖掘［J］. 图书情报工作，2000，(7)：34-35.
[108] 董香梅. 浅析我国信息分析活动现状及其发展对策［J］. 现代情报，2005，(9)：67-68.
[109] 程萍. 谈图书馆信息分析与预测［J］. 科技与信息，2009，(15)：762-763.
[110] 戴曦. 信息用户研究［J］. 四川图书馆学报，2000，(6)：41-45.
[111] 吴东敏. 针对信息用户需求提供有效信息［J］. 现代情报，2002，(2)：60-61.
[112] 崔春莎. 浅谈以用户为导向的信息需求分析［J］. 现代情报，2004，(9)：175-179.
[113] 张立新. 网络环境下图书馆用户需求研究［J］. 哈尔滨市委党校学报，2005，(4)：91-92.
[114] 于春莉. 高校图书馆为地区产业提供信息服务的现状分析与对策［J］. 现代情报，2005，(1)：30-31.
[115] 蓝小清. 用户信息需求研究分析［J］. 科技情报开发与经济，2006，(17)：94-95.
[116] 夏晓慧. 网络环境下用户信息需求的分析研究［J］. 农业图书情报学刊，2006，(1)：53-56.
[117] 郭万召. 高校图书馆为政府提供信息服务浅析［J］. 图书馆论坛，2006，(5)：203-205.
[118] 孙先民，李莉霞. 核心竞争力—我国信息服务业发展的战略选择［J］. 商业研究，2002，(10)：147-149.
[119] 罗曼. 网络环境下的信息服务［J］. 中国信息导报，1997，(2)：15-16.
[120] 高洁. 网络环境下的市场信息服务［J］. 情报科学，1999，(2)：148-152.
[121] 余胜泉，何克抗. 基于 Internet 的学习模式. 中国电化教育，1998，(4)：4-6.
[122] 黄义侠. 国外个人信息管理中信息检索方法分析［J］. 现代情报，2007，(9)：61-63.
[123] 陈风思. 信息时代的个人信息管理［J］. 软件工程师，2006，(5)：21-24.
[124] 臧国全. 适合构建个人数字图书馆的全文数据库软件评析［J］. 情报学报，2003，(2)：59-64.
[125] 李克东. 数字化学习，(上) —信息技术与课程整合的核心［J］. 电化教育研究，2001，(8)：46-49.
[126] 罗忠民，陈楚君. E-learning 定义与特征研究［J］. 外语教学，2005，(3)：60-64.
[127] 秦铁辉等. 知识管理态势下情报学研究内容的变化［J］. 图书情报工作，2005，(3)：13-17.
[128] 周淑云. 知识管理的新发展——知识网格［J］. 图书馆论坛，2006，(1).
[129] 孙成江，吴正荆. 知识管理与网络信息知识服务［J］. 情报资料工作，2002，(4)：10-12.
[130] 温有奎，赖伯年. 网格技术将推动知识管理革命［J］. 情报学报，2004，(1)：124-128.
[131] 盛小平. 国内知识管理研究综述［J］. 中国图书馆学报，2002，(3)：60-64.
[132] 盛小平，曾翠. 知识管理的理论基础［J］. 中国图书馆学报，2010，(5)：14-22.
[133] 周晓英. 信息构建 (IA) —情报学研究的新热点［J］. 情报资料工作，2002，(5).
[134] 刘多兰. 信息构建对情报学研究的启示［J］. 情报杂志，2003，(3).
[135] 荣毅虹，梁战平. 论信息构建的三个基本问题［J］. 中国图书馆学报，2004，(6)：5-8，12.
[136] 周晓英. 论信息构建对情报学的影响［J］. 情报理论与实践，2003，(6)：481-486.
[137] 张新民，梁战平. 论知识管理和信息构建［J］. 情报理论与实践，2003，(5)：400-405.
[138] 顾敏. 知识管理与知识领航：新世纪图书馆学门的战略使命［J］. 图书情报工作，2001，(5)：7-12，16.
[139] 邱均平，段宇锋. 论知识管理与竞争情报［J］. 图书情报工作，2000，(4)：11-14.
[140] 李培. 论组织的信息战略［J］. 图书情报工作，2000，(3)：12-14.
[141] 柯平. 论知识管理［J］. 郑州大学学报：哲社版，2001，11 (6)：132-136.
[142] 白波，张晓玫. 关于知识管理的几个理论问题［J］. 图书情报工作，2001，(8)：20-23.
[143] 丁蔚. 从信息管理到知识管理. 情报学报，2000，(2)：124-129.
[144] 罗曼. 网络环境下的信息服务［J］. 中国信息导报，1997，(2)：15-16.
[145] 高洁. 网络环境下的市场信息服务［J］. 情报科学，1999，(2)：148-152.
[146] 谢立虹. 网络空间中的信息生态问题［J］. 图书馆，2000，(2)：11-13，24.
[147] 孟瑞玲. 信息生态的失调与对策分析［J］. 农业图书情报学刊，2006，(8)：127-129.
[148] 周庆山等. 信息生态学的研究概况及术语界定［J］. 图书与情报，2006，(6)：24-29.
[149] 李美娣. 信息生态系统的剖析［J］. 情报杂志，1998，(4)：3-5.
[150] 王韬等. 信息生态系统的多主体 (Agent) 交互模型［J］. 第九届中国化工学会信息技术化工应用年会，2003.10.28.
[151] 程霞. 信息构建对网络信息生态系统的影响研究［J］. 情报杂志，2006，(5)：102-104.
[152] 娄赤刚. 信息生态系统中的信息组织协同［J］. 农村经济与科技，2007，(8)：68-69.
[153] 郭日生. 中国可持续发展信息共享现状和展望［J］. 中国人口·资源与环境，2001，(2)：119-121.

[154] 黎明. 论信息 [J]. 中国社会科学, 1984, (4): 14-27.
[155] 黄晓斌, 钟辉新. 大数据时代企业竞争情报研究的创新与发展 [J]. 图书与情报, 2016, (6): 9-14.
[156] 方骏, 方云, 肖杰. 数据挖掘的工业标准的现状和展望 [J]. 计算机应用研究, 2004, 21 (6): 8-10.
[157] 宋立荣. 网络信息共享环境下信息质量约束的理论思考 [J]. 情报科学, 2010, (4): 501-506.
[158] 霍国庆. 信息主管与战略信息管理 [D]. 北京: 中国科学院文献情报中心, 1999.
[159] 周晓英. 基于信息理解的信息构建 [D]. 北京: 北京大学, 2003.
[160] 周民. 信息资源整合与价值管理 [D]. 北京: 中国海洋大学, 2003.
[161] 王明亮. 信息资源的高度共享境界与知识服务的产业化 [N]. 光明日报, 2002.3.8.
[162] 国家标准化管理委员会、国务院信息化办公室. 电子政务标准化指南 (内部资料) [S]. 2002.
[163] Stuart Russell. 人工智能: 一种现代方法 [M]. 姜哲, 金奕江, 张敏, 等译. 北京: 人民邮电出版社, 2010.
[164] 腾讯研究院, 中国信息通信研究院互联网法律研究中心, 腾讯 AI Lab, 腾讯开放平台. 人工智能 [M]. 北京: 中国人民大学出版社, 2017.
[165] 长铗, 韩锋, 杨涛. 区块链: 从数字货币到信用社会 [M]. 北京: 中信出版社, 2016.
[166] 沙勇忠, 等. 公共危机信息管理 [M]. 北京: 中国社会科学出版社, 2014.
[167] 郭清. 健康管理学 [M]. 北京: 人民卫生出版社, 2015.
[168] 梅挺. 健康信息管理 [M]. 北京: 人民卫生出版社, 2020.
[169] 林嘉琳. 中国首例人工智能生成内容著作权争议与前瞻分析 [J]. 新闻爱好者, 2019 (12): 54-56.
[170] 王迁. 论人工智能生成的内容在著作权法中的定性 [J]. 法律科学 (西北政法大学学报), 2017, 35 (5): 148-155.
[171] 陈虎. 论人工智能生成内容的可版权性——以我国著作权法语境中的独创性为中心进行考察 [J]. 情报杂志, 2020, 39 (5): 149-153, 128.
[172] 翟振明, 彭晓芸. "强人工智能" 将如何改变世界——人工智能的技术飞跃与应用伦理前瞻 [J]. 人民论坛·学术前沿, 2016 (7): 22-33.
[173] 莫宏伟. 强人工智能与弱人工智能的伦理问题思考 [J]. 科学与社会, 2018, 8 (1): 14-24.
[174] 徐英瑾, 陈萌. 人工智能如何 "说人话"? ——对于自然语言处理研究的哲学反思 [J]. 自然辩证法通讯, 2022, 44 (1): 10-19.
[175] 孙海琴, 李可欣, 陆嘉威. 人工智能赋能语音识别与翻译技术对同声传译的影响: 实验与启示 [J]. 外语电化教学, 2021 (06): 12, 75-80, 86.
[176] 卢宏涛, 张秦川. 深度卷积神经网络在计算机视觉中的应用研究综述 [J]. 数据采集与处理, 2016, 31 (1): 1-17.
[177] 周源, 张超, 唐杰, 等. 基于主题变迁的领域发展路径智能化识别——以人工智能为例 [J]. 图书情报工作, 2018, 62 (14): 62-71.
[178] 何清, 李宁, 罗文娟, 等. 大数据下的机器学习算法综述 [J]. 模式识别与人工智能, 2014, 27 (4): 327-336.
[179] 郭丽丽, 丁世飞. 深度学习研究进展 [J]. 计算机科学, 2015, 42 (5): 28-33.
[180] 曾诗钦, 霍如, 黄韬, 等. 区块链技术研究综述: 原理、进展与应用 [J]. 通信学报, 2020, 41 (1): 134-151.
[181] 张亮, 刘百祥, 张如意, 等. 区块链技术综述 [J]. 计算机工程, 2019, 45 (5): 1-12.
[182] 刘敖迪, 杜学绘, 王娜, 等. 区块链技术及其在信息安全领域的研究进展 [J]. 软件学报, 2018, 29 (7): 2092-2115.
[183] 黄俊飞, 刘杰. 区块链技术研究综述 [J]. 北京邮电大学学报, 2018, 41 (2): 1-8.
[184] 朱兴雄, 何清素, 郭善琪. 区块链技术在供应链金融中的应用 [J]. 中国流通经济, 2018, 32 (3): 111-119.
[185] 邵奇峰, 金澈清, 张召, 等. 区块链技术: 架构及进展 [J]. 计算机学报, 2018, 41 (5): 969-988.
[186] 何蒲, 于戈, 张岩峰, 等. 区块链技术与应用前瞻综述 [J]. 计算机科学, 2017, 44 (4): 1-7, 15.
[187] 杨现民, 李新, 吴焕庆, 等. 区块链技术在教育领域的应用模式与现实挑战 [J]. 现代远程教育研究, 2017 (2): 34-45.
[188] 李董, 魏进武. 区块链技术原理、应用领域及挑战 [J]. 电信科学, 2016, 32 (12): 20-25.
[189] 袁勇, 王飞跃. 区块链技术发展现状与展望 [J]. 自动化学报, 2016, 42 (4): 481-494.
[190] 王硕. 区块链技术在金融领域的研究现状及创新趋势分析 [J]. 上海金融, 2016 (2): 26-29.
[191] 魏志鹏. 开拓学科交叉的管理新领域——评沙勇忠教授新著《公共危机信息管理》[J]. 图书情报工作, 2014, 58 (21): 146-148.
[192] 沙勇忠. 迈向学科交叉的新领域: 公共危机信息管理 [J]. 图书与情报, 2020 (1): 1-5.
[193] 陈美. 公共危机信息的跨域治理 [J]. 情报理论与实践, 2013, 36 (9): 43-47.
[194] 黄微, 辛丽艳, 曾明明. 面向政府危机决策的公共危机信息管理模式研究 [J]. 图书情报工作, 2012, 56 (17):

26-30.
- [195] 王伟. 公共危机信息管理体系构建与运行机制研究 [D]. 长春：吉林大学，2007.
- [196] 李昊青，夏一雪，兰月新，等. 我国公共危机信息管理研究的可视化分析（2006—2015）[J]. 现代情报，2016，36（5）：138-143，157.
- [197] 陈淑娇. 政府决策中公共危机信息管理模式分析 [J]. 人民论坛，2015（17）：61-63.
- [198] 蔡冬松，余小茹，辛立艳. 面向公共危机决策的信息管理机制研究 [J]. 图书情报工作，2014，58（14）：49-58，48.
- [199] 徐孝婷，朱庆华，杨梦晴，等. 面向个人健康信息管理的量化自我持续参与动机研究 [J]. 情报学报，2022，41（3）：229-243.
- [200] 陈多，李芬，朱碧帆，等. 基于大数据的智慧信息管理平台在社区健康管理中的应用进展 [J]. 中国卫生资源，2021，24（6）：725-729.
- [201] 邹凯，刘阳，刘钊，等. 中美比较视野下我国个人健康信息管理的现状、问题及对策 [J]. 图书馆，2020（9）：92-97.
- [202] 李彩宁，毕新华，王雅薇. 个人健康信息管理技术促进用户健康行为的心理机制：基于智能可穿戴健康产品的实证研究 [J]. 图书情报工作，2021，65（19）：72-83.
- [203] 陈旖旎，周晓英，岳丽欣. 美国健康信息学教育认证对图书情报领域健康信息学教育的影响 [J]. 图书情报知识，2020（6）：77-87.
- [204] 杨梦晴，朱庆华. 在线健康社区用户个人健康信息管理行为特征研究 [J]. 图书情报工作，2020，64（1）：105-112.
- [205] 贾顺贺，陈建飞，陈古运，等. 基于MVC架构的个人健康信息管理系统设计与实现 [J]. 计算机应用与软件，2018，35（3）：43-48.
- [206] 吴开兴，陈旭，翟自勇. 居民健康档案管理系统的设计与实现 [J]. 计算机应用与软件，2013，30（4）：214-216.
- [207] 刘帅，谢笑，谢阳群，等. 个人健康信息管理研究初探 [J]. 现代情报，2014，34（9）：43-50.
- [208] 马苓，陈昕，赵曙明. 企业社会责任在组织行为与人力资源管理领域的研究述评与展望 [J]. 外国经济与管理，2018，40（6）：59-72.
- [209] 廉春慧，王跃堂. 企业社会责任信息与利益相关者行为意向关系研究 [J]. 审计与经济研究，2018，33（3）：73-82.
- [210] 李月琳，闫希敏. 大学毕业生就业信息搜寻行为研究：信息源的选择与利用 [J]. 图书情报知识，2015（5）：57-65.
- [211] 李月琳，闫希敏. 大学毕业生就业信息搜寻成本及其影响因素研究 [J]. 图书情报工作，2015，59（13）：53-62.
- [212] 范哲. 不同求职情境下信息搜寻行为影响因素研究 [J]. 现代情报，2021，41（11）：80-90.
- [213] 张世虎，顾海英. 信息渠道变革引致乡村居民多样化高质量就业的逻辑 [J]. 劳动经济研究，2020，8（4）：121-144.
- [214] 郭宝付，商应美. 2014届全国大学毕业生求职行为调查报告 [J]. 中国青年社会科学，2015，34（6）：32-40.
- [215] 刘济群，闫慧，王又然. 新生代农民工就业信息获取行为中的内部社会资本现象——安徽省东至县的田野研究 [J]. 图书情报知识，2013（6）：23-31.
- [216] 范哲，张雨婷，孙晓宁. 高校学生求职搜寻中信息的采纳行为研究 [J]. 图书情报工作，2020，64（18）：105-113.
- [217] 田宁. 基于大数据的高校就业信息服务系统的设计与实现 [D]. 石家庄：河北科技大学，2020.
- [218] 任大伟. 基于J2EE的毕业生就业信息管理系统的设计与实现 [D]. 天津：河北工业大学，2017.
- [219] 王自峰. 基于Web的高职就业信息系统的设计与实现 [D]. 青岛：青岛大学，2018.
- [220] 袁林涛. 公共就业服务管理信息系统的设计与实现 [D]. 济南：山东大学，2018.
- [221] 娄策群，桂学文. 信息经济学通论 [M]. 北京：中国档案出版社，1998.
- [222] Wiener N. Cybernetics [M]. 2nd ed. Boston：MIT Press，1961.
- [223] Shannon C E. Mathematical Theory of Communication [J]. BSTJ，1948，47（7）：379-423；1948，（10）：632-656.
- [224] Ashby W R. Introduction to Cybernetics [M]. New York：Wiley，1956.
- [225] Longo G. Information Theory：New Trends and Open Problems [M]. New York：Springer-verlag，1975.
- [226] Bertalanffy L G. General System Theory：Foundation, Development and Applications [M]. New York：George Braziller Inc. 1968.
- [227] Brillouin L. Science and Information Theory [M]. New York：Academic Press Inc，1956.

[228] Norton M J. Knowledge Discovery in Databases [J]. Library Tredns, 1999, 48, (1): 9-21.
[229] Savacevic, Tefko and Kantor P B. Studying the value of library and information services, Part 1 [J]. Journal of the American Society for Information Science, 1997, 48 (6).
[230] Tribes M. Energy and Information [J]. Scientific American, 1971, 224 (3).
[231] Bertalanffy L G. General System Theory: Foundation, Development and Applications [M]. New York: George Braziller Inc. 1968.
[232] Hartey R V L. Transmission of Information [J]. BSTJ, 1928, (7): 535-546.
[233] Wiener N. Cybernetics and Society [M]. Boston: Houghton Mifflin Company, 1950.
[234] Fayyad U, Piatetsky S G, Smith P. The KDD process for extracting useful knowledge from volumes of data [J]. Communications of the ACM, 1996, 39 (11): 27-34.
[235] Shearer C. The CRISP-DM model: The new blueprint for data mining [J]. Journal of Data Warehousing, 2000, 5 (4): 13-22.
[236] Pete Chapman, (NCR), Julian Clinton, (SPSS), Randy Kerber, (NCR), Thomas Khabaza, (SPSS), Thomas Reinartz, (DaimlerChrysler), Colin Shearer, (SPSS) and Rüdiger Wirth (Daimler Chrysler). CRISP-DM 1.0 Step-by-step data mining guide [M]. Clifton: CRISP-DM consortium, 2000.8.
[237] Agrawal R. Srikant R. Fast Algorithms for Mining Association Rules in Large Databases [C]. Proceedings of the 20th International Conference on Very Large Databases. Santiago, Chile, 1994. 487-499.
[238] Michael Armbrust, Armando Fox, and Rean Griffith, et al. Above the Clouds: A Berkeley View of Cloud Computing, mimeo [M]. UC Berkeley, RAD Laboratory, 2009.
[239] Peng Liu, Yao Shi, Francis C. M. Lau, Cho-Li Wang, San-Li Li. Grid Demo Proposal: AntiSpamGrid [C]. IEEE International Conference on Cluster Computing, Hong Kong, Dec 1-4, 2003, selected as one of the excellent Grid research projects for the GridDemo session.
[240] Peng Liu, Yao Shi, San-Li Li. Computing Pool—a Simplified and Practical Computational Grid Model, the Second International Workshop on Grid and Cooperative Computing, (GCC 2003), Shanghai, Dec 7-10, 2003, published in Lecture Notes in Computer Science, (LNCS), Vol. 3032, Heidelberg: Springer-Verlag, 2004.
[241] Ballou D P, Pazer H L. Modelling data and process quality in multi-input, multi-output information systems [J]. Management Science, 1985, 31, (2): 150-162.
[242] Juran J M. Juran on Planning for Quality [M]. New York, 1988.
[243] Vannevar Bush. As we may think [J]. The Atlantic Monthly, 1945, (7): 101-108.
[244] Henry P. E-learning technology, content and services [J]. Education Training, 2001, 43, (4): 249-255.
[245] Rubenstein-Montano, B, Liebowitz, J, Buchwalter, etc. SMARTVision: a knowledge management methodology [J]. Journal of Knowledge Management, 2001, 5, (4): 300-310.
[246] Evernden R, Evernden E. Third-generation information architecture. Communication of the ACM, 2003, (3).
[247] Rosenfeld L, Morville P. Information Architecture for World Wide Web [M]. O'Reilly & Associates, Inc., 1998.
[248] Dillon A. Information Architecture in JASIST: Just Where Did We Come from? [J]. Journal of the American Society for Information Science and Technology, 2002, 153, (10): 821-823.
[249] Josephine C. Managerial concerns in knowledge management [J]. Journal of Knowledge Management, 2001, 5, (1): 43-57.
[250] Bhatt G D. Knowledge Management in Organizations: Examining the Interaction between Technologies, Techniques and People [J]. Journal of Knowledge Management, 2001, 5, (1): 68-75.
[251] Zhong Z M, et al. The Research of supporting Platform of Asynchronous Q&A for E-learning [J]. Zhengzhou Univ. (Nat. Sci. Ed.). 2007, (6): 55-59.
[252] Socitm. IT Trends in local government, Northampton: Society of Information Technology Management, 1996: 31.
[253] Paul. A. Dorsey. What is PKM? [DB/OL] [2007-12-06]. http://www.millikin.edu/webmaster/seminar/PKMnet/whatispkm.htm.
[254] Jason Frand, Carol Hixon. Personal Knowledge Management: [DB/OL] [2007-12-06]. http://www.anderson.ucla.edu/faculty/jason.frand/researcher/speeches/educom98pkm/sld001.htm.
[255] PIM 2008 Workshop Home. [EB/OL] [2008-03-04]. http://pim2008.ethz.ch/index.php.
[256] William Jones, Harry Bruce. A Report on the NSF-Sponsored Workshop on Personal Information Management, Seattle. Wa, 2005, [EB/OL] [2007-09-24]. http://pim.ischool.washinton.edu/.
[257] 信息资源管理案例集 [EB/OL]. 2010-11-20. http://wenku.baidu.com/view/0834dd1cfad6195f312ba6c6.html.
[258] 村长小黑. 数量全球第一 中国互联网用户达4.2亿 [EB/OL] [2010-07-29]. http://www.beareyes.com.cn/2/

lib/201007/29/20100729307. html.

[259] Larry Greenemeier. 信息安全四大新技术探秘［EB/OL］［2010-12-22］. http：//cio. ctocio. com. cn/tips/349/7597849. html.

[260] 广州石化信息资源管理平台案例［EB/OL］［2006-08-18］. http：//www. cbinews. com/casestudy/news/1479. html.

[261] 白浅飞天. 信息资源配置［EB/OL］. 2010-04-18. http：//baike. baidu. com/view/3500010. html.

[262] 信息商品［EB/OL］［2010-07-10］. http：//baike. baidu. com/view/266372. html.

[263] 李玉坤. PIM：一个新的研究焦点. ［EB/OL］［2007-12-20］. http：//idke. ruc. edu. cn/reports/report2006/seminar%20summary/PIM. pdf.

[264] http：//www. 360doc. com/showweb/0/0/204026. aspx［EB/OL］［2010-12-20］.

[265] http：//www. skycn. com/soft/4039. html［EB/OL］［2010-12-20］.

[266] http：//xiazai. zol. com. cn/detail/6/53977. html［EB/OL］［2010-12-20］.

[267] RealPim 个人信息管理系统 1.0［EB/OL］［2010-12-20］. http：//www. onlinedown. net/soft/31745. html.

[268] 个人信息管理平台 E-PlatForm V1. 1. 8 build 0727［EB/OL］［2010-12-20］. http：//www. duote. com/soft/1187. html.

[269] 个人信息管理系统［DB/OL］［2010-12-20］. http：//baike. baidu. com/view/3946150. html.

[270] 乌家培. 正确认识信息与知识及其相关问题的关系［EB/OL］［2010-12-11］. http：//www. zjeco. zei. gov. cn/9811/02. html.

[271] 第二代知识管理：白皮书.［EB/OL］［2010-12-11］. http：//www. chinakm. com/mpaper/index. html.

[272] http：//www. sveiby. com. cu/Knowledge Managemnet. html［EB/OL］［2010-12-11］.

[273] http：//www. mcb. co. uk/jic. html［EB/OL］［2010-12-11］.

[274] http：//www. brint. com/［EB/OL］［2010-12-11］.

[275] http：//www. asis. org/［EB/OL］［2010-12-11］.

[276] http：//www. w3. org/2001/sw/［EB/OL］［2010-12-11］.

[277] Searle J R. Minds, brains and programs［J］. Behavioral and brain sciences，1980，3（3）：417-424.

[278] Shuva N Z. "I actually got my first job through my ex-colleague": Employment-related information seeking behavior of Bangladeshi immigrants in Canada［J］. Journal of Librarianship and Information Science，2022，54（1）：34-53.

[279] Mowbray J, Hall H. Networking as an information behaviour during job search: A study of active jobseekers in the Scottish youth labour market［J］. Journal of Documentation，2019，76（2）：424-439.

[280] 搜狐网. 人工智能：作曲? we can do it!［EB/OL］［2022-4-10］. https：//www. sohu. com/a/393792928_114837.

[281] 人民网. 新华社发布"媒体大脑"中国首个媒体人工智能平台［EB/OL］［2022-4-11］. http：//media. people. com. cn/n1/2017/1227/c40606-29730486. html.

[282] 腾讯云. 这幅 AI 画的画成交价 300 万，"碾压"同场毕加索作品!［EB/OL］［2022-4-11］. https：//cloud. tencent. com/developer/news/334313.

[283] 搜狐网. 人工智能如何为元宇宙产出知识?［EB/OL］［2022-4-11］. https：//www. sohu. com/a/537708712_121356239.

[284] 商业新知. KDD2021 数据挖掘领域顶会回顾［EB/OL］［2022-4-11］. https：//www. shangyexinzhi. com/article/4505717. html.

[285] 曾响铃. 去中心化会是云计算的"另一个未来"吗?［EB/OL］［2022-4-12］. https：//m. thepaper. cn/baijiahao_12214554.

[286] 北京日报. 未来 5 年去中心化云计算发展或超中心化云计算［EB/OL］［2022-4-12］. https：//baijiahao. baidu. com/s? id=1701244323316882560&wfr=spider&for=pc.

[287] 中国政府网.《"十四五"大数据产业发展规划》解读［EB/OL］［2022-4-12］. http：//www. gov. cn/zhengce/2021-12/01/content_5655197. htm.

[288] 澎湃新闻. 人工智能列国志丨这十件大事记录了人工智能发展的 64 年［EB/OL］［2022-4-12］. https：//baijiahao. baidu. com/s? id=1671703667616686739&wfr=spider&for=pc.

[289] 中华人民共和国国家互联网信息办公室. 人工智能发展简史［EB/OL］［2022-4-12］. http：//www. cac. gov. cn/2017-01/23/c_1120366748. htm.

[290] 人工智能. 人工智能有 4 个要素：算法、算力、数据、应用场景［EB/OL］［2022-4-13］. https：//www. aistudyblog. com/aimassage/20181110/15175. html.

[291] MBA 智库百科. 人工智能［DB/OL］［2022-4-13］. https：//wiki. mbalib. com/wiki/%E4%BA%BA%E5%B7%A5%E6%99%BA%E8%83%BD.

[292] 中华人民共和国国家互联网信息办公室. 区块链技术的五大应用场景［EB/OL］［2022-4-14］. http：//

www.cac.gov.cn/2019-11/06/c_1574572443976601.htm.

[293] 中国教育新闻网.战疫中如何破解大学生就业难题[EB/OL].[2022-4-20].http：//www.jyb.cn/rmtzgjyb/202004/t20200421_318540.html.

[294] 百度百科.就业在线[DB/OL].[2022-4-20].https：//baike.baidu.com/item/%E5%B0%B1%E4%B8%9A%E5%9C%A8%E7%BA%BF/393835?fr=aladdin.

[295] 百度百科.国家24365大学生就业服务平台[DB/OL].[2022-4-20].https：//baike.baidu.com/item/%E5%9B%BD%E5%AE%B624365%E5%A4%A7%E5%AD%A6%E7%94%9F%E5%B0%B1%E4%B8%9A%E6%9C%8D%E5%8A%A1%E5%B9%B3%E5%8F%B0/60558271?fr=aladdin.

[296] 上观.@所有上海应届高校生：上海市高校毕业生就业服务平台上线啦！[EB/OL].[2022-4-20].https：//sghexport.shobserver.com/html/baijiahao/2020/10/13/277332.html.

[297] 掌上高考.关于陕西省教育厅启用"陕西省大学生就业管理服务系统"的通知[EB/OL].[2022-4-20].https：//www.gaokao.cn/school/1184/newsdetail/68015/166769.

[298] 九派新闻.海南：打造"智慧就业"系统 促进高校毕业生高质量就业[EB/OL].[2022-4-20].https：//baijiahao.baidu.com/s?id=1717181449453155772&wfr=spider&for=pc.